国家社科基金
后期资助项目
GUOJIA SHEKE JIJIN HOUQI ZIZHU XIANGMU

课堂教学的
情绪感染模式研究

张奇勇　著

社会科学文献出版社
SOCIAL SCIENCES ACADEMIC PRESS (CHINA)

图书在版编目（CIP）数据

课堂教学的情绪感染模式研究 / 张奇勇著. -- 北京：
社会科学文献出版社，2024. 10. -- ISBN 978-7-5228
-4159-5

Ⅰ. G424. 21

中国国家版本馆 CIP 数据核字第 20248M5K93 号

国家社科基金后期资助项目

课堂教学的情绪感染模式研究

著　　者／张奇勇

出　版　人／冀祥德
组稿编辑／任文武
责任编辑／方　丽
责任印制／王京美

出　　版／社会科学文献出版社·生态文明分社（010）59367143
　　　　　地址：北京市北三环中路甲 29 号院华龙大厦　邮编：100029
　　　　　网址：www. ssap. com. cn
发　　行／社会科学文献出版社（010）59367028
印　　装／三河市龙林印务有限公司

规　　格／开　本：787mm×1092mm　1/16
　　　　　印　张：25.5　字　数：395 千字
版　　次／2024 年 10 月第 1 版　2024 年 10 月第 1 次印刷
书　　号／ISBN 978-7-5228-4159-5
定　　价／98.00 元

读者服务电话：4008918866

国家社科基金后期资助项目
出版说明

后期资助项目是国家社科基金设立的一类重要项目，旨在鼓励广大社科研究者潜心治学，支持基础研究多出优秀成果。它是经过严格评审，从接近完成的科研成果中遴选立项的。为扩大后期资助项目的影响，更好地推动学术发展，促进成果转化，全国哲学社会科学工作办公室按照"统一设计、统一标识、统一版式、形成系列"的总体要求，组织出版国家社科基金后期资助项目成果。

全国哲学社会科学工作办公室

序

在扬州大学与张奇勇教授茶叙时聊到他的新作《课堂教学的情绪感染模式研究》，随后就收到奇勇教授发来的书稿电子版，细读慢品，很有收益，该书正应了近年学校教学改革中追求"金课"拒绝"水课"的现实需求。奇勇教授认为，课堂中人的情感状态是区分"金课"和"水课"最直接的指标：教师有激情、内容有情感、师生有互动、情绪有感染，高效唤醒学生乐学的情感，让课堂洋溢积极向上的正能量，这就是"金课"。我赞同这一看法。不管高校还是中小学，教学的核心阵地是课堂。课堂中，教师是教的主体，学生是学的主体，课堂主体的高度融合需要心理共鸣，产生情绪感染，并藉此促进师生在教学场中的思维卷入和智能互构。这样的课堂会深刻影响学生，甚至引导学生的人生方向。

写到此，想说说我高中物理老师周伯庆先生。在刚过去的国庆假期中，我驱车至郑州看望周老师。他的儿子领我走进房门时，周老师已站在客厅等我，脸上挂着微笑，花白的胡须透出慈祥和开心。我拉着他的手坐在沙发上，热烈地谈起我上高中及其后的许多事！又一次聆听周老师亲切的教诲，我不禁回忆起周老师那充满情绪感染的物理课堂。在高中物理课上，我很专注，学习效率也高，每一次回答老师的提问都很放松，记忆中课后作业不多，期末考试成绩也不错。我喜欢周伯庆老师，也喜欢上物理课，在1983年考入物理系。周老师上课很有特色，让人印象深刻。

情绪饱满底气足。周老师从来不坐着讲课，上课时，好像全身细胞都在运动，他声音响亮，抑扬顿挫，似乎被自己推演的力的作用关系激动着，脸色微黑里透着红。讲到得意处还会嘿嘿地笑几声，但也有学生会惹他生气，他发起火来还挺吓人的，遇到走神的学生他会精准地抛出一个小小的粉笔头。

逻辑严密爱推理。周老师从来不看稿讲课，上课时，既像是讲故事又像是排兵布阵，一个个"质点"在他的话语间似音符跳跃，不经意间黑板上整齐地排列出一串串方程式，让学生听得入迷。随着课堂内容逐渐展开，黑板上的文字、公式、数字、图示排列有致，像是预先设计过的。周老师的大脑里有一个空间图式，这个图式不紧不慢地投射到了黑板上。

步步追问善启发。周老师的课堂提问没有定规，他随时都有可能停下来，似有所思地皱下眉头，问题来了！然后让学生来说说，他会微笑着似乎是顺着学生的思路不断追问，直至问题得到完全解答。这一过程非常巧妙，问题的答案当然早就在周老师的脑海里，但他会让学生感觉答案是自己推演出来的。为了成就感也好，因为虚荣心也罢，不少学生就这样深度卷入对物质运动过程与机制的探究中去了。

课下辅导互动多。周老师夫妇都是我们学校的老师，师母教数学，他们的家就安在学校，离我们的教室大概有 100 多米，学生在学校里随时都能找到他们，中午端着饭碗都可以去找老师请教。对于学生的提问，周老师从来不会厌烦，反而很满足。我想，有那么多学生喜欢物理课，他肯定也是很有成就感的。

周老师的课就是名副其实的"金课"，能让学生获得高品质成长。奇勇教授的《课堂教学的情绪感染模式研究》也是追求"金课"的力作，他在其中提出很多新概念，如将情绪信息区分为"感官情绪信息"和"高级情绪信息"。特别是系统论述了课堂教学中情绪感染的心理现象和信息加工机制，包括先入观念、前情绪、易感性调节、免疫性调节、反向情绪感染、降阈情绪感染、思维导引等，形成了课堂教学情绪感染模型。该模型剥离了意识性情绪感染的混杂性，区分了"自下而上的情绪感染"和"自上而下的情绪生成"，分析了情绪感染的概念之争，厘清了情绪感染的本体及其调节变量。这是对情绪心理学研究的有益尝试和开拓性推进。

奇勇教授的实证研究一定程度上解决了情绪情感研究方法学的瓶颈，提高了研究的信效度水平。例如，采用故事法诱发学生的先入观念、采用矛盾情感诱发学生的高级认知参与、采用情境引导诱发学生的首因效应、巧妙地利用学生已有的认知结构对学生进行契合与不契合的思维导引，等等。这些实验诱导为系统研究课堂情绪感染打开了新视野。

奇勇教授的研究具有鲜明的实践导向，其追求的价值是以高质量的课堂教学引领学生高品质发展。他构建了课堂情绪感染的操作策略，有利于指导教师激发学生的情绪情感，并藉此促进学生自主学习能力的持续成长，实现学习过程中认知因素、情感因素、人格因素和社会心理因素的有效融合。这一成果拓展了情绪感染理论在教学实践中的应用研究。

《课堂教学的情绪感染模式研究》是张奇勇教授长期系统的研究工作的阶段性总结，有幸先睹为快，感佩于他潜心深耕和缜密思考，既有深度理论分析，又有扎实实证探索，相信会带给读者带来愉悦的阅读体验和实用的教学引领。

邓　铸

南京师范大学心理学院教授、江苏省心理学会理事长

2024 年 10 月 6 日

自　序

在面对面的人际交往中，必然会发生情绪感染现象，它是人类这种高级动物理解对方意图的一种重要途径。情绪感染是一种由外周身体变化诱发的自下而上的情绪激活现象，具有无意识性，在人际交往中，它会与其他心理现象交织在一起，表现为与其他情绪或心理现象相叠加、受其他心理现象影响或影响其他心理现象，因此具有相当复杂的心理学调节模型。课堂教学是师生之间以传授知识、发展学生能力为目标的特殊人际交往，因此必然存在情绪感染现象。情感教学实则是课堂教学交往中情感的生成与传递现象，高效的教学交往离不开师生之间良好的情感互动，情感互动受诸多因素影响，但是其核心是情绪感染，是以情绪感染为核心发生的众多心理现象交织在一起的复合心理现象，因此，研究情绪感染是理解情感教学的一把钥匙。

本书是基于作者的博士论文《情绪感染的发生机制及其调节模型——以教学活动为取向》（2014 年）申请的国家社科基金后期资助项目的成果。在原博士论文的基础上，经过三次增补、十载修订，形成《课堂教学的情绪感染模式研究》。在理论上，进一步完善和拓展了情绪感染模式的调节模型、心理学原理及其支持性条件的研究，构建了一些新概念、新理论，加强了理论研究与教学实践的融合。在实证研究上，新增了 12 个实证研究，对实证研究进行了更加深入的分析。在架构上，重新设计了全书的框架结构，对实证研究的写作体例进行了重大调整，使其从论文体例蜕变为学术著作体例。本书共四篇十一章，分述如下。

第一篇为课堂情绪感染的基本理论。本篇包括以下内容：（1）理论综述与辨析，从理论上推理与构建了情绪感染的概念和发生机制；（2）研究的源起、理论建构与实验工具制作，提出了以往研究中存在的问题，提出了本书的研究设计思路、制作了常用的实验工具并检验了信度和效度；（3）课堂教学中情绪感染的发生机制，构建了情绪觉察水平、无意识模仿水平、生理反馈水平与情绪体验之间的链式中介关系，从实证角度解决了情绪感染的机制问题。

第二篇为课堂情绪感染主体的调节因素。本篇包括以下内容：（1）学生的认知因素对课堂情绪感染的调节，研究了学生的先入观念、高级认知、首因效应对教师情绪感染力的调节；（2）学生的情感因素对课堂情绪感染的调节，研究了学生的前情绪状态对情绪感染的调节以及反向情绪感染、降阈情绪感染现象；（3）学生的个性心理对课堂情绪感染的调节，研究了认知兴趣理论的构建及思维导引对认知兴趣的调节、思维导引与情知反馈对认知兴趣的调节、学生的注意倾向对情绪感染的调节。

第三篇为课堂情绪感染模式的实践问题。本篇包括以下内容：（1）教学中教师情绪性特点，研究了教师的课堂情绪性测量、教师的消极情绪性对情绪劳动的影响与调节、线上即时教学与线下教学中教师的感官情绪信息的感染效果比较；（2）教学中的师生关系情境，研究了非利害关系情境、利害关系情境对情绪感染的调节，以及慈师、严师的课堂情绪感染效果及对学生"敬""畏"体验的影响；（3）教学中的情绪信息来源，研究了语义情绪信息与感官情绪信息的叠加对课堂情绪感染的调节、教学内容中语义情绪信息的挖掘策略、教学过程中情境性情感的诱发策略。

第四篇为理论拓展、研究总结与展望。本篇包括以下内容：（1）理论拓展与支持性条件研究，构建了班集体的情绪感染理论，指出情绪感染是人与人之间的多维关系，与集体高级心理机能密切相关，受集体文化、同步行为、共享注意以及行为的共享意义的影响，研究了情感教学对教师的专业素养的要求，尤其是教育测量学和教育科学研究方法的重要作用，探索了情感教学的社会环境支持条件，教育政策改革对于营造良好的情感教学环境具有重大意义；（2）对本书进行了研究反思与展望，总结了本书具有18项研究意义、4点不足，并提出未来研究的4个方面的展望。

本书的突出特色是系统研究了最能影响情感教学效果的心理现象——情绪感染，它是人际情感生成与传递的基础心理现象，也是情感教学中诱发和传递情感的基础心理现象，情绪感染是决定情感教学效果的关键因素。本书研究系统完善了情绪感染理论及其调节模型，创建了情绪感染理论中的诸多新概念及新理论，并将这些理论应用到情感教学实践中。

本书的主要贡献有以下三点。（1）奠定了情绪感染基本理论，论证了情绪感染的概念与发生机制，结束了长期以来的原始性情绪感染与意识性情绪感染之争；构建了情绪感染调节模型，以往研究误将情绪感染的调节变量作为情绪感染本体，本书厘清了情绪感染本体及其调节变量，加深了人们对情绪感染本体及调节变量的关系的认知。（2）开拓了情绪感染理论在教学中的应用研究，以往研究情绪感染不涉及教学领域，本书推进了情绪感染理论应用于情感教学实践，深化教师对课堂情感元素与情绪感染关系的认知，指导教师增强课堂情感操作能力和对自身的情绪操控能力，对教师专业素养、社会支持环境的优化等也提出了具体策略，具有一定的实践指导价值。（3）拓宽了实验教育心理学的研究思路和方法，本书的实验研究使用仿真教学实验系统，严格控制干扰变量，具有很高的内、外部效度，其中对被试认知与情绪的实验操纵具有较高的创新价值和借鉴价值。

本书的研究得到国家社科基金后期资助项目"课堂教学的情绪感染模式研究"（19FJKB016）的支持，以扬州大学为第一署名单位。本书可作为基础教育一线教师提升情感教学技能的参考用书，也可作为从事心理学研究的学者及广大爱好者的参考书，作者深知书中不乏鄙陋浅薄之处，恳请读者不吝赐教。

目 录

第三篇　课堂情绪感染模式的实践问题

引　言

　　通常我们阅读一个情感故事所产生的情绪强度不如聆听相同故事的朗诵产生的情绪强度大，后者又不如观看一个相同故事的演讲视频产生的情绪强度大，而亲临现场产生的情绪强度是最大的，你知道为什么吗？

　　生活中往往会有这样的经历，当我们看到有人非常紧张地在台上演讲时，我们会不知不觉地感到紧张，暗暗替台上的人捏把汗；当我们焦虑时，即便看到朋友们开心，自己往往也开心不起来；而当我们高兴时，看到朋友们开心，自己就很容易融入其中。当我们悲伤时，看任何人都好像不开心；而当我们快乐时，看任何人都会觉得开心。当我们专注于思考自己的问题时，对旁人的欢笑会充耳不闻；而当我们专注于亲人的心情时，我们的心情就会与亲人一样。当我们看到一个知心朋友开心时，自己也会情不自禁地开心起来；而当我们看到一个厌恶的人在与朋友谈笑时，却会有相反的情绪体验。当我们认为某人在真诚地给我们道歉时，我们会很容易地原谅他；而当我们认为这个人的道歉不够诚意时，我们的愤怒情绪就难以消除。如此多的心理现象究竟是怎么发生的呢？与哪些因素有关呢？

　　这些心理现象也会在学校教育中发生。丁肇中教授在北京大学演讲时，吸引了很多学生，他们听得津津有味，会场气氛相当热烈。通常学生喜欢某个老师，情绪就很容易被带动；相反，学生讨厌某个老师，情绪就不会受太大的影响。当学生专注于教师的情绪时，情绪很容易受影响；当学生专注于思考学习内容时，不容易感受到教师的情绪，而更容易体验到学习的乐趣；当学生喜欢某个教师时，更有可能会喜欢他上的课；当学生讨厌某个教师时，则很难在他的课堂中提起兴趣，甚至会因为教师的快乐而压抑；当学生认为某教师是教学名师时，情绪更容易受教师的影响；当严厉的教师表扬学生时，学生会体验到更多的快乐；当"老好人"教师表扬学生时，学生体验到更少的快乐。当教师适宜地表现课堂教学情绪时，学生更容易投入学习；而当教师不合时宜地表现课堂教学情绪时，会让学生感觉到困惑。当学生体验到学习快乐时，更容易专注教师的言行和情感；当学生讨厌教学内容时，可能体验不到教学内容本身的情感，甚至产生反向情感；当学生深信自己可以驾驭某个知识时，更易产生学习兴趣，也更容易被教师的情绪感染；在面试情境下，学生会感受到更多人际互动之外的情绪；当学生敬畏教师时，他们很难分清这种情感究竟是"敬"还是"畏"。

教学是一门艺术。第斯多惠（2001）说："我们认为教学的艺术不在于所传授的本领，而在于激励、唤醒、鼓舞，而没有兴奋的情绪怎么能激励人，没有主动性怎么能唤醒沉睡的人，没有生气勃勃的精神，怎么能鼓舞人呢？"教师情感是"三大教学情感源点"（卢家楣，2006）中最具主体地位和影响力的源点，教师情感是课堂中最基础的情感基调。没有教师激情的表演，再好的教材内容也只是文字堆砌；没有教师激情的表演，再好学的学生也会成为提前"离场"的观众。赞可夫（2008）说："如果照着教学法指示办事，做得冷冰冰、干巴巴，缺乏激昂的烈情，这样未必会有什么效果的。"

情绪感染是一种有趣的心理现象，情绪感染研究非常重要，因为它与许多心理现象有关。它被视为一种"原始的""基本的""无意识的""情感性的"移情（Chartrand & Bargh, 1999; de Waal, 2008, 2012; Prochazkova & Kret, 2017）；它与道德的进化有关，因为分享他人的感受可能会促进亲社会行为（de Waal, 2012）；它还与音乐表达（Davies, 2011）和团队合作（Barsade, 2002）有关；它可以促进联系（Lakin et al., 2003）、情感联结（Hatfield et al., 1993; Lakin et al., 2003），以及改进社交互动（Hatfield et al., 1992, 1993）。情绪感染也被认为是形成群体共同关注的重要因素（Maye et al., 2017）。从进化的角度来看，情绪感染是一种原始的适应方式，因为它存在于许多群居的哺乳动物中，它的功能可能是促进群体内的良好关系，从而有助于其适应性稳定（de Waal, 2008; Dezecache et al., 2016; Paukner et al., 2009; Pérez-Manrique & Gomila, 2018）。情绪感染是移情的基本形式，随着认知能力的提升，将发展成为更复杂的心理现象，如同情和移情（de Waal, 2008, 2012）。情绪感染也是研究情绪发生机制的一把钥匙，它有助于揭示无意识与意识在情绪发生中的作用，厘清情绪发生中叠加的多种心理现象，而不至于把几种不同的心理现象称为一种心理现象，纠正长期以来心理学研究中的认识偏差，为心理学研究提供新的思路和方法论指导。

情绪感染是课堂教学中最基本、最原始的心理现象之一，因为情绪感染体现的是人与人之间的情感互动。师生之间的情感互动是课堂最基本的互动方式，也是教学要在课堂开展的真正原因所在，在多媒体飞速发展的时代，教师的声音可以留下、影像可以留下、笔迹可以留下、文字可以留下，但是师生互动时的真实情感却无法留下，教学形式本可以有很多种选择，我们可以采取线上授课，但是最基本、最有效、最原始的形式依然是课堂教学，大量线上授课的实践都显示效果不甚理想。因为当教师没有办法关注线上每个学生的表现时，当教师的课堂表演成为坐在椅子上面对电脑屏幕时，当学生感到教师关注不到自己时，当学生的行为不受课堂约束而随意游离时，线上教学已悄然改变了原生态课堂教学的本质，剥离了课堂教学的情感要素，成为真正意义上的"只为教学，没有情感"。

留声机出现的时候，人们说它可以取代家访，电话机出现的时候，人们又说它可以取代家访，可视电话机出现的时候，人们说它一定可以取代家访，但是家访还是家访，永远无法取代。电影出现的时候，人们说它可以取代教师，电视出现的时候，人们又说它可以取代教师，网络出现的时候，人们说它一定可以取代教师，但是教师还是教师，永远无法取代。先进的科技可以把知识传送给千家万户，但永远无法取代教师。

情绪感染决定了课堂教学的基本情感基调，教师是这个基调中跳跃的音符，它影响着学生对教师的情感、课程内容的情感、认知体验、兴趣、课堂行为，也会反过来影响教师的情感。因此，研究课堂情绪感染模式对于推进情感教学来说有着重要的实践意义。

2021年8月人民网刊发的教育时评《情感教育激发成长动力》指出："情感教育是一个十分重要的教育命题。五育并举、全面发展，都与人的情感紧密相关。在教育高质量内涵式发展的今天，在落实立德树人根本任务的过程中，教育必须走进学生的情感世界、走进学生的心灵。"由此可见，情感教育在素质教育中具有极其重要的地位。情感教育作为素质教育的重要组成部分日益受到学界与国家的重视，因为情感教育或许可以解决长期以来困扰中国学生的难题——"苦学"，帮助学生由

"苦学"转变为"乐学"。情感教育呼唤情感教学，学生的情感世界需要教师的情感教学去引领，需要教师用情感去耕耘，要让学生在 45 分钟的课堂学习中体会到快乐，需要教师传递学习的快乐。只有个性才能作用于个性，只有情感才能作用于情感。提升教师的课堂情绪感染力无疑为推进这一难题的解决提供了一个重要的支点，因为教师是课堂的引领者，教师情感是"三大教学情感源点"中最具影响力的源点。

　　古今中外很早就有情感教学思想，我国情感心理学家卢家楣教授系统提出了运用情感优化教育的"以情优教"思想、模式和策略（卢家楣，2000a，2000b，2004，2007）。然而，情感教学的成功与否最终体现在教师与学生的课堂情感互动上，体现在课堂教学交往中情感生成水平与体验水平上，这就是课堂教学中的情绪感染现象，本书的研究成果将进一步提高情感教学的理论与实践水平，践行近期教育部关于"课堂革命"以及"发挥课堂的主渠道作用，打造高效课堂"的指示精神（2019全国教育工作会议）。课堂情感状态是高效课堂的直接反映和集中体现。教师有激情、内容有情感、师生有互动、情绪有感染，课堂教学才能唤醒学生乐学的情感状态，课堂才能成为洋溢积极向上的情感的能量场。因此，研究课堂教学的情绪感染模式具有重要的理论与实践价值，能够切实提高课堂教学效果。

第一篇

课堂情绪感染的基本理论

第一章 情绪感染的基本理论
综述与辨析

第一节 情绪感染的概念研究

一 感染与情绪感染的语义构建

感染（contagion）一词最早出现在医学中，医学术语中的"感染"是指致病微生物和寄生虫的入侵和繁殖对机体造成的病理反应和损害，或某种感染因子通过某种途径侵入机体，具有感染性的生物体会寻找并且利用宿主体内的资源，以达到生存、繁衍的目的，感染的结果可能会干扰宿主正常的生理运作，如可能造成慢性症状、急性症状、坏疽（gangrene）、器官及组织被吞噬，甚至死亡。英文"contagion"一词来源于拉丁语"contagio"，意思是"来自接触"，致病微生物要实现感染宿主的目的，就必须要与宿主有直接接触，这是感染的必要条件，但不是充分条件。

情绪（emotion）就是人对事物的态度和体验，往往伴有外显表情，情绪与认知是心理学研究的一对双生儿，两者相互关联、相生相伴，情绪可以推进、组织、破坏认知过程和行为，认知也可以发动、转移、减弱或消除情绪反应。许多学者对情绪下过定义，这些定义反映了情绪的某些特点及其与其他心理现象的关系。Arnold（1960）将情绪定义为对知觉为有益事物的趋向、对知觉为有害事物的逃避的一种体验，这种体验与相应的趋避生理变化模式相伴。Lazarus（1991）对情绪的定义为情绪是对正在进行着的好的环境信息或不好的环境信息的生理心理反应，它依赖个体对信息暂时的或持久的评价。Young（1973）认为情绪起源于情感过程的激烈反应，同时表现出平滑肌、腺体等的生理变化。Leeper（1973）主张情绪是动机和知觉的积极推动力，它组织、维持和指导行为。

　　这些定义从不同的角度论述了情绪的表现形式、特点、功能。情绪是一种非常复杂的心理现象，人类至今尚不能揭示其奥秘，因此任何对情绪的定义都是片面的，我们尚无法给情绪下一个确切的定义，但可以对情绪的特性做一些描述。与本书研究有关的情绪特性主要有四个方面：（1）情绪具有多种成分，它包括主观体验、生理唤醒和外显表情，这三个成分相互作用、相互影响，并能发动、影响情绪，外显表情可以影响主观体验、生理唤醒，并最终影响情绪表达，James-Lange 理论认为身体变化是情绪产生的原因，面部反馈假说（facial-feedback hypothesis）也认为情绪产生于对面部肌肉运动的反馈；（2）情绪具有多种基本类型，Izard（1992）认为人类有 8~11 种基本情绪类型，包括兴趣、愉快、惊奇、厌恶、愤怒、恐惧、悲伤、痛苦、害羞、轻蔑、自罪感，Wundt（1862）将情绪分为三个维度，分别是"愉快—不愉快""兴奋—沉静""紧张—松弛"，每种类型的情绪在发生时均处于这三个维度的某个位置，当然，这些分类有待进一步发展；（3）情绪具有多种发生机制，相当复杂，可以通过感知觉诱发，如疼痛诱发情绪，也可以通过认知诱发，如危险诱发恐慌情绪，情绪的发生可以是意识的，如听一段感人的故事，也可以是无意识的，如不小心踏空吓出一身冷汗；（4）情绪具有多种功能，能以独特的方式对生理、认知、行为产生影响，如情绪有动力功能、强化功能、调节功能、信号功能、感染功能、迁移功能、疏导功能、保健功能、协调功能（卢家楣，2000b）。

　　"情绪感染"（emotional contagion）是借用了医学术语"感染"一词的心理学术语，因为情绪如同致病微生物或者病原体一样，在环境中以特定的信息，如语言、肢体语言或面部表情，作为传递"物质"，这些情绪信息与情绪觉察者（被感染者或宿主）"接触"[①]，并通过觉察者的无意识"模仿"（复制），使觉察者产生与情绪信息相同的情绪，从而实现了情绪的"传递"。情绪感染过程也利用了觉察者自身的资源，如注意资源、行为、生理反馈、镜像神经元系统等，情绪感染的结果不但会影响觉察者的生理运作（如内分泌系统），也会影响觉察者的心理运作

――――――――――

①　　觉察可认为是一种感官接触。

（如主观评价），甚至行为取向（如趋向或回避）。通过上述分析可知，"接触""模仿""传递"是感染的重要环节，因此，情绪感染与医学感染有相似之处，才借用医学术语"感染"一词。

不过，情绪感染毕竟是心理学术语，有别于医学的生理感染，其独特性表现在以下三个方面：（1）情绪感染研究的是情绪信息在人与人之间的传递过程及其在觉察者身上的感染机制、影响结果；（2）在情绪感染过程中传递的情绪信息包括语言的和非语言的；（3）情绪感染的结果会对觉察者的情绪产生影响，有积极的影响，也有消极的影响。

需要说明的是，本书研究的情绪感染是指人与人之间的情绪感染，非人之间不存在情绪感染（详见情绪感染与移情的区别），既然是人与人之间的情绪感染，那么必须存在两个或两个以上的主体，如主体1的情绪感染了主体2，则称主体1为情绪诱发者（情绪信息源），而称主体2为情绪觉察者（情绪信息接收），如图1-1所示。

图1-1 情绪感染过程

大多数关于情绪感染的研究没有以情绪诱发者的情绪为研究对象，而是以情绪觉察者的情绪被感染机制为研究对象，如觉察者如何感染上诱发者的情绪、情绪感染受哪些因素影响、如何调节情绪感染等；以及觉察者被感染后的情绪、认知与行为变化情况，如情绪感染影响了觉察者对谣言的接受程度（Zeng & Zhu, 2019），情绪感染对集体共情与工作重塑具有调节作用（Akoy, 2019），情绪捕捉会影响觉察者社会交往的动力（Barsade, 2002）等。"情绪感染"通常是指"觉察者的情绪被感染了"，但国内外在使用"感染"（contagion）一词时均不用被动语态，医学上，说"他的伤口感染了"（His hurt was contagious），其实际意义是"他的伤口被感染了"（His hurt was contagioned）。因此，在研究情绪感染的概念、发生机制、调节变量时，研究对象均是情绪觉察者的情绪，而且有觉察者的情绪"被感染"之意。在本书中，情绪感染力一般是针对情绪诱发者而言的，而情绪感染水平则是针对情绪觉察者而言的，是指情绪被他人感染的水平。

　　国外心理学界对情绪感染的研究起步较早，目前在国外心理学类期刊里可以检索到的文献有 100 余篇，在笔者撰写博士毕业论文时，国外关于情绪感染的研究文献只有 40 余篇；国内心理学界对情绪感染的研究起步较晚且相对较少，在中国知网，来源期刊输入"心理"，篇名输入"情绪感染"，仅有 10 余篇情绪感染有关的心理学研究文献，代表性的有王潇等人（2010）对国外情绪感染的述评研究，对国外在该领域的研究成果做了总结并对未来研究方向做了展望，另有 1 篇研究情绪感染在服务业中应用的文章发表在《心理学报》上（杜建刚和范秀成，2009），其他还有 3 篇研究情绪感染在服务业中应用的文章（杜建刚等，2007；银成钺，2011；杨锴，2011）和 1 篇研究情绪感染在管理中应用的文章（成达建，2010）均发表在非心理学期刊上[①]。国外对情绪感染的应用研究也主要集中在服务业和管理中（Bono & Ilies，2006；Hennig-Thurau et al.，2006；Johnson，2009；Johnson，2008；Sy et al.，2005；Falkenberg et al.，2008；Huang & Dai，2010；Alhubaishy & Benedicenti，2016；Godkin，2015），可以说，国内的研究紧随国外研究，无论是在理论上、方法上还是在实践应用上均没有明显突破。

　　就情绪感染的基本理论而言，情绪感染的概念，即"什么是情绪感染"无疑是最基础、最重要的，这是我们研究情绪感染这一问题的基础，只有正确回答这一问题，才能进一步探索情绪感染的发生机制，进而创设特定的心理情境，确保实验诱发的心理现象就是情绪感染，而不是其他心理现象，从而实现实验研究目的。由此可见，厘清情绪感染的概念是这一研究的基石。

　　搜索整理当前情绪感染相关的文献，可以看到在情绪感染的概念上存在三大分歧，由此导致众多研究设计在研究对象即心理现象上都不尽相同。比如，很多文献认为情绪感染就是指原始性情绪感染（primitive emotional contagion），它的基本发生机制是无意识模仿和意识前反应（Hatfield et al.，1993，1994；Dallimore et al.，2007；Luong，2005）。

---

　　①　以上是在笔者完成博士毕业论文之前的统计（2014 年 6 月前），目前笔者之外的关于情绪感染的心理学研究，国内也只有十篇左右。

Hatfield 等人（1993）研究发现，情绪感染通常是无意识发生的，是对刺激的自动反应；Egermann 和 McAdams（2013）还使用术语"感染"来描述觉察者无意识地自动模仿他人的表情，从而影响自己的情绪状态。而有的研究者认为情绪感染是一个意识参与的过程，情绪感染是指意识性情绪感染（conscious emotional contagion）。例如，员工情绪劳动是否真诚决定了顾客的情绪感染能否产生（Hennig-Thurau et al.，2006；Lin & Liang，2011），说明顾客的情绪感染基于对员工情绪真诚性的识别，可见情绪感染应该是一个意识参与的过程。还有一种观点是介于两者之间的，Hatfield 等人（1994），Jones 和 Davis（1965），以及 Neumann 和 Strack（2000）探讨了情绪感染是意识的还是无意识的，得出的结论是情绪的转移既能通过移情有意发生，也能通过模仿无意发生。因此，情绪感染的过程既是意识的，也是无意识的。在某些情况下，它是意识的，但大多数时候它是无意识的，这一观点成为中间派。情绪感染究竟是无意识状态还是意识状态，成为研究情绪感染机制的首要问题。我们不能将移情等同于情绪感染，移情可以被意识到，但不能作为情绪感染发生的证据，因此中间派的观点是不成立的。情绪感染究竟发生在无意识到意识的哪一个阶段成为争议的焦点，这其实是无意识与意识之争。

持无意识观点的学者们支持原始性情绪感染，这是一种基于情绪觉察者无意识模仿以及生理反馈的心理现象，情绪的产生过程是自下而上的，所谓的"下"就是指感知觉或生理唤醒，"上"是指高级认知或意识。原始性情绪感染认为情绪感染发生于无意识阶段，但情绪感染的结果是可以体验的，即是意识状态，那是情绪感染发生后的心理现象，所以情绪感染的可体验性不能用来证明情绪感染发生在意识中。持意识观点的学者们支持意识性情绪感染，这一观点认为情绪感染需要觉察者意识参与，觉察者的无意识模仿行为和生理反馈不足以解释情绪感染现象，情绪的产生过程是自上而下的，情绪感染的发生机制与影响程度均受意识支配。之所以会产生两种截然不同的观点，是因为对情绪感染的概念认识不同。因此，对情绪感染概念的界定成为研究的首要问题。

二 关于情绪感染概念的文献研究

在人际交互中，人总是习惯于有意无意地捕捉他人的情绪，这一点已得到证明，Hatfield 等人（1994）将这一心理现象称为情绪感染。McDougall 早在 1923 年就给情绪感染下了定义，这是目前为止笔者所能追溯到的最早的情绪感染定义，他认为情绪感染是通过原始性交感神经反应产生的情绪直接感应法则（McDougall，1923）。之后，有关情绪感染的定义很多，这些定义有一些共同点，都认为：（1）情绪感染是由他人的情绪诱发的；（2）情绪感染后，觉察者获得了与他人一致的情绪体验；（3）情绪感染是一个情绪传递的过程，人与人之间可通过情绪感染传递情绪，镜像神经元在同物种之间的行为观察与模仿、生理反馈与情绪诱发中起到了重要作用（Gallese et al.，1996；Rizzolatti et al.，1996；Rizzolatti et al.，2001；Umilta et al.，2001；Kohler et al.，2002）。

但是，研究者对情绪感染是无意识的还是需要意识努力的这一问题莫衷一是，由此可将情绪感染划分为原始性情绪感染和意识性情绪感染两大流派。

（一）原始性情绪感染的概念

原始性情绪感染学派认为，情绪感染基于自动化的行为模仿、前意识的反应（Hatfield et al.，1992，1993，1994；Dallimore et al.，2007；Luong，2005）。有学者认为，情绪感染是个体间自动的、无意识的情绪传染过程，觉察者具有自动化的模仿倾向，表现为面部表情、声音语言、姿势、动作与他人同步化，产生情绪汇聚（即相同情绪）（Du et al.，2011）。即情绪交流信号的觉察伴随着模仿，觉察者对诱发者存在一种同步的动作互动，这种外显表情模仿有时从外表是看不出来的，要用 EMG 才能检测出来。当然，也有一种外显行为模仿可以直接看出来，比如打哈欠模仿，有研究表明，人类对哈欠具有易感性，此外，哈欠感染还在狗和几种灵长类动物中得到证实，并且从理论上和经验上看，哈欠感染与移情①有关（Madsen & Persson，2013）。哈欠感染本质上是一种无意识的模仿行为，被传染者无意识地模仿了他人的行为，进而产生相应的疲倦感。这种情绪传递中的模仿—回馈机制影响了觉察者的情绪体验，导致觉察者产生了可觉察的情绪，由此觉察者感染上了他所觉察的情绪。这一过程可表示为"觉察—模仿—反馈—情绪"（Falkenberg et al.，

---

①   此处的移情即本书的情绪感染，相关研究者混淆了移情与情绪感染。

2008）。还有研究者认为情绪感染是因为个体具有模仿或同步化他人的面部表情、声音、动作手势的倾向，这使模仿者体验到了被模仿者的情绪（Chartrand & Bargh，1999；Hennig-Thurau et al.，2006）。原始性情绪感染现象在我们日常生活中时常发生，例如，当我们看到情绪紧张的人演讲时，也会无意识地紧张起来，有一种"替他捏把汗"的感觉；相反，当看到一个情绪激昂的人演讲时，我们也会情不自禁地情绪高涨起来。

然而，原始性情绪感染的定义却遭到了意识性情绪感染流派的质疑，后者认为情绪感染不是无意识的，例如，如果觉察者觉察到他人的情绪是假的或不真诚的，就不能合理地解释他人情绪表达的原因，意识性情绪感染就不会发生（Hennig-Thurau et al.，2006），即"虚假的笑不具有感染力"，情绪感染的程度受他人情绪表达真诚性的影响（Stel & Vonk，2009）。这符合生活经验，这样看来意识性情绪感染也能成立。

通过上述分析可见，以往有关原始性情绪感染的定义，均强调觉察者的无意识模仿与生理反馈，最终获得了与情绪诱发者相同的情绪，原始性情绪感染的本质特点是情绪感染的无意识性和自动化，因此，情绪的产生机制是自下而上的。然而，上述概念依然存在缺陷，是以描述情绪感染的发生机制来替代概念界定，只回答了"情绪感染是如何发生的"，而没有回答"情绪感染是什么"，也就没有从揭示情绪感染的本质属性，即情绪感染区别于其他心理现象的本质属性。

（二）意识性情绪感染的概念

意识性情绪感染学派认为，情绪感染是一个需要意识参与的过程，如 Falkenberg 等人（2008）认为情绪感染一方面交流某种特定的情绪，另一方面从他人身上移入某种特定的情绪，也就是说情绪感染是情绪的移入与调节过程。意识性情绪感染是基于人们与他人之间的情绪对比，通过情绪理解他人和感受社会信息的过程（Hennig-Thurau et al.，2006）。人通过将自己的情绪与他人进行对比，在认为他人情绪合适时接受他人的情绪（Barsade，2002），如当顾客感受到来自员工真诚的情绪表达时，意识性情绪感染就会发生（Huang & Dai，2010）。与原始性情绪感染学派不同，意识性情绪感染学派认为，情绪感染较少受情绪诱发者的情绪程度的影响（如笑的频率、笑的强度），而更多受诱发者情绪真诚性的影响（如真诚的微笑）。如果觉察者意识到诱发者的情绪是假的或不真诚的，他或她就不能合理地解释情绪表达的原因，情绪感染就不会产生（Hennig-Thurau et al.，2006）。这种解释似乎很符合常理，蒙娜丽莎的微笑强度虽然很弱，但极具感染力。由此可见，意识性情绪感染有情绪的意识性调节成分，之所以讨厌的人或不真诚的人的情绪不具有感染力，是因为意识调节在情绪感染中发挥作用。

也有学者认为情绪感染既包括原始性情绪感染，也包括意识性情绪感染。Barsade（2002）认为情绪感染包括潜意识、自动化的原始性情绪感染过程，也包括意识性情绪感染过程。Hennig-Thurau 等人（2006）认为原始性情绪感染与意识性情绪感染在服务业中均存在，如当顾客感受到员工真诚的情绪劳动表达①时，意识性情绪感染就会产生，员工情绪劳动的真诚性影响了顾客的情绪水平和对服务质量的觉察。也有学者认为情绪感染可以是意识的，也可以是无意识的，情绪通过同情机制传递，这是一个需要意识参与的过程，在这种情境下，一个人意识到并接纳了另一个人的观点；而情绪无意识传递主要通过行为或姿势的模仿以及行为习惯。有研究发现，情绪感染可能带来与他人一致的情绪体验，也可能带来不一致的情绪体验，这主要取决于情绪传递是意识的还是无意识的（Vijayalakshmi & Bhattacharyya，2012）。还有学者对情绪感染的理解有相互矛盾的嫌疑，如 Hatfield 等人（1992）最初定义情绪感染时，认为情绪感染是一种捕获（体验、表达）他人情绪（情绪评估、主观感受、情绪表达、情绪的心理过程、行为倾向、实际行为）的倾向，一种自动模仿和同步表达的倾向，发声、姿势和动作与另一个人的发声、姿势和动作一致，从而在情感上趋同。这一定义包含情绪评估，显然已上升到意识层面，与自动模仿混为一谈，让人无法确切地理解情绪感染究竟是意识的还是无意识的。而后 Hatfield 等人（1994）又将情绪感染定义为情绪觉察者自动化地模仿和合并他人的语言、非语言信息，融入了情绪诱发者的情绪。这一定义得到两种基本机制的支持：（1）情绪模仿和同步，即人们自动地、持续地模仿他人，并与他人的面部表情、声音、姿势、动作和工具性行为同步的过程；（2）情绪体验，即面部、声音、姿势和动作模仿反馈，根据前面的机制，主观情绪体验每时每刻都受面

_____

① 情绪劳动的深层行为或自然情绪的展现。

部、声音、姿势和动作模仿反馈激活的影响（Gonçalo et al.，2011）。

Hoffman（2002）从广义上将情绪感染界定为一种情绪体验，该体验受他人激发，并最终使觉察者的情绪与诱发者趋于一致。Hoffman还提出了情绪感染的两种高级认知机制[①]：语介联想（language-mediated association）和观点采择（active perspective taking）。语介联想是指通过用语言描述他人的处境，诱发觉察者想象相同的情境，从而引起觉察者相同的情绪体验的过程。观点采择是指采用他人的心理观点，它是一个非常广泛的概念，指体验他人的认知状态、情绪心理状态和他人的感官知觉，而不仅是理解，例如，发生在视觉空间中的观点采择（Walter，2012）。笔者将其定义为觉察者通过想象自己处在他人的情境中进而体验他人的知觉、认知或情绪等的一种心理状态。高级认知机制是高级认知系统的复杂加工过程，因此所产生的情绪完全受高级认知系统调节，情绪产生过程完全是自上而下的。Hoffman将高级认知机制纳入情绪感染中，说明他并不关注觉察者的无意识模仿和生理反馈的情绪产生过程，Hoffman虽然认同情绪感染是人与人之间情绪传递的一种方式，但有无限扩大化的倾向，甚至将所有的人与人之间的情绪传递与渲染方式都囊括其中，尤其强调情绪感染的意识性（如觉察者想象），混淆了情绪感染与移情（empathy）、情绪调节（emotion regulation）。Lishner等人（2008）认为情绪的联结机制（association mechanism）也属于情绪感染，当觉察者觉察到别人在某种情绪刺激中产生了与自己相同的情绪体验时，就会将自己的情绪体验与他人的情绪线索建立联结，将来看到相同的情绪线索时就能直接诱发情绪体验，或者通过激活先前的情绪情境记忆间接诱发情绪体验。

由此可见，将情绪感染由无意识层面拓展到意识层面后，情绪感染的概念失去了独特性，情绪感染的现象不再是一种单一的、基本的心理现象，而是与其他心理现象相混淆或掺杂，不再具有独特的发生机制。将各种各样的情绪传递方式都归为情绪感染，貌似拓展了情绪感染的内涵，实则抽离了情绪感染的本质，使情绪感染最终不知所指。

[①]　Hoffman的两种高级认知机制其实是移情现象，详见后文论述。

三　情绪感染概念的构建

（一）意识性情绪感染现象的混杂性

构建心理学概念，笔者认为有三点很重要：（1）概念的独特性，即概念不能与其他概念相混淆、相掺杂，否则某一概念就没有存在的必要性；（2）概念的基础性，即心理学概念要能反映一种单一的、基本的心理现象，而不能是几种心理现象的复合，因为复合的心理现象可以用几种简单的心理现象去解释，这符合元素主义理论，至于复合心理现象的效应是大于还是小于简单心理现象之和，已不是概念研究的范畴；（3）概念所反映的心理现象要有其独特的发生机制，这是概念的独特性和基础性的充分条件，所谓独特的发生机制是指某一心理现象的产生原理与其他心理现象不同，并且不能用其他心理现象或复合心理现象的发生机制去解释它。

意识性情绪感染所描述的心理现象不是一种基本的、独特的心理现象。意识性情绪感染的意识加工形式有语介联想、观点采择（Hoffman，2002）、联结机制（Lishner et al.，2008）和意识性情绪调节（Liverant et al.，2008；Goldin et al.，2008）。意识性情绪感染描述的诸多心理现象可归纳为两大类。一类可以用原始性情绪感染与意识性情绪调节的相继现象解释，如"虚假的笑不具有感染力"（Hennig-Thurau et al.，2006），其实就是原始性情绪感染[1]加上意识性情绪调节。神经科学的实验研究表明，对情感事件的最初反应以及随后的情绪调节（情绪放大或削弱）这两个心理过程涉及大脑中相互独立的两种运行机制（Johnstone et al.，2007）。由此可见，这是两个不同的心理过程且由大脑中两种相互独立的运行机制去处理，"虚假的笑不具有感染力"是因为原始性情绪感染后，觉察者通过意识判断"笑是不真诚的"，而后出现了自动化的意识性情绪调节，消除了原始性情绪感染的结果，但不能由此推断情绪感染没有发生过，因为无意识活动是自动化的且不可调控的，若进入调控阶段就已经不是无意识活动了。意识性情绪感染描述的另一类心理现象是移情

---

[1]　本书后文在没有强调"意识性"的情况下出现"情绪感染"均指原始性情绪感染。

或移情与原始性情绪感染的交织现象①，Hoffman（2002）提出的两种高级认知机制——语介联想和观点采择，就可以用移情或移情与原始性情绪感染的复合现象解释。语介联想是借助语言和想象，使觉察者身临其境而体验到与实际经历者相同的情绪，有移情的成分，也有情绪的联结机制成分；而观点采择其实就是设身处地从他人的角度进行换位思考，想象自己倘若处在他人的情境中会产生什么样的情绪，这就是移情。移情又分为两种：一种是觉察者身临其境的移情，如亲眼看到他人被汽车撞伤后的痛苦表情，由此产生情绪感染，再想象"如果自己被汽车撞了，也会很痛苦"，所以又产生了移情，这是情绪感染与移情的叠加；另一种不是身临其境的移情，如看到他人被汽车撞伤后的悲惨情境的描述或画面，想象"自己被车撞也会很痛苦"，这就是移情，这个过程没有产生情绪感染。"身临其境的感受"所产生的情绪要比"不是身临其境的想象"强烈得多，因为移情与情绪感染的叠加效应要比单独的移情大得多。

因此，所谓的意识性情绪感染不是一种基本的、独特的心理现象，它远远超出单一情绪感染的范畴。意识性情绪感染不是单一的心理现象，而是诸多心理现象的混杂，将所有的情绪传递现象及其情绪调节都囊括其中，没有确切的分界，也没有提炼独特的发生机制，意识性情绪感染貌似深入拓展了情绪感染的概念，实则反映了学者们没有深入细致思考，对意识性情绪感染的研究相当粗糙。所以，意识性情绪感染存在的科学性值得商榷。

（二）高级情绪信息与感官情绪信息的区别

人们发现，婴儿看到其他人哭时，通常也会跟着哭。在对猴子的研究中，人们也发现了类似现象，猴子的悲伤情绪或惊慌情绪会在猴群中传，尽管它们不知道到底发生了什么，这说明情绪可以被其他个体无意识模仿，情绪感染通常在同物种间的行为观察中产生（Bastiaansen et al.，2009）。正如英文"contagion"（感染）的拉丁语来源"contagio"意思是"来自接触"，情绪感染中的"接触"虽然不同于医学感染中的物理接触，但是视觉、听觉、嗅觉系统这些收集情绪信息的感官系统可直接接触某些情绪信息，无须意识参与，自动化程度相当高。而接触文本

---

①　移情与情绪感染不一样，后文有论述。

的语义情绪信息，如阅读一段感人的故事，虽然阅读需要视觉系统参与——"看"，甚至需要听觉系统参与，但仅凭这些感知系统是无法完成情绪信息的加工的，需要高级认知系统及丰富的想象思维，才能完成对文本的语义情绪信息的加工。显然，可直接接触的情绪信息和不可直接接触的情绪信息是有区别的。所以，要回答什么是情绪感染，首先必须分清哪些情绪信息可以直接接触（可感染），哪些情绪信息不能直接接触（不可感染）。

由此，我们有必要对情绪信息进行区分，这是以往研究都没有注意到的，情绪信息按其是否需要意识参与分可为低级情绪信息（low-level emotional information）和高级情绪信息（high-level emotional information）。低级情绪信息几乎不需要意识参与，其自动化处理程度非常高，达到一定成熟程度的婴儿就能识别此类信息，如面部表情、肢体语言、声音（包括音阶、音调）、气味等，低级情绪信息又称感官情绪信息（sensorial emotional information），可以通过感官系统感知，不需要后天学习或太多学习，其意义具有一定的跨种族甚至跨物种的相通性，如面部表情或颜色就具有跨种族甚至跨物种的相通性，微笑的含义对全人类都是相通的，红色或者其他鲜艳的颜色在整个自然界中都是警戒色等，这类情绪信息可以通过感官系统直接接触，加工这类情绪信息几乎不需要意识努力，如 ERP 研究表明脸部表情的无意识加工会引发不同的 P1（90~140 ms）和 N2（150~200 ms）成分，提示无意识脸部信息可能在早期的视觉处理阶段就产生了（Kiss & Eimer，2008；Li et al.，2008）。而对高级情绪信息的理解需要高级认知系统的复杂加工（高级认知加工，如语介联想、观点采择等）才能完成，需要具备人类的高级大脑结构和后天大量的学习才能实现，所以对高级情绪信息的加工基本上是人类独有的能力。尽管这类信息的输入需要借助感官系统，但这类情绪信息的内涵不能通过感官系统的直接接触理解。

感官情绪信息的加工过程如图 1-2 所示，当觉察到感官情绪信息后，觉察者会无意识模仿，无意识模仿会通过生理反馈激活镜像神经元系统，由此觉察者感染上了他所觉察的情绪，这一过程可表示为"觉察—模仿—反馈—情绪"（Falkenberg et al.，2008），这是一个由生理反馈诱发情绪的过程，是一个典型的自下而上的情绪产生过程，加工的自动化程度非常高。高级情绪信息的加工过程如图 1-3 所示，当觉察者觉察到高级情绪信息后，需要高级认知系统的"解读"，才能揭示其情绪内涵，从而诱发情绪，激发相应的生理反馈，这一情绪产生过程完全不同于感官情绪信息，是一个由高级认知加工诱发情绪的过程，是一个典型的自上而下的情绪产生过程，加工的自动化程度低，意识的参与程度高。

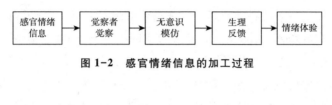

图 1-2　感官情绪信息的加工过程

图 1-3　高级情绪信息的加工过程

（三）区分两类情绪信息的理论意义

由于以往研究没有区分感官情绪信息和高级情绪信息，导致在实证研究中包含了两类情绪信息，诱发的心理现象是杂乱的，实验研究相当粗糙，实验结果也无法得到科学解释。例如，在服务业情绪感染的研究中，通常会使用现场模拟手段让"消费者"（被试）身临其境或让被试观看一段服务录像，由于服务过程伴有口头语言，如抱怨或道歉的语言，这就很难分辨究竟是面部或肢体的情绪信息（感官情绪信息）对消费者情绪起作用还是语义情绪信息（高级情绪信息）对消费者的情绪起作用，因为同样的一句话用不同的语气、语调去表达，最终效果是不一样的，带有情绪的口头语言其实包含了两类情绪信息，同时传递了感官情绪信息和高级情绪信息，还包含情绪的意识性调节，而研究者们将其都认定为"情绪感染"，这样产生的实验结果很难分清感官情绪信息、高级情绪和情绪的意识性调节到底哪个对消费者的情绪影响更大。显然无论结果如何，将其均冠以情绪感染并认为对消费者的情绪产生影响是不科学的，因为这种研究诱发的心理现象庞杂且粗糙。然而，目前国内外大多数有关服务业和管理中的情绪感染研究均是这种模式（Hennig-Thurau et al., 2006; Barger & Grandey, 2006; Huang & Dai, 2010; Du et al.，2011）。

以往对情绪感染概念的理解之所以观点不一，主要是因为没有区分感官情绪信息与高级情绪信息。通过考察 McDougall（1923）对情绪感染的最初定义——通过原始性交感神经反应产生的情绪直接感应法则，可以推断 McDougall 倾向于认为情绪感染来自无意识加工（直接感应），只是 McDougall 没有详细阐述情绪感染是如何通过交感神经反应产生的，这可能是囿于当时的科学技术。现在的研究通过 fMRI 证明了镜像神经元系统的存在（Bastiaansen et al.，2009；Pfeifer et al.，2008；Dapretto et al.，2006），这为"模仿产生情绪"提供了直接证据。Hatfield 等人（1994）提出的情绪感染概念认为，面部表情、语言和行为都是可以传染的，没有区分感官情绪信息和高级情绪信息，因此其对情绪感染的定义不够精准，随后的研究者们也没有注意到这两类情绪信息在加工机制上的本质区别，将高级情绪信息的传递现象也纳入情绪感染范畴，导致情绪感染的概念不断扩大并与其他概念相互交叉混淆而最终不知所指。

Foroni 和 Semin（2009）认为基于文本交流的情绪感染可以被心理机制激活，如人们接触"皱眉"这个词语时会激活相应的脸部肌肉动作，使用这一词语制造了"皱眉"。当人们暴露在充满情绪内容的词语中时，这些词语可以激活人们的脸部肌肉动作以展示情绪（Ekman，2009）。应该说 Foroni 和 Semin 所描述的现象是存在的，但是这一现象不是情绪感染，因为词语属于高级情绪信息，从词语中提取情绪信息需要高级认知加工，属于 Hoffman 所说的"语介联想"。

（四）情绪感染概念的正本清源

首先，情绪感染必须是无意识的。情绪可以通过模仿他人的行为直接产生，这个模型的基本原理是通过观察他人行为直接触发觉察者理解该行为的相应的神经物质（镜像神经元），通过模仿实现觉察者与他人在行为、感觉、情绪体验上的联结（Bastiaansen et al.，2009），镜像神经元有助于觉察者理解他人行为（Neal & Chartrand，2011）。这是一种无意识的、自动化的情绪产生过程，这一重要的情绪产生机制需要一个科学且唯一的名称——情绪感染，且这一概念必须区别于其他概念，不能将情绪感染随意扩展而与移情、情绪调节等概念相混淆，否则情绪感染这一心理现象就没有一致的话语平台，不利于科学研究，最终导致实验设计粗糙，诱发的心理现象庞杂。需要特别说明的是，情绪感染的无意识性不是指时程非常短以至于不能在意识层面对情绪信息进行处理（如阈下情绪启动），而是指时程可以较长，但是觉察者对情绪信息的处理是自动化的，无须意识参与。倘若情绪感染需要意识参与，那么就与移情、意识性情绪调节等概念交叉、重叠。

对阿尔茨海默病（Alzheimer's disease，AD）的研究也证明了情绪感染的无意识性。有研究表明 AD 患者表现出较高水平的情绪感染，即无意识地模仿他人情绪的能力较强（Sturm et al.，2013）。情绪感染水平越高，表明对他人的情绪和行为越敏感，而阿尔茨海默病是一种典型的认知障碍，既然有认知障碍，为什么 AD 患者的情绪感染水平反而提高了呢？尽管其中的机制尚没有得到充分的认识，但这种现象表明情绪感染不是基于外显认知能力的一种模仿，而是基于无意识的或者内隐认知能力的一种模仿，这两种能力具有不同的心理产生机制。

其次，通过情绪感染传递的情绪信息必须是感官情绪信息。情绪感染描述的是情绪在人与人之间无意识传递的现象，只有感官情绪信息的传递才符合无意识性。以往研究没有区分感官情绪信息与高级情绪信息，没有认识到这两类情绪信息的加工机制是不同的，由此导致没有从加工机制层面区分意识性情绪感染和原始性情绪感染，使意识性情绪感染最终滑向包罗万象的情绪传递与调节的迷局。

最后，情绪感染必须符合"感染"这一词源。如上所述，英语中的"感染"来源于拉丁语"contagio"，意思是"来自接触"，"接触"需要有两个主体，而且要有物质（微生物）在两个主体间传递，并最终导致一个主体被感染上了该种物质。医学中的"感染"是一种生理反应，心理学借用"感染"一词应该与其在医学中的意义保持一致，虽然情绪感染不像医学中的感染一样传递了物质，但是它传递了情绪信息。

综上所述，情绪感染概念的本质属性应该包括无意识性、传递感官情绪信息，此外，发生"感染"必须要有主体间性和情绪一致性。由此，可将情绪感染定义为情绪诱发者的感官情绪信息被情绪觉察者感知并自动化、无意识地加工成与情绪诱发者相同的情绪状态的心理现象。

四　情绪感染与相关心理现象的辨析

（一）情绪感染与移情

持意识性情绪感染观点的国外学者们至今不能区分移情（empathy）和情绪感染（Barsade，2002；Neumann & Strack，2000；Stel & Vonk，2009）。当婴儿看到其他人哭时，他们通常也会哭，他们似乎不能区别自己的悲伤和别人的悲伤（Singer et al.，2006），这种现象被称为情绪感染（Jabbi et al.，2007）。有研究比较了新生儿对沉默、白噪声、人工合成的哭声、新生儿的哭声和5个月大婴儿的哭声的反应，当婴儿听到新生儿的哭声时，他们比听到白噪声、人工合成哭声、沉默或5个月大婴儿的哭声时哭得更厉害，表明新生儿一定经历了情绪感染，因为当他们听到与他们一样的新生儿的哭声时，他们会变得更加痛苦（Simner，1971）。还有研究几乎重复了上述实验，发现婴儿在听到自己的哭声（录音）或较大月龄婴儿的哭声时不会跟着哭，说明婴儿的哭泣是移情的（因为婴儿没有理由对自己产生移情）（Martin & Clark，1982）。这两项研究的结果基本一致，可结论或解释却不同，原因就是很多学者没有严格区分情绪感染和移情。Ruffman等人（2017）提出新生儿对新生儿哭声的反应可能源于三个因素：对他人悲伤的感染、对于新生儿哭声的厌恶而产生的痛苦、刺激的熟悉度或新奇度。可见对于婴儿听见哭声而哭泣的心理现象究竟是哪些因素导致的，目前还莫衷一是，最可能的解释是婴儿对哭声的情绪感染或对哭声的厌恶，但不可能是因为移情，因为婴儿还不具备理解他人情绪的能力。有一项研究支持了笔者的观点，研究者向幼儿和成年人展示了四个视频：婴儿哭泣、婴儿笑、婴儿牙牙学语和婴儿无情绪并伴有白噪声。然后，研究者对被试观看视频时表现出的快乐和悲伤进行编码，并创建了一个差异分数（快乐减去悲伤）。尽管成年人对婴儿哭泣表现出更多的悲伤，但幼儿对婴儿哭泣和白噪声的反应是相似的。因此，幼儿对婴儿哭泣的反应与之前的研究结果相同，表现出轻微的悲伤，但与对白噪声的反应没有明显区别，并且相对于成年人悲伤程度显著减弱。因此，幼儿的反应似乎更适合描述为对厌恶刺激的反应，而不是移情（Ruffman et al.，2019）。

很多学者认为移情与情绪感染的区别在于是否具备区分情绪体验是

来源于自己还是来源于他人的能力（de Vignemont & Singer, 2006；Decety & Lamm, 2006；Panksepp & Lahvis, 2011），如果能够区分情绪体验是来源于自己还是来源于他人则是移情，否则就是情绪感染。以此为区分标准的话，只有婴儿才会有情绪感染，正常的成年人不可能出现情绪感染，因为，正常的成年人在清醒状态下肯定能够区分情绪体验是来源于自己还是来源于他人，有研究表明，成年人能将感受到的悲伤归因于他人，导致他们能移情地理解他人的情绪状态（Preston & de Waal, 2002；Gallese, 2003；Gallese et al., 2004；Decety & Jackson, 2004）。区分情绪是属于自己的还是属于他人的被称为内感受，内感受过程与对心跳变化的体验和感知有关，与情感分享、心理化和自我—他人的区分有关，内感受的准确性与心理化和自我—他人区分之间存在正相关，对心跳变化敏感的成年人不仅能更准确地区分自我和他人，也能更准确地解读他人的情绪状态（Lischke et al., 2020），婴儿不能区分自我与他人，没有准确的内感受，心理化程度低，但不能以此来区分情绪感染和移情。这种解释也排除了正常成年人具有情绪感染的可能，导致没有一个确切的概念可以用来描述成年人通过无意识模仿而产生情绪体验的现象。

从词源上来说，英文"empathy"（移情）一词来自德语"Einfühlung"，Titchener（1909）将它音译成英文，创造了一个英文新词"empathy"，意思是"将你自己投射到你所观察的事物中去"，可见，移情的原意就是"投射"，即是一种"神入"，通过自己的想象设身处地从他人角度去思考（Decety & Jackson, 2006），即将自己"移"入他人的情境中。移情重在"移"，这一过程需要借助观点采择并进行丰富的语介联想才能实现，运用想象就意味着启用了认知联结机制，也就从情绪分享转入移情（Arizmendi, 2011）。由于观点采择、语介联想是高级认知机制，也是高级情绪信息的加工过程，需要意识参与，应纳入移情的范畴。而情绪感染重在"染"（接触），是依据各感官系统即可自动完成的情绪传递现象，具有原始性和无意识性。此外，移情高度依赖文化背景和文化规范，例如Cheon等人（2011）揭示了对社会等级的文化偏好与自我报告的移情和移情的几个神经生理学相关因素有关，如左侧颞顶叶交界处的活动增加。Chopik等人（2017）分析了来自63个国家的104365名成年人在移情关注、换位思考和亲社会行为方面的文化差异，并记录了移情与文化变量（如较高水平的集体主义）之间的相互关系。

由此，笔者认为，两者的区别有两点：（1）传递的情绪信息类型不同；（2）时程上的差异。前者是本质区别，后者是本质区别的延伸。情绪感染传递的是感官情绪信息，是一个无意识的过程；而移情传递的是高级情绪信息，是一个意识参与的过程。两者在时程上有着显著差别，无意识过程要远远早于意识过程，对脑损伤病人进行皮层电刺激的研究表明，意识参与的神智功能开始是无意识的，它是由无意识活动发动的，而且只有当无意识活动持续相当长一段时间之后，才能形成意识参与的经验（狄海波等，2021）。难怪有学者认为情绪感染是移情性理解的重要先决条件（Jabbi et al., 2007）。

情绪感染在系统发育上是连续的，并且在大多数哺乳动物和鸟类中都可以观察到（de Waal, 2008；Koski & Sterck, 2010）。最新的研究表明，小鼠和大鼠也能够分享其同类的情绪状态，能够在这些共享情绪状态的驱动下产生亲社会行为（Meyza et al., 2017）；类人猿具有与移情相关的更高层次的认知和情感过程，甚至产生移情关怀（de Waal, 2008；Hirata, 2009；Romero et al., 2010）。这些研究表明，情绪感染不仅是一般移情的前兆，而且可能是进化移情的前兆。de Waal（2008）在"俄罗斯娃娃模型"中总结了这一结论，而移情的个体发育研究进一步支持了这一结论。

当然，在移情的过程中可能会同时发生情绪感染，比如看见一个孤独的老人在街上乞讨，感官情绪信息的输入会诱发情绪感染，同时想象"老人的困境"会诱发移情，出现两种心理现象的叠加，因此有学者认为情绪感染是移情的一种原始形式（Choi & Jeong, 2017）。有学者认为情感事件和相关感受的交流也是情绪感染过程（Luminet et al., 2000），情绪的社会分享，如与一个或多个人就引发情绪的事件以及感受和情绪反应进行公开交流（Rimé, 2009），诱发者的情感事件和感受表达促进了觉察者对类似情感的体验，这都属于移情，而不是情绪感染。

（二）情绪感染与同情

同情（sympathy）是指当他人处于悲痛时对他人表示同感体验或表达关怀的情感（Clark, 2010）。Wispe（1986）认为同情是对他人痛苦的感知，并想方设法试图减轻别人痛苦的情感。由此可见，同情更强调对他人悲痛的移情，并伴有试图采取措施减轻他人痛苦的行动或愿望，同情不等于移情，移情不仅会出现在悲痛事件中，也会出现在正性事件中，比如因得知好友获奖而高兴，就是移情而不是同情，移情的概念比较接近共情。对他人悲痛的移情可以看作同情，或者按照 Hoffman（2000）的观点，同情是移情的结果，是在理解他人情绪状态的基础上的关心。虽然有研究者认为同情还应包括亲社会行为，但是笔者认为亲社会行为不是同情的必要条件，比如"爱莫能助"就是没有亲社会行为的同情，亲社会行为应该理解为是同情的可能结果，因此，对他人痛苦情绪的移情才是同情的本质。同理心有助于理解另一个人的情绪并与之融合（Davis，1983），同理心是移情与同情的共同心理基础，一项对艺术品共情的研究表明，与低同理心的被试相比，高同理心的被试能更准确地识别和接受表面上的情绪或艺术家的实际情绪，高同理心个体对他人情绪的敏感性不局限于社会目标，如面孔，还能延伸到人类思维的产物，如艺术品（Stavrova & Meckel，2017），高同理心个体对他人情绪状态有更高的注意力和敏感度（Zaki，2014），在面对艺术作品时，高同理心个体比低同理心个体更能体验艺术作品中表达的内隐情感（Stavrova & Meckel，2017）。因此，同理心应该是一种理解他人情绪的能力，它是高级思维的情感产物。而情绪感染在某些场合可以是移情的组成部分（如有感官情绪信息的场合），但是同理心不是情绪感染发生的必要条件，同理心对情绪感染只有调节作用。

在传递的情绪类型上，同情、移情、情绪感染也有区别。同情仅指对他人痛苦情绪的移情，不包括其他负性情绪，如愤怒，但是通过移情或情绪感染可以体验他人的愤怒情绪，也就是说移情或情绪感染能传递所有类型的情绪。

综上所述，同情是移情的一个特例，移情是同情的上位概念。由此不难理解情绪感染与同情的区别。

（三）情绪感染与情绪调节

情绪调节（emotion regulation）是指个体试图对自己的情绪状态、情绪发生的时间以及情绪体验与表达施加影响的过程（Carthy et al.，2010）。由此，笔者认为，情绪调节是指个体对自己的情绪状态、体验、表达施加影响以便达到社会要求或自己的适应状态的过程。情绪调节是对自己已获得的情绪体验进行心理操作的过程。

首先，情绪调节不仅包括消除负性情绪，也包括对正性情绪、负性情绪的增强、维持和消除等多个方面。其次，情绪调节可以是意识的，如试图改变焦躁的状态或者在愤怒的时候咬自己的嘴唇；也可以是无意识的、自动化的过程，如当一个人收到一份礼物而更高兴（Gross，2002）。起初人们对情绪调节的理解是指情绪的有意调节（deliberate emotion regulation），后来人们发现情绪调节是可以自动化、无意识地进行的，人们的情绪会受到根深蒂固的行为习惯和社会文化的影响（Fitzsimons & Bargh，2004），这就是行为习惯或社会文化对情绪的无意识调节。

而情绪感染是指觉察者获得情绪的一种途径，情绪感染的研究关注的是情绪感染过程及其对后继行为或评价的影响，它与情绪调节在时程和机制上均不相同。可是，由于情绪调节通常出现在情绪感染过程之后，很多学者没有区分情绪感染与情绪感染后的情绪调节，尤其是情绪感染与之后的无意识情绪调节先后出现，导致很多学者把情绪感染及随后出现的情绪调节均称作情绪感染，意识性情绪感染就是犯了这个错误，意识性情绪感染其实就是"情绪感染+无意识情绪调节"，所以意识性情绪感染是一个错误的概念。

（四）情绪感染与情绪加工

英文"emotional processing"可以翻译成"情绪处理"或"情绪加工"。如果翻译成"情绪处理"似乎是指向消极情绪的，如 Rachman（2001）认为"emotional processing"是指情绪困扰（emotional disturbance）被解决或降低到其他体验或行为可以不受干扰而正常执行的程度。这个定义显然是把"emotional processing"理解为对消极情绪的处理和解决。有学者则将"emotional processing"理解为对能唤醒情绪体验的情绪刺激的感知、评价，包括对脸部表情的识别、回忆情感事件、观看情绪影片或图片（Killgore & Yurgelun-Todd，2004）。从这个定义来看，显然把"emotional processing"理解为中性的情绪加工，不指向任何情绪类型，也不确定情绪加工的结果是增强了情绪还是削弱了情绪、抑或是其他。笔者认为 Killgore 等人的定义较为中立、客观，而 Rachman 的定义不可取，或者说他应该在他所理解的"emotional processing"前面加上

"negative"一词。

情绪加工主要表现为对情绪信息的感知、编码、存储、识别，情绪加工可以在阈下进行直至阈上，是从阈下到阈上、从无意识到意识的一个连续的加工过程。有证据表明对面部表情的处理可以在无意识状态下进行，如面对威胁或危险的表情信号（Öhman，2002；Vuilleumier et al.，2002；Liddell et al.，2005），面部表现出快乐（Killgore & Yurgelun-Todd，2004）或悲伤（Dannlowski et al.，2007）。情绪加工的主体往往是人，而情绪加工的客体可以是人，也可以是物、事，能唤起情绪的刺激物都是情绪加工的客体。

由此，笔者认为情绪加工是一个非常广泛的概念，而情绪感染只是一种特殊的情绪加工，即发生在人与人之间的一种对感官情绪信息的无意识、自动化加工，情绪感染的无意识性是指情绪加工的自动化，即无须意识参与，不涉及情绪觉察①。总之，情绪加工是上位概念，而情绪感染是下位概念。

第二节　情绪感染的发生机制研究

情绪感染的发生机制研究试图解释情绪是如何在人际传递的，有哪些环节？情绪感染的发生机制其实就是情绪感染的发生原理。由于以往在情绪感染概念上存在两大分歧，导致在情绪感染发生机制研究上同样存在两大分歧。

一　以往关于情绪感染发生机制的研究

（一）原始性情绪感染的发生机制

原始性情绪感染理论认为，觉察者对情绪信息的觉察伴随着无意识模仿，在诱发者与觉察者之间存在一种同步的动作互动，这种"模仿—反馈"机制影响了觉察者的情绪体验，最终导致觉察者产生与诱发者相同的情绪体验。可将这一过程描述为"觉察—模仿—反馈—情绪"（Falkenberg et al.，2008）。原始性情绪感染强调觉察者模仿的无意识性，

---

① 情绪觉察需要消耗一定的注意资源，详见第五部分研究。

模仿是情绪体验的真正发动者，自发地模仿他人的面部表情及其他非语言线索，然后产生相应的动作，并通过生理反馈传递给大脑，使觉察者体验到了相应的情绪（Hess et al., 1992；Strack et al., 1988），出现在4~5个月大的婴儿身上的情绪模仿（Isomura & Nakano, 2016），就是无意识的。脸上笑起来，就会感觉到高兴，模仿他人的面部表情会影响自己的情绪体验，体验到与被观察者相同的情绪（Stel & Vonk, 2009）。有研究者认为，当觉察到他人的情绪表达，并通过"模仿—反馈"激活了觉察者相同情绪活动的神经表达时，情绪感染就发生了（Preston & de Waal, 2002）。原始性情绪感染理论认为，情绪感染水平与诱发者的情绪表达程度有关，诱发者表现出的情绪能量水平越高，情绪感染水平就越高（Tedeschi, 2013；Barsade & Knight, 2013）。诱发者的情绪表达越强烈，觉察者的模仿就越深入[①]，情绪感染的效果也就越明显（Hennig-Thurau et al., 2006）。在觉察者一端，模仿与生理反馈都是无意识发生的，同一个体的生理反馈强度与情绪体验强度是正相关的，所以模仿的强度决定了其情绪感染水平。情绪感染水平也与情绪效价有关，负性情绪要比正性情绪更能诱发情绪感染（Barsade, 2002），因为负性情绪要比正性情绪吸引更多的注意，反应倾向也更强烈，这就是情绪的负性偏向（Andrews et al., 2011；Dannlowski et al., 2007；Kaffenberger et al., 2010）。

（二）意识性情绪感染的发生机制及其证伪

意识性情绪感染理论认为情绪感染过程是一个意识参与加工的过程，意识加工是情绪感染发生机制中的必要环节。严格来说，意识性情绪感染学派没有在真正意义上研究过情绪感染的发生机制。根据Hatfield等人（1993）的理论，情绪感染起始于觉察者感知他人面部表情、肢体语言和声音，这可以是意识的，也可以是无意识的。Barsade（2002）认为情绪感染是指觉察者将自己的情绪与他人的情绪进行对比，如果认为他人的情绪合适，便接受他人的情绪。意识性情绪感染理论认为，情绪感染水平较少受诱发者的情绪表达程度的影响（如微笑的频率或程度），而

---

① 这一观点是不对的，情绪感染会受其他无意识心理现象调节，如先入观念、前情绪、其他无意识认知等。

更多受诱发者情绪真诚性的影响（如微笑的真诚性）[①]。有些学者认为，个体间情感互动的时长和频率会影响他们分享情绪的程度（Lanaj & Jennings，2020），更具体地说，团队成员参与情感互动或观察彼此情绪表达的时间越长、频率越高，他们就越有可能体验相似的情绪，从而导致情绪共享或情绪趋同（Rhee et al.，2020），在某些情境下可能是这样的，但在一个松散的团体或成员间有利益冲突的团体中，情况就未必是这样了，可见情绪感染受很多因素的影响，不能用简单线性的方式思考。如果觉察者认为诱发者的情绪是不真诚的或是假的，他们就不能合理地解释情绪表达的适宜性，情绪感染就不会产生（Hennig-Thurau et al.，2006；Du et al.，2011）。Kramer 等人（2014）和 Carr 等人（2014）同样认为能量（指情绪的表达力度）对情绪感染具有矛盾的影响，也就是说不一定越强烈的情绪表达就越有感染力，并以此证明情绪感染是意识的。

综上所述，笔者推测意识性情绪感染是指觉察者对他人情绪意识地感知、分辨与接受的过程，意识性情绪感染的发生机制可描述为"感知—分辨—对比—接受"，这是一个理性的情绪分辨与接受的过程。意识性情绪感染对发生机制的解释存在三大问题：（1）意识性情绪感染始终没有解释觉察者是如何接受他人的情绪并同步化他人情绪的，即"接受"与"同步化"他人情绪的心理机制，这才是情绪感染发生机制的核心问题，而"分辨—对比"不是情绪感染的环节，是决定情绪感染能否发生的前提条件，不能纳入情绪感染的发生机制；（2）意识性情绪感染理论认为，情绪感染发生与否及情绪感染水平完全受意识调控，这似乎已超出了情绪感染的范畴，不是在解释情绪感染是如何发生的（即发生机制），而是在试图解释意识对情绪感染的调节作用，意识性情绪感染学派对发生机制的解释在逻辑上是有问题的，有答非所问的嫌疑；（3）原始性情绪感染过程中的情绪识别与模仿是在意识前就已发生，已有证据也表明对面部表情的处理可以在无意识状态下进行（Dannlowski et al.，2007），如对面部恐惧表情的识别处理仅需 30~80ms，这表明在面部表情被意识完全识别之前，面部情绪信息的编码早已开始，模仿与情绪信息

---

① 这一观点其实也是不对的，详见第四章第三节"学生的首因效应对教师情绪感染力的调节"。

的识别几乎同步进行（Meeren et al., 2010），而意识性情绪感染的"分辨—对比"阶段在时程上要远远落后于情绪感染，属于情绪感染后的调节阶段。可见，意识性情绪调节不属于情绪感染的发生机制范畴。

二　情绪感染发生机制的理论构建与论证

情绪感染发生机制的模型应该在情绪感染概念的基础之上建构，如前所述，情绪感染是指情绪诱发者的感官情绪信息被觉察者感知并自动化、无意识地加工成与诱发者相同的情绪状态的心理现象。那么，感官情绪信息是如何被觉察者无意识地加工并最终被"复制"的呢？显然这个无意识的加工和复制过程，就是情绪感染的发生机制的关键。

（一）模仿与反馈在情绪感染中的作用

Hatfield 等人（1993，1994）的情绪感染理论是建立在自动化、无意识地对观察到的面部表情进行快速面孔反应（rapid facial reactions）的基础之上的。快速面孔反应即模仿，因为模仿激活了觉察者的面部动作，使觉察者产生了相应的情绪，例如，看到某人愁容满面，觉察者产生愁容的肌肉就会激活，这种活动可能很明显，且常常是下意识的，产生得非常快（1000ms 以内）（Dimberg et al., 2000）。Stel 等人（2009）认为情绪感染应该从生态学角度去研究，模仿是（生物的）一种社会功能，Stel 等人使用丰富的实验材料（长视频与真实交往）让觉察者产生与诱发者相同的情绪，证明了模仿与移情①的因果效应。模仿通常是自动化的和无意识的，比如观看电视剧，对剧中人物的移情也会因为模仿而增强②（Stel & Vonk, 2009）。情绪感染描述了个体之间情绪状态的一致性，有些学者认为情绪感染基于行为同步，情绪感染即行为感染，可见行为模仿在情绪感染中的重要性。例如，Wenig 等人（2021）在实验中让乌鸦玩三种形式的游戏——物体游戏、运动游戏和社交游戏，结果发现乌鸦玩社交游戏的频次增加，说明乌鸦在玩耍时，一般情绪状态发生了转移，而行为模仿则是情绪感染的先决条件。在啮齿类动物中也发现了情绪感染现象，研究人员对演示鼠实施足底电击，演示鼠出现行为冻结，

---

① 该研究中的移情其实是情绪感染，作者没有区分移情与情绪感染。
② 观看电视剧时产生的情绪是移情与情绪感染叠加作用的结果。

同时在观察鼠中也测量到了行为冻结（Han et al., 2020），实验结果表明动物的行为模仿是无意识的和自动化的，但是能否产生相应的情绪体验就不得而知了，这可能要考虑这种行为反应是不是应激性反应：如果是，应该就有相应的主观体验与行为；如果不是，那可能就是模仿，因为观察鼠是无法理解电击情境的，也就无法理解演示鼠的痛苦。因此，我们不能简单地把所有能观察到的人类婴儿时期或动物之间的行为模仿都称为情绪感染，因为情绪感染最终是要产生情绪的，而从行为模仿到产生相同的情绪还有复杂的心理机制。

由此可以认为，模仿与反馈是情绪感染的两个重要环节。模仿是指在情绪诱发者与觉察者之间存在一种同步的动作互动，微动作模仿有时从外表看不出来，需要借助 EMG 才能检测出来。比如，通过 EMG 发现，当看到别人摔跤或口吃时，觉察者的手臂或嘴角的 EMG 就会增大（Berger & Hadley, 1975）。很多证据支持人类天生就有模仿他人行为的倾向，模仿被认为是一种天生的社交工具，成年人（Wallbott, 1991；Laird et al., 1994），甚至刚出生几天的婴儿（Kevrekidis et al., 2008）都会模仿，情绪模仿能增强人们理解他人的能力，人们用模仿来实现社会互动的目标，与他人建立融洽的关系，加强社会联系。模仿在社会学习中也起着至关重要的作用，孩子们通过模仿学到了很多关于行为和情绪反应的社会适应方式（Kavanagh & Winkielman, 2016），模仿也可分为意识的和无意识的，它们都是社会交往与社会学习的重要方式，情绪感染中的行为模仿属于无意识模仿。

为什么模仿他人能使觉察者产生与他人相同的情绪呢？因为当觉察者模仿他人时，能从自己的肌肉动作、内脏和腺体的生理反馈中体验到与他人一致的情绪（Hatfield et al., 1994）。例如，当模仿他人笑时就会感觉自己很高兴，模仿导致生理发生变化，如需氧量增加[①]，或通过觉察到自己笑的行为而推断自己应该很高兴[②]（Neumann & Strack, 2000）。最新的 fMRI 研究发现，被试对自己面部表情的觉知会激活相应的脑区，而该脑区在被试产生相同情绪时同样被激活，因此，脸上笑起来，就会

---

① 对自己生理变化的反馈。
② 对自己行为的反馈。

感觉到高兴（Adolphs，2002；Wild et al.，2003）。很多实验已经证明了这种从行为或生理改变到情绪体验改变的反馈机制（Barger & Grandey，2006；Rizzolatti & Sinigaglia，2008；Damasio，2003），情绪有其独特的产生机制——自下而上，即从生理唤醒到情绪唤醒，笔者认为这一机制又可分为两个亚类：自然应激情境和社会交往情境。在自然应激情境中，生理唤醒可直接产生应激情绪，无须高级认知的参与，如在野外看到蛇撒腿就跑，或者夜间一脚踏空惊出一身冷汗，就属于应激情绪，应激情绪是人类的一种基本情绪，它不同于社会交往情境中的紧张，因为两者的产生机制与功能完全不同。在社会交往情境中，生理唤醒不一定会产生情绪，也就是说生理唤醒组合①与情绪类型之间不是一一对应的，生理唤醒需要高级认知在特定情境下的评估才会产生相应的情绪，这种评估基本是无意识的，所以 Arnold（1960）认为刺激情景并不直接决定情绪的性质，从刺激出现到情绪的产生，要经过对刺激的评价，情绪产生的过程是"刺激情景—评价—情绪"，情绪的产生是大脑皮层（高级认知）和皮下组织协同活动的结果。Arnold 的评价—兴奋理论实际上包含了环境、认知、行为和生理多种因素，把环境影响引向认知，把生理激活从自主系统推向大脑皮层，通过"认知评价—皮层兴奋"模式把认知评价同外周生理反馈结合起来，并据此强调来自环境的影响要经过人的评价才能产生情绪。Kangan（1994）的研究发现，婴儿对刺激的微笑反应往往有 3~5 秒的延迟。这就是知觉再认的过程，婴儿遇到熟悉的人就微笑，遇到陌生人（既相似又不相似）就焦虑，这都和他的知觉再认能力有关。Schachter 和 Singer（1962）的情绪认知理论认为，情绪既来自生理反馈，也来自对导致这些生理反馈的情境的认知评价。认知评价发挥了两次作用：第一次在当人觉知到导致生理反馈的情境时，第二次是当人接收到这些生理反馈时把它标记为一种特定的情绪。著名的"吊桥效应"支持了这一观点，所谓吊桥效应是指当一个人提心吊胆地过吊桥时，会不由自主地感到心跳加快（生理反馈），如果这个时候，碰巧遇见异性，那么这个人就会错误地把由吊桥情境引起的心跳加快解释为对

---

　　①　生理唤醒组合是指各种生理指标的唤醒程度的组合，如血容量、呼吸、皮电、肌电、脑电等不同唤醒程度的组合。

方使自己心动，由此产生情愫。在社会交往情境中，自上而下的情绪产生机制需要主体对情境进行解释，高级认知的评价真正决定情绪会不会产生以及情绪的类型。

（二）情绪感染的神经机制

可问题是，生理反馈如何激活神经系统，哪些神经系统执行了情绪功能呢？随着镜像神经元系统[①]的发现，情绪感染的神经物质越来越明晰（Gallese et al., 1996; Rizzolatti & Arbib, 1998; Rizzolatti & Sinigaglia, 2008; Wolf et al., 2000），当觉察者看到他人的动作或者听到他人的语音时（Gallese, 2003），大脑的相应区域就会被激活，而这一区域在觉察者自己执行相同行为时同样被激活（Bastiaansen et al., 2009）。观察他人厌恶的面部表情和自己体验厌恶时均激活了前脑岛和邻近的额叶岛盖，两者统称为 IFO（insula and frontal operculum）（Dapretto et al., 2006），当观察他人疼痛的表情时，被试报告产生的移情越强烈，IFO 激活得越厉害（Singer et al., 2006）。此外，若 IFO 受损，会削弱厌恶体验，也不能很好地理解他人的厌恶体验（Adolphs, 2003）。这些实验均证实了 IFO 在模仿他人情绪过程中的重要作用。Schuler 等人（2016）提供了一种综合的神经科学方法，将前脑岛、前扣带皮层和中扣带皮层指定为共情的核心区域，连接心理化网络和镜像神经元系统。

自发现镜像神经元系统以来，大量神经生理学的研究表明，在观察和执行特定动作或感知特定情绪或感官刺激时，相应的大脑区域会被激活（Bastiaansen et al., 2009; Keyser et al., 2010）。观察者可以通过部分地模拟与行动者相同的神经回路和内部状态来破译行动者的行为和状态，无论是作为观察者还是作为行动者，相应大脑区域被激活是感知刺激和行为"共享表征"的基础（Lawrence et al., 2006），对于观察者来说，激活镜像神经元系统的一个潜在优势是可以获得关于自己的感觉和行为的信息，这些信息有助于解释社会线索，并推断观察到的参与者的行为或意图，从而让我们更能理解他人的意图。

阿尔茨海默病（AD）患者的情绪感染水平得到提高。Choi 和 Jeong（2017）通过观察恐惧条件反射来测量 AD 型小鼠的情绪感染水平，并同

---

① 镜像神经元系统是复合神经元的一个子系统。

步记录其双侧前岛叶（bilateral anterior insula）、基底外侧杏仁核（basolateral amygdala）、前扣带回皮质（anterior cingulate cortex）和压后皮质（retrosplenial cortex）的局部场电位，以研究相关的脑网络变化。结果显示，11 个月大的 AD 型小鼠在观察性恐惧条件反射中表现出显著的冻结水平，与年龄相同的野生型小鼠相比，AD 型小鼠的情绪感染水平提高。此外，当 11 个月大的 AD 型小鼠观察到同种动物的痛苦时，它们的左侧前岛叶（the left anterior insula）和右侧基底外侧杏仁核（right basolateral amygdala）的同步性活动持续增加，而这些变化没有出现在其他年龄对照组或野生型对照组中。此外，前岛叶内的淀粉样斑块负荷与观察性恐惧条件反射中的冻结水平显著相关。总之，这项研究揭示了前岛叶和基底外侧杏仁核之间的网络同步性持续增加，这构成了人类的突显网络（salience network）[①]，是 AD 型小鼠情绪感染水平提高的潜在机制。大量研究都表明前岛叶和杏仁核控制着自主神经系统，信息经过丘脑直接或间接地传给杏仁核，并通过杏仁核无意识地激活情绪，然而阿尔茨海默病为什么可以增强对他人情绪的同步性神经激活水平？其中的机制尚未得到彻底阐明。但如果这一现象为真，至少可以证明一点，这种对他人情绪的同步性神经激活没有高级认知参与，是一种无意识激活，因为阿尔茨海默病是一种典型的认知障碍综合征。

这些神经元在观察他人行为与自己执行相同行为时均被激活，就好像把他人大脑中的激活区映射到自己大脑中一样，有点像照镜子，所以被称为镜像神经元（mirror neurons）。fMRI 研究表明，腹侧前运动皮层（ventral premotor cortex）、两侧顶下小叶（inferior parietal lobule）和体觉区域（somatosensory areas）在觉察者的模仿行为中发挥了重要作用（Buccino et al., 2004；Gazzola et al., 2006）。Nummenmaa 等人（2008）使用 fMRI 进行研究发现，情绪感染可在肢体（丘脑控制）、面部（脑回控制）、身体知觉和大脑处理他人行为的镜像神经元系统中发现。某些动物也存在镜像神经元系统，如短尾猿大脑的腹侧前运动皮层及后来发现的顶下小叶，猴子在执行"手—口"互动行为时和观察其他猴子执行相

[①]　突显网络为大脑自带的调解器，会持续不断地对外部世界进行监测并谨慎决定其他脑网络对于新信息与刺激的反应。

同行为时均激活了镜像神经元系统（Ferrari et al., 2003）。

镜像神经元系统帮助我们理解他人的行为、意图（Catmur et al., 2009；Pfeifer et al., 2008），在社会化活动中具有极其重要的作用，但是我们仍不清楚它的性质和程度（Sinigaglia, 2008）。不过有两点可以肯定：（1）我们确信在猴子身上，顶下小叶中特定的神经链激活意味着理解了别人的意图，而采取不同的行为是由于他们的最终目的不同（Fogassi et al., 2005；Fogassi & Ferrari, 2007）；（2）对于人类，情境在理解别人意图中至关重要（Iacoboni et al., 2005），人类的社会行为非常复杂，有研究者认为不能完全依赖镜像神经元系统来推断别人的意图，还要考虑愿望和信念（Borg, 2007）。

综上所述，模仿与生理反馈激活了觉察者的镜像神经元系统，从而诱发了与诱发者相同的情绪体验。有研究表明，IFO 在两个方面对模仿产生关键作用：（1）激活了模仿状态；（2）感受自己的状态。模仿与体验均与 IFO 有关（Keysers & Gazzola, 2006），IFO 具有执行这两类任务必要的传入与传出范式（Jabbi et al., 2007）。总之，模仿与生理反馈本质上是在心理层面发生的，且是无意识的。模仿与生理反馈在情绪感染的发生机制中扮演着重要角色，因此镜像神经元系统在情绪感染中的重要作用也就不言而喻了。

由此，笔者认为，情绪感染的发生机制如图 1-4 所示。

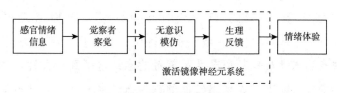

图 1-4　情绪感染的发生机制

主流理论强调情绪感染只需低级认知处理，比如直接诱导（Preston & de Waal, 2002）和模仿反馈（Hatfield et al., 1993），强调情绪感染是无意识的、自动化的情绪传递过程，只需要极少的意识努力（Barsade, 2002；Papousek et al., 2008；Bhullar, 2012），但情绪感染的结果是可觉察、可调节的。正如 Neumann 和 Strack（2000）所说的，当一个人没有意识到自己的情绪正被他人影响时，用情绪感染来描述再合适不过了。

第三节　以往关于情绪感染的调节因素
与结果变量研究

一　个体差异

情绪感染的个体差异首先表现在性别上。不少研究认为女性比男性对情绪感染更敏感（Hatfield et al.，1994；Doherty et al.，1995；Doherty，1997），进一步的研究表明，除了愤怒情绪在易感性上没有显著差异，女性在希腊语版本的"情绪感染量表"（Emotional Contagion Scale，ECS）里描述的所有不同情绪类型（爱、快乐、悲伤）上的得分都显著高于男性（Kevrekidis et al.，2008）。Sonnby-Borgström 等人（2008）使用 EMG 研究发现，女性对快乐或愤怒面孔的反应均强于男性，在面孔情绪模仿与情绪感染上，女性也均较男性更敏感，但是这与情绪图片的呈现时间有关，这种差异仅限于阈上，阈下实验或边缘阈上实验均没有发现这种差异。另一项关于男女间情绪感染差异的决定性因素的研究表明，情绪易感性高的人，往往是那些注意力容易被他人吸引，从而也就比较容易被他人的情绪所影响的个体（Verbeke，1997），而大多数女性就是这样的个体。因此个体的情绪注意水平越高，情绪易感性就越强，也就越容易受他人情绪影响。但是，也有相反的观点，有研究表明女性比男性对情绪感染更不敏感，如男性比女性更可能表现出抑郁或焦虑情绪（Cheshin et al.，2011）。在一项电击实验中，也出现了类似的相反结果，研究者观察到男性观察者和男性示范者的冻结水平高于女性样本，即女性在观察别人被电击时表现出较低的行为冻结水平（Han et al.，2020），男性更强的情感转移与某些文献中女性比男性表现出更高的同理心以及情绪感染水平以服务于儿童保育的观念形成了对比。

有趣的是在啮齿类动物身上也发现了情绪感染的性别差异，研究者对演示动物实施足底电击，演示动物出现行为冻结，同时在观察鼠中也测量到了行为冻结，并且发现雌性小鼠对熟悉的动物和不熟悉的动物的反应相同，而雄性小鼠对不熟悉的同种动物的反应降低（Han et al.，2020），这仅仅反映了啮齿类动物能够进行行为模仿，但究竟有没有诱发情绪，或者能不能称为情绪感染，还需要进一步研究。

情绪感染的个体差异也与人格因素有关，有些人在人群中易被主流情绪影响，而有些人不易被影响。Revell 和 Wilt（2013）揭示了人格对情绪感染的影响，对他人的情绪高度敏感和不敏感的不同人格，对情绪感染具有决定性作用。Verbeke（1997）区分了四类人的情绪感染：有魅力者可以在情绪上感染他人，也容易受他人情绪感染；易移情者无法感染他人，却很容易受他人情绪感染；夸夸其谈者的情绪容易感染他人，但不受他人情绪感染；冷漠者既不容易受他人情绪感染，也不能感染他人。Doherty（1997）发展了一种单维度的情绪感染量表，一共有 15 个项目，包括反应性、情绪性、对他人的敏感性、社会功能、自尊、同情、陌生感、自我决断、情绪稳定性等，用于测验个体对他人情绪的易感性，研究发现，情绪倾向（反应性）、情绪性、对他人的敏感性、自尊与情绪易感性呈正相关，而自我决断、情绪稳定性、陌生感与情绪易感性呈负相关，这表明个体的人格因素影响其对别人情绪的易感性。有些学者的研究更细致，将情绪易感性进一步分为正性情绪易感性与负性情绪易感性，并认为对负性情绪易感的人更能辨别他人微笑的真诚性，而对正性情绪易感的人则不易辨别他人微笑的真诚性，因为他们会认为所有的微笑都是真诚的，这一发现表明情绪易感性在复合情绪的认知中扮演重要的角色（Manera et al.，2013）。

二 情绪特性

情绪特性决定情绪感染能否发生，依据笔者的分类，消极情绪依据指向性可分为攻击性消极情绪与消沉性消极情绪。攻击性消极情绪指向他人，也可指向自己（如自我抱怨），包括愤怒、敌意、抱怨等，对他人或事物具有一定的破坏意愿；消沉性消极情绪不具有攻击性，既没有确切的破坏对象，也没有破坏意愿，包括悲伤、讨厌、烦恼等。一般而言，攻击性消极情绪对他人不具有感染性，即使他人不是被攻击者，只是一个旁观者。本质上非亲和（non-affiliative emotions）情绪经常引发所谓的"反应—反应"，而不是"模仿—感染"（Elfenbein，2014；Hess & Fischer，2013）。例如，当愤怒被认为具有威胁性时（在愤怒的情况下经常发生），它会引起他人反应性恐惧或愤怒（Rees et al.，2020；Springer et al.，2007）。这种"反应—反应"是互补和趋同的，不同于"模仿—感染"，是接收者对感知到的威胁做出反应，而不是分享发送者的愤怒（Elfenbein，2014）。因此，接收者模仿和分享发送者的愤怒情绪的可能性较低。也有观点认为，具有强烈情绪极性的情绪，如愤怒，很容易传播（Coviello et al.，2014；Fan et al.，2014），如果是群体性的愤怒情绪，如球迷闹事，有一定的感染成分，但不完全是感染，其中有多种心理现象，如共同利益、责任分散、从众或自身也很愤怒等心理的叠加。愤怒情绪发送者的亲人也可能会与发送者一样产生愤怒情绪，但这不完全是由情绪感染产生的，而是出于亲人的共同利益。消沉性消极情绪对他人具有一定的感染性，即便对与发送者完全不认识的陌生人，消沉性消极情绪也具有感染作用，如看到他人悲伤，尽管事不关己，很多人同样会感到难过。

积极情绪的感染性不如消极情绪，与积极事件相比，消极事件会诱发更大的行为、情绪和认知反应，消极情绪比积极情绪产生的情绪感染效果更强（Banerjee & Srivastava，2019）。在紧急情况下，恐慌等消极情绪的感染会造成毁灭性后果（Wang et al.，2016）。但是积极情绪，如和蔼、友善也具有一定的感染性，但只有当发送者的意图是亲和的时，模仿或感染才会发生（Hess & Fischer，2013），当然，也不排除亲和情绪可能会诱发他人的趋同反应，而并不一定就是情绪感染。例如，他人向你道歉，不一定就是他的亲和情绪感染了你，而是道歉者表现出亲和情绪时，你不太愿意违背道歉者的意愿，这是一种趋同反应，不完全是由于他人道歉时的情绪感染了你。趋同反应很容易与"模仿—感染"相混淆，因为它们看起来很相似（Wróbel & Imbir，2019）。

三　群体人际关系

人们通常会有这样的生活经验，在一个团结、信任水平高的群体中，群体成员间情绪相互影响的可能性更大，而在一个涣散的群体中，情况就相反，在敌对的群体间甚至会出现反向情绪感染（反向感染），即觉察者体验到了与诱发者相反的情绪。有研究表明，当被试与他人竞争时，会出现相反的面部表情（Englis et al.，1982）。人际影响因素如凝聚力、人际信任水平和人际态度一致性对情绪感染的影响证明了情绪感染是一种人际现象（Vijayalakshmi & Bhattacharyya，2012）。Winston 和 Hartsfield（2004）证明了在以完成任务为主的群体中凝聚力较高，当群体的价值观一致且获得了巨大的成功和社会支持时，群体具有极高的凝聚力，群体的情绪感染力更强。Dirks（2000）探索了人际信任水平对业绩的影响，研究表明信任通过疏导成员的能量朝向不同的目标而间接影响成员的行为，这可以归因于正性情绪在群体中的传递。Alhubaishy 和 Benedicenti（2016）研究发现，应用多标准决策方法可以减少群体中的负性情绪及削弱其感染效果，使参与者能够参与不同的活动，如决策。据此可以推测成员相互信任的群体可以诱发积极的情绪感染，从而提升群体业绩，人际信任水平低的群体会诱发消极的情绪感染，降低群体业绩。Polzer 等人（2002）研究了人际态度一致性[①]，研究表明，在一个小群体中，人际态度一致性高可以提高业绩，反之则相反。通过表达而不是压抑个性，群体成员之间可以形成和谐有效的工作关系。据此可以推测，情绪感染在人际态度一致性高的群体中具有更高的水平。

凝聚力、人际信任水平、人际态度一致性对情绪感染的影响是符合生活经验的，可问题是这一现象能不能称为情绪感染，如前所述，情绪感染是指感官情绪信息在人与人之间无意识传递的现象，而凝聚力、人际信任水平、人际态度一致性是群体成员对群体以及其他成员的评价，与态度、价值观相联系，属于认知领域，认知对情绪具有调节作用，很多研究表明，评价决定了情绪体验和感受的本质（Ray et al.，2008；Lanctôt & Hess，2007；Urry，2009）。所以，上述研究可以解释为认知评价对情绪感染的无意识调节，调节的结果可能是增强情绪感染效果（对于凝聚力高的群体）、降低情绪感染效果（对于涣散的群体），甚至出现反向情绪感染（对于敌对的群体），如在体育赛场上，胜负双方会出现相反的情绪（详见第五章），如足球流氓或者狂热支持者非常冲动，不能接受其他情绪，甚至产生对抗情绪，这是因为群体成员的情绪可以被其他群体成员吸收或放大，从而强化其他群体成员的真实情绪（Bosse et al.，2012），群体对个体情绪可能会起到放大作用，类似于共振效应。群体情绪的产生机制中的主体必须是将自己视为群体成员的个体（Mackie

---

① 人际态度一致性即自己看别人与别人看自己的一致性程度。

& Hamilton, 1993), 个体在群体中的主观认同是群体情绪感染的重要指标, 因为这决定了个人对某一事件的情绪反应 (Iyer & Leach, 2008), 有研究发现个体倾向于将积极情绪 (如快乐) 归因于内群体成员, 而将消极情绪 (如愤怒) 归因于外群体成员 (Bente et al., 2014)。群体行为越相似、趋同性越高, 个体成员的深度行动水平就越高, 并具有较低的情绪衰竭、较高的工作满意度和角色内绩效 (Becker & Cropanzano, 2015)。

四　上下级关系

上下级关系是一种不对等的人际关系, 由于在组织中所处的等级地位不同, 领导与员工的情绪感染力也不同。Fredrickson (2003a) 认为, 在组织中, 领导表达正性情绪会产生特殊的感染力。一般来说, 社会地位高的人较社会地位低的人更能影响他人的情绪 (Anderson et al., 2003)。由于领导在团队中是一个显眼的成员, 因此比非领导对其他团队成员具有更强的情绪感染力 (Fredrickson, 2003a)。那么, 下属对领导是否具有同样的情绪感染力呢? Anderson 等人 (2003) 研究了同伴间的相互影响, 发现权力大的人更能影响权力小的人, 但是相反则不然。Cardon (2008) 检验了企业家的激情是否可以通过情绪感染传递给员工, 并证实了涓滴效应①的存在。Li 等人 (2017) 报道称, 领导者的工作激情可以通过情绪感染传递给员工, 这一发现表明, 情绪很可能是从领导向下属传递, 而不是相反。

为什么上下级关系引起了情绪感染的不对等? 因为社会权力小的人对他人的情绪更敏感, 而社会权力大的人对他人的情绪更不敏感 (Kimura & Daibo, 2008)。这种解释似乎不合理, 因为领导通常是从普通员工提拔上去的, 而在提拔之前无论是在业绩上还是在人际关系处理上应该都是比较优秀的员工, 所以不能认为领导对他人的情绪更不敏感。笔者认为, 上下级关系引发的情绪感染不对等可能与他们的关注点不同有关, Hatfield 等人 (1992, 1994) 认为情绪感染被注意处理所中介, 注意水平越高引起的情绪感染越强烈。在上下级关系中, 下属往往很关注

---

① 这里的涓滴效应 (trickle-down effect) 就是指情绪感染, 详见 Wang 和 Xu (2015) 的研究。

领导的情绪状态，并通过领导的情绪状态来推断领导对自己工作的满意度。正如 Elfenbein（2007）所说的，下属关注领导的情绪表达是因为下属认为领导的情绪表达是一种重要的信息。底层成员会更关注领导的情绪，这种过多的关注会提高情绪感染发生的可能性（Johnson，2008）。领导与下属在交往中各自的关注点不同，领导可能更关注下属的业绩，而不会在意下属的情绪反应，由于社会地位不同，领导可以不在意下属的情绪反应，因为下属的情绪反应不会对领导的工作造成任何负面影响。Gibson 和 Schroeder（2002）研究发现，有权力的人对他人情绪的敏感性不如无权力的人，这是因为有权力的人不用担心别人报复，无权力的人更注意自己的情绪表达，权力大的人可以随意表达自己的情绪，而权力小的人就不能那么自由地表达自己的情绪了。

这样就能很好地解释以往关于"社会地位与情绪敏感性的关系"这一问题的争议了，其实这种争议正好说明了一个问题的两个方面，两者是统一的，因为有权力的人具有对他人情绪敏感的特质，在与下属的交往中，其注意水平调节了对下属情绪的敏感性，或者说领导其实感觉到了下属的情绪，只是领导的社会认知"免疫"了下属对其的情绪感染。

五 服务关系

服务关系是一种特殊的人际关系，与群体人际关系、上下级关系均不同，表现为陌生性、预期性等特点。管理及服务业中的情绪感染是国外研究的热点，因为对这两个领域进行情绪感染研究具有很大的理论价值和实践价值。

针对服务业的情绪感染研究取得了很多一致性成果，主要集中在员工情绪对顾客情绪的感染力和顾客的服务满意度、服务质量评价的影响上。有研究发现，员工的微笑对顾客有很大的感染力，顾客很容易捕捉到员工的情绪，员工的正性情绪与顾客的正性情绪和服务质量评价正相关（Pugh，2001；Tsai & Huang，2002）。Barger 和 Grandey（2006）研究了服务员的情绪对服务满意度的影响，经常微笑的人在人际关系和能力维度上均高于不常笑的人。

某些研究人员特别关注组织中以客户为中心的研究，如 Grandey 等人（2005）和 O'Sullivan（2011）讨论了管理员工情绪对改善压力管理的影响。Howard 和 Gengler（2001）关于客户服务领域情绪感染的研究提出，工作满意度是情绪感染的重要预测因素。所以从组织管理的角度出发，提高员工的积极工作体验可以提高员工对顾客情绪的积极感染水平。

很多研究表明，员工对顾客的情绪感染水平受员工情绪真诚性的影响。Grandey 等人（2005）研究了员工积极情绪表达的真诚性对顾客的影响，在实验室与现场均进行了这项研究，两项研究均表明，员工情绪表达的真诚性影响了顾客对员工友善情绪的觉察。Hennig-Thurau 等人（2006）的研究显示，员工情绪劳动的真诚性能够影响对顾客情绪的感染力和顾客的服务质量评价。不真诚的积极情绪不具有感染力，面对不真诚的微笑时，顾客不能合理地解释情绪表达的原因，这时顾客的情绪被感染后又被意识所调控。服务恢复悖论（service recovery paradox）理论认为，顾客在服务失败后得到满意的补偿时情绪能够很好地恢复，而且相对于没有经历服务失败的顾客而言，具有更高的满意度和忠诚度（Du et al., 2011）。

根据 Johnson（2008）关于情绪感染与组织关系的研究，情绪感染存在于组织的各个层面，并且与不同变量存在持续的相互作用。因此，情绪感染在本质上是反应性的，它无孔不入，对个人与组织行为有重大影响，并带来短期或长期的变化。可见，情绪感染对个人与组织的影响甚大，这就是管理中的情绪感染相关研究获得持续关注的原因。

六　网络人际关系

情绪感染模型可分为物理空间中的情绪感染模型和虚拟空间中的情绪感染模型两大类。物理空间中的情绪感染模型主要研究现实生活中个体的情绪感染；虚拟空间中的情绪感染模型主要研究用户在网络中的情绪感染。有研究者通过跟踪 Facebook 更新来研究社交网络中大规模的情绪感染（Liu et al., 2021）。Kramer 等人（2014）认为网络情绪感染是通过基于文本的计算机中介交流发生的，而不是通过社交网络面对面互动发生的。此外，Ferrara 和 Yang（2015）调查了 Twitter 上的情绪感染，结果显示，与文本相比，图像内容对用户更具吸引力。Facebook 的一份报告显示，与文本相比，图像使事件进展速度加快 100 倍（Wang et al.,

2015）。在一项关于图像社交网络的情绪感染的研究中，Yang 等人（2016）通过使用图像社交网络 Flickr 的数据，研究了用户的情绪状态如何在社交网络中相互影响。有研究表明，网民的情绪感染是谣言加速传播的重要因素，也是辟谣能否有效的关键，影响网民情绪变化的因素主要有客观和主观两个方面，这两个方面都能促进情绪感染的演化，客观方面的因素有谣言的传播速度和可信度，主观方面的因素有网民之间的亲密程度，辟谣后，情绪一般由消极情绪转变为积极或免疫情绪（Zeng & Zhu，2019）。

　　近年来出现了大量关于网络情绪感染的研究。相关研究发现，当减少 Facebook 新闻推送中的正面内容时，参与者发布的帖子中会包含更多的负面词汇（Kramer et al.，2014）。观察 Twitter 上关于疫情和错误信息的讨论也发现了类似的情绪感染效应（Chen et al.，2021）。Garcia 和 Rimé（2019）在 2015 年巴黎恐怖袭击后对 6 万多名推特用户进行了一项研究，发现了悲伤和愤怒情绪的集体表达。进一步的研究发现，情绪表达通过社交网络分享会导致情绪感染（Steinert，2021），研究者认为这是一种集体情绪感染。在网上表达情绪并不意味着这些情绪是不真实的，网上的情绪也可能是真实存在的，但是这种情绪是基于一种对事件的理解或对网民评述的理解而产生，这种情绪可以在网上广泛传播，但是从情绪的产生过程来看，它是一种由高级认知诱发的自上而下的情绪，传播过程也基于高级认知加工，不是情绪感染现象，并且网上的情绪感染现象与参与者是否匿名相关，而身份信息不属于感官情绪信息，也不是通过人际交往实现"感染"的信息，属于高级情绪信息的无意识提取，不属于情绪感染的范畴。例如，有一项研究探讨了 Twitter 上错误信息讨论的参与者的情绪感染，分析了 192 个讨论帖中 573 条推文的情绪，研究结果表明高度情绪化的推文对在线讨论没有普遍的影响，但它会影响那些社会和个人身份线索有限（即匿名）的个体，在线讨论中的匿名成员比不匿名的成员更容易受到情绪感染（Chen et al.，2021）。由于个体在匿名时会感觉表达消极情绪更"安全"，所以更不容易克制自己的情绪，也就更容易受他人情绪感染。然而，在网络中受他人煽动这一现象本身已不属于情绪感染，因为有大量的文本语义情绪信息参与其中，需要接收者理解才能产生情绪体验；并且，这一研究中的身份信息的提取也不属于情绪感染的范畴。

事实上，网络情绪感染不是一种面对面的情绪传递过程，而是一种基于信息理解的情绪唤醒，每个人理解信息的角度不同、对信息的解读不同会唤醒不同的情绪，这是一种自上而下的情绪唤醒过程，不是情绪感染。不能把情绪传递现象都归结为情绪感染，有观点认为，讨论帖及其来源能通过情绪感染的过程影响客户的情绪状态（Schatz et al.，2016），但是，既然是"帖子"就需要高级认知参与才能"解读"其中的情绪，它与自下向上的感官情绪信息的传播有着本质区别，很多文献中所谓的网络情绪感染不是本书所说的情绪感染，更接近移情。

当信息的接收者倾向于寻找发送者的意图和情绪状态的线索时，模糊的语境会刺激有意识的情绪感染的发生。因此，有研究发现，在网络交流中，表情符号的使用会影响顾客感知员工的情绪状态（Widdershoven et al.，2016）。表情符号本身不具有情绪感染的作用，它传递了发送者的一种情绪状态，能够避免接收者"误会"发送者的情绪状态，因为网络表达是缺少语境的，表情符号让接收者更容易理解发送者的情绪状态，从而判断文本所表达的情绪，网络表情符号往往与文本一起使用，脱离文本的网络表情符号没有太多意义，对于这些信息的理解本身就需要高级认知参与，这也完全不同于面对面的情绪感染，不能因为在信息中加入了表情符号就认为这种情绪传递就是情绪感染。

本章小结

本章内容主要包括三个方面。

第一，从词源上构建了情绪感染的语义，这是情绪感染概念的基石。情绪感染这一概念的主要分歧是一些研究者认为情绪感染是自动化的、无意识的过程（原始性情绪感染）；另一些研究者认为情绪感染是一个需要意识参与的过程（意识性情绪感染）。这是因为以往学者没有对情绪信息进行分类，即没有区分低级情绪信息和高级情绪信息及其在传递机制上的差异，最终使情绪感染这一概念不断扩大而不知所指。感官情绪信息、无意识性应该是情绪感染概念的本质属性，由此，可将情绪感染定义为情绪诱发者的感官情绪信息被情绪觉察者感知并自动化、无意识地加工成与情绪诱发者相同的情绪状态的心理现象。

第二，对情绪感染的发生机制进行了理论构建与论证，确定了情绪感染的发生机制为"感官情绪信息—觉察者觉察—觉察者无意识模仿—生理反馈—情绪体验"。无意识模仿与生理反馈在情绪感染的发生机制中扮演重要的角色，并且有其特有的神经运作机制。

第三，综述以往关于情绪感染的调节因素与结果变量研究的成果，主要有个体差异、情绪特性、群体人际关系、上下级关系、服务关系、网络人际关系对情绪感染的调节和影响，以及情绪感染的不同结果。

第二章 研究的源起、理论建构
与实验工具制作

第一节 当前情绪感染研究存在的问题

在第一章中，笔者对以往情绪感染的相关研究做了详细的文献梳理，并在借鉴与批判的基础上，对情绪感染的概念与发生机制进行了详细的推理、论证，阐明了笔者关于情绪感染概念的观点立场，建构了情绪感染发生机制及其意识性调节模型，从中也发现了以往研究存在的问题。

一 情绪感染的概念与发生机制不明确

情绪感染的概念存在两派之争，原始性情绪感染学派认为情绪感染是基于自动化的模仿行为和无意识反应（Luong, 2005; Dallimore et al., 2007），如有学者认为，情绪感染是个体间自动的、无意识的情绪传递过程，觉察者具有自动化的行为模仿倾向，表现为面部表情、语气语调、动作姿势与他人同步化，结果产生情绪同化（即相同情绪）（Du et al., 2011）。而意识性情绪感染学派认为情绪感染是一个需要意识参与的过程，如 Falkenberg 等人（2008）认为情绪感染一方面是人际交流某种特定的情绪，另一方面是从他人身上移入某种特定的情绪，情绪感染就是情绪的"移入与调节"过程。意识性情绪感染基于觉察者与他人之间的情绪对比，将情绪作为理解他人的信息（Hennig-Thurau et al., 2006），"你所感受到的就是比较的结果"，当一个人倾向于与他人保持一致时，情绪就会更具感染力（Epstude & Mussweiler, 2009），情绪感染也是一个情绪辨别的过程，如果觉察者感受到诱发者的微笑是假的或不真诚的，情绪感染就不会发生，情绪感染受诱发者情绪真实性的影响（Hennig-Thurau et al., 2006; Huang & Dai, 2010）。由此说明，情绪感染是一个"分辨—对比—接受—调节"的过程，是一个需要意识参与的过程。

概念上的分歧导致对情绪感染发生机制的理解也存在争议，原始性情绪感染学派认为，觉察者对情绪信息的觉察伴随着无意识模仿，在诱发者与觉察者之间存在一种同步化的动作互动，这种情绪觉察后的"模仿—反馈"机制影响了觉察者的情绪体验，最终导致觉察者产生与诱发者相同的情绪体验，可将这一过程描述为"觉察—模仿—反馈—情绪"（Falkenberg et al., 2008）。意识性情绪感染学派认为，情绪感染源于对他人情绪意识地感知、分辨与接受。Barsade（2002）认为觉察者将自己的情绪与他人进行对比，如果认为合适，便会接受他人的情绪。准确地说，意识性情绪感染并没有研究过情绪感染的发生机制，他们对发生机制的理解局限在对情绪感染的描述上。

如上所述，原始性情绪感染学派和意识性情绪感染学派均没有对情绪感染下过准确的定义，均是通过描述情绪感染的发生机制、现象或功能来代替描述情绪感染的概念，也没有揭示情绪感染的本质属性是什么。原始性情绪感染描述了情绪感染的发生机制，而意识性情绪感染既没有描述情绪感染的发生机制也没有给出确切的定义。正如第一章所论述的（详见第一章第一节、第二节的内容），意识性情绪感染不是一个基本心理现象，而是包含诸多心理现象，其存在的科学性值得商榷。

二　实验诱发的心理现象混杂

情绪感染的概念是研究情绪感染的基础，由于以往在情绪感染概念上存在分歧——情绪感染是一个需要意识参与的过程还是一个无意识的过程，情绪感染的研究没有一个统一的基础，实验诱发的心理现象混杂，有些研究所谓的情绪感染其实是情绪感染与高级认知的交织，而非情绪感染的本体。情绪感染的显著特征是无意识性，一旦与高级认知交织，所表现出来的心理现象就相当庞杂，不能再笼统地将之称为情绪感染。例如，在研究服务业中的情绪感染时，通常会采用录像方式，让被试通过观看录像去体验整个服务过程，由于服务过程中包括肢体动作（感官情绪信息）、面部表情和语言，面部表情又包括肌肉动作（感官情绪信息）与真诚性辨别（高级认知加工），语言又包括语言内容（高级情绪信息）、语气、语调（感官情绪信息），不管是服务过程，还是服务失败后的补救，均包括多种类型的情绪信息，又经过多种形式的意识加工，最后很难分辨到底是哪种情绪信息或意识加工对服务质量评价（顾客主观感受）产生影响。尤其是，很多实验没有对服务语言进行控制，试想一下，到底是服务员的一个微笑影响了顾客的情绪，还是说声"对不起"影响了顾客的情绪，抑或是两者结合？采用现场实验时（Pugh，2001；Barger & Grandey，2006），语言完全没有办法控制，诱发的心理现象有情绪感染、移情、情绪调节等，均会对顾客的情绪产生影响，因此，实验设计是相当粗糙的，无法分清究竟是哪种心理现象对顾客的情绪产生影响以及影响多大，也就没有办法对实验结果进行科学讨论。目前，国外大多数对管理和服务业中的情绪感染的研究均是这种模式（Bartel & Saavedra，2000；Hennig-Thurau et al.，2006；Dasborough，2006；Barger & Grandey，2006；Huang & Dai，2010；Du et al.，2011），仅有少量的情绪感染研究涉及原始性情绪感染（Dallimore et al.，2007；Luong，2005；Pugh，2001）。

实验研究要求实验诱发的心理现象符合统一的情绪感染的概念与发生机制，以往的研究由于在情绪感染的概念上不统一，导致实验诱发的心理现象庞杂，所谓的"情绪感染"掺杂了众多心理现象，很难用单一的情绪感染去解释，因此，一些发表在高水平心理学期刊上的实验研究貌似科学，其实没有多大的实质意义。

三　调节因素与发生机制的研究无关联

以往对情绪感染调节因素的研究主要有三个方面。一是个体变量，如已有研究证实了女性比男性的情绪易感性更高（Doherty，1997），也有相反的观点，如有研究表明女性比男性更不易被情绪感染（Cheshin et al.，2011）。还有一些研究探讨了人格因素与情绪感染的关系，如同情（Omdahl & O'Donnell，1999；Doherty，1997）、自尊（Vijayalakshmi & Bhattacharyya，2012）、对他人的敏感性（Doherty，1997）与情绪易感性呈正相关，而自我决断、情绪稳定性、陌生感与情绪易感性呈负相关（Vijayalakshmi & Bhattacharyya，2012；Sonnby-Borgström et al.，2008）。情绪感染的个体差异可能还与个体的其他自动化过程有关，比如情绪调节（Papousek et al.，2008）。Friedman 和 Riggio（1981）发现外倾性和有魅力的人更能用自己的情绪感染他人，大概是因为他们更富情绪表达力。

二是人际关系，如凝聚力、人际信任水平和人际态度一致性对情绪感染的影响证明了情绪感染是一种人际现象（Vijayalakshmi & Bhattacharyya，2012），Polzer等人（2002）研究发现，情绪感染在人际态度一致性高的群体中具有更高的水平。Sy等人（2005）研究了上下级关系对情绪感染的影响，通过控制领导的情绪这一变量发现，领导的情绪可以影响整个团队的情绪，领导对团队成员的情绪感染非常明显。Pugh（2001）研究了服务关系中的情绪感染，发现员工的微笑对顾客很有感染力，顾客很容易捕捉员工的情绪，员工的正性情绪与顾客的正性情绪和服务质量评价正相关。此外，还有人际的情感纽带（Hess & Blairy，2001），熟悉程度（Barsade，2002）、信任程度（Omdahl & O'Donnell，1999）均对情绪感染有影响。三是外部因素（个体之外的因素）也会对情绪感染产生影响，如Hsee等人（1990）认为有权力的人对下属的情绪状态比没有权力的人更敏感，而Snodgrass（1985）的研究结论正好相反，即权力与情绪敏感性正好呈相反的关系。Tomiuk（2001）研究了员工情绪的真诚性对顾客情绪的感染力以及顾客的服务质量评价的影响，员工情绪的真诚性直接影响了顾客的情绪感染水平。情绪感染的外部因素还包括团队构成（Keinan & Koren，2002）、工作特性（Fisher & Ashkanasy，2000）、心理氛围（Isaksen et al.，2003）、合作文化（Barsade，2002）等。

当然也有少量文献提到，情绪感染被注意处理所中介，注意水平越高引起的情绪感染越强烈（Hatfield et al. 1992，1994），但没有相关实证研究对此做出推理，Kille和Wood（2011）研究过情侣间的情绪感染，发现越亲密的情侣越能捕获对方的情绪，亲密程度可以作为他们希望改善自己情侣情绪的程度的指标，由此可以推测，情绪感染被动机所中介。总之，现有的对情绪感染调节因素的研究主要从社会学、人口学角度入手，而没有从心理学角度系统推论发生机制，使调节因素与发生机制之间无法相互印证，这可能与以往对情绪感染的基础理论研究不足有关，即以往的研究在情绪感染发生机制上存在争议，没有形成成熟的理论。

四 应用研究集中于服务业和管理

以往对情绪感染的应用研究多集中在服务业与管理，比如，领导的情绪感染力及其对下属的情绪体验、工作业绩、领导效能的影响（Bono

& Ilies，2006；Sy et al.，2005；van Kleef et al.，2009；Dasborough，2006）。对服务业中情绪感染的研究涉及员工的积极情绪以及情绪的真诚性对顾客情绪的感染以及顾客的服务质量评价、服务满意度、忠诚度的影响（Tsai & Huang，2002；Barger & Grandey，2006；Grandey et al.，2005；Du et al.，2011）。笔者还没有检索到教学领域内的情绪感染研究，这是一块很大的空白。情绪感染是人与人之间无意识的情绪传递，而教师的教学过程是师生间人际交往的过程，只要有人际交往就会有情绪传递，教学过程既是一个认知的过程，又是一个情感互动的过程。教学中的情感互动一旦发挥积极作用，将会促进学生身心和谐发展；反之，则会成为学生发展的阻力。因此，在教学中对情感因素的积极利用，不是可有可无的，而是不可或缺的，我们要通过有组织的教学手段来充分调动情感因素发挥积极作用，优化教学效果（卢家楣，2006）。

教学中的师生关系不同于服务业和管理中的人际关系，师生关系既是教育关系、管理关系，又是朋友关系，并且作为未成年人的学生群体有其特殊性，如向师性、情绪不稳定、意志力薄弱、易感性等，这种人际关系的特殊性和学生群体的特殊性决定了教学领域中的情绪感染的特殊性。教学中有"三大情感源点"、"三大情感信息回路"（卢家楣，2006）和"三大情感性教学原则"（卢家楣，2007），每一条原则都强调教师是教学情绪的主导者，对学生的情绪会产生很大的影响，那么教师的情绪是如何影响学生的？教师的哪些行为会对学生的情绪产生较大的影响？是教师的面部表情、语气语调、姿势动作还是其他？还有没有其他因素对学生的情绪产生影响？比如学生的先入观念、心境、注意倾向、兴趣等。这些问题在以往的情绪感染研究中均没有涉及，是情感教学领域亟待解决的问题。

第二节　情绪感染的理论与模型构建

一　情绪感染的理论基础

第一章讨论情绪感染的概念，主要从以下几个方面阐述了建构情绪感染概念的理论基础，这一基础非常重要，它是整个研究的基石，情绪感染的发生机制及其意识性调节模型的建构均以此为基石。

情绪感染概念的独特性。情绪感染必须区别于其他概念，不能将情绪感染与移情、情绪调节、情绪加工等概念相混淆，否则就没有必要创造情绪感染这一概念了，在研究上也不能形成一个统一的话语平台。大量的文献支持了人类具有无意识模仿他人行为的倾向性（Hatfield et al.,1992，1993，1994；Dallimore et al.，2007；Luong，2005），依据 Hatfield 等人（1992）的观点，情绪感染始于对他人动作的感知，觉察者在感知情绪信息后就会产生无意识模仿，模仿导致在觉察者和诱发者之间产生动作同步化，这种模仿有时无法觉知，也无法观察到，不过可以通过 EMG来测量，这种情绪模仿后的生理反馈会产生相应的情绪体验。James-Lange 理论与面部反馈假说均证明了这种自下而上的情绪感染发生机制（孟昭兰，2005），这是一种基于无意识模仿和生理反馈而产生的情绪体验，这种情绪感染过程有别于移情、同情、情绪调节等，需要一个科学的名称，即情绪感染。

意识性情绪感染现象的混杂性。意识性情绪感染描述的心理现象不是一种单一的、基本的心理现象。意识性情绪感染包含的心理现象种类繁多、非常庞杂，有移情（如 Hoffman 提出的两种高级认知机制和Lishner 等人提出的联结机制）、情绪调节（如虚假的笑不具有感染力）、高级语义加工等。由于后来的研究者不断扩展情绪感染的概念，基本上将情绪感染等同于人际交往时发生的所有情绪传递与情绪调节，只关注情绪获得者最后的情绪到底怎么样，而没有厘清在情绪获得过程中究竟在觉察者身上产生了哪些心理现象，实际上是众多心理现象共同决定了觉察者最终的情绪体验，而不仅仅是"情绪感染"一种，不能把发生在觉察者身上的所有心理现象都归结为情绪感染。对情绪感染概念的扩展貌似拓展了情绪感染内涵，实则抽离了情绪感染的本质，使情绪感染不知所指。

感官情绪信息的加工是无意识的。笔者区分了高级情绪信息与低级情绪信息（感官情绪信息）并论述了两种情绪信息在加工机制上的差异性。感官情绪信息包括表情、语气、语调、手势、姿势、气味等，对这类信息的加工是自动化的、无须意识参与即可完成。孟昭兰（2005）认为对情绪的加工有两条环路：一条是"情绪刺激—感觉丘脑—杏仁核—

情绪反应"（快速路，无须意识参与）；另一条是"情绪刺激—感觉丘脑—前额叶等高级区—杏仁核—情绪反应"（绕行路，需要意识参与）。高级情绪信息包括社会身份信息、情境信息等，对这类信息进行加工需要意识参与，加工形式有语介联想、观点采择、联结机制等，而且只有人类大脑才能完成。情绪感染有其生物学意义，它是群居人类适应环境的一种本能反应（卢家楣，2000a），如婴儿看到别人哭，自己也会哭。情绪感染现象最初是在婴儿和高级动物身上发现的，导致很多学者至今不能区分情绪感染和移情，认为两者的区别在于是否具备区分情绪体验是来源于自己还是来源于他人的能力（de Vignemont & Singer, 2006；Decety & Lamm, 2006），这只能算作成人与婴儿的区别，不能认为是情绪感染与移情的区别，情绪感染与移情的本质区别在于传递的情绪信息类型不一样，情绪感染传递的是感官情绪信息，而移情传递的是高级情绪信息。

二　情绪感染的意识性调节变量

虽然情绪感染是一个自动化、无意识的过程，但是意识加工对情绪感染的过程与结果均有调节作用，对情绪感染过程的调节作用主要是通过影响觉察者的注意水平和动机水平实现的。Hatfield 等人（1992，1994）认为情绪感染被注意处理所中介，注意水平越高引起的情绪感染越强烈。注意水平受外部因素的影响，如情绪类型（正性情绪、负性情绪）和情绪表达的强度；也受个体内部因素的影响，如性别（Doherty et al., 1995；Lundqvist, 1995）、自动化模仿倾向和捕捉他人情绪的倾向性（Doherty, 1997）。意识加工也会通过影响觉察者的动机水平实现对情绪感染水平的影响，如 Kille 和 Wood（2011）的研究显示越是亲密的情侣越能捕获对方的情绪，亲密程度可以预测他们在多大程度上希望改善自己伴侣的情绪，越是亲密的情侣越想减轻对方的负性情绪，情侣的负性情绪对他们的影响也就越大。其实，动机水平与注意水平在某种程度是一致的，因为动机水平可以提高注意水平，因此，也可以解释为越是亲密的情侣，越关注对方的情绪，因而对方的情绪感染力也就越强。

此外，个人的心境状况也会影响他人情绪对其的感染力，这方面没有直接的研究，但可以进行一些推理。如 Doherty（1998）研究发现，当人们处于欢快的心境时，会花更多时间去处理高兴的图片而不是悲伤的图片，同样地，当人们处于悲伤的心境时，就会花更多时间去处理悲伤的图片而不是高兴的图片。这表明心境一致性倾向影响了个体对相应情绪的注意水平（Bhullar，2012）。心境一致性倾向是指人们倾向于注意或学习与他们心境一致的事件（Bower，1981）。由此可以推测，乐观的人更易感染积极的情绪，而悲观的人则更易感染消极的情绪。

意识加工也能对情绪感染的结果进行调节，如前所述"虚假的笑不具有感染力"就是这样的例子，意识加工甚至还会使觉察者产生与环境相反的情绪，即当一个人觉察到别人的情绪时，却体验到了与别人完全相反的情绪，如看到一个不喜欢的熟人与其朋友说笑时，会激发觉察者厌恶的情绪。这就是反向感染，在少量文献中有所涉及（McIntosh et al.，1994）。

三　情绪感染的调节模型

图 2-1 是对图 1-4 情绪感染的发生机制的扩展，以实线箭头表示情绪感染的发生机制，图中的虚线箭头表示情绪诱发者（教师）和情绪觉察者（学生）各调节因素对情绪感染发生机制的调节，调节可以是意识的，也可以是无意识的，调节因素尽管不是情绪感染的必要环节，但是任何情绪感染过程都是发生在特定的诱发者与觉察者之间，也就是说情绪感染都是发生在特定的人与人之间的，总会受人际心理因素调节，因此纯粹的、没有调节因素的情绪感染其实是不存在的。

（一）学生因素对情绪感染的调节

在课堂教学中，情绪感染主要发生在师生之间，教师作为教学的主导者，在课堂情绪感染中是情绪的主要诱发者，教师将情绪传递给学生，这是课堂情绪感染的主要传递路径，当然还有学生情绪感染教师，以及学生之间的情绪相互感染。学生情绪感染教师，即学生情绪影响教师的情形，如果学生情绪是消极的，就会对教师的情绪产生负面影响，如果教师的情绪调节能力强，就能阻断学生的消极情绪影响，从而维护适宜的课堂情绪感染，实现良性的师生情绪互动；如果教师的情绪调节能力弱，就会降低教师的情绪劳动水平，削弱教师的教学激情，将学生的消极情绪又传递给学生，变成了不良的师生情绪互动。

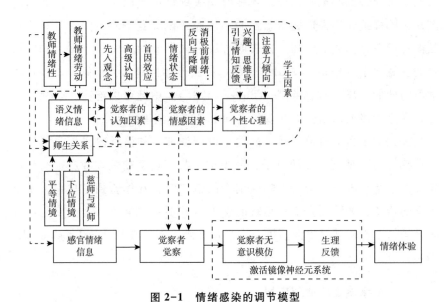

图 2-1　情绪感染的调节模型

影响觉察者觉察水平的因素分别是觉察者的认知因素、情感因素、个性心理，分别对应本书第二篇中的第四章、第五章、第六章。在认知因素中分解了先入观念、高级认知、首因效应。先入观念代表的是一种个体早期形成的、具有明确认知倾向的信念，这种信念会在概念提示中被无意识提取，比如，当我们提示被试"这是一位新手教师"，那么新手教师的相关信念就会被无意识提取，如"教学水平一般""缺乏管理经验"等，你可以认为这是一种刻板印象，但是先入观念的概念要大于刻板印象，它不但包括群属的观念（刻板印象），也包括非群属的观念，如"严师出高徒""所有的教学都是有效的"等。高级认知代表的是对当下感官情绪信息、语义情绪信息的认知加工，例如，认为别人的道歉是不真诚的，教师的情绪表达是合理的等。首因效应是指最初接触到的信息所形成的印象对以后的行为活动和评价的影响，实际上指的就是"第一印象"的影响，与先入观念不同的是，首因效应代表的是刚刚建立的先入为主的观念，而先入观念则是个体在长期生活中形成的固定认知倾向。综上所言，先入观念、高级认知、首因效应分别代表了三种不同形成机制、不同提取或加工机制、不同影响机制的认知类型，基本覆盖了认知的不同属性对情绪感染的影响。

　　觉察者的情感因素包括觉察者的情绪状态以及前情绪状态，情绪状态代表一种心境，情绪不指向特定的对象，是个体在执行任务过程中附带的，情绪不是来源于任务本身，如带着好心情去上课；而前情绪状态代表的心境，指向特定对象或任务，情绪来源于任务本身，如厌恶某人所以不喜欢与他合作、不喜欢这个任务等。如前所述，个人的心境会影响情绪感染的效果，以往的研究没有完全解释清楚觉察者的心境为什么会影响情绪感染的效果，笔者认为，觉察者的心境可以通过两种途径影响情绪感染的效果，一是通过影响觉察者的注意水平影响觉察者的觉察水平，进而影响其无意识模仿水平，最终影响情绪感染效果；二是觉察者的心境可以直接影响觉察者的注意倾向，造成选择性觉察，积极的心境更易察觉他人积极的情绪，消极的心境更易觉察他人消极的情绪。对于高级认知通过注意水平来实现对情绪感染的影响，已有大量研究，但是以往学者没有解释注意水平是如何影响情绪感染的，即注意水平影响情绪感染的机制是什么，图 2-2 描述了注意水平是通过影响觉察者的觉察水平来最终影响情绪感染的。通常积极前情绪更能推动任务的完成，消极前情绪会阻碍任务执行。本书主要考察消极前情绪对情绪感染的影响，主要有两种感染机制——反向感染与降阈感染，揭示了情绪感染机制的多样化，情绪感染并非总是觉察者感染上了诱发者的情绪那么简单，因为觉察者不是一个空着脑袋去接受感染的被动的人，觉察者是一个有着自己认知、情绪、个性心理的人。情绪感染的最终效果，即情绪感染水平可以通过高级认知加工进行调节，如图 2-2 虚线箭头所示。高级认知加工、前情绪状态对情绪感染的调节可以是有意识的，也可以是自动化的、几乎不需要意识参与即可实现，即自动化情绪调节（automatic emotion regulation），如"虚假的笑不具有感染力"、反向情绪感染等。

　　觉察者的个性心理包括觉察者的兴趣与注意倾向，前者与学科相联系，后者是指心理资源的投注能力，是一种根源性的心理品质，两者既有联系又有区别，兴趣可以提高人的注意倾向，但是注意品质好的人不一定需要兴趣支撑，两者的发生机制各不相同，但都能影响个体的觉察水平。注意倾向可以通过任务的要求来引导，如要求被试关注教学中的提问部分或关注教师的表情，这些要求与任务本身的属性没有关系；而兴趣是直接指向任务本身的属性的，代表的是个体的思维方式与揭示事

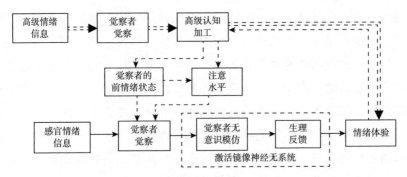

图 2-2　高级情绪信息对情绪感染的影响机制

物本质所需要的认知方式相契合的状态（认知兴趣），兴趣可以通过思维导引或情知反馈[①]来调节，其中思维导引、认知反馈与任务本身相联系（详见第六章第一、二节），不同于注意倾向的引导，所以两者代表的是个性心理中的不同品质，具有不同的调节方式。

（二）教师因素对情绪感染的调节

教师是课堂情绪的主要诱发者和主导者，教师是教学中感官情绪信息（如表情）与语义情绪信息的主要发起者。教师在课堂中声情并茂地表演，学生是观众，一个演员表演得好不好首先与自身的情绪品质有关，这就是情绪性，它是一种人格化的脾性，是个体与外界互动较稳定的、一致性的主观体验，决定了一个人与外界的互动方式、主观体验方式、认知方式以及给他人带来的体验。情绪性有积极和消极、灵活和不灵活以及能量水平的差异。教师的情绪性会影响其情绪劳动水平，即情绪表演水平，影响教学内容的语义情绪信息表达和课堂中的师生关系（见图 2-1）。表演中的表情就是感官情绪信息，而表演的内容属于语义情绪信息，教师的情绪性和情绪劳动水平相互影响，它们共同作用于教师对语义情绪信息的处理，通常具有积极情绪性和较高情绪劳动水平的教师能更好地处理教学中的语义情绪信息，而具有消极情绪性和较低情绪劳动水平的教师正好相反。感官情绪信息是情绪感染的直接来源和原材料，语义情绪信息不是情绪感染的来源，但

---

①　包括认知反馈与情感反馈。

是它会通过影响觉察者来影响情绪感染的效果，这就是语义情绪信息与感官情绪信息的叠加，共同对课堂情绪感染产生调节作用，并且两者可以叠加（见第九章）。本书还将线上即时教学与线下教学相比较，线上即时教学与线下教学都属于教学的组织形式，线下教学中教师的情绪感染力更强，无论教师处于中性、积极还是消极情绪状态，学生在线下教学中注意水平都比线上即时教学更高。

（三）师生关系对情绪感染的调节

师生关系属于人际关系，能够影响情绪感染。课堂中的师生关系是由教师来主导的，师生关系分为非利害关系情境与利害关系情境，它会影响学生的情绪体验和应答方式，从而影响教师对学生的情绪感染效果，例如适度的下位体验会更有利于学生对教师的积极应答。无论是非利害关系情境还是利害关系情境，面对教师，学生都会启动下位情绪体验，但在利害关系情境下，教师对学生的情绪感染效果可能会削弱。

严师与慈师是学生回应教师要求而产生的一种心理体验，与其说是教师的特点，不如说是师生关系的一种表现，因为它直接影响了师生关系中的心理距离。严师与慈师会诱发学生的敬畏体验，敬畏是一种由社会地位差异而产生的情感，是低心理地位者在人际交往中对他人身份的感知，"敬"与"畏"两者是有本质区别的（详见第八章第三节），通常学生对严师是"畏"，对慈师是"敬"，但是两者在主观体验上可能会趋同，代表着传统师生交往中学生常有的一种因管理地位不同而产生的情绪体验。本书基本囊括了从情境到情感的常见因素，理论上揭示了社会地位情境、身份感知以及学生对教师的敬畏感知对情绪感染的影响，实践中可以通过调节这些因素来服务课堂情绪感染，揭示这些因素对情绪感染的影响具有理论与现实意义。

第三节　实验工具制作与检验

一　教学视频的制作

（一）教学材料的筛选与评定

首先，选取教学用文本材料，从语义情绪信息角度将其分为三种：

中性文本、积极文本、消极文本。其中，中性文本有《考试总结》《运动会总结》《景泰蓝的制作》《统筹方法》《看云识天气》《大自然的语言》《落日的幻觉》《语言的演变》《语言是人类重要的交际工具》；积极文本有《爱我中华》《母爱无疆》《父亲的爱》；消极文本有《两个傻子的伤感爱情》《慈善家丛飞》《痛恨"以怨报德"》。采用15级（-7~7）评分标准对上述实验材料进行评定，-7表示实验材料的语义情绪"非常负性"，0表示语义情绪为中性，7表示语义情绪"非常正性"，而介于这些数值之间的数据表示相应的情感强度。

随机选取56名扬州大学学生对上述材料进行评定，经过整理后，有效数据47份，对评分结果进行方差分析，结果如表2-1所示。

表2-1　三种教学文本材料的语义情绪强度评分的差异性检验

文本材料类型	$M \pm SD$	F	p
中性文本	0.41±0.56	16938.56 **	0.000
积极文本	5.95±0.63		
消极文本	-6.15±0.45		

注：* 表示 $p<0.05$，** 表示 $p<0.01$ 或者 $p<0.001$，全书相同，不再赘述。

如表2-1所示，中性文本的评分平均值为0.41，积极文本的评分平均值为5.95，消极文本的评分平均值为-6.15，方差分析显示存在极其显著性差异（$p<0.001$），进一步采用多重比较（multiple comparisons）发现，任意两种类型的文本之间均存在极其显著性差异。

（二）教学视频的录制与评定

以上述文本材料为朗诵内容，请表演系的两名研究生（作为教学视频中的教师）将上述文本材料录制成教学视频，要求采用平静、积极、消极三种情绪进行朗诵。为了评估两位教师使用的三种情绪类型在效价上是否存在显著性差异，控制文本的语义情绪，选取语义情绪为中性的教学视频，即选取了教师一朗诵《大自然的语言》的三种情绪类型的教学视频，选取了教师二朗诵《语言的演变》的三种情绪类型的教学视频，同样采用15级（-7~7）评分标准对上述教学视频进行评定，评定样本与上文相同，有效数据为51份，评定结果如表2-2所示。

表 2-2 两位教师表演三种情绪类型的教学视频的差异性检验（文本情感为中性）

情绪类型 \ 教师	教师一			教师二		
	$M \pm SD$	F	p	$M \pm SD$	F	p
平静情绪	−0.47±0.73	2800.09**	0.000	−0.24±0.68	2905.92**	0.000
积极情绪	5.20±0.78			5.27±0.70		
消极情绪	−5.43±0.64			−5.25±0.72		

教师一与教师二在三种情绪类型的表演上评分存在极其显著性差异（$p<0.001$），进一步做多重比较，结果表明，任意两种情绪类型的表演评分均存在极其显著性差异（$p<0.001$）。对两位教师相同情绪类型的表演评分做配对组 t 检验，结果表明，平静情绪（$t = -1.73$，$p>0.05$，Cohen's $d = 0.32$，$1-\beta = 0.41$）、积极情绪（$t = -0.56$，$p>0.05$，Cohen's $d = 0.11$，$1-\beta = 0.08$）、消极情绪（$t = -1.84$，$p>0.05$，Cohen's $d = 0.36$，$1-\beta = 0.45$）均不存在显著性差异，Cohen's d 为效果量，依据 Cohen 的规定，$d \leqslant 0.2$ 为小，$d = 0.5$ 为中，$d \geqslant 0.8$ 为大，Cohen's d 可以大于 1。$1-\beta$ 为统计检验力，即正确拒绝虚假的 H_0 的概率，上述结果的效果量和统计检验力均很低。

二 "情绪感染问卷"的中国化修订

情绪易感性（emotional susceptibility）是指在情绪感染过程中个体的情绪易被他人影响的特质。研究表明，情绪易感性高的人是指那些注意力容易被他人吸引，从而也就比较容易被他人的情绪所影响的个体（Verbeke，1997）。情绪易感性可定义为在人际情绪传递过程中，个体表现出来的易受他人情绪影响的人格特质。

Doherty 于 1997 年在研究中编制了"情绪感染问卷"（the emotional contagion scale，ECS），成为检验个体情绪易感性的重要工具。Doherty（1997）编制的问卷共 15 个项目，包括 5 个维度（高兴、情爱、害怕、愤怒、悲伤），每个维度有 3 个项目，采用 Likert 4 点计分（从不、很少、经常、总是），问卷的 Cronbach's α 系数为 0.90，三个星期后的重复测量信度为 r（41）= 0.84（$p<0.001$），主成分分析显示单项目方差负

荷为 0.46～0.69。但是该问卷在东方文化背景下使用时信效度受到怀疑，笔者使用原问卷进行小样本征询意见时，发现有很多项目让被试感到困惑，如"当听到牙科候诊室里受惊的孩子们尖叫哭喊时，我也会感到紧张不安"，很少有人有过这样的经历。原问卷在情爱维度中使用的情爱对象均是"the one I love"，翻译成中文后指代不明确，如"当我所爱的人紧紧抱着我时，我会很感动"，因为在中国文化背景下对不同的对象有不同的情感表达方式，我们与父母一般很少拥抱。

本研究以 Doherty 编制的"情绪感染问卷"为基础，吸收了诸多关于情绪易感性人群的研究成果，并参考了 Omdahl 和 O'Donnell（1999）以及 Verbeke（1997）等人编制的有关情绪感染敏感度的问卷，修订形成中文版的"情绪感染问卷"。

（一）调查对象

共发放问卷 1134 份（套），回收有效问卷 1055 份（套）。问卷预测分两次进行，被调查者是来自五所大学的本科生，调查以班级为单位，由笔者发放问卷并进行现场指导，问卷当场收回。第一次预测共发放 214 份问卷，得到完整作答的有效问卷 194 份，其中男性 93 份、女性 101 份（样本 1）。问卷修订后进行第二次预测，共发放问卷 137 份，回收有效问卷 114 份，其中男性 47 份，女性 57 份（样本 2）。

正式施测分两次进行，共回收有效问卷 603 份。其中，第一次正式施测共发放问卷 347 份，经整理并剔除无效问卷后，共回收有效问卷 329 份，其中男性 168 份、女性 161 份（样本 3）。第二次正式施测共发放问卷 292 份，经整理并剔除无效问卷后，共得到有效问卷 274 份，其中男性 134 份、女性 140 份（样本 4）。在笔者任教的 3 个班级中有部分学生同时完成了本研究问卷的正式施测和效标问卷的施测（由笔者负责解释并要求填写学号），共回收有效问卷 75 套，其中男性 34 套、女性 41 套（样本 5）。半个月后，使用本研究问卷对笔者任教的 3 个班级又进行一次施测（要求填写学号），共回收有效问卷 69 份（样本 6）。

（二）研究工具

杜建刚等人（2009）在参考了 Omdahl 和 O'Donnell（1999）以及 Verbeke（1997）等人研究成果的基础上，编制了"情绪感染敏感度问卷", 共有 8 个项目, 经检验其信度值为 0.85, 达到较高信度。

Omdahl 和 O'Donnell (1999) 编制了"护士同情性关心量表", 该量表中有同情性关心 (empathic concern) 和情绪感染 (emotional contagion) 两个维度。同情性关心维度有 7 个项目, 信度为 0.65; 情绪感染维度有 4 个项目, 信度为 0.72。上述问卷均采用 Likert 5 点计分, 从"完全不同意"到"完全同意"。

（三）预测问卷的编制

以 Doherty (1997) 编制的"情绪感染问卷"为蓝本, 由两位英语专业人士分别翻译, 再统一校对, 最后请两位心理学专业博士从心理测量学专业视角进行校对, 去除不符合中国文化背景的项目 5 个, 某些维度因此仅剩 1 个项目, 这影响到了问卷的区分度和 Cronbach's α 系数的可靠性, 于是本研究编制了开放式问卷, 共收集了 54 份开放式问卷, 将开放式问卷得到的所有条目输入计算机, 经过归类、汇总, 筛选出 27 个项目。加上 Doherty 问卷筛选修订后保留的 10 个项目, 共有 37 个项目。请 3 名心理学专业博士对 37 个项目进行改编, 综合考虑各维度项目数量的平衡、项目文字表述的清晰性和简洁性、调查对象对项目的敏感程度等几个方面的因素, 形成了包括 5 个维度, 每个维度 7 个项目, 总计 35 个项目的情绪感染初步问卷, 项目采用 Likert 4 点计分 (从不、很少、经常、总是)。

（四）预测与修改

首先, 对样本 1 的数据进行项目分析, 删除 27% 高、低分组差异不显著的项目第 11 题, 修订边缘显著的第 27 题, 其他 33 个项目的 27% 高、低分组差异均达到 t 检验的显著性水平 ($p < 0.05$)。然后进行信度分析, 删除题总相关系数 (item-toal correlation) 小于 0.20 的项目第 3 题, 和严重影响问卷信度的第 7 题和第 19 题。对余下的 30 题进行探索性因子分析 (EFA), 删除旋转后因子载荷低于 0.40 的项目。最终形成包含 25 个项目的正式问卷, 并对问卷重新编号。

（五）探索性因子分析结果

对样本 3 的数据进行探索性因子分析适合性检验, $KMO = 0.80$, 巴特利特球形检验值为 3877.72 ($p < 0.000$), 表明与单位矩阵有显著性差

异，探索性因子分析的结果可靠。

　　对样本数据进行主成分分析，以相关矩阵（correlation matrix）作为提取因子的依据，并以特征根>1 为因子提取标准，采用方差极大法正交旋转（varimax），可以提取 5 个特征根>1 的因子，5 个因子的方差累积贡献率为 61.79%。如表 2-3 所示，可依据旋转后的因子载荷矩阵对因子进行命名。

表 2-3　旋转后的因子载荷矩阵

项目	因子载荷				
	高兴	情爱	害怕	愤怒	悲伤
（6）当我感到失落时，与快乐的人在一起就会让我快乐起来	0.88				
（3）当有人对我会心微笑时，我会感到内心很温暖	0.86				
（10）身处一群快乐的人中间，我的内心也会充满快乐	0.87				
（17）当我看到幸福美满的剧情时，我会发自内心幸福微笑	0.85				
（14）当我看到别人哈哈大笑时，我也会感到开心	0.77				
（7）当我看到久别重逢的亲人时，我会感到激动		0.79			
（5）当我看到至爱的亲人难过时，我会比他/她更难过		0.80			
（19）当我的父母拍拍我的身体时，我会感到很温暖		0.77			
（13）当我看到至爱的亲人开心的表情时，我会比他/她更开心		0.71			
（21）当我即将远行看到至爱的亲人依依不舍时，我总是抑制不住眼泪		0.70			
（18）当看到电视中受害者的惊慌面孔时，会替他们心惊			0.89		
（2）当身边的人感到压力很大时，我也会感到紧张			0.84		
（15）当看到孩子大声哭喊时，我会感到不安			0.83		
（12）在与紧张的人打交道时，我也会感到紧张			0.67		
（20）当看到有人演讲非常紧张时，我也会感到不安			0.61		
（1）当看到别人愤怒的表情时，我也会绷紧脸颊感到气愤				0.72	
（8）当我的周围全是一群愤怒的人时，我也会被激怒				0.76	
（16）当我听到一阵嘈杂愤怒的吵架声时，我会感到不安				0.68	
（23）当我看到与我交往的人生气时，我也会感到不安				0.74	
（25）当我看到电视中有人愤怒时，我也会感到气愤				0.62	
（4）如果与我交谈的人开始哭泣，我也会泪眼汪汪					0.75

续表

项目	因子载荷				
	高兴	情爱	害怕	愤怒	悲伤
(9) 当有人告诉我他所爱的人去世了，我也会感到悲痛					0.71
(24) 当观看感人影片时，我会很容易哭					0.67
(22) 当我看到别人失声痛哭时，尽管不知道发生什么，我也会感到难过					0.68
(11) 当我看到报纸上别人的痛苦表情时，我感到难过					0.58

探索性因子分析结果显示，$KMO = 0.80$，模型通过了巴特利特球形检验，因子分析获得的 5 个维度符合问卷的内容效度。本问卷项目的因子载荷均在 0.58 以上，5 个维度可以解释总体方差 61.79% 的变异，每个维度内项目内容清晰明确、可解释性强。

（六）信度分析与项目分析

合并样本 3 和样本 4 的数据进行信度分析与项目分析。总问卷的标准化 Cronbach's α 系数为 0.85，Friedman's χ^2 值为 98.09（$p<0.001$），达到极其显著性水平，信度较高，半个月后的重测信度为 0.85。问卷总分在性别水平上的差异性检验结果显示，女性比男性得分高，两者存在极其显著性差异（$t = 6.98$，$p<0.001$）。高兴、情爱、害怕、愤怒、悲伤五个维度的内部一致性系数分别为 0.88、0.83、0.82、0.77、0.76，半个月后的重测信度分别为 0.88、0.87、0.85、0.86、0.85，均达到极其显著性水平（$p<0.01$）。

戴晓阳等人（2011）推荐 0.75~0.80 作为评价分量表（或维度）内部一致性的标准，本问卷中悲伤维度的内部一致性系数最低为 0.76，重测信度为 0.85，均达到了这个标准，所以该问卷有很好的稳定性。

项目分析采用鉴别指数 D 和题总相关系数 r，项目的鉴别指数采用总分的高分端（27%）在该项目上的平均得分减去低分端（27%）在该项目上的平均得分，然后除以该项目的满分值计算得出。结果如表2-4所示，鉴别指数 D 为 0.34~0.48，题总相关系数 r 为 0.29~0.49。

表 2-4　各项目鉴别指数 *D* 及题总相关系数 *r*

高兴			情爱			害怕			愤怒			悲伤		
项目	*D*	*r*	项目	*D*	*r*	项目	*D*	*r*	项目	*D*	*r*	项目	*D*	*r*
1	0.46	0.29	6	0.39	0.42	11	0.48	0.44	16	0.35	0.36	21	0.36	0.44
2	0.44	0.41	7	0.43	0.48	12	0.45	0.39	17	0.35	0.38	22	0.35	0.48
3	0.41	0.36	8	0.46	0.49	13	0.41	0.39	18	0.38	0.43	23	0.41	0.44
4	0.42	0.37	9	0.34	0.35	14	0.37	0.37	19	0.36	0.39	24	0.37	0.37
5	0.37	0.32	10	0.44	0.49	15	0.41	0.40	20	0.36	0.35	25	0.40	0.37

　　一般认为鉴别指数在 0.40 以上，项目质量很好；鉴别指数在 0.30~0.39，项目质量良好（Mikulincer & Shaver，2007）。本问卷的 *D* 均在 0.34 以上，表明每个项目均具有良好的区分度。有学者认为项目与所属分量表的相关系数为 0.30~0.80 时，量表具有较高的信度（金瑜，2001），以此标准，本研究的问卷具有很高的信度。

（七）效度分析

　　使用样本 4 的数据进行效度分析。模型的标准化路径系数（standardized regression weights）为 0.58~0.79（如图 2-3 所示），模型拟合度如表 2-5 所示。

表 2-5　CFA 模型拟合度（Model Fit）

指标	χ^2	*df*	χ^2/df	*GFI*	*AGFI*	*NFI*	*NNFI*	*CFI*	*IFI*	*RMSEA*
值	520.32	265	1.96	0.93	0.90	0.91	0.95	0.95	0.95	0.059

　　验证性因子分析表明，$\chi^2/df = 1.96 < 5$，表示模型拟合度高，近似误差的平方根 *RMSEA* 小于 0.08，且拟合优度指标 *GFI* 非常接近 1，表示观测数据与图 2-3 所示模型非常拟合。

　　收敛效度可通过平均方差提取值（Average Variance Extracted，AVE）来表征，该值可通过公式 $AVE = (\sum \lambda^2)/n$（*n* 为某因子的项目数；*λ* 为标准化路径系数）计算。结果发现，各潜变量 *AVE* 的平方根均大于潜变量之间的相关系数，如表 2-6 所示。

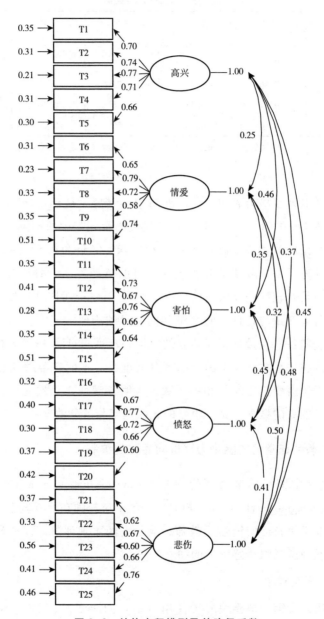

图2-3　结构方程模型及其路径系数

表 2-6　区分效度检验

潜变量	高兴	情爱	害怕	愤怒	悲伤
高兴	0.72				
情爱	0.25	0.71			
害怕	0.46	0.35	0.71		
愤怒	0.37	0.33	0.45	0.70	
悲伤	0.46	0.48	0.50	0.41	0.70

注：斜对角线上的数据为 AVE 的平方根，其他数据为潜变量的相关系数（来自 Amos Output）。

效标关联效度检验表明，本问卷与"情绪感染敏感度问卷"相关系数为 0.644（$p<0.01$），与"护士同情性关心量表"中的同情性关心和情绪感染两个维度的相关系数分别为 0.29（$p<0.05$）和 0.55（$p<0.01$）。

AVE 反映了每个潜变量对所包含项目的解释程度，AVE 大于 0.5 表示该潜变量具有较好的收敛效度。Fornell 和 Larcher（1981）提出，非限制模型中各潜变量与各自观测变量共同变异的均值大于潜变量之间的共同变异，说明各潜变量是相互独立的，即各潜变量 AVE 的平方根大于潜变量之间的相关系数，表明因子的区分效度高。本问卷各潜变量 AVE 的平方根均大于潜变量之间的相关系数，表明各潜变量仍然是内涵有所重合，但相互独立的概念，具有很好的收敛效度与区分效度。

三　"教师课堂情绪感染力评价问卷"的编制

"教师课堂情绪感染力评价问卷"（the evaluation scale of teaching's emotional contagion in class，ESTECC）是学生对教师在课堂教学中的情绪表现力以及学生自己的情绪受教师影响程度的主观评价。以往研究中还没有评价教师课堂情绪感染力的问卷。

（一）调查对象

本书第四章第一节模块二中使用《语言的演变》（积极情绪朗诵）、《语言是人类重要的交际工具》（消极情绪朗诵）两个视频并完成问卷，第四章第二节使用《父亲的爱》（消极情绪朗诵）、《痛恨"以怨报德"》（积极情绪朗诵）两个视频并完成问卷，共得到 184 个有效数据。

（二）信度分析与项目分析

对数据进行信度分析与项目分析。总问卷的标准化 Cronbach's α 系数为 0.89，将问卷分为前后两半，则分半信度（split-half）为 0.82，Friedman's χ^2 值为 34.18（$p < 0.001$），达到极其显著性水平，表示被试差异大，信度高。上述四个视频的评分者信度（Kendall's W）为 0.79（$p < 0.001$）。

项目分析采用鉴别指数 D 和题总相关系数 r，项目的鉴别指数采用总分的高分端（27%）在该项目上的平均得分减去低分端（27%）在该项目上的平均得分，然后除以该项目的满分值计算得出。结果如表2-7所示，鉴别指数 D 为 0.37～0.47，题总相关系数 r 为 0.63～0.72。

表 2-7　各项目鉴别指数 D 及题总相关系数 r

项目	D	r	项目	D	r
1	0.40	0.71**	6	0.47	0.70**
2	0.39	0.67**	7	0.44	0.72**
3	0.45	0.69**	8	0.43	0.71**
4	0.39	0.63**	9	0.41	0.67**
5	0.42	0.67**	10	0.37	0.71**

（三）效度分析

本问卷共有 10 个项目，其中有 7 个项目针对教师的情绪表现力或感染力，2 个项目针对学生的注意水平，1 个项目针对学生自身情绪受教师影响的程度，所编制的问卷先后咨询过 6 位博士研究生，均认为内容符合评价教师课堂情绪感染力的要求，因此问卷具有较高的内容效度。

本书的第三章第二节中使用了三类视频，分别是基线测试使用的教学视频《统筹方法》（实验条件Ⅰ）、积极情绪教学视频《考试总结》（实验条件Ⅱ）、消极情绪教学视频《运动会总结》（实验条件Ⅲ）。要求所有被试观看视频后完成"教师课堂情绪感染力评价问卷"，实验结束后完成"情绪感染问卷"。以"情绪感染问卷"作为效标，"教师课堂情绪感染力评价问卷"的效标关联效度（criteria-related validity）值如表2-8所示。

表 2-8   LEAS 高、低分组在两类问卷上得分的相关分析

问卷	$M \pm SD$	ESTECC（Ⅰ）		ESTECC（Ⅱ）		ESTECC（Ⅲ）	
		r	p	r	p	r	p
ECS	70.73±10.70	−0.104	0.423	0.697**	0.000	−0.599**	0.000
ESTECC（Ⅰ）	19.27±5.39	1	–	−0.086	0.505	0.062	0.630
ESTECC（Ⅱ）	28.63±4.40			1	–	−0.867**	0.000
ESTECC（Ⅲ）	18.79±5.54					1	–

如表 2-8 所示，中性情绪教学视频的 ESTECC 与 ECS 得分之间不存在显著相关（$r=-0.104$，$P>0.05$），表明中性情绪教学视频不具有情绪感染力。积极情绪与消极情绪教学视频的 ESTECC 得分均与 ECS 得分极其显著相关（$r=0.697$，$p<0.001$；$r=-0.599$，$p<0.001$），表明积极情绪与消极情绪的教学视频均具有较大的情绪感染力。

"教师课堂情绪感染力评价问卷"与"情绪感染问卷"之间显著相关，这是因为情绪易感的学生往往容易受教师课堂情绪的感染，情绪易感的学生对教师积极、消极情绪均有较大感触，所以对教师课堂情绪感染力的评价有两极化倾向，即相对于均不易感的学生而言，均易感的学生对教师积极的课堂情绪有更好的评价，而对教师消极的课堂情绪会有更差的评价。这一结果可以进一步从积极情绪教学视频的 ESTECC 得分与消极情绪教学视频的 ESTECC 得分存在极其显著的负相关（$r=-0.867$，$p<0.001$）得到验证，因为对积极情绪教学视频评价越高的学生对消极情绪教学视频的评价越低。

本章小结

本章内容主要包括三个方面。

第一，分析了当前情绪感染研究存在的主要问题，即以往对情绪感染的概念与发生机制的理解存在争议，由此导致实验诱发的"情绪感染"为多种心理现象的混杂，很难用情绪感染去解释，因此，很多研究的结论值得商榷。以往关于情绪感染调节因素的研究均从发生机制之外去寻找调节因素，而不是从发生机制内部去寻找调节因素，因此调节因

素研究与发生机制并无关联，且研究均集中在服务业与管理中。

第二，论证并构建了情绪感染的发生机制及其调节模型，并在此基础上设计了研究框架，即采用实验方法去实证情绪感染的发生机制及其调节模型。

第三，制作了实验工具与调查工具，所制作的教学材料与教学视频符合测量学要求，即不同情绪类型的实验材料之间存在显著性差异。"情绪感染问卷"与"教师课堂情绪感染力评价问卷"均具有较高的信度和效度，每个项目的鉴别指数和题总相关系数均符合标准，表明问卷的测量稳定性非常高，达到了测量学的要求。

第三章　课堂教学中情绪感染的发生机制

第一节　高、低分组在情绪觉察过程中的特点

一　情绪觉察在情绪感染中的作用

第一章详细论证了情绪感染的发生机制，认为觉察者觉察到感官情绪信息会诱发觉察者产生无意识模仿，并通过生理反馈使觉察者产生与诱发者相同的情绪体验。这一发生机制环环相扣，也就是说，觉察者的情绪觉察水平会影响无意识模仿水平，无意识模仿水平又会影响生理反馈水平，从而最终决定觉察者的情绪唤醒水平。

觉察者的情绪觉察水平有高低之分（汪海彬，2013），觉察者所能觉察到的情绪信息量直接影响其无意识模仿水平，反过来说没有觉察到（意识或无意识）感官情绪信息就不会产生模仿。模仿使觉察者的肌肉获得了与他人相同的动作，并给了大脑一个反馈，这就导致觉察者体验到了与诱发者相同的情绪（Hess et al.，1992；Strack et al.，1988），由此说明，模仿是生理反馈的基础，并最终使觉察者自下而上产生了与诱发者相同的情绪体验。

本书研究拟采用实验方法证实情绪感染的发生机制。在眼动实验中使用情绪图片作为感官情绪信息，以考察觉察者的情绪觉察水平。首先采用"情绪觉察水平问卷"对被试情绪觉察水平进行高、低分组，然后使用 SMI Hi-Speed 眼动追踪系统研究高、低分组眼动特征与兴趣区注视特征，眼动特征是情绪觉察水平的重要指标（Marsh et al.，2005；Partala & Surakka，2003；Boraston et al.，2008；Dalton et al.，2005），因为人际交往中的情绪觉察是通过眼睛来"看"的。

本节的研究目的是研究高、低分组情绪觉察者在情绪识别上的正确

率，证明情绪觉察分组的有效性，研究高、低分组情绪觉察者在情绪觉察过程中的眼动特点，具体包括眼动特征和兴趣区注视特征，用眼动特征来解释情绪觉察水平对无意识模仿水平的影响。

二　情绪觉察的高、低分组及其情绪识别水平比较

（一）LEAS 高、低分组及其情绪识别水平测量方法

以公开招募的方式选取来自扬州大学的大学生 153 名[①]作为被试，被试首先完成"情绪觉察水平问卷"（levels of emotional awareness scale，LEAS），根据"情绪觉察水平问卷"计分手册（LEAS scoring manual）对被试的回答进行 0~5 级评定，以计算情绪觉察在自己、他人和总分三个方面的得分情况（汪海彬，2013）。结合本书研究目的，只对觉察自己或觉察他人进行计分（0~4 分）。控制性别比例后，选取"情绪觉察水平问卷"得分处于前 27% 的 40 名被试作为高分组，选取"情绪觉察水平问卷"得分处于最后 27% 的 40 名被试作为低分组，高、低分组被试进入眼动实验流程，剔除高度近视或散光被试 9 名和无法采集被试 6 名。最终选取了高、低分组的有效被试各 31 名，其中男生 30 名，女生 32 名，年龄为 18~22 岁。

如表 3-1 所示，LEAS 高、低分组在"情绪觉察水平问卷"得分上存在极其显著性差异，且效果量与统计检验力均非常高，验证了两者间的差异性非常显著。

表 3-1　LEAS 高、低两组的得分情况

组别	N	M	SD	t	p	Cohen's d	$1-\beta$
高分组	31	46.55	4.07	12.29**	0.000	3.12	1.00
低分组	31	31.26	5.61				

实验采用 2（被试间变量：LEAS 高分组、低分组）×7（被试内变量：高兴、平静、愤怒、悲伤、害怕、惊讶、厌恶）混合设计。实验共有 56 个试次（trail）。要求被试对每次呈现的面孔情绪类型进行判断，共

---

① 有关被试的其他情况说明请参见附录一，以下所有研究均相同。

有 7 个选项：高兴、平静、愤怒、悲伤、害怕、惊讶、厌恶。每个试次
的实验流程如图 3-1 所示，首先呈现 500ms 注视点"+"，随后呈现情绪
面孔，5000ms 后自动消失，接着出现选项界面，要求被试用鼠标对之前
靶刺激的情绪面孔类型做出判断。实验总指导语为：欢迎参加心理学实
验，这是一个情绪面孔的判断实验，实验首先在屏幕中央出现一个
"+"，提醒你实验开始，随后会出现一张情绪面孔，情绪面孔有七种情
绪类型，分别是高兴、平静、愤怒、悲伤、害怕、惊讶、厌恶，你的任
务是准确快速地对图片中呈现的情绪面孔的情绪类型做出判断，使用鼠
标选择相应的选项，准备好了可以按空格键开始。实验前有练习，练习
可反复进行，直到被试熟悉整个流程为止。

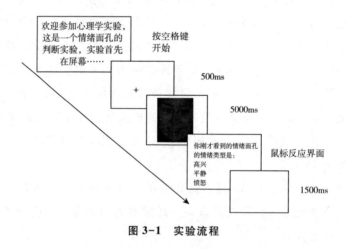

图 3-1　实验流程

（二）LEAS 高、低分组在情绪类型识别正确率上存在差异

多元方差分析（multivariate tests）结果显示 7 种情绪类型间的识别正
确率主效应极其显著，$F(6, 55) = 44.43$，$p < 0.001$，$partial\ \eta^2 = 0.83$，
$1-\beta = 1$，组别与情绪类型的交互效应极其显著，$F(6, 55) = 5.41$，$p <$
0.001，$partial\ \eta^2 = 0.37$，$1-\beta = 0.99$[①]。被试内效应检验（tests of within-
subjects effects）中的一元方差分析（univariate tests）结果也显示情绪类型
间的识别正确率主效应极其显著，$F(5, 17) = 17.89$，$p < 0.001$，$partial\ \eta^2 =$
0.23，$1-\beta = 1$，组别与情绪类型的交互效应极其显著，$F(5, 17) = 3.05$，

---

① 　由于 Pillai's trace 的统计检验力最强，以下多元方差分析均报告 Pillai's trace 的统计结果。

$p<0.01$，*partial* $\eta^2 = 0.05$，$1-\beta = 0.87$[①]。被试间效应检验（tests of between-subjects effects）显示，组别间的识别正确率主效应极其显著，F（1，60）$= 41.65$，$p<0.001$，*partial* $\eta^2 = 0.41$，$1-\beta = 1$，高分组的平均正确率（$M=0.932$）极其显著高于低分组（$M=0.866$）。高、低分组的平均值 M（mean）、标准差 SD（standard deviation）、平均值差量 MD（mean difference）以及正确率的简单效应分析（simple main effects）结果如表 3-2 所示。

表 3-2　LEAS 高、低分组在 7 种情绪类型上识别正确率的简单效应分析

	组别	M	SD	MD	t	p	Cohen's d	$1-\beta$
高兴	高分组	0.988	0.038	0.012	1.07	0.287	0.27	0.19
	低分组	0.976	0.050					
平静	高分组	0.927	0.063	0.044	2.24*	0.029	0.57	0.61
	低分组	0.883	0.091					
愤怒	高分组	0.939	0.064	0.077	3.63**	0.001	0.92	0.95
	低分组	0.863	0.099					
悲伤	高分组	0.911	0.087	0.085	3.46**	0.001	0.88	0.93
	低分组	0.827	0.105					
害怕	高分组	0.927	0.063	0.121	5.66**	0.000	1.44	1.00
	低分组	0.806	0.101					
惊讶	高分组	0.895	0.073	0.069	3.31**	0.002	0.84	0.91
	低分组	0.827	0.089					
厌恶	高分组	0.931	0.071	0.052	2.17*	0.034	0.55	0.58
	低分组	0.879	0.114					
平均正确率	高分组	0.932	0.028	0.066	6.45**	0.000	1.64	1.00
	低分组	0.866	0.049					

简单效应分析显示，高、低分组在高兴情绪面孔的识别正确率上不存在显著性差异（$t=1.07$，$p>0.05$），在平静（$t=2.24$，$p<0.05$）、厌

① 通过球形检验（Mauchly's test of sphericity）的变量报告球形检验成立（sphericity assumed）的被试内效应检验结果，否则报告 Greenhouse-Geisser 的检验结果（以下相同）。

恶（$t=2.17$，$p<0.05$）情绪面孔的识别正确率上存在显著性差异，而在其他四类情绪面孔的识别正确率上均存在极其显著性差异（$p<0.01$），两组在平均正确率上存在极其显著性差异（$t=6.45$，$p<0.01$），这些结论与以往的研究结果较为一致（汪海彬，2013；Lane et al.，2000）。

三　LEAS 高、低分组的基本眼动特征分析

实验采用 SMI Hi-Speed 眼动追踪系统记录数据，采样率为 1250Hz，实验程序采用 Experiment Center 软件编写，数据采用 BeGaze（Version 3.0）分析软件处理。实验前采用左眼 5 点校准，如果偏差 X、Y 都小于 1.0 则按 "continue" 接着做实验，如果偏差 X、Y 中有一个大于 1.0 则按 "repeat" 重新校准。

实验数据使用 SPSS 16.0 进行处理，采用两因素重复测量方差分析，被试间变量为 LEAS 高、低分组，被试内变量为情绪类型。删除采集不成功的少量数据（如出现 "–" 或 "0"）。

（一）注视点数目

以注视点数目（fixation count）为因变量，在情绪觉察水平（被试间变量：LEAS 高分组、低分组）和情绪类型（被试内变量：高兴、平静、愤怒、悲伤、害怕、惊讶、厌恶）上进行两因素重复测量方差分析，目的是考察不同情绪觉察水平的被试在 7 种实验刺激上的注视点数目的差异性。一元方差分析显示情绪类型的主效应极其显著，$F(3,76)=12.25$，$p<0.001$，$partial\ \eta^2=0.17$，$1-\beta=1$，组别与情绪类型的交互效应不显著，$F(3,76)=1.54$，$p>0.05$，$partial\ \eta^2=0.03$，$1-\beta=0.46$。被试间效应检验结果显示，组别间主效应极其显著，$F(1,60)=7.45$，$p<0.01$，$partial\ \eta^2=0.11$，$1-\beta=0.77$。高、低分组在 7 种情绪类型上注视点数目的简单效应分析如表 3-3 所示。

表 3-3　LEAS 高、低分组在 7 种情绪类型上注视点数目的简单效应分析

	组别	M	SD	MD	t	p	Cohen's d	$1-\beta$
高兴	高分组	12.17	2.76	2.06	2.73 **	0.008	0.69	0.78
	低分组	10.11	3.15					

	组别	M	SD	MD	t	p	Cohen's d	$1-\beta$
平静	高分组	12.82	2.81	1.96	2.60*	0.012	0.66	0.74
	低分组	10.86	3.12					
愤怒	高分组	13.13	3.03	1.89	2.52*	0.015	0.64	0.71
	低分组	11.24	2.88					
悲伤	高分组	13.30	2.52	2.14	2.78**	0.007	0.71	0.79
	低分组	11.16	3.48					
害怕	高分组	13.03	2.91	1.80	2.28*	0.026	0.58	0.63
	低分组	11.23	3.28					
惊讶	高分组	13.31	3.33	1.88	2.25*	0.028	0.57	0.61
	低分组	11.43	3.26					
厌恶	高分组	13.67	3.17	2.69	3.15**	0.003	0.80	0.88
	低分组	10.98	3.56					
总平均值	高分组	13.06	2.77	2.06	2.73**	0.008	0.69	0.78
	低分组	11.00	3.16					

高、低分组在注视点数目上的简单效应分析结果显示，高分组在 7 种情绪面孔上的注视点数目均显著多于低分组（$p<0.05$ 或 $p<0.01$），高分组被试在所有情绪面孔上的总平均注视点数目极其显著多于低分组（$t=2.73$，$p<0.01$）。有研究表明情绪觉察水平不佳的被试总注视点数目更少，表现为异常的视觉注意保持（金丽等，2012）。

（二）平均注视时间

以平均注视时间（fixation duration average）为因变量，以情绪觉察水平为被试间变量、情绪类型为被试内变量，使用两因素重复测量方差分析，考察不同情绪觉察水平的被试在 7 种实验刺激上的平均注视时间的差异性。一元方差分析显示情绪类型的主效应不显著，$F_{(4, 80)}=0.98$，$p>0.05$，partial $\eta^2=0.02$，$1-\beta=0.34$，组别与情绪类型的交互效应极其显著，$F_{(4, 62)}=3.22$，$p<0.01$，partial $\eta^2=0.05$，$1-\beta=0.88$。被试间效应检验结果显示，组别间主效应极其显著，$F_{(1, 60)}=69.82$，$p<0.001$，partial $\eta^2=0.54$，$1-\beta=1$。高、低分组在 7 种

情绪类型上平均注视时间的简单效应分析如表 3-4 所示。

表 3-4　LEAS 高、低分组在 7 种情绪类型上平均注视时间的简单效应分析

	组别	M	SD	MD	t	p	Cohen's d	$1-\beta$
高兴	高分组	228.70	32.48	-66.93	-8.28**	0.000	2.10	1.00
	低分组	295.63	31.19					
平静	高分组	222.33	41.84	-79.06	-6.93**	0.000	1.76	1.00
	低分组	301.39	47.82					
愤怒	高分组	232.02	52.70	-66.61	-5.68**	0.000	1.44	1.00
	低分组	298.63	38.54					
悲伤	高分组	213.39	47.14	-94.36	-8.92**	0.000	2.27	1.00
	低分组	307.76	35.37					
害怕	高分组	238.99	37.67	-53.74	-5.58**	0.000	1.42	1.00
	低分组	292.73	38.11					
惊讶	高分组	230.24	50.77	-65.96	-5.49**	0.000	1.39	1.00
	低分组	296.20	43.63					
厌恶	高分组	223.96	49.68	-62.01	-5.45**	0.000	1.38	1.00
	低分组	285.97	39.40					
总平均值	高分组	227.09	36.56	-69.81	-8.36**	0.000	2.12	1.00
	低分组	296.90	28.76					

高、低分组在平均注视时间上的简单效应分析结果显示，高分组在 7 种情绪面孔上的平均注视时间均极其显著短于低分组（$p<0.001$），高分组被试在所有情绪面孔上的总平均注视时间极其显著短于低分组（$t=-8.36$，$p<0.01$）。

（三）平均瞳孔直径

平均瞳孔直径（average pupil size）有两个测量指标，分别是 X、Y，由于 X、Y 之间的平均值差异很小，此处以平均瞳孔直径 X（average pupil size X）为因变量，进行 2（组别）×7（情绪类型）两因素重复测量方差分析，以考察不同情绪觉察水平的被试在 7 种实验刺激上的平均瞳孔直径的差异性。一元方差分析表明情绪类型的主效应极其显著，F

（4，72）= 7.95，$p<0.001$，$partial\ \eta^2 = 0.12$，$1-\beta = 1.00$，组别与情绪类型的交互效应不显著，F（4，72）= 1.03，$p>0.05$，$partial\ \eta^2 = 0.02$，$1-\beta = 0.36$。被试间效应检验结果显示，组别间主效应极其显著，F（1，60）= 8.60，$p<0.01$，$partial\ \eta^2 = 0.13$，$1-\beta = 0.82$。高、低分组在 7 种情绪类型上平均瞳孔直径的简单效应分析如表 3-5 所示。

表 3-5　LEAS 高、低分组在 7 种情绪类型上平均瞳孔直径的简单效应分析

	组别	M	SD	MD	t	p	Cohen's d	$1-\beta$
高兴	高分组	38.51	4.96	2.89	2.43**	0.018	0.62	0.68
	低分组	35.62	4.38					
平静	高分组	40.10	5.59	4.19	2.80**	0.007	0.71	0.80
	低分组	35.91	6.20					
愤怒	高分组	40.45	4.98	3.38	2.45*	0.017	0.62	0.69
	低分组	37.07	5.84					
悲伤	高分组	35.47	4.02	1.90	1.65	0.105	0.42	0.38
	低分组	33.57	4.99					
害怕	高分组	37.74	5.18	2.18	1.69	0.097	0.43	0.39
	低分组	35.56	4.98					
惊讶	高分组	37.72	6.29	1.74	1.17	0.247	0.30	0.21
	低分组	35.98	5.36					
厌恶	高分组	38.93	4.26	3.69	3.52**	0.001	0.89	0.94
	低分组	35.24	4.01					
总平均值	高分组	38.42	3.75	2.85	2.93**	0.005	0.74	0.83
	低分组	35.57	3.90					

　　高、低分组在平均瞳孔直径上的简单效应分析结果显示，高分组在平静、厌恶情绪面孔上的平均瞳孔直径均极其显著大于低分组（$p<0.01$），在高兴和愤怒情绪面孔上的平均瞳孔直径显著大于低分组（$p<0.05$），两组在其他情绪类型上的平均瞳孔直径无显著性差异，高分组被试在所有情绪面孔上的总平均瞳孔直径极其显著大于低分组（$t=2.93$，$p<0.01$）。有研究表明人们注视负性情绪面孔时的瞳孔直径更大（Marsh et al.，2005；Partala & Surakka，2003），这可能是由于情绪负性偏向

（Pourtois et al., 2004；Kaffenberger et al., 2010）导致个体需要消耗较多的注意资源，即意识活动会优先处理负性情感信号（Dannlowski et al., 2007），负性偏向是生物进化的结果，属于一种注意偏向，如具有攻击性的人对敌对情绪具有注意偏向（Chen et al., 2012）。由于高水平情绪觉察者可以更有效灵活地分配注意资源，所以对于负性情绪会快速有效地投入更多注意资源，同时也相应地提升了情绪面孔的识别正确率。

（四）平均眼跳幅度

以平均眼跳幅度（saccade amplitude average）为因变量，进行 2（组别）×7（情绪类型）两因素重复测量方差分析，以考察不同情绪觉察水平的被试在 7 种实验刺激上的平均眼跳幅度的差异性。一元方差分析显示情绪类型的主效应极其显著，$F_{(4, 17)} = 6.78$，$p < 0.001$，$partial\ \eta^2 = 0.10$，$1 - \beta = 0.99$，组别与情绪类型的交互效应不显著，$F_{(4, 17)} = 1.24$，$p > 0.05$，$partial\ \eta^2 = 0.02$，$1 - \beta = 0.40$。被试间效应检验结果显示，组别间主效应极其显著，$F_{(1, 60)} = 7.71$，$p < 0.01$，$partial\ \eta^2 = 0.11$，$1 - \beta = 0.78$。高、低分组在 7 种情绪类型上平均眼跳幅度的简单效应分析如表 3-6 所示。

表 3-6　LEAS 高、低分组在 7 种情绪类型上平均眼跳幅度的简单效应分析

	组别	M	SD	MD	t	p	Cohen's d	$1 - \beta$
高兴	高分组	5.86	0.97	-0.56	-2.17*	0.034	0.55	0.58
	低分组	6.42	1.06					
平静	高分组	5.93	1.58	-0.32	-0.81	0.422	0.21	0.13
	低分组	6.25	1.50					
愤怒	高分组	6.37	1.46	-1.07	-2.71**	0.009	0.69	0.77
	低分组	7.44	1.65					
悲伤	高分组	6.41	1.73	-0.65	-1.49	0.142	0.38	0.32
	低分组	7.07	1.73					
害怕	高分组	6.40	1.23	-0.17	-0.57	0.574	0.14	0.08
	低分组	6.57	1.11					
惊讶	高分组	6.59	1.56	-1.03	-2.64*	0.011	0.67	0.75
	低分组	7.61	1.50					

续表

	组别	M	SD	MD	t	p	Cohen's d	$1-\beta$
厌恶	高分组	6.54	1.68	-0.88	-2.09*	0.041	0.53	0.55
	低分组	7.42	1.62					
总平均值	高分组	6.35	1.02	-0.58	-2.21*	0.031	0.56	0.60
	低分组	6.92	1.04					

高、低分组在平均眼跳幅度上的简单效应分析结果显示，高分组在愤怒情绪面孔上的平均眼跳幅度极其显著小于低分组（$p<0.01$），在高兴、惊讶、厌恶情绪面孔上的平均眼跳幅度显著小于低分组（$p<0.05$），而两组在其他情绪类型上的平均眼跳幅度无显著性差异，高分组在所有情绪面孔上的总平均眼跳幅度显著小于低分组（$t=-2.21$，$p<0.05$）。

四 LEAS 高、低分组的兴趣区注视特征分析

兴趣区注视特征分析能很好地反映被试对兴趣区的关注程度，由于本书研究的实验刺激为情绪面孔图片，人们在识别面孔时通常关注最多的是双眼、鼻子和嘴巴，所以本书研究将双眼（包括眉间及双眼间上鼻梁区域，兴趣区 1）和嘴巴周边、下鼻梁区（兴趣区 2）定义为兴趣区。

（一）总凝视时间

总凝视时间（net dwell time）是指兴趣区中凝视点的时间总和，反映了被试对兴趣区的关注程度，也是衡量情绪觉察水平的常用指标。以总凝视时间为因变量，以情绪觉察水平为被试间变量，以情绪类型和兴趣区（兴趣区 1 和兴趣区 2）为被试内变量，使用多因素重复测量方差分析（多因素混合设计方差分析），考察不同情绪觉察水平的被试在 7 种情绪类型和 2 个兴趣区上的总凝视时间的差异性。一元方差分析显示情绪类型和兴趣区的主效应均极其显著，$F_{(4, 87)} = 12.95$，$p<0.001$，$partial\ \eta^2 = 0.18$，$1-\beta = 1.00$；$F_{(1)} = 785.88$，$p<0.001$，$partial\ \eta^2 = 0.93$，$1-\beta = 1.00$，总凝视时间在兴趣区上的差异性表现为兴趣区 1 的总凝视时间（$M = 1737.85$ms）极其显著长于兴趣区 2（$M = 1430.17$ms）（$p<0.001$）。组别与兴趣区的交互效应不显著，$F_{(1)} = 2.70$，$p>0.05$，$partial\ \eta^2 = 0.04$，$1-\beta = 0.37$，其他变量间的交互效应也均不显著（$p>$

0.05)。被试间效应检验结果显示，组别间主效应极其显著，F（1，60）= 14.52，$p<0.001$，$partial\ \eta^2 = 0.20$，$1-\beta = 0.96$，由于组别间主效应极其显著，而组别与兴趣区的交互效应不显著，所以表现为某一组在两个兴趣区上的总凝视时间均长于另一组，但判断究竟是哪一组的总凝视时间长于另一组需进一步做简单效应分析，结果如表 3-7、图 3-2 所示，高分组在兴趣区 1 和兴趣区 2 上的总凝视时间均极其显著长于低分组。

表 3-7　LEAS 高、低分组在两个兴趣区上的总凝视时间的简单效应分析

兴趣区	组别	*M*	*MD*	*p*
兴趣区 1	高分组	1929.52	383.33 **	0.001
	低分组	1546.19		
兴趣区 2	高分组	1639.88	419.41 **	0.000
	低分组	1220.47		

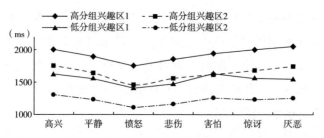

图 3-2　LEAS 高、低分组在两个兴趣区上的总凝视时间比较

（二）相对注视时间

兴趣区内的相对注视时间（fixation time）是指兴趣区内总注视时间占刺激呈现总时间的百分比，是衡量情绪觉察水平的重要指标，也是自闭症儿童注视面孔的重要考察指标（金丽等，2012）。以相对注视时间为因变量，以情绪觉察水平为被试间变量，以情绪类型和兴趣区（兴趣区 1 和兴趣区 2）为被试内变量，使用多因素重复测量方差分析，考察不同情绪觉察水平的被试在 7 种情绪类型和 2 个兴趣区上的相对注视时间的差异性。一元方差分析显示情绪类型和兴趣区的主效应均极其显著，F（4，75）= 4.99，$p<0.01$，$partial\ \eta^2 = 0.08$，$1-\beta = 0.98$；F（1）= 339.55，$p<0.001$，$partial\ \eta^2 = 0.85$，$1-\beta = 1.00$，相对注视时间在兴趣

区上的差异性表现为兴趣区 1 （$M = 33.54\%$）的相对注视时间极其显著长于兴趣区 2 （$M = 28.34\%$）（$p < 0.001$）。组别与兴趣区的交互效应不显著，$F(1) = 0.48$，$p > 0.05$，$partial\ \eta^2 = 0.01$，$1 - \beta = 0.11$。被试间效应检验结果显示，组别间主效应极其显著，$F(1, 60) = 23.08$，$p < 0.001$，$partial\ \eta^2 = 0.28$，$1 - \beta = 1.00$，进一步做简单效应分析，结果如表 3-8、图 3-3 所示，高分组在兴趣区 1 和兴趣区 2 上的相对注视时间均极其显著长于低分组。有研究表明，情绪觉察困难者通常表现为眼睛区域的注视困难（Boraston et al.，2008；Dalton et al.，2005），低分组在兴趣区 1 上的相对注视时间少，可能与情绪觉察困难有一定的关系。

表 3-8 LEAS 高、低分组在两个兴趣区上的相对注视时间的简单效应分析

兴趣区	组别	M	MD	p
兴趣区 1	高分组	37.73	8.38 **	0.000
	低分组	29.35		
兴趣区 2	高分组	32.34	7.99 **	0.000
	低分组	24.35		

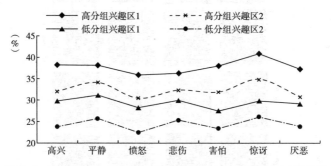

图 3-3 LEAS 高、低分组在两个兴趣区上的相对注视时间比较

（三）热点图和扫描路径图

为直观展示 LEAS 高、低分组对不同情绪面孔的加工模式，我们随机选取了高、低分组被试各一名和 7 种情绪面孔的图片各一张，导出他们的热点图和扫描路径图（见图 3-4）。高水平情绪觉察者注视双眼较多，其次是嘴巴，然后是鼻子，高分组在这一三角区域注视非常多，扫描路径图非常明显地表现了高分组在这一三角区域来回扫视，高分组的热点图与扫描路径图表现出来的特点相当一致，这一研究结果与很多研究基本一致（金丽等，2012）。低水情绪觉察者的热点图表现出注视飘忽不定的特点，在眉毛和嘴巴上注视较多，在双眼处注视较少，扫描路径图也显示在眉毛与前额、嘴巴上注视较多，而在双眼处注视很少，且低分组的热点图和扫描路径图表现出来的特点一致性较差。

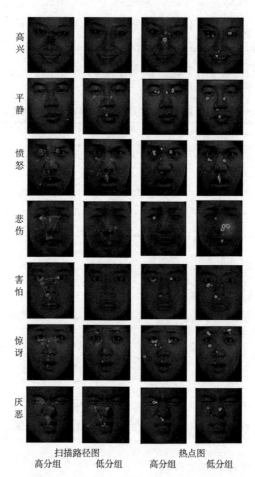

图 3-4　LEAS 高、低分组在 7 种情绪面孔上的热点图和扫描路径图比较

E-prime 实验研究表明，LEAS 高、低分组在基本眼动特征上存在诸多差异：高分组在所有情绪面孔上的总平均注视点数目极其显著多于低分组，在总平均注视时间上极其显著短于低分组，在总平均瞳孔直径上

极其显著大于低分组，在总平均眼跳幅度上显著小于低分组。兴趣区注视特征分析表明：高分组在兴趣区 1 和兴趣区 2 上的总凝视时间均极其显著长于低分组，高分组在兴趣区 1 和兴趣区 2 上的相对注视时间均极其显著长于低分组，高分组在兴趣区上的热点图与扫描路径图表现出来的特点相当一致，而低分组在兴趣区上的热点图与扫描路径图表现出来的特点一致性较差。上述研究结果表明，高分组的情绪觉察水平要显著高于低分组，那么依据情绪感染理论，是不是意味着高分组的无意识模仿水平与生理反馈水平也显著高于低分组呢？

第二节 高、低分组的无意识模仿水平与生理反馈水平

一 无意识模仿与生理反馈在情绪感染中的作用

本书研究拟采用实验方法证实情绪感染的发生机制。上一节已经使用眼动追踪系统研究了觉察者的情绪觉察水平，接下来使用仿真课堂教学视频作为感官情绪信息，使用生物反馈实验来考察觉察者的无意识模仿水平和生理反馈水平。无意识模仿水平采用前额肌电和脸颊肌电作为生理指标，肌电（electromyographic，EMG）是测量表情模仿的主要指标（Gernot et al.，2018），有研究通过 EMG 发现，当看到别人摔跤或口吃时，觉察者的手臂或嘴角的 EMG 就会增大（Berger & Hadley，1975），人们甚至接触到 "皱眉" 这个词语时就会激活相应的脸部肌肉动作（Cheshin et al.，2011），由于这种无意识模仿产生的肌肉微动作从外表是看不出来的，觉察者也意识不到，所以只能从面部局部区域的肌电变化来推测。

第一章系统论证了情绪感染的发生机制，详细阐述了无意识模仿与生理反馈在情绪感染中的作用。情绪感染是通过脸部表情反馈产生的，脸部肌肉动作给了大脑生理反馈，激活了镜像神经元系统，从而使觉察者体验到了相应的情绪（Hess et al.，1992），因此，脸上笑起来，就会感觉到高兴。同样，模仿他人的脸部表情也会影响觉察者的情绪体验，使觉察者体验到与诱发者相同的情绪（Stel & Vonk，2009），所以情绪可

以由脸部肌肉动作来激活（Strack et al., 1988），这一理论被称为面部反馈假说（Cheshin et al., 2011）。

那么，模仿他人又是如何使自己产生情绪体验的呢？觉察者在模仿他人时，可以从自己的肌肉动作、内脏和腺体的生理反馈中体验到与诱发者相同的情绪（Hatfield et al., 1994）。例如，当觉察者无意识模仿别人笑时就会感觉自己也应该高兴，这是由于模仿导致觉察者生理发生变化，如需氧量增加[①]，或者察觉者觉知自己笑的行为而推测自己应该是高兴的[②]（Neumann & Strack, 2000）。一些研究表明，自动化的神经过程主要与脑岛有关，脑岛可能是镜像神经元系统的中心和内脏运动协调中心，它能将感受传递给内脏并引起相关反应（Rizzolatti & Sinigaglia, 2008；Damasio, 2003）。要感受自己内脏状态，脑岛和邻近的额叶岛盖（insula and frontal operculum，IFO）是必不可少的（Craig et al., 2000；Critchley et al., 2001, 2002, 2003, 2004, 2005；Damasio, 1996, Craig, 2002, 2003；Critchley, 2005）。越是能感受到自己心跳的人，IFO 反应就越强烈（Critchley, 2005）。因此，IFO 在两个方面对模仿产生关键作用——激活了模仿状态和感受自己的状态，即模仿与体验（Keysers & Gazzola, 2006）。此外，IFO 具有执行这两类任务必要的传入与传出范式（Jabbi et al., 2007）。这一机制如图 3-5 所示。

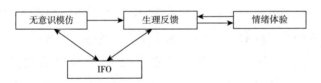

图 3-5　无意识模仿与生理反馈对情绪体验的诱发机制

对于正常的被试而言，模仿会产生一致的行为（如看到高兴的脸嘴角就会翘起，看到沮丧的脸嘴角就会下垂），而限制不一致的行为，这种一致性倾向被认为是情绪感染的指标（Falkenberg et al., 2008），如有些研究关注快速面孔反应（rapid facial reactions），将其作为刺激产生细微

①　生理指标发生变化。
②　对自己行为的反馈。

情绪状态的指标（Winkielman & Cacioppo, 2001），看到快乐的面孔可以激活颧肌的动作，而看到负性刺激（如愤怒）可以自动化地激活皱眉肌的动作（Dimberg, 1982），即便被试没有意识到皱眉肌与颧肌的动作也可以测量到（Magnée et al., 2007; Hess et al., 2017）。本书研究选用了前额肌电和脸颊肌电作为积极情绪与消极情绪无意识模仿的生理指标。有研究表明，生理指标变化与情绪体验的强度之间存在一致性（Laird et al., 1994），所以，本书研究选取血容量（blood volume pulsation, BVP）幅度、BVP 频率和皮电（skin conductirity, SC）作为生理指标。

　　本节的研究目的是在实验室仿真教学情境下，比较 LEAS 高、低分组情绪觉察者对教师情绪的无意识模仿水平与生理反馈水平的差异性，为探究情绪感染发生机制提供理论基础，也为 LEAS 高、低分组在情绪感染水平上的差异性提供解释模型。

二　LEAS 高、低分组无意识模仿水平与生理反馈水平的测量方法

　　为平静被试的情绪，每位被试进入实验室后，主试与被试有一个短暂的交流，主试向被试介绍实验相关的情况与注意事项，并签订实验知情协议书。为营造仿真教学效果，所有实验均在教室中进行，使用教室中的多媒体设备（电脑、投影仪、扬声器），将事先录制好的多媒体教学视频按实验要求投放在屏幕上。实验流程如图 3-6 所示，直至每个实验刺激呈现完毕为止。实验的一般指导语是：下面播放一组真实的课堂教学视频，请你想象自己置身于一个真实的教学情境中，认真听课，每次听完课后，需要你完成一份教学情况的调查问卷，准备好了，现在开始上课。

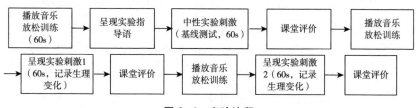

图 3-6　实验流程

实验采用男教师录制的多媒体视频（扩展名为".mpg"），基线测

试使用的教学视频为《统筹方法》（实验条件Ⅰ，无情绪朗诵），积极情绪视频为《考试总结》（实验条件Ⅱ，积极情绪朗诵，如微笑、鼓励性的语气语调），消极情绪视频为《运动会总结》（实验条件Ⅲ，消极情绪朗诵，如板着面孔、强硬或责备的语气语调），实验使用的《考试总结》《运动会总结》两个文本适合使用鼓励或责备的语气语调进行表演，即文本使用积极情绪或消极情绪表演均没有违和感。所有教学文本材料的语义情绪为中性。在关于情绪感染的研究中，参与者通常被要求观看目标个体（表现出特定情绪表达的个体）的图像或视频并随后报告他们自己的情绪状态（Hess & Blairy, 2001; Kelly et al., 2016; Papousek et al., 2008）。Gabriel 和 Masch（2017）证实了政治家在电视上公开露面时表现出的情绪会影响公众的政治态度和行为，积极情绪，如喜悦、幸福、自豪、娱乐，会引发对政治家更积极的评价，而消极情绪，如愤怒，往往会削弱公众的支持，表明视频中的人物情绪是可以传递给观众的[①]。

由于个体间生理指标基线差异较大，如何对不同被试间的生理数据进行直接比较是研究的一个难点。有研究使用生理指标的原始数据进行直接比较（徐景波等，1995），还有研究使用线性转换，将一组原始数据转换成 Z 分数（Dimberg et al., 2011），然后转换成 T 分数再比较（傅根跃等，2005）；也有研究采用实验生理数据减去基线生理数据的方法（Dimberg et al., 2000; Witvliet et al., 2010；李建平等，2005）；还有研究采用实验生理数据除以基线生理数据的方法（王俊山，2011）。这些转换方法均没有心理量测量的理论基础，而差别感觉阈限（differential sensory threshold）给了我们很好的启示。例如，有 A、B 两个被试，被试 A 的肌电基线为 $100\mu V$，实验肌电为 $120\mu V$；被试 B 的肌电基线为 $200\mu V$，实验肌电为 $220\mu V$，那么这两个被试所能体验到的心理量变化是否一样呢？若按绝对量比较的话，显然被试 B 在实验中体验到的心理量（$220\mu V$）大于被试 A（$120\mu V$），由于体验变化与自身的基线水平有关，所以用原始生理数据直接比较是不妥的。若转换成 Z 分数再比较，则否定了个体体验的独立性，因为某个被试的 Z 分数大小与团体中所有

---

① 该研究中的政治家演讲所产生的不完全是情绪感染现象，但政治家演讲时的表情对观众有情绪感染的效果。

个体的分数有关，Z 分数仅仅反映了某个被试的分值在团体中的位置，低分不一定等于实验刺激对该被试的影响是小的。个体的生理变化只能与自身的生理基线进行比较，与他人比较没有任何意义。若用实验生理数据减去基线的方法，那么被试 A 与被试 B 的生理变化是一样的，都是 20μV，这也是不准确的，例如，一个高度焦虑的人与一个平静的人面对相同的焦虑刺激，肌电均增加 20μV，但能体验到的变化是不一样的，所以这种计算方法也不对。被试所能体验到的心理量变化是一个相对差别阈限，本研究将使用相对差别阈限对被试的生理指标数据进行如下转换：

$$\triangle E = \triangle B / B$$

其中，$\triangle E$ 为生理变化增量，表示实验刺激对被试的影响；$\triangle B$ 为生理指标变化，即用实验刺激所得的生理指标数据减去基线生理指标数据；B 为基线生理指标数据。

依据上式计算，实验刺激对被试 A 的影响 $\triangle E$ 为 0.2，对 B 的影响 $\triangle E$ 为 0.1，显然 A 的生理变化大于 B 的生理变化。

本书用于测量生理指标的生物反馈实验仪器采用加拿大 Thought Technology 公司生产的 BioNeuro 八通道电脑生物反馈仪，型号为 BioNeuro INFINITI SA7900C[①]。

由于不同个体接受相同的刺激时产生的生理反馈差异很大（Magnée et al., 2007），即个体间在阈限和敏感性上有很大的差异，所以本研究采用被试内重复测量方差分析。本研究的干扰变量为文本的语义情绪信息，因此在实验材料上采用中性文本。实验控制了顺序效应，实验完成后，要求被试完成"情绪感染问卷"。

三 LEAS 高、低分组的生理变化增量比较

本节研究有三种实验条件，分别是基线测试（实验条件Ⅰ）、积极情绪视频（实验条件Ⅱ）、消极情绪视频（实验条件Ⅲ），如前所述，选用了前额肌电和脸颊肌电作为无意识模仿的生理指标，选取 BVP 幅度、BVP 频率和 SC 作为生理指标。

---

① 有关生物反馈仪的型号及各通道的使用情况请参见附录六。

使用公式 $\triangle E = \triangle B/B$，将每个被试在两种实验条件下采集到的 5 个生理指标进行转换，计算出生理变化增量 $\triangle E$。在两种实验条件下，高、低分组各生理指标的 $\triangle E$ 平均值和标准差如表 3-9 所示。

表 3-9　两种实验条件下 LEAS 高、低分组较基线水平的生理变化情况（$n = 48$）

实验条件	LEAS 组别	前额 EMG	BVP 幅度	BVP 频率	SC	脸颊 EMG
		$M \pm SD$	$M \pm SD$	$M \pm SD$	$M \pm SD$	$M \pm SD$
Ⅱ	高分组	-0.657±0.333	0529±0.273	-0.037±0.010	-0.300±0.613	1.56±0.713
	低分组	-0.360±0.253	0.141±0.115	-0.004±0.003	-0.088±0.397	0.521±0.481
Ⅲ	高分组	1.35±1.29	-0.373±0.203	0.030±0.011	1.183±0.960	-0.729±0.186
	低分组	0.388±0.317	-0.200±0.169	0.011±0.004	0.337±0.278	-0.278±0.169

$\triangle E$ 绝对值的大小反映了生理变化的大小，正负号反映了变化的方向，相对于基线测试而言，$\triangle E$ 为正表示被试的生理指标值变大，$\triangle E$ 为负表示被试的生理指标值变小。

以上述两种实验条件下的 5 个生理指标的生理变化增量 $\triangle E$ 为因变量，在情绪觉察水平（被试间变量：LEAS 高分组、低分组）和实验条件（被试内变量：积极情绪视频、消极情绪视频）上进行两因素重复测量方差分析，目的是考察不同情绪觉察水平的被试在两种实验条件下生理变化的差异性。一元方差分析结果显示实验条件的主效应极其显著，$F (5, 56) = 377.16$，$p < 0.001$，$partial\ \eta^2 = 0.97$，$1 - \beta = 1.00$，组别与实验条件的交互效应极其显著，$F (5, 56) = 124.67$，$p < 0.001$，$partial\ \eta^2 = 0.92$，$1 - \beta = 1$。5 个生理指标的 $\triangle E$ 的被试间效应检验结果如表 3-10 所示。

表 3-10　5 个生理指标的 $\triangle E$ 的被试间效应检验

	df	F	p	$partial\ \eta^2$	$Observed\ Power\ ^a$
前额 EMG	1	6.40 *	0.014	0.096	0.70
BVP 幅度	1	8.88 **	0.004	0.129	0.84
BVP 频率	1	20.52 **	0.000	0.255	0.99
SC	1	5.16 *	0.027	0.079	0.61
脸颊 EMG	1	17.14 **	0.000	0.222	0.98

LEAS 高、低分组 5 个生理指标的 $\triangle E$ 的被试间效应检验结果显示，前额 EMG、SC 的被试间效应显著（$p<0.05$），BVP 幅度、BVP 频率和脸颊 EMG 的被试间效应极其显著（$p<0.01$）。进一步做两种实验条件下 LEAS 高、低分组各生理指标的 $\triangle E$ 的简单效应分析，如表 3-11 所示。

表 3-11　两种实验条件下 LEAS 高、低分组各生理指标 $\triangle E$ 的简单效应分析

	实验条件	组别	M	MD	p
前额 EMG	Ⅱ	高分组	−0.657	−0.297 **	0.000
		低分组	−0.360		
	Ⅲ	高分组	1.346	0.958 **	0.000
		低分组	0.388		
BVP 幅度	Ⅱ	高分组	0.529	0.388 **	0.000
		低分组	0.141		
	Ⅲ	高分组	−0.373	−0.172 **	0.001
		低分组	−0.200		
BVP 频率	Ⅱ	高分组	−0.037	−0.033 **	0.000
		低分组	−0.004		
	Ⅲ	高分组	0.030	0.020 **	0.000
		低分组	0.010		
SC	Ⅱ	高分组	−0.300	−0.213	0.110
		低分组	−0.088		
	Ⅲ	高分组	1.183	0.847 **	0.000
		低分组	0.337		
脸颊 EMG	Ⅱ	高分组	1.565	1.044 **	0.000
		低分组	0.521		
	Ⅲ	高分组	−0.729	−0.451 **	0.000
		低分组	−0.278		

简单效应分析结果显示，在实验条件Ⅱ下，高分组的前额 EMG 生理变化增量 $\triangle E$ 极其显著低于低分组（$p<0.001$），而脸颊 EMG 生理变化增量 $\triangle E$ 则极其显著高于低分组（$p<0.001$），表明高分组对积极情绪具有更高的无意识模仿水平；而在实验条件Ⅲ下，高分组的前额 EMG 生理变

化增量△*E* 极其显著高于低分组（*p*<0.001），而脸颊 EMG 生理变化增量 △*E* 则极其显著低于低分组（*p*<0.001），表明高分组对消极情绪也具有 更高的无意识模仿水平。Dimberg 等人（2011）的研究表明，面对快乐 的情绪，被试会有更大的颧肌 EMG，而对愤怒的刺激则会有更大的皱眉 肌 EMG，本研究的结果也证实了这一点结论。这些结论也与 Dimberg 等 人（2011）的另一个研究结果一致，即高移情①的人对他人的情绪面孔 的反应更敏感。在笔者研究之后，有一项欣赏艺术品的研究，要求参与 者从喜好、效价、感动和兴趣这几个审美维度来评价艺术品，该研究认 为，与低情绪感染②相比，高情绪感染的参与者容易被艺术品感染，表 现出更一致和更强烈的身体反应，以及更高的面部肌电水平和皮肤电导 反应水平，具有更高的兴趣和美学评价，高情绪感染参与者的身体反应 也表现出了更高水平的情绪感染（Gernot et al.，2018），表明了生理反馈 与情绪体验之间的协同性，当然欣赏艺术品本身不是情绪感染，作者错 用了"情绪感染"一词，但研究表明生理指标与情绪唤醒存在较高的一 致性。Magnée 等人（2007）对广泛性发展障碍（pervasive developmental disorder）的患者进行了情绪信息自动加工处理的研究，研究中使用了肌 电（EMG）指标，研究结果表明肌电直接与情绪信息的自动化加工相 关，不受意识控制。在笔者之后的研究中，Lischetzke 等人（2020）认为 自动情绪模仿的个体差异与情绪感染的个体差异呈正相关，研究者将被 试暴露在具有积极或消极效价的情感刺激中，结果显示他们的注意力被 引向刺激的非情感特征，用 EMG（皱眉肌和颧肌）测量情绪模仿，平均 而言，在消极情绪刺激下，被试的情绪更消极，但积极情绪刺激并没有 引起普遍的积极情绪感染，多组多水平潜在差异模型显示，在消极情绪 刺激下，皱眉肌活动的个体差异与消极情绪的较大增加有直接关系；在 积极情绪表达条件下，颧肌活动的个体差异与消极情绪的较大减少正相 关。Olszanowski 等人（2020）认为面部活动可作为观察到的情绪表现和 随后感受到的情绪之间的中介（即情绪感染），实验要求被试观看不同 发送者表现出快乐、愤怒或悲伤的视频，同时记录他们的面部活动，在

① 该文中的移情就是指本研究的情绪感染。
② 由于作者不理解相关概念，这里的"情绪感染"不单纯是指本书定义的情绪感染，而 是几种情绪唤醒的叠加，其中包括了本书所指的情绪感染。

每个视频之后，要求被试对自己的情绪进行评分，并评估发送者的受欢迎程度和能力，实验结果表明，被试都模仿并报告感受到了发送者表现出的情绪，他们的面部活动部分解释了发送者的情绪表现和自我报告的情绪之间的联系，从而支持了面部模仿可能与情绪感染有关的观点。

在实验条件 II 下，高分组在 BVP 幅度的 $\triangle E$ 上极其显著高于低分组（$p<0.001$），而在 BVP 频率的 $\triangle E$ 上极其显著低于低分组（$p<0.001$）；在实验条件 III 下，高分组在 BVP 幅度的 $\triangle E$ 上极其显著低于低分组（$p<0.01$），而在 BVP 频率和 SC 的 $\triangle E$ 上均极其显著高于低分组（$p<0.001$），上述结果均表明，高分组在两类情绪的生理唤醒水平上均显著高于低分组，这可以从第三节的"教师课堂情绪感染力评价问卷"调查结果中得到验证。

第三节　高、低分组在情绪体验上的差异性与情绪感染发生机制的路径分析

一　情绪感染发生机制的生理指标构建

由于生理反馈与情绪体验是交织在一起的，在时程衔接上可能是非常短暂的，很难从时程上严格区分这两个阶段，我们只能推断，由于情绪感染的产生机制是自下而上的，所以由生理反馈诱发情绪体验，之后，生理反馈与情绪体验相互作用、相互影响，并交织在一起。镜像神经元系统会诱发无意识模仿，产生生理反馈，最后产生情绪体验，镜像神经元系统能帮助我们理解他人的行为和意图（Fogassi et al.，2005），镜像神经元不仅在为某一行为或身体变化做准备时活跃，而且当观察到正在执行或倾向于执行该行为或身体变化的其他人时，也会被激活并产生模仿（Bosse et al.，2012），所以不管是自己执行还是观察他人执行相应的行为，都会激活这种神经活动（Gallese & Goldman，1998），这种神经元系统在我们人类大脑中存在——包括次级前脑回（the inferior frontal gyrus）、邻近的腹前皮层（ventral premotor cortex）、前顶下小叶（anterior inferior parietal lobule），这一结论在很多文献中被证实（Iacoboni & Dapretto，2006；Rizzolatti & Craighero，2004），包括模仿行为研究

（Buccino et al., 2004；Koski et al., 2003；Leslie et al., 2004；Molnar-Szakacs et al., 2005）、行为观察研究（Johnson-Frey et al., 2003；Leslie et al., 2004）、意图理解研究（Iacoboni et al., 2005）、情绪体验研究（Dapretto et al., 2006；Schulte-Ruther et al., 2007；van Der Gaag et al., 2007）。例如，觉察者模仿他人时，能从自己的肌肉动作、内脏和腺体的生理反馈中体验到与他人一致的情绪（Hatfield et al., 1994）。最新的fMRI研究发现，被试觉知自己脸部表情时所激活的脑区，在被试产生相同情绪时同样被激活，因此，笑起来感觉到高兴和高兴时笑起来所激活的脑区是一样的（Adolphs, 2002；Wild et al., 2003）。由于很难从时程上区分生理反馈与情绪体验这两个阶段，一些研究选用相对注视时间作为觉察者的情绪觉察指标，使用 BVP、SC 等生理指标衡量生理反馈程度和情绪唤醒程度（Gernot et al., 2018），用"情绪感染问卷"来推测被试的情绪体验程度，这两类测量指标相互验证，采用结构方程来拟合情绪感染发生机制中各个变量之间的链式线性关系。

本节的研究目的是通过研究"情绪感染问卷"（ECS）与"教师课堂情绪感染力评价问卷"（ESTECC）的相关性，探究两类问卷能否反映学生的课堂情绪体验程度，并考察 LEAS 高、低分组在情绪体验上是否存在差异性。通过路径分析（path analysis），从实证角度检验情绪感染发生机制的科学性。

二 "情绪感染问卷"与"教师课堂情绪感染力评价问卷"的相关分析

使用被试的"情绪感染问卷"（ECS）与"教师课堂情绪感染力评价问卷"（ESTECC）在三种实验条件——基线测试（实验条件Ⅰ）、积极情绪视频（实验条件Ⅱ）、消极情绪视频（实验条件Ⅲ）下的得分进行相关分析，结果如表 3-12 所示。

表 3-12　LEAS 高、低分组在两类问卷上得分的相关分析

	$M\pm SD$	ESTECC（Ⅰ）		ESTECC（Ⅱ）		ESTECC（Ⅲ）	
		r	p	r	p	r	p
ECS	70.73±10.70	-0.104	0.423	0.697**	0.000	-0.599**	0.000
ESTECC（Ⅰ）	19.27±5.39	1	–	-0.086	0.505	0.062	0.630

续表

	$M\pm SD$	ESTECC（Ⅰ）		ESTECC（Ⅱ）		ESTECC（Ⅲ）	
		r	p	r	p	r	p
ESTECC（Ⅱ）	28.63±4.40			1	—	−0.867**	0.000
ESTECC（Ⅲ）	18.79±5.54					1	—

"情绪感染问卷"（ECS）得分与"教师课堂情绪感染力评价问卷"（ESTECC）得分在积极情绪视频（实验条件Ⅱ）、消极情绪视频（实验条件Ⅲ）下均存在极其显著性相关（$p<0.001$），在实验条件Ⅱ下，ESTECC 得分与 ESC 得分的相关系数为正（$r=0.697$），说明 ESC 得分越高的被试对积极情绪教学的课堂评价也会越高；在实验条件Ⅲ下，ESTECC 得分与 ESC 得分的相关系数为负（$r=-0.599$），说明 ESC 得分越高的被试对消极情绪教学的课堂评价就会越低。综上，说明情绪易感的被试对积极情绪教学与消极情绪教学的评价有两极化倾向，也说明了情绪易感的被试既容易受积极情绪影响，也容易受消极情绪影响。

三　LEAS 高、低分组在两类问卷上的差异性检验

对上述两类问卷的得分进行被试间差异性检验，结果如表 3-13 所示。

表 3-13　LEAS 高、低分组两类问卷得分的差异性检验

		M	SD	MD	t	p	Cohen's d	$1-\beta$
ECS	高分组	75.71	7.99	9.97	4.12**	0.000	1.05	0.98
	低分组	65.74	10.84					
ESTECC（Ⅰ）	高分组	18.32	5.400	−1.90	−1.40	0.166	0.36	0.29
	低分组	20.23	5.290					
ESTECC（Ⅱ）	高分组	29.97	4.127	2.68	2.50*	0.015	0.64	0.71
	低分组	27.29	4.307					
ESTECC（Ⅲ）	高分组	16.87	5.512	−3.84	−2.89**	0.005	0.73	0.82
	低分组	20.71	4.948					

LEAS 高、低分组的 ESC 得分存在极其显著性差异（$p<0.001$），说明 LEAS 高、低分组与 ECS 得分高低存在一致性，即情绪觉察水平高的被试 ESC 得分也高，反之则相反；LEAS 高、低分组的 ESTECC 得分在实验条件Ⅲ下存在极其显著性差异（$p<0.01$），说明 LEAS 高、低分组对消极情绪教学的课堂评价分化很大，即高分组对消极情绪教学的课堂评价极其显著低于低分组；LEAS 高、低分组的 ESTECC 得分在实验条件Ⅱ存在显著性差异（$p<0.05$），说明 LEAS 高、低分组对积极情绪教学的课堂评价同样存在分化，即高分组对积极情绪教学的课堂评价显著高于低分组；LEAS 高、低分组的 ESTECC 得分在实验条件Ⅰ下不存在显著性差异（$p>0.05$），由此说明，中性情绪（实验条件Ⅰ）几乎不产生情绪感染，这也证明了实验材料的效度，即中性情绪视频不能区分被试的情绪觉察水平和情绪易感性。

四　情绪感染发生机制的路径分析

由于兴趣区内的相对注视时间在高、低分组间的主效应极其显著，且统计检验力（Observed Power）$1-\beta$ 为 1，说明正确拒绝零假设的概率为 1，因此选用相对注视时间作为觉察者的情绪觉察指标，本节研究采用 7 种情绪类型在两个兴趣区上的平均相对注视时间（AFT）作为觉察者的情绪觉察指标；无意识模仿指标采用脸颊 EMG 的 $\triangle E$，因为脸颊 EMG 的 $\triangle E$ 的统计检验力比前额 EMG 的 $\triangle E$ 的统计检验力更好；生理指标采用 BVP 幅度的 $\triangle E$，因为其具有较好的统计检验力；采用"情绪感染问卷"的得分作为个体情绪体验程度的估计量。以上述四个指标作为路径分析的变量。

（一）饱和递归模型及其路径分析

由于事先不知道这四个指标的路径关系，我们认为这四个指标任意两两之间均有可能存在因果关系，但不是双向因果关系（如 $X_1 \Leftrightarrow X_2$），由此构建了一个饱和递归模型，如图 3-7 所示，饱和递归模型的拟合度如表 3-14 所示。

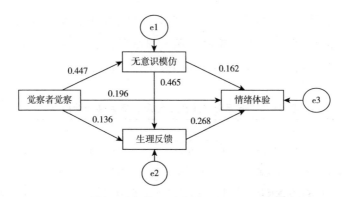

图 3-7　情绪感染的饱和递归模型与标准化路径系数

表 3-14　饱和递归模型拟合度

指标	χ^2	df	χ^2/df	p	GFI	AGFI	CFI	NFI	RMSEA
值	0.000	0	—	—	1.000	—	1.000	1.000	0.354

　　所有饱和递归和模型的 χ^2 都为 0，df 也为 0，拟合优度指标（Goodness of Fit Index，GFI）、本特勒的比较拟合指数（Comparation Fit Index，CFI）和赋范拟合指数（Normed Fit Index，NFI）均为 1，这些指标不能作为饱和递归模型的拟合度指标，近似均方根误（Root Mean Square Error of Approximation，RMSEA）大于 0.1，表示模型不太拟合，但具体是哪些路径影响饱和递归模型的拟合度要进一步考察非标准化路径系数的显著性检验结果。

　　通过考察标准化路径系数绝对值的大小可以判断外生变量对内生变量变异的贡献大小。如图 3-7 所示，"无意识模仿—生理反馈"的标准化路径系数最大（0.465），然后依次为"觉察者觉察—无意识模仿"（0.447）、"生理反馈—情绪体验"（0.268），这三条路径系数的值均较大，而"觉察者觉察—情绪体验"（0.196）、"无意识模仿—情绪体验"（0.162）、"觉察者觉察—生理反馈"（0.136）三条路径系数的值较小，这些路径系数能否达到显著性水平可依据非标准化路径系数的显著性检验结果进行判断。

　　如表 3-15 所示，"觉察者觉察—无意识模仿""无意识模仿—生理反馈""生理反馈—情绪体验"三条路径的非标准化系数均达到显著性水平（$p<0.05$），而"觉察者觉察—情绪体验""觉察者觉察—生理反馈""无意识模仿—情绪体验"三条路径的非标准化系数均未达到显著性水平（$p>0.05$），为此，删除三条不显著的路径，构成了如图 3-8 所示的非饱和递归模型，对非饱和递归模型再次进行路径分析。

表 3-15　非标准化路径系数及其显著性检验结果

	estimate	*S. E.*	*C. R.*	*p*
觉察者觉察—无意识模仿	0.045	0.011	3.905 **	0.000
无意识模仿—生理反馈	0.166	0.043	3.860 **	0.000
觉察者觉察—生理反馈	0.005	0.004	1.130	0.258
生理反馈—情绪体验	10.050	4.950	2.031 *	0.042
觉察者觉察—情绪体验	0.262	0.168	1.565	0.118
无意识模仿—情绪体验	2.169	1.850	1.172	0.241

注：*estimate* 表示非标准化路径系数估计值（Estimate of Regression Weights），*S. E.* 表示标准误，*C. R.* 表示检验统计量。

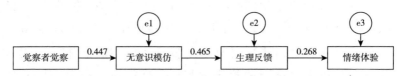

图 3-8　情绪感染的非饱和递归模型与标准化路径系数

（二）非饱和递归模型及其路径分析

删除饱和递归模型中路径系数不显著的三条路径"觉察者觉察—情绪体验""觉察者觉察—生理反馈""无意识模仿—情绪体验"，形成了非饱和递归模型，对非饱和递归模型进行路径分析，模型拟合度指标如表 3-16 所示。

表 3-16　非饱和递归模型拟合度

指标	χ^2	*df*	χ^2/df	*p*	*GFI*	*AGFI*	*CFI*	*NFI*	*RMSEA*
值	6.690	3	2.230	0.082	0.953	0.843	0.920	0.871	0.091

如表 3-16 所示，模型的 $\chi^2/df=2.230<5$，表示模型拟合度较高；*RMSEA* 大于 0.08 但小于 0.1，拟合度较好；*GFI* 及其修正指标

（Adjusted Goodness of Fit Index，AGFI）、*CFI*、*NFI* 均比较接近 1，上述结果均表示观测数据与图 3-8 所示模型非常拟合。

模型的非标准化路径系数的显著性检验结果如表 3-17 所示。

表 3-17　非标准化路径系数及其显著性检验结果

默认模型	*estimate*	*S. E.*	*C. R.*	*p*
觉察者觉察—无意识模仿	0.045	0.011	3.905 **	0.000
无意识模仿—生理反馈	0.187	0.039	4.831 **	0.000
生理反馈—情绪体验	15.788	4.355	3.625 **	0.000

所有非标准化路径系数均达到极其显著性水平（$p < 0.001$），表示修正后的模型更科学，这一模型结果符合图 3-8 所示的情绪感染的发生机制，由此从实验上证明了情绪感染发生机制的科学性。

本节通过实验方法证明了情绪感染的发生机制。每次实验后均对被试进行了询问：你是否意识到自己在模仿教师的表情或行为？100%的被试均认为自己没有模仿教师的表情或行为，这说明了情绪感染的发生机制无须意识参与（Hatfield et al.，1993，1994；Dallimore et al.，2007；Luong，2005），是一种基于无意识模仿和生理反馈的自下而上的情绪产生机制。模仿通常是自动化的和无意识的，即使是在观看电视剧的时候也存在无意识模仿行为，观众基于对剧情的理解而产生的情绪体验是移情，对电视人物的移情又可以通过模仿而增强（Stel et al.，2009），模仿也是情绪感染产生机制中的一环，以往的研究没有成功论证模仿与情绪感染的因果关系（Hess & Blairy，2001），而本节研究基本证实了这一因果关系。Laird 等人（1994）通过两个实验探究了情绪感染中模仿的作用和自我感知过程，在实验 1 中，46 名被试观看了两个简短的视频，视频描述一个可怕的情节，在第一阶段中，被试模仿了某种脸部表情，并报告这种表情是否让他们感受到了相应的情绪，那些感受到相应情绪的被试具有对自身情绪线索反应更为敏锐的特质；在实验 2 中，57 名被试观看了三个欢快人物的视频，限制模仿剧中人物表情的被试感受到的欢快低于那些模仿了剧中人物表情的被试，说明模仿可以增强被试的情绪体验。另有研究表明，身体可能包含一种检测机制，它们能够无意识地检测他人的情绪，身体发出的某些波形电磁成分可能与特定情绪的生理特征（如愤怒）相对应（McDonnell，2012）。

情绪的心理生理学理论将情绪视为个体对环境的生理反应，这一观点的错误在于，仅有生理反馈不足以产生情绪，个体感知到的生理反馈需要放在特定的情境中去解释才会激活相应的情绪，因此情境在个体理解生理反馈的情绪意义中起到关键作用，基于个体所处的情境不同，"心跳加快"可以被理解为紧张，也可以被理解为兴奋。情绪解释了个体的生理反馈，但仅有生理反馈是不足以产生情绪的，情绪感染除了觉察者的无意识模仿与生理反馈，还需要特定的情境，这样觉察者就能解释自己的生理唤醒，并将生理唤醒标注为某种特定的情绪，从而产生相应的主观体验。

本章小结

行为数据分析表明，LEAS高、低分组在平静、愤怒、悲伤、害怕、惊讶、厌恶情绪的识别正确率上存在显著性差异。LEAS高、低分组在眼动特征与兴趣区注视特征的某些指标上存在显著性差异，在情绪面孔热点图与扫描路径图上也存在显著性差异，上述结果表明，眼动特征能够反映LEAS高、低分组的情绪觉察水平。

LEAS高分组比低分组具有更高的情绪无意识模仿水平，高分组在两类情绪的生理唤醒水平上均显著高于低分组。情绪觉察水平高的被试"情绪感染问卷"的得分也高，反之则相反。情绪易感的被试对积极情绪教学与消极情绪教学的评价有两极化倾向，这说明了情绪易感的被试既容易受积极情绪影响，也容易受消极情绪影响。

通过路径分析，从实验上证明了情绪感染发生机制的科学性，情绪感染的发生机制为"感官情绪信息—觉察者觉察—无意识模仿—生理反馈—情绪体验"。指出了情绪的心理生理学理论的错误，仅有生理反馈是不足以产生情绪的，情绪感染除了需要觉察者的无意识模仿与生理反馈，还需要特定的情境，这样觉察者就能解释自己生理唤醒，并构成基于这些感觉的认知评价而产生主观体验。

第二篇

课堂情绪感染主体的调节因素

第四章 学生的认知因素对课堂
情绪感染的调节

第一节 学生的先入观念对教师
情绪感染力的调节

一 先入观念对情绪感染水平调节的理论建构

高级情绪信息通过觉察者觉察和高级认知加工以后，会对情绪感染的最终效果产生影响。高级情绪信息包括语义情绪信息、社会身份信息、情境信息等，本章选取了社会身份信息和情境信息来研究高级情绪信息对情绪感染水平的影响。通常，学生会更崇敬权威教师而轻视新手教师，那么学生对教师身份的看法会不会影响教师情绪对学生的感染水平呢？或者说，学生会不会认为权威教师所表现出来的情绪更真实，而新手教师所表现出来的情绪更虚伪呢？有研究表明，当觉察者认为觉察到的情绪是假的，就会减少模仿，减少移情①，即移情的社会功能被削弱（Stel & Vonk，2009），也就是说情绪感染水平受觉察者主观感受到的他人情绪表达的真诚性的影响（尽管他人的情绪表达有可能是真诚的）。在 Stel 等人（2009）的研究中，实验人员让被试观看一段肥皂剧，指导一半被试去模仿剧中人物的面部表情，而告知另一半被试不要模仿，结果模仿组产生了较高水平的情绪感染和观点采择，之后又告知模仿组剧中人物的情绪是假的，结果模仿组再观看剧情时均没有产生明显的情绪感染体验，由此说明情绪感染水平被高级认知加工所调节，但是观点采择不受影响。本章第一节研究通过指导语设计了"权威"教师和"新手"教师两种社会身份信息，用以考查学生对教师社会身份信息的

① 在 Stel 等人的论文中，移情被等同于情绪感染。

认知能否调节情绪感染水平。

本节的研究目的是在实验室仿真教学情境下，通过引导学生对教师的评价，检验学生对教师的意识性评价观念对教师情绪感染力的调节作用。

二　学生的先入观念植入与对教师情绪感染水平的测量

实验累计招募有效被试 40 名，在实验开始前，要求被试完成一份"情绪感染问卷"，之后进入正式实验阶段。

实验开始后播放音乐并指导被试做放松训练，在被试平静情绪后播放一般指导语：下面给你播放一组视频，视频均呈现了真实的教学现场，请你想象自己置身于一个真实的教学情境中，认真听课，准备好了，现在开始上课。之后进入模块一的实验阶段，模块一引导学生有意"崇敬"下面这位授课教师，指导语如下：你即将看到的是江西省上饶市第一中学的一位中学特级教师的授课视频，该教师于 2008 年毕业于北京大学汉语言文学专业，研究生学历，入职仅 4 年即被破格授予中学特级教师称号，他上课不拘一格、形式多样，能依据课程内容来确定课堂情感基调，利用自己的情绪来渲染课堂氛围，或高潮迭起或波澜不惊，他的授课视频曾在网上获百万余次点赞，该教师也被网民评为"最具表演天赋的教师"，他还在 2012 年被评为"江西省教学名师"。模块一测试结束后，播放音乐并做放松训练，以消除被试听课疲劳对实验结果的影响。然后进入模块二的实验阶段，模块二引导学生"轻视"下面这位授课教师，指导语如下：下面你即将看到的是一位刚入职不久的"新手"教师的授课视频，他于 2013 年毕业于江西某民办学院汉语言文学专业，获大专学历，现受聘于上饶市某乡镇一家教育辅导机构，他上课缺乏经验，可能有些枯燥乏味，请你耐心观看。模块一与模块二采用不同教师的教学视频，每次教学视频播放结束后均要求被试完成一份"教师课堂情绪感染力评价问卷"。模块一的实验流程如图 4-1 所示，模块二的实验流程与模块一相似，区别在于引导学生"轻视"教师。

实验采用被试内设计，模块一中使用的教学视频为《大自然的语言》（中性情绪朗诵）、《景泰蓝的制作》（积极情绪朗诵）、《统筹方法》（消极情绪朗诵）。模块二中使用的教学视频为《落日的幻觉》（中性情绪朗诵）、《语言的演变》（积极情绪朗诵）、《语言是人类重要的交际工

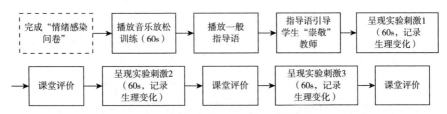

图 4-1　模块一的实验流程

具》（消极情绪朗诵）。实验用到了两位教师的教学视频，为消除教师个性对实验结果的影响，随机引导一半学生认定教师一是"权威"教师、教师二是"新手"教师；另一半学生正好相反。为消除语义情绪信息对被试情绪的干扰，实验材料均采用中性文本。

情绪的三个构成要件是外显表情、生理唤醒和主观体验，其中生理唤醒用生理指标衡量，可用生物反馈仪测量。生理指标与情绪类型不存在一一对应的关系，但是可以检验情绪激活强度与极性。例如，就生理反馈特点而言，正性情绪之间和负性情绪之间都有一定的一致性，而正性情绪和负性情绪之间则没有一致性或相关关系。婴儿情绪反应过程中的心率变化在两种正性情绪之间和两种负性情绪之间均表现出相同或一致的特点，而在正性情绪和负性情绪之间则没有表现出相同或一致的特点（刘小冬等，1990），所以生理指标可以用于判断情绪的激活强度与极性。

三　学生的"权威"观念对教师情绪感染水平的合理助长

模块一有三种实验条件，分别是"权威"教师的中性情绪授课视频（实验条件Ⅰ，基线测试）、积极情绪授课视频（实验条件Ⅱ）、消极情绪授课视频（实验条件Ⅲ）。表 4-1 是学生在"权威"教师观念下生理指标较基线水平的变化增量 $\triangle E$ 的平均值（M）与标准差（SD）。

表 4-1　"权威"观念下较基线水平的 $\triangle E$ 的平均值与标准差（$n=40$）

	α波	SMR	β波	BVP 幅度	BVP 频率	SC	脸颊 EMG
	$M\pm SD$	$M\pm SD$	$M\pm SD$	$M\pm SD$	$M\pm SD$	$M\pm SD$	$M\pm SD$
Ⅱ对Ⅰ	0.17±0.78	0.52±1.46	0.37±1.23	0.27±0.59	-0.01±0.03	0.61±2.29	0.09±0.07
Ⅲ对Ⅰ	0.21±0.80	0.55±1.46	0.16±1.09	0.00±0.53	0.01±0.03	0.54±1.49	0.00±0.03

多元方差分析结果显示，被试的 7 个生理指标在三种实验条件下主效应极其显著，$F(14, 26) = 8.64$，$p<0.001$，$partial\ \eta^2 = 0.82$，$1-\beta = 1$，基于平均变量的多元方差分析显示被试内因素实验条件主效应极其显著，$F(14, 146) = 7.50$，$p<0.001$，$1-\beta = 1$。

使用一元方差分析考察每个生理指标在三种实验条件下是否达到显著性水平，表 4-2 呈现的是一元方差分析结果。达到显著性水平的变量其统计检验力（observed power）均在 0.96 及以上（$1-\beta \geqslant 0.96$），具有很高的统计检验力。

表 4-2　7 个生理指标的一元方差分析结果

生理指标	F	p	$partial\ \eta^2$	$Observed\ Power\ ^a$
α 波	0.25	0.783	0.01	0.09
SMR	0.35	0.706	0.01	0.10
β 波	0.58	0.562	0.01	0.14
BVP 幅度	13.74 **	0.000	0.26	1.00
BVP 频率	8.54 **	0.000	0.18	0.96
SC	1.25	0.292	0.03	0.26
脸颊 EMG	69.34 **	0.000	0.64	1.00

使用 LSD 法进一步对上述生理指标在三种实验条件下进行两两比较（pairwise comparisons），用来考察这些差异会在哪些实验条件之间产生。表 4-3 是两两比较的结果，MD（mean difference）表示前一种实验条件下的平均数减去后一种实验条件下的平均数的差量。

表 4-3　7 个生理指标在三种实验条件下两两比较的结果

生理指标	II - I		III - I		III - II	
	MD	p	MD	p	MD	p
α 波	0.20	0.562	0.18	0.540	-0.02	0.942
SMR	0.20	0.551	0.29	0.440	0.08	0.814
β 波	0.08	0.815	-0.25	0.437	-0.33	0.267
BVP 幅度	1.09 **	0.009	-0.86 *	0.023	-1.95 **	0.000

生理指标	II - I		III - I		III - II	
	MD	p	MD	p	MD	p
BVP 频率	-0.72	0.073	0.92*	0.014	1.64**	0.001
SC	-0.30	0.301	0.14	0.626	0.44	0.125
脸颊 EMG	0.86**	0.000	-0.02	0.674	-0.88**	0.000

实验条件 II 与实验条件 I 相比，学生观看"权威"教师积极情绪授课视频比观看中性情绪授课视频 BVP 幅度和脸颊 EMG 极其显著提高（$p<0.01$），说明"权威"教师的积极情绪对学生具有较大的感染力；实验条件 III 与实验条件 I 相比，学生观看"权威"教师消极情绪授课视频比观看中性情绪授课视频 BVP 幅度显著下降（$p<0.05$），这或许是因为"权威"教师的消极情绪感染了学生；实验条件 III 与实验条件 II 相比，学生观看"权威"教师消极情绪授课视频比观看积极情绪授课视频 BVP 幅度和脸颊 EMG 极其显著下降（$p<0.001$），而 BVP 频率极其显著上升（$p<0.01$）。上述结果表明，学生在观看"权威"教师授课时，存在情绪的无意识模仿，表现为脸颊 EMG 的变化，无意识模仿诱发生理反馈，从而产生情绪感染，说明"权威"教师具有较强的情绪感染力。

四 学生的"新手"观念对教师情绪感染水平的免疫性调节

模块二有三种实验条件，分别是"新手"教师的中性情绪授课视频（实验条件 I，基线测试）、积极情绪授课视频（实验条件 II）、消极情绪授课视频（实验条件 III）。表 4-4 是学生在"新手"教师观念下生理指标较基线水平的变化增量 $\triangle E$ 的平均值（M）与标准差（SD）。

表 4-4 "新手"观念下较基线水平的 $\triangle E$ 的平均值与标准差（$n=40$）

	α波	SMR	β波	BVP 幅度	BVP 频率	SC	脸颊 EMG
	M±SD	M±SD	M±SD	M±SD	M±SD	M±SD	M±SD
II 对 I	0.75±1.67	0.56±1.40	0.83±1.78	0.63±1.58	-0.01±0.03	0.36±1.32	0.11±0.16
III 对 I	0.53±1.87	0.74±1.90	0.17±1.29	-0.02±0.55	0.01±0.03	0.33±0.97	0.01±0.14

多元方差分析结果显示，被试的 7 个生理指标在三种实验条件下主

效应极其显著，$F(14, 26) = 13.87$，$p<0.001$，$partial\ \eta^2 = 0.88$，$1-\beta = 1$，基于平均变量的多元方差分析显示被试内因素实验条件主效应极其显著，$F(14, 146) = 6.05$，$p<0.001$，$1-\beta = 1$。

表4-5为7个生理指标的一元方差分析结果，达到显著性水平的变量其统计检验力均在0.88及以上（$1-\beta \geq 0.88$）。

表4-5　7个生理指标的一元方差分析结果

生理指标	F	p	$partial\ \eta^2$	$Observed\ Power\ ^a$
α 波	6.26**	0.003	0.14	0.88
SMR	0.43	0.655	0.01	0.12
β 波	6.72**	0.002	0.15	0.91
BVP 幅度	18.4**	0.000	0.32	1.00
BVP 频率	14.78**	0.000	0.27	1.00
SC	0.45	0.641	0.01	0.12
脸颊 EMG	21.41**	0.000	0.35	1.00

使用 LSD 法进一步对上述变量在三种实验条件下进行两两比较，表4-6是两两比较的结果。

表4-6　7个生理指标在三种实验条件下两两比较的结果

生理指标	II - I		III - I		III - II	
	MD	p	MD	p	MD	p
α 波	0.89*	0.015	-0.30	0.387	-1.19**	0.002
SMR	0.18	0.550	-0.08	0.788	-0.25	0.337
β 波	0.65	0.112	-0.68	0.061	-1.32**	0.000
BVP 幅度	1.13**	0.001	-0.89*	0.014	-2.02**	0.000
BVP 频率	-1.06**	0.010	0.91*	0.015	1.97**	0.000
SC	-0.20	0.547	0.10	0.741	0.30	0.381
脸颊 EMG	0.90**	0.000	0.02	0.629	-0.88**	0.000

实验条件 II 与实验条件 I 相比，学生观看"新手"教师积极情绪授课视频比观看中性情绪授课视频 BVP 幅度、脸颊 EMG 极其显著提高

（$p<0.01$），而 BVP 频率显著下降（$p<0.05$）；实验条件Ⅲ与实验条件Ⅰ相比，学生观看"新手"教师消极情绪授课视频比观看中性情绪授课视频 BVP 幅度显著下降（$p<0.05$），而 BVP 频率显著提高（$p<0.05$）；实验条件Ⅲ与实验条件Ⅱ相比，学生观看"新手"教师消极情绪授课视频比观看积极情绪授课视频 BVP 幅度、脸颊 EMG 极其显著下降（$p<0.001$），这是消极情绪感染的结果，且 α 波、β 波也极其显著下降（$p<0.01$），反映了学生对"新手"教师的专注程度与教师的情绪状态有关，这一点与"权威"教师具有很大不同，这与通过指导语在学生大脑中建立起来的先入观念有关。

五　"权威"与"新手"教师的情绪感染力"差距"

对上述两个模块的实验研究进行综合分析，比较"权威"教师与"新手"教师使用相同情绪授课时的情绪感染力，比较的实验条件有六种："权威"教师的中性情绪授课视频（实验条件Ⅰ）、积极情绪授课视频（实验条件Ⅱ）和消极情绪授课视频（实验条件Ⅲ）；"新手"教师的中性情绪授课视频（实验条件Ⅳ）、积极情绪授课视频（实验条件Ⅴ）和消极情绪授课视频（条件Ⅵ）。

多元方差分析显示，7 个生理指标在六种实验条件下主效应极其显著，$F_{(35, 5)} = 27.32$，$p<0.001$，$partial\ \eta^2 = 1.00$，$1-\beta = 1$，基于平均变量的多元方差分析显示被试内因素实验条件主效应极其显著，$F_{(35, 965)} = 6.73$，$p<0.001$，$1-\beta = 1$。

7 个生理指标的一元方差分析结果如表 4-7 所示，SC 外的 6 个生理指标的一元方差检验均达到极其显著性水平（$p<0.01$），统计检验力均在 0.91 及以上（$1-\beta \geqslant 0.91$），表明这些指标对差异性的解释力非常强。

表 4-7　7 个生理指标的一元方差分析结果

生理指标	F	p	$partial\ \eta^2$	$Observed\ Power^a$
α 波	9.39**	0.000	0.19	1.00
SMR	3.45**	0.005	0.08	0.91
β 波	10.81**	0.000	0.22	1.00
BVP 幅度	18.45**	0.000	0.32	1.00

续表

生理指标	F	p	partial η^2	Observed Power ^{a}
BVP 频率	15.16 **	0.000	0.28	1.00
SC	1.09	0.369	0.03	0.38
脸频 EMG	26.85 **	0.000	0.41	1.00

使用 LSD 法对上述生理指标在六种实验条件下进行两两比较，表 4-8 是两两比较的结果。

表 4-8　7 个生理指标在六种实验条件下两两比较的结果（部分）

生理指标	IV - I		V - II		VI - III	
	MD	p	MD	p	MD	p
α 波	-1.22 **	0.001	-0.53	0.141	-1.70 **	0.000
SMR	-0.60	0.092	-0.63 *	0.037	-0.97 **	0.001
β 波	-1.25 **	0.002	-0.68	0.064	-1.68 **	0.000
BVP 幅度	-1.07 **	0.009	-1.02 **	0.002	-1.09 **	0.002
BVP 频率	1.27 **	0.001	0.93 **	0.007	1.26 **	0.001
SC	0.24	0.468	0.34	0.206	0.20	0.529
脸频 EMG	-0.07	0.685	-0.03	0.845	-0.03	0.423

实验条件IV与实验条件I相比，学生观看"新手"教师的中性情绪授课视频比观看"权威"教师的同类视频 α 波、β 波极其显著下降（$p<0.01$），说明相对于"权威"教师而言，学生更不专注"新手"教师，甚至会轻视"新手"教师，而对待"权威"教师更加崇敬，BVP 幅度极其显著下降、BVP 频率极其显著提高（$p<0.01$），这说明即便是中性情绪，"权威"教师的情绪感染力也要强于"新手"教师。实验条件V与实验条件II相比，学生观看"新手"教师的积极情绪授课视频比观看"权威"教师的同类视频 BVP 幅度极其显著下降，BVP 频率极其显著提高（$p<0.01$），说明"权威"教师的积极情绪感染力比"新手"教师更强。有研究发现医生更容易吸收同事的喜怒，但不吸收领导或病人的喜怒；而护士容易吸收领导、同事和病人的喜怒；容易吸收他人喜怒的医生与其疲惫的状态和愤世嫉俗的个性有关，但护士只与愤世嫉俗的个性

有关（Petitta et al.，2017），充分说明先入观念对情绪具有无意识调节作用。

实验条件Ⅵ与实验条件Ⅲ相比，学生观看"新手"教师的消极情绪授课视频比观看"权威"教师的同类视频 α 波、SMR、β 波极其显著下降（$p<0.01$），与"权威"教师相比，"新手"教师表达消极情绪会导致学生的注意水平显著下降，而"权威"教师表达消极情绪时，学生还能保持高注意水平。BVP 幅度极其显著下降、BVP 频率极其显著提高（$p<0.01$），说明了"新手"教师的消极情绪（倦怠）比"权威"教师的消极情绪感染力更强，可能的原因是学生对"权威"教师的消极情绪进行了合理化，这种认同与学生对"权威"教师先入观念相一致，不会出现认知重大失调，这也符合情绪管理理论（mood-management theory），即当人们体验到积极情绪时，就会有一种希望维持积极情绪状态的行为和认知的动机（Epstude & Mussweiler，2009）。对"权威"教师消极情绪的合理化部分免疫了"权威"教师的消极情绪感染力。相反，学生对"新手"教师形成了较差的先入观念，在其表达消极情绪时就会做出"无能力"的评估，这样就增强了"新手"教师消极情绪的感染力。

在每个模块中，被试每看完一个视频都需要完成"教师课堂情绪感染力评价问卷"，以"教师课堂情绪感染力评价问卷"的得分为因变量，以实验条件为被试内变量，进行重复测量方差分析。本节研究共有六种实验条件，如上所述。

多元方差分析结果显示，课堂评价在六种实验条件下主效应极其显著，F（5，35）= 23.32，$p<0.001$，$partial\ \eta^2 = 0.77$，$1-\beta = 1$，一元方差分析结果显示实验条件的因素主效应极其显著，F（1.76，68.47）= 13.93，$p<0.001$，$partial\ \eta^2 = 0.26$，$1-\beta = 1$。

在两两比较中，结合本节研究的目的，主要对在下列实验条件下的课堂评价差异性进行比较，如表 4-9 所示。

表 4-9 课堂评价在六种实验条件下两两比较的结果（部分）

	Ⅳ-Ⅰ		Ⅴ-Ⅱ		Ⅵ-Ⅲ	
	MD	p	MD	p	MD	p
课堂评价	-3.38**	0.001	-3.00**	0.006	-2.25*	0.025

　　两两比较结果显示，学生对"新手"教师的授课评价（中性情绪、积极情绪或消极情绪）显著低于对"权威"教师的授课评价（$p<0.05$），充分说明高级认知对情绪感染具有调节作用，但是作为情绪感染的结果，情绪体验有可能进一步"验证"高级认知的判断，积极的情绪体验诱发积极的认知判断，消极的情绪体验诱发消极的认知判断。

　　态度也可以通过情绪感染完成。有研究发现，学龄前儿童会模仿他人带有偏见的非语言信息，并接受他人的社会态度，消极（而非积极）情绪模仿的频率与和非语言信息相一致的消极态度有关，模仿他人有偏见的非语言信息可能有助于促进态度感染（Skinner et al.，2020）。"新手"教师在教学中的消极情绪极有可能被学生认为是一种消极的教学态度（非语言信息），它会通过情绪感染的方式传递给学生，让学生产生消极的学习态度，这进一步验证了对"新手"教师的消极先入观念。而"权威"教师的消极情绪由于与积极的先入观念相矛盾，而被"解读"为与教学内容相匹配的教学情绪，学生会受教师教学情绪的影响，但还不至于产生倦怠的学习态度。

　　很多研究者认为诱发者的情绪具有社会信号功能，它会进一步影响分享和模仿这种情绪的倾向（Fischer & Hess，2017；Hess，2021；Wróbel & Imbir，2019）。例如，当没有给出情绪的社会身份信息时，一般状态下微笑的诱发者被认为比皱眉的发送者具有更多的亲和意图，因此微笑比皱眉更可能引起一致的情绪反应（Fischer & Hess，2017），换句话说，当没有提供关于诱发者的社会身份信息时，他/她的意图可以从他/她的情绪表达的内在含义推断出来。然而，当诱发者的社会身份信息被给出时，它可能会影响诱发者的情绪表达的意义，并调节其引起的觉察者一致情绪反应的潜力（Hess，2021；Hess & Fischer，2014），说明情绪诱发者的社会身份信息会在觉察者心里建立先入观念，并无意识地调节情绪感染水平。

六　教育启示

　　学校应该加强对教师社会身份信息的正面宣传，并加强对教师声誉的保护。通常，我们到医院看病，能看到大屏幕上对医生的详细介绍，每位医生都有一些特点或亮点，笔者认为每位教师也有自己的特点或亮点，不妨仿效医院的一些做法，在学生的头脑中植入一些关于教师优秀品质的先入观念，这不光能提高教师的自信心，也能提高教师的课堂情绪感染力。

更宽泛地讲，教师的关键社会身份信息、态度等都可能在情绪感染之前无意识启动，影响课堂情绪感染的效果，除教师的权威性，还包括教师的管理风格（如严、慈）、个性、师生关系等，部分因素将会在相关章节专门介绍，由于这些因素的提取发生在情绪感染之前，所以被称为先入观念，它们是情绪感染的前因变量。如面对严厉的教师，学生会普遍感到气氛压抑，教师的情绪没有感染力；师生关系不佳，学生可能会认为教师的笑都是假的。由此说明，教师的身份信息、态度、管理风格、个性、师生关系等都是课堂情绪感染的重要前因变量，提示教师要正面宣传自己的身份信息、端正教学态度、把握好宽严尺度、提高自己的情绪劳动水平，展示良好的个性，营造良好的师生关系，这样做有利于提高课堂情绪感染力。

第二节　学生的高级认知对教师情绪感染力的调节

一　高级认知对情绪感染水平调节的理论构建

假如在课堂中教师不合时宜或过分夸张地表达情绪，其对学生的情绪感染效果又会如何呢？例如，教师用积极情绪朗诵消极文本或用消极情绪朗诵积极文本，其对学生的最终情绪感染效果会怎样呢？学生会不会认为教师的情绪是假的或者是不真诚的呢？有研究表明，当觉察者感觉到他人的情绪是假的或不真诚的时，觉察者就不能合理地解释他人情绪表达的原因，意识性情绪感染就不会发生（Hennig-Thurau et al.，2006），即所谓"虚假的笑不具有感染力"，情绪感染水平受他人情绪表达真诚性的影响（Stel & Vonk，2009），这里的意识性情绪感染其实就是高级认知加工对情绪感染的影响。其实，上述情境就是一个情绪效价信息不一致的情境，Magnée 等人（2007）研究了面部情绪信息与声音情绪信息一致和不一致两种情况下被试的肌电反应，首先呈现情绪面孔图片 900ms，之后加入声音情绪信息，此时情绪面孔图片还在屏幕上直到声音情绪信息消失，信息类型有视觉快乐（情绪面孔图片）、视觉害怕、视听觉快乐（一致）、视听觉害怕（一致）、听觉快乐与视觉害怕、听觉害怕与视觉快乐。Hsee 等人（1992）研究了医生接收矛盾情绪信息的情境，例如患者声称自己感觉很好，同时他们的面部表情又很痛苦，这是一种矛盾的情绪信息，以往没有这样的研究，他们假定在这种情形下，医生被问及描述患者情绪时，通常就会受患者自我报告的影响，即患者感觉很好，但是当医生被问及谈谈他们自己的感觉时，他们就会受患者非语言信息的影响（如患者的表情信息），研究的结论是被试对他人有意识的情绪评价和情绪反应分别受他人自我报告和他人非语言信息的影响，被试对他人的情绪评价和情绪反应可以不一致。那么，教师的感官情绪信息与文本的语义情绪信息不一致时，对学生的情绪感染又会产生怎样的效果呢？

情绪感染的反向抑制是指情绪感染发生之后，由高级认知及其诱发的情绪对先前的情绪感染效果产生抑制作用。高级认知对情绪感染的调节存在两个方向：助长和抑制。比如，被觉察者判断为是真诚的微表情可能对觉察者具有很强的情绪感染效果，这就是助长性调节，反之就是抑制性调节。本节研究只涉及高级认知对情绪感染的反向抑制。在时程上，情绪感染发生在先，而高级认知调节相对于情绪感染而言发生在后，后者对前者的抑制性调节即反向抑制。

本节的研究目的是在实验室仿真教学情境下，研究意识性调节，"虚假的笑不具有感染力"，其实就是情绪感染后的意识性调节现象，以往学者认为当觉察者意识到这种表情是假的或不能合理地解释情绪表达的适宜性时，情绪感染就不会产生（Hennig-Thurau et al., 2006; Du et al., 2011），其实不是情绪感染没有发生，而是发生过后被意识所调节。本节研究的目的是验证当觉察者无法合理地解释情绪表达的原因时，情绪感染将会受意识调节，调节的结果是免疫了情绪感染甚至出现反向抑制。

二 矛盾情绪刺激的实验设计及教师情绪感染水平的测量

以公开招募的方式陆续招募有效大学生被试 42 名，实验开始前，要求被试完成一份"情绪感染问卷"，之后进入正式实验阶段。

实验开始后播放音乐并指导被试做放松训练，在被试平静情绪后播放一般指导语：下面给你播放一组视频，视频均呈现了真实的教学现场，请你想象自己置身于一个真实的教学情境中，认真听课，准备好了，现在开始上课。之后进入模块一的实验流程，先呈现两组基线刺激——《慈善家丛飞》（消极文本中性情绪朗诵）、《景泰蓝的制作》（中性文本积极情绪朗诵），后呈现矛盾情绪刺激——《痛恨"以怨报德"》（消极文本积极情绪朗诵）。矛盾情绪刺激是指文本的语义情绪与教师的朗诵情绪是相反的，使觉察者无法合理地解释情绪表达的原因，以研究在矛盾情绪中教师的积极情绪是否能感染学生。

模块一结束后，进入模块二的实验流程，实验流程与模块一类似，由于是被试内重复测量设计，模块二所使用的教学视频内容与模块一不同，分别是基线刺激——《母爱无疆》（积极文本中性情绪朗诵）、《统筹方法》（中性文本消极情绪朗诵），矛盾情绪刺激——《父亲的爱》（积极文本消极情绪朗诵）。每个视频播放结束后都要求被试完成课堂评价，即完成一份"教师课堂情绪感染力评价问卷"。实验流程如图4-2所示。

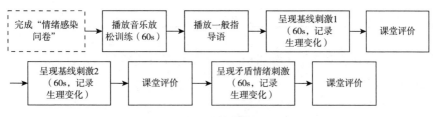

图4-2　各研究模块的实验流程

三　积极情绪表达消极语义情绪信息对教师情绪感染力的调节

模块一有三种实验条件，分别是教师以中性情绪朗诵消极文本（实验条件Ⅰ，基线测试Ⅰ）、教师以积极情绪朗诵中性文本（实验条件Ⅱ，基线测试Ⅱ）、教师以积极情绪朗诵消极文本（实验条件Ⅲ）。表4-10呈现的是矛盾情绪刺激下生理指标较基线水平（基线测试Ⅰ和基线测试Ⅱ）的$\triangle E$的平均值（M）与标准差（SD）。

表 4-10　矛盾情绪刺激下生理指标较基线水平的 ΔE 的
平均值与标准差（$n=42$）

	α 波	SMR	β 波	BVP 幅度	BVP 频率	SC	脸颊 EMG
	$M\pm SD$	$M\pm SD$	$M\pm SD$	$M\pm SD$	$M\pm SD$	$M\pm SD$	$M\pm SD$
Ⅲ 对 Ⅰ	0.69±1.84	0.95±1.76	0.38±0.65	0.10±0.61	-0.01±0.03	0.31±1.13	0.07±0.15
Ⅲ 对 Ⅱ	0.47±1.25	0.51±0.95	0.55±1.07	-0.13±0.34	0.00±0.03	0.68±1.55	0.00±0.14

　　如表 4-11 所示，在一元方差分析达到显著性水平的变量中，α 波与 BVP 频率的统计检验力较低，分别为 0.73、0.69，其他指标的统计检验力均在 0.91 及以上（$1-\beta \geqslant 0.91$）。

表 4-11　7 个生理指标的一元方差分析结果

生理指标	F	p	$partial\ \eta^2$	$Observed\ Power^a$
α 波	4.27*	0.017	0.09	0.73
SMR	0.99	0.364	0.02	0.20
β 波	7.63**	0.001	0.16	0.94
BVP 幅度	10.24**	0.000	0.20	0.98
BVP 频率	3.92*	0.024	0.09	0.69
SC	0.64	0.527	0.02	0.15
脸颊 EMG	10.34**	0.002	0.20	0.91

　　使用 LSD 法对 7 个生理指标在三种实验条件进行两两比较，表 4-12 是两两比较的结果。

表 4-12　7 个生理指标在三种实验条件下两两比较的结果

生理指标	Ⅱ-Ⅰ		Ⅲ-Ⅰ		Ⅲ-Ⅱ	
	MD	p	MD	p	MD	p
α 波	0.14	0.671	0.93*	0.018	0.79*	0.017
SMR	0.11	0.765	0.44	0.204	0.33	0.186
β 波	-0.07	0.845	1.10**	0.000	1.17**	0.004
BVP 幅度	1.35**	0.000	0.17	0.574	-1.18**	0.001
BVP 频率	-0.90**	0.004	-0.56	0.093	0.33	0.344
SC	-0.28	0.291	-0.02	0.951	0.26	0.361
脸颊 EMG	0.69**	0.000	-0.55**	0.005	-0.14	0.475

实验条件Ⅱ与实验条件Ⅰ相比，学生观看教师以积极情绪朗诵中性文本比观看教师以中性情绪朗诵消极文本 BVP 幅度和脸颊 EMG 极其显著提高（$p<0.001$），而 BVP 频率则极其显著下降（$p<0.01$），这是教师积极情绪感染的结果。实验条件Ⅲ与实验条件Ⅰ相比，学生观看教师以积极情绪朗诵消极文本比观看教师以中性情绪朗诵消极文本 α 波显著提高（$p<0.05$）、β 波极其显著提高（$p<0.001$），这种矛盾的情绪表达很难让学生理解，学生可能因为无法理解而感到"新奇"，从而注意水平提高，脸颊 EMG 极其显著下降（$p<0.01$），这与 Magnée 等人（2007）的研究结果相类似，当被试观看快乐与害怕的"面孔—声音"配对（一致配对与不一致配对）时，面孔与声音情绪信息一致时会产生更大的肌电反应，不一致时则更小，这说明脸颊 EMG 不光是无意识模仿的结果，还会受觉察者意识加工的影响。此外，其他生理指标在两种实验条件下不存在显著性差异，说明教师的积极情绪被学生的主观意识所调节，因为学生无法解释，所以教师积极情绪的感染效果被学生的认知所免疫。实验条件Ⅲ与条件Ⅱ相比，学生观看教师以积极情绪朗诵消极文本比观看教师以积极情绪朗诵中性文本 α 波显著提高（$p<0.05$）、β 波极其显著提高（$p<0.01$），BVP 幅度极其显著下降（$p<0.01$），这一结果证明了教师的矛盾型积极情绪表达起不到情绪感染的效果，学生由于无法解释而免疫了积极情绪的感染效果。有研究将参与者暴露在快乐、悲伤和愤怒的情绪演示中，结果发现情绪感染和模仿不仅受情绪演示者特征的调节，还受情绪演示者所表达情绪的社会意义的调节（Wróbel et al., 2021），说明情绪感染受高级认知调节。

四 消极情绪表达积极语义情绪信息对教师情绪感染力的调节

模块二有三种实验条件，分别是教师以中性情绪朗诵积极文本（实验条件Ⅰ，基线测试Ⅰ）、教师以消极情绪朗诵中性文本（实验条件Ⅱ，基线测试Ⅱ）、教师以消极情绪朗诵积极文本（实验条件Ⅲ）。表 4-13 是矛盾情绪刺激下生理指标较基线水平（基线测试Ⅰ和基线测试Ⅱ）的 $\triangle E$ 的平均值（M）与标准差（SD）。

表 4-13　矛盾情绪刺激下生理指标较基线水平的 ΔE 的
平均值与标准差（$n=42$）

	α 波	SMR	β 波	BVP 幅度	BVP 频率	SC	脸颊 EMG
	$M\pm SD$	$M\pm SD$	$M\pm SD$	$M\pm SD$	$M\pm SD$	$M\pm SD$	$M\pm SD$
Ⅲ对Ⅰ	-0.04±0.50	0.21±1.28	-0.05±0.53	-0.05±0.34	0.01±0.03	0.51±1.53	0.00±0.22
Ⅲ对Ⅱ	0.53±0.81	1.00±1.57	0.64±1.06	0.32±0.84	0.00±0.03	0.49±1.63	0.04±0.22

多元方差分析结果显示，被试的 7 个生理指标在三种实验条件下主效应极其显著，F（14，28）= 4.93，$p<0.001$，$partial\ \eta^2=0.71$，$1-\beta=1$，基于平均变量的多元方差分析显示被试内因素实验条件主效应极其显著，F（14，154）= 3.82，$p<0.001$，$1-\beta=1$。

表 4-14 是一元方差分析结果，主效应达到显著性水平的变量中，SMR 的统计检验力最低（$1-\beta=0.81$），其余变量的统计检验力均为 0.99。

表 4-14　7 个生理指标的一元方差分析结果

生理指标	F	p	$partial\ \eta^2$	$Observed\ Power$ [a]
α 波	10.57 **	0.000	0.20	0.99
SMR	5.14 **	0.008	0.11	0.81
β 波	11.85 **	0.000	0.22	0.99
BVP 幅度	10.55 **	0.000	0.20	0.99
BVP 频率	3.05	0.053	0.07	0.58
SC	1.11	0.335	0.03	0.24
脸颊 EMG	0.85	0.415	0.02	0.18

使用 LSD 法对 7 个生理指标在三种实验条件下进行两两比较，表 4-15 是两两比较的结果。

表 4-15　7 个生理指标在三种实验条件下两两比较的结果

生理指标	Ⅱ - Ⅰ		Ⅲ - Ⅰ		Ⅲ - Ⅱ	
	MD	p	MD	p	MD	p
α 波	-1.55 **	0.000	-0.63	0.078	0.92 **	0.003

生理指标	Ⅱ－Ⅰ		Ⅲ－Ⅰ		Ⅲ－Ⅱ	
	MD	p	MD	p	MD	p
SMR	−1.00**	0.009	−0.35	0.237	0.64*	0.026
β波	−1.62**	0.000	−0.46	0.174	1.15**	0.003
BVP 幅度	−1.44**	0.000	−0.68*	0.041	0.76*	0.014
BVP 频率	0.89*	0.029	0.60	0.097	−0.30	0.410
SC	0.39	0.168	0.32	0.256	−0.07	0.807
脸颊 EMG	−0.32	0.097	−0.21	0.444	0.11	0.702

实验条件Ⅱ与实验条件Ⅰ相比，学生观看教师以消极情绪朗诵中性文本比观看教师以中性情绪朗诵积极文本 α 波、SMR、β 波极其显著下降（$p<0.01$，$p<0.001$），说明积极文本能诱发学生较高的注意水平，而教师的消极情绪表达则会削弱学生的注意水平。实验条件Ⅱ与实验条件Ⅰ相比，BVP 幅度极其显著下降（$p<0.001$），BVP 频率显著提高（$p<0.05$），这是教师消极情绪感染的结果，也可能是积极文本唤起了学生在实验条件Ⅰ中积极情绪体验，两者的反差导致生理指标产生显著性差异。实验条件Ⅲ与实验条件Ⅰ相比，学生观看教师以消极情绪朗诵积极文本比观看教师以中性情绪朗诵积极文本 BVP 幅度显著下降（$p<0.05$），说明教师的矛盾情绪表达削弱了学生对积极语义情绪的高级认知加工（语义联想），导致通过语义联想诱发的情绪体验下降。实验条件Ⅲ与实验条件Ⅱ相比，学生观看教师以消极情绪朗诵积极文本比观看教师以消极情绪朗诵中性文本 α 波、β 波极其显著提高（$p<0.01$），这与学生对教师的矛盾情绪表达感到"新奇"有关，BVP 幅度显著上升（$p<0.05$），这与学生对积极文本的语义联想有关，这种语义联想导致学生产生了部分的积极情绪体验。

在每个模块中被试每看完一个视频都需要完成课堂评价，以"教师课堂情绪感染力评价问卷"的得分为因变量，以实验条件为被试内变量，使用重复测量方差分析对数据进行处理。比较的实验条件有六种：教师以中性情绪朗诵积极文本（实验条件Ⅰ）、教师以消极情绪朗诵中性文本（实验条件Ⅱ）、教师以消极情绪朗诵积极文本（实验条件Ⅲ）、教师以中性情绪朗诵消极文本（实验条件Ⅳ）、教师以积极情绪朗诵中性文本（实验条件Ⅴ）、教师以积极情绪朗诵消极文本（实验条件Ⅵ）。

多元方差分析结果显示，课堂评价在六种实验条件下的主效应极其显著，$F(5,37)=41.54$，$p<0.001$，$Partial \ \eta^2=0.85$，$1-\beta=1$，一元方差分析结果显示实验条件的因素主效应极其显著，$F(1.55,63.42)=49.70$，$p<0.001$，$partial \ \eta^2=0.55$，$1-\beta=1$。

在两两比较中，结合本节研究的目的，主要对在下列实验条件下的课堂评价差异性进行比较，如表4-16所示。

表4-16　课堂评价在六种实验条件下两两比较的结果（部分）

	Ⅲ-Ⅰ		Ⅲ-Ⅱ		Ⅵ-Ⅳ		Ⅵ-Ⅴ	
	MD	p	MD	p	MD	p	MD	p
课堂评价	-7.50**	0.000	-9.21**	0.000	-3.86**	0.000	1.02**	0.002

教师以消极情绪朗诵积极文本（实验条件Ⅲ）的课堂评价得分极其显著低于教师以中性情绪朗诵积极文本（实验条件Ⅰ）（$p<0.001$），但极其显著好于教师以消极情绪朗诵中性文本（实验条件Ⅱ）（$p<0.001$），这一方面说明了教师矛盾的情绪表演得不到学生的认可，另一方面也说明积极的语义情绪能部分弥补教师消极情绪朗诵的不足。教师以积极情绪朗诵消极文本（实验条件Ⅵ）的课堂评价得分极其显著低于教师以中性情绪朗诵消极文本（实验条件Ⅳ）（$p<0.001$）和教师以积极情绪朗诵中性文本（实验条件Ⅴ）（$p<0.01$），充分说明了矛盾的情绪表演得不到学生的认可。

五　教育启示

教师个性存在差异，有些情绪性的教师，其课堂教学的情绪富有变化，然而这种变化往往与课堂状况有关，与文本少有关系，甚至没有关系。这对于内容的理解不但不会产生正面影响，甚至会产生反作用。诸如以激昂的情绪讲平静的内容，或以紧张的情绪讲轻松的内容等，都会造成情绪状态与教学内容的矛盾。

教师在课堂上的情绪状态控制存在两种极端状况：一种是教师过度表

演的情绪状态，即在课堂教学中为了体现感染力而刻意夸张表达情绪，表演超越了教学的实际需要而过分夸张，失去了教师教学情绪潜移默化的影响价值，反而会引起学生的情绪倦怠；另一种是过分冷静的情绪表达，即在教学中保持一种冷静的、旁观者的情绪状态，保持一种师道尊严或老成持重的姿态，不因教学内容的变化而主动调整情绪，这种情绪状态无视教学内容的差异，更不符合教学内容的情绪表达，其缺陷也非常明显。

笔者建议教师的情绪表达要与教学内容相一致。在语文、历史等学科的教学中，文本本身包含情绪，教师要正确理解并合理挖掘文本本身的情绪元素，有些情绪元素是显性的，有些情绪元素是隐性的，显性的情绪元素相对来说比较容易把握，只要教师能够把自己的感情投入教学情境中，一般都能准确表达出来。对于隐性的情绪元素，如"我国领土面积 960 万平方公里，差不多与整个欧洲的面积相等，居世界第三位"，这种情绪表达不明显，需要教师用一种自豪情绪渲染，潜移默化地传达给学生一种祖国地广物博的自豪感。再如，"司马迁继任太史令之后，抱着'究天人之际，通古今之变，成一家之言'的宗旨，着手编撰《史记》，虽遭宫刑，仍矢志不渝，超常的忍耐力背后折射的是一种人生的态度"。教师在朗诵时表达一种坚定、惊叹的情绪有助于培养学生积极进取的人生态度和坚强的意志。

在数学教学中可以通过图形或者公式的对称美、科学的深邃与简洁、学生对科学的好奇心、思维的多样性来展示科学美，如果教师能陶醉其中，学生也会被隐性情绪元素所感染，如勾股定理的美、对称图形与相似图形的简洁美。数学教材中插入许多"你知道吗？"的介绍，很多教师认为这不是必考内容，对其视而不见，其实它们作为新知识的"情感辅餐"，蕴含着数学之美，可以培育学生对数学的美好感情。比如，通过向学生介绍斐波那契数列、杨辉三角、极限等神奇的数学概念，让学生感受、认识、体验数学的美，一旦给学生播下美的种子，他们就会以美的规律和方法去探索数学，以美的原则去获取数学知识，"美"才是一门课的真正魅力。

最重要的是，教师的教学情绪要与学科情感相结合，教学情绪是千变万化的，根源于教师对学科的情感以及对学科内容的情感，只有教师陶醉其中，才能带领学生体验学习的情感，归根结底，教学情绪是一种基于认知的情绪体验，教师要科学地培养学生的学科情感，才能更有效地提高自己的课堂情绪感染力。情感教学的主导者是教师，教师对学科的情感会潜移默化地影响学生，如果教师对自己所教学科没有真情实感，很难想象学生会喜欢上这门学科，更不可能培养学生热爱某个学科。如果教师是发自内心地喜欢自己所教的学科，把教学当成一种享受并陶醉其中，这种最真实、最有效的情绪表达将最有感染力。学生一旦能够感悟到教师的情绪，并且认为教师的情绪是真实的，自然就会被教师的情绪所感染，把听课当成一种享受。

第三节　学生的首因效应对教师情绪感染力的调节

一　首因效应对情绪感染水平调节的理论构想

有研究表明领导的情绪对下属的影响方式是通过情绪感染实现的，领导表达积极的情绪更能引发员工积极的情绪并提高员工的业绩（Johnson，2009；Visser et al.，2013），然而，是否如同研究者描述的那样，只要领导表达积极情绪就能感染下属呢？Hennig-Thurau 等人（2006）认为当顾客接受来自员工真诚的情绪劳动展示时，顾客就会被情绪感染，员工情绪劳动的真诚性能够影响顾客的情绪感染水平和服务质量觉察水平。还有很多学者持类似的观点（Grandey et al.，2005；Du et al.，2011）。这些学者强调的是情绪诱发者（如员工）的真诚性，即真诚的情绪表达能感染对方（如顾客），但情绪诱发者的真诚性由情绪觉察者主观判断，由于情绪感染研究的是情绪觉察者的情绪被感染，试想一下，如果诱发者的情绪是真诚的，而觉察者认为其情绪是虚假的，那么这种实际真诚的情绪对觉察者还会有感染力吗？所以说，这种真诚性不是以诱发者的情绪劳动水平为标准，而是以觉察者对他人情绪的主观判断为标准。有可能觉察者的判断是准确的（诱发者是真诚的，觉察者也认为是真诚的），也有可能是错误的（诱发者是真诚的，觉察者认为是虚假的），只要觉察者认为是虚假的，那么对方的情绪就可能感染不了觉察者。因此，与其说是员工情绪劳动的真诚性感染了顾客，不如说是顾客对员工情绪劳动真诚性的判断影响了自己的情绪体验。那么，究竟哪些因素能够影响觉察者对诱发者情绪真诚性的判断呢？在教学情境中会不会出现如下情境？即作为情绪诱发者的教师表达的情绪是合理的、真诚的，但是由于学生（情绪觉察者）受第一印象的影响，认为教师表达的情绪是虚假的，从而削弱了教师的情绪感染力。

首因效应是指第一次接触到的信息对我们以后的认知或行为活动的影响，实际上指的就是第一印象的影响（Noguchi et al., 2014；Forgas, 2011）。第一印象是一种深度刻板印象，在人际交往中，第一印象会无意识、自动化地被提取并影响人们的情绪和行为，那它会不会影响对他人情绪真诚性的判断呢？试想，面对自己喜欢的老师和自己讨厌的老师，学生对他们情绪真诚性的判断是否相同？如果不同，是否是首因效应造成的？

Tomkins（1980）认为情绪具有动机作用，例如人体在缺氧的情况下会产生恐慌感，在缺水的情况下会产生急迫感，这些感受与内驱力一样，都是人体需要的反应，但是有时情绪上的感受与内驱力是不一致的。例如，任何食物都具有满足饥饿的功能，但人们对食物的喜好却不相同，显然这不是内驱力控制的，所以情绪如果作为动机的话，显然要比内驱力具有更宽泛的心理意义。那么，情绪作为动机能否影响人们的认知判断呢？影响的机制如何？首因效应能否认为是一种情绪的动机功能？它会影响人们对他人的情绪判断吗？

本节研究的基本假设是首因效应会对情绪感染产生调节作用，即增强或者削弱对方的情绪感染力。例如，学生对教师的第一印象越负性，教师的情绪对学生的感染力就会越小，甚至出现反向情绪感染，即觉察者体验到的情绪与诱发者的情绪在极性上是相反的。

实验采用两因素混合重复测量设计，实验组与对照组均要完成所有的实验流程：散布教师的正/负面信息—对教师的第一印象测试—情绪感染水平测试—情绪真诚性判断。不同的是在实验组与对照组使用了不同的信息散布方式，实验组采用情境引导，对照组采用抽签引导。实验目的是探索第一印象建立的条件、首因效应对情绪感染的调节、第一印象与情绪真诚性判断是否存在一致性、情绪真诚性判断在首因效应对情绪感染调节中的中介效应，并在对结果的讨论中构建了情绪动机的解释模型，对 Arnold 的评价—兴奋理论进行了补充完善。

在情绪感染水平测试中使用了生物反馈仪，表情的无意识模仿采用前额 EMG 和脸颊 EMG 作为测量指标。在生物反馈实验中，使用 BVP、SC 等生理指标衡量生理唤醒程度。

二　建立第一印象的实验设计及对教师情绪感染水平的测量

以公开方式随机招募有效的大学生被试 62 名，将被试按"情绪感染问卷"得分相似性配对成实验组与对照组。本节研究采用两因素（被试间因素：实验组和对照组；被试内因素：积极引导和消极引导）重复测量混合设计。

实验流程如图 4-3 所示，虚线部分为重复操作环节，正面、负面信息各引导一次，共测量两次。

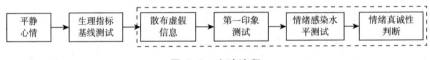

图 4-3　实验流程

第一步，生理指标基线测试（120s）。让被试听一段轻松的音乐来平静心情，平静心情指导语：请你听一段音乐，保持平静和放松。

第二步，散布虚假信息。实验组使用假被试散布关于教师品行的信息，引导中配合教师照片（情境引导），散布关于教师品行的正面信息与负面信息的顺序、播放视频（共有 2 个视频）的顺序在被试内平衡。

对照组使用抽签的方式，告知被试抽取一条有关教师的正面和负面信息描述，两种信息抽取的概率相同，完全随机。让被试"随机"（假随机）抓阄，并由被试自行阅读，信息配合卡通教师图片（抽签引导），其他重复测量设计与实验组完全相同。

第三步，第一印象测试。首先，在信息引导后即对相应教师的身份和业绩进行主观猜测。编制有关教师身份和工作业绩的十条情况，如学困生—高才生、拙劣的演讲者—优秀的演讲者，采用 11 级评定尺度（-5~5），正数越大表示越接近右边描述，负数绝对值越大表示越接近左边描述，"0"表示中性或无法确定。主观猜测的目的是加深第一印象。

编制关于教师的正面、负面品德属性词语各 20 个，为便于快速阅读，均采用双字词。正面品德属性词语有"诚实""真诚""公正"等，负面品德属性词语有"虚假""欺骗""徇私"等。

使用 GNAT（the Go/No-go Association Task）范式（张奇勇等，2013）测量学生对相应教师的内隐第一印象，刺激的呈现顺序与时间为：指导语—注视点"+"（500ms）—教师照片和属性词语（1500ms）。被试必须在 1500ms 内做出反应，否则视为错误反应。实验指导语为：下面将呈现一些描述教师品德属性的词语，请你看清楚词语后尽快做出按键反应。在任务一中，要求被试对"教师照片和正面属性词语"的组合做出迫选"同意"（go）反应（按空格键），而"教师照片和负面属性词语"的组合不做反应（no-go）；任务二则相反，要求被试对"教师照片和负面属性词语"的组合做出迫选"同意"反应，而对"教师照片和正面属性词语"的组合不做反应。信号与噪音的比例是 1∶1。为了避免顺序效应，两种任务的呈现顺序在被试间平衡。

第四步，情绪感染水平测试。拍摄两位教师的积极情绪演讲视频各 4min 左右，制作成《景泰蓝的制作》和《语言的演变》多媒体视频（扩展名为".mpg"），视频标记为视频 1 与视频 2。

呈现一般指导语：下面我们观看一段教师的演讲视频，请你认真观看，体会教师的情绪。然后让被试观看视频，记录被试的生理指标。

第五步，情绪真诚性判断。从每个视频中各截取 10 张情绪图片，制作成 E-prime 程序，让被试根据图片对教师演讲时的情绪真诚性进行判断。一般指导语为：下面将呈现该教师演讲时的图片，请你看完图片后迅速对教师的情绪真诚性做出判断，采用 11 级评定尺度（-5~5），负数绝对值越大表示情绪越虚假，正数越大表示情绪越真诚，0 表示中性或无法确定。

三　情境真实性对建立第一印象的影响

由于实验组采用假被试来向真被试散布有关教师的信息，具有情境真实性，对照组采用抽签的方式"随机"抽取关于教师的描述，被试会觉得具有很大的随机性，与在真实情境中获得信息的方式相去甚远。采用独立样本 t 检验分析实验组与对照组分别在正面信息与负面信息的引导下对教师第一印象的差异，结果如表 4-17 所示。

表 4-17　两组对教师第一印象差异的分析（主观猜测）（$n=31$）

信息类型	组别	M	SD	t	p	Cohen's d	$1-\beta$
正面信息	实验组（情境引导）	17.42	13.51	5.87***	0.00	1.49	1.00
	对照组（抽签引导）	1.10	7.56				
负面信息	实验组（情境引导）	-16.03	9.99	-7.59***	0.00	-1.93	1.00
	对照组（抽签引导）	0.71	7.13				

实验组与对照组在两种信息下均存在极其显著性差异。进一步对对照组在正面信息和负面信息引导下做独立样本 t 检验，检验平均数为 0，结果分别为 $t(30)=0.81$，$p=0.43$，Cohen's $d=0.21$，$1-\beta=0.12$；$t(30)=0.55$，$p=0.58$，Cohen's $d=0.14$，$1-\beta=0.08$，表示与 0 没有显著性差异。由此说明，实验组被试成功建立了关于教师的第一印象，而对照组没有建立。

采用配对样本 t 检验分别对两组被试在教师正面信息、负面信息引导下的 go 和 no-go 的反应时进行差异性检验，只在正确按键时才统计，结果如表 4-18 所示。

表 4-18　两组对教师第一印象差异的分析（反应时）（$n=31$）

信息类型	组别	go 反应	M	SD	t	p	Cohen's d	$1-\beta$
正面信息	实验组	教师照片和正面属性词语	547.26	44.65	-11.16**	0.00	-2.96	1.00
		教师照片和负面属性词语	668.01	36.59				
	对照组	教师照片和正面属性词语	536.51	38.23	-1.31	0.20	-0.32	0.26
		教师照片和负面属性词语	550.18	45.62				
负面信息	实验组	教师照片和正面属性词语	652.84	38.88	10.02**	0.00	2.69	1.00
		教师照片和负面属性词语	539.89	44.78				
	对照组	教师照片和正面属性词语	543.27	42.69	-1.74	0.09	-0.52	0.41
		教师照片和负面属性词语	564.01	36.56				

在教师的正面信息引导下，实验组对"教师照片和正面属性词语"的反应时显著短于对"教师照片和负面属性词语"的反应，说明实验组对"教师照片和正面属性词语"的 go 反应不存在认知冲突，而对"教师照片和负面属性词语"的 go 反应存在认知冲突。同样，在负面信息引导下，实验组对"教师照片和正面属性词语"的反应时显著长于"教师照片和负面属性词语"的反应，表明实验组对"教师照片和正面属性词语"的 go 反应存在认知冲突，而对照组在两种信息引导下对"教师照片和正/负面属性词语"的反应时均不存在显著性差异。从行为实验上进一步证明实验组成功建立了关于教师的内隐第一印象，而对照组没有。

四 实验组在正面信息引导与负面信息引导下的情绪感染水平比较

每组实验前有一个生理指标的基线测试（实验条件Ⅰ），实验组使用情境引导，分别有正面信息引导（实验条件Ⅱ）、负面信息引导（实验条件Ⅲ）。采用被试内重复测量方差分析三种实验条件下被试的 5 个生理指标，结果显示，实验条件主效应极其显著，$F(10, 21) = 20.98$，$p < 0.001$，$partial\ \eta^2 = 0.91$，$1 - \beta = 1$。采用一元方差分析检验实验组 5 个生理指标在三种实验条件下是否达到显著性水平，结果如表 4-19 所示。

表 4-19 实验组 5 个生理指标的一元方差分析结果

生理指标	F	p	$partial\ \eta^2$	$Observed\ Power^a$
前额 EMG	26.88 **	0.000	0.47	1.00
BVP 幅度	35.96 **	0.000	0.55	1.00
BVP 频率	20.14 **	0.000	0.40	1.00
SC	8.07 **	0.002	0.21	0.95
脸颊 EMG	17.34 **	0.000	0.37	0.99

实验组 5 个生理指标的一元方差检验均达到极其显著性水平，且均有很高的统计检验力。表 4-20 是实验组 5 个生理指标在三种实验条件下的两两比较结果。

表 4-20 实验组 5 个生理指标在三种实验条件下两两比较的结果

生理指标	II - I		III - I		III - II	
	MD	p	MD	p	MD	p
前额 EMG	0.07	0.34	1.55**	0.00	1.47**	0.00
BVP 幅度	0.72**	0.00	-1.27**	0.00	-1.99**	0.00
BVP 频率	-0.83**	0.00	0.32**	0.00	1.15**	0.00
SC	-0.15	0.13	0.44*	0.02	0.59**	0.00
脸颊 EMG	1.51**	0.00	-0.29	0.07	-1.79**	0.00

可以看出，正面信息引导（实验条件Ⅱ）与基线测试（实验条件Ⅰ）相比较，被试的 BVP 幅度和脸颊 EMG 极其显著提高，BVP 幅度与主观快乐体验显著相关（Lai et al., 2011），脸颊 EMG 提高也是积极情绪的指标，人对兴奋的刺激会产生更高的脸颊 EMG 水平（Dimberg et al., 2011）。有研究表明血容量越高，心率越低（Park et al., 2014）。血容量是反映情绪唤醒程度的指标，人在积极情绪状态下 BVP 幅度会提高（Sztajzel, 2008），而厌恶的声音刺激会导致 BVP 幅度下降，心率提高（Ooishi & Kashino, 2012）。情绪也可以由脸部肌肉动作来激活，这一理论被称为"面部反馈假说"（Dzokoto et al., 2014），人在高兴情境下脸颊 EMG 水平会提高，从而体验到快乐情绪（Balconi & Canavesio, 2013），而面对负性刺激（如厌恶）会自动激活皱眉肌。上述指标的变化均表明，实验组被试在正面信息引导下对教师的积极情绪产生了易感性，获得了积极的情绪体验。

负面信息引导（实验条件Ⅲ）与基线测试（实验条件Ⅰ）相比较，前额 EMG、BVP 频率、SC 显著提高，而 BVP 幅度极其显著下降，前额 EMG 提高是消极情绪的特异性表达（Balconi & Canavesio, 2013），实验条件Ⅲ的生理指标变化方向与实验条件Ⅱ相反，表明被试获得了消极情绪体验。相对于正面信息引导（实验条件Ⅱ），在负面信息引导（实验条件Ⅲ）下被试的前额 EMG、BVP 频率、SC 极其显著提高，而 BVP 幅度、脸颊 EMG 极其显著下降，充分证明了实验条件Ⅲ和实验条件Ⅱ在情绪极性上是相反的。前额 EMG 与皱眉动作密切相关，人们在负性情绪下会出现皱眉动作（Cheshin et al., 2011）。Balconi 和 Bortolotti（2012）研究了合作情境能提高颧肌肌电与正性情绪，冲突或不合作的情境能提高皱眉肌肌电，并有更高的皮电和心率。上述两个研究的结果表明，实验组被试在正面信息和负面信息引导下，对教师的积极演讲情绪分别产生了易感性调节和反向调节（产生了与教师相反的情绪体验），同时证明了被试在情绪感染中出现了首因效应。

以往研究认为情绪感染与情绪诱发者的情绪效价有关，尤其是正性情绪（如快乐），情绪感染的一致性很高（Totterdell，2000）。上述研究结果显示，情绪感染与情绪觉察者的首因效应有关，即觉察者的第一印象决定了情绪感染的方向和最终效果。

五　对照组在正面信息引导与负面信息引导下的情绪感染水平比较

每组实验前有一个生理指标的基线测试（实验条件 Ⅰ），对照组使用抽签引导，分别有正面信息引导（实验条件 Ⅱ）和负面信息引导（实验条件 Ⅲ）。采用被试内重复测量方差对三种实验条件下被试的 5 个生理指标进行分析，结果显示，实验条件主效应极其显著，$F_{(10, 21)}$ = 11.84，$p < 0.001$，$partial\ \eta^2 = 0.85$，$1 - \beta = 1$。一元方差分析结果如表 4-21 所示。

表 4-21　对照组 5 个生理指标的一元方差分析结果

生理指标	F	p	$partial\ \eta^2$	Observed Power [a]
前额 EMG	1.97	0.159	0.06	0.34
BVP 幅度	16.33 **	0.000	0.35	1.00
BVP 频率	5.79 *	0.015	0.16	0.71
SC	1.70	0.191	0.05	0.34
脸颊 EMG	45.48 **	0.000	0.60	1.00

对照组 5 个生理指标中只有 BVP 幅度、脸颊 EMG 存在极其显著性差异，且具有很高的统计检验力（$1 - \beta = 1$）。其他指标的统计检验力较低，两两比较的结果如表 4-22 所示，可作为参考。

表 4-22　对照组 5 个生理指标在三种实验条件下两两比较的结果

生理指标	Ⅱ-Ⅰ		Ⅲ-Ⅰ		Ⅲ-Ⅱ	
	MD	*p*	*MD*	*p*	*MD*	*p*
前额 EMG	-0.12	0.36	-0.34	0.12	-0.22	0.21
BVP 幅度	0.48**	0.00	0.61**	0.00	0.13	0.23
BVP 频率	-0.39**	0.00	-0.47*	0.02	-0.08	0.61
SC	0.05	0.72	-0.19	0.15	-0.25	0.12
脸颊 EMG	1.69**	0.00	1.74**	0.00	0.05	0.73

正面信息引导（实验条件Ⅱ）与基线测试（实验条件Ⅰ）相比较，被试的 BVP 幅度和脸颊 EMG 极其显著提高，而 BVP 频率极其显著下降，这些生理指标的变化均表明被试受到了教师的积极情绪感染。负面信息引导（实验条件Ⅲ）与基线测试（实验条件Ⅰ）相比较，生理指标的变化方向与实验条件Ⅱ相同，表明被试同样获得了积极的情绪体验，证明负面信息引导没有对被试产生影响，说明对照组没有建立关于教师的第一印象，对照组在两种实验条件下均受到教师的积极情绪感染。正面信息引导（实验条件Ⅱ）和负面信息引导（实验条件Ⅲ）相比较，在生理指标上没有任何显著性差异，说明被试在情绪感染水平上没有差别。

六　首因效应对情绪真诚性判断的影响

由于两组被试使用了不同的信息散布方式，为检验信息散布方式对教师情绪真诚性判断的影响，对每组被试重复测量数据使用配对样本 t 检验，结果如表 4-23 所示。

表 4-23　实验组和对照组在对教师的情绪真诚性判断上的差异性分析（$n=31$）

组别	引导信息	*M*	*SD*	*t*	*p*
实验组	正面信息	24.42	11.20	17.20***	0.00
	负面信息	-25.06	12.85		
对照组	正面信息	17.26	7.31	1.00	0.32
	负面信息	15.13	9.86		

由于实验组使用了情境引导，在正面信息与负面信息的引导下，被

试对两位教师分别获得了好印象和坏印象。受正面信息影响，被试更倾向于认为教师的情绪是真诚的，而在负面信息的引导下，被试便倾向于认为教师的情绪是虚假的。对照组采用了抽签引导，被试在两种信息的引导下对教师的情绪真诚性判断没有显著性差异，对照组被试在两种信息引导下对教师的情绪都做出了"真诚的"判断，充分说明了对照组没有建立关于教师的首因效应。

人们总是倾向于对当前事物做出与当前情绪相一致的评价（Zebrowitz et al.，2017），这样就从理论上解释了第一印象作为一种情绪记忆对情绪真诚性判断的影响，回答了情绪作为动机的功能是如何影响人的情绪判断的，但是情绪动机与内驱力不同，情绪动机是通过情绪体验来指导行为的，行为的指向必须有利于缓解消极情绪体验或提升积极情绪体验，而不仅仅是为了满足需要，并且有时也没有明确的需要。第一印象具有认知与情绪的双重记忆，几乎在情境呈现的一瞬间就能完成提取，先于意识的"认知—评价"的行为，这就是首因效应及其对行为或评价的影响机制。

七　情绪真诚性判断在首因效应对情绪感染调节中的中介效应

由于对照组不存在首因效应，本节研究只检验实验组中情绪真诚性判断在首因效应对情绪感染调节中的中介效应。第一印象采用"学生对教师身份的主观猜测"数据。由于个体间生理指标基线差异较大，被试的情绪变化是一个相对差别阈限，又由于 BVP 幅度具有较好的统计检验力（$1-\beta=1.00$），选用 BVP 幅度的变化率作为情绪感染的生理指标。首先构建饱和递归模型，删除饱和递归模型中不显著的路径"第一印象—情绪感染体验"，最后得到非饱和递归模型，模型拟合度指标如表4-24 所示。

表 4-24　非饱和递归模型拟合度

指标	χ^2	df	χ^2/df	p	GFI	AGFI	CFI	NFI	RMSEA
值	1.08	1	1.08	0.299	0.988	0.931	0.999	0.985	0.036

模型中的 $\chi^2/df<5$，表示模型拟合度高，RMSEA 小于 0.1，且 GFI、

AGFI、*CFI*、*NFI* 均非常接近 1，所以改进后的模型成立，如图 4-4 所示，证明了情绪真诚性判断在首因效应对情绪感染的调节起到了中介效应。

图 4-4　情绪感染的非饱和递归模型与标准化路径系数

　　路径分析显示，"第一印象—情绪真诚性判断—情绪感染体验"这条影响路径是成立的，充分说明了生理唤醒与被试的主观体验是一致的（Balconi & Bortolotti，2012）。

　　Arnold（1960）的评价—兴奋理论从神经生理学上阐述了认知评价在情绪激活中的作用，可事实上并非所有的评价都能诱发或改变情绪，生活经验告诉我们，我们有时很难在认知层面去改变情绪，从评价到兴奋需要哪些条件？如何将评价到兴奋连接起来？为此对这一理论做两点补充。一是刺激事件的意义必须在真实情境中构建。离开真实情境，刺激事件诱发情绪的作用有限，这就是为什么我们臆想出来的恐惧与真实的恐惧是不一样的，至少在程度上是大相径庭的。情境在情绪诱发与情绪记忆中具有重要地位，它是构建事件的情绪意义并使情绪在相似情境中再现的重要前提，离开了情境，即使激活了外周身体变化，也不会产生某种情绪体验（张奇勇等，2016）。这就是为什么实验组在情境引导下出现了首因效应，而对照组在抽签引导下没有建立第一印象，也就没有产生首因效应。二是无意识加工在情绪诱发中的重要性。事实证明，无意识加工比意识加工更能激活丘脑活动，也更能激活情绪。例如，我们一旦在面试场合紧张，就很难在意识层面进行调节，而面试时的紧张情绪就是无意识加工的结果。当学生受坏印象的影响认为教师的情绪是虚假的，情绪真诚性判断会被无意识激活并产生两个作用：抵制教师的情绪感染以及由判断而产生与教师相反的情绪体验（反向感染）。

八　教育启示

首因效应可以推而广之，不仅是指师生之间的第一次见面要留下好印象，还包括上好第一次课、认真对待每位学生的第一次提问、合理设计第一次考试、写好第一次板书、处理好第一次意外突发事件、用心批改第一次作业等。

教师应注意仪表，重视第一次见面。学生认识、了解教师是从第一次见面开始的，教师应根据自己的年龄、个性和爱好等来设计自己的仪表。教师从第一次站在学生面前起就要做到仪表端庄，给学生和蔼可亲之感；举止落落大方，给学生舒适之感；衣着得体，给学生和谐之感。教师与学生第一次见面谈话时，要表现出对学生的关爱、关心和体贴，应从生活话题切入，给学生留下知心朋友的印象。

超水平上好第一节课。教师要根据首因效应，认真设计课堂开始部分的内容，既要生动有趣，又要紧扣教学内容。一般来说，学生对新教师、新课程、新学期，甚至是学习的新单元，都有强烈的期待感。在上第一课时，学生们一般都抱着见一见"庐山真面目"的心理，期待着能够得到心理上的满足。如果教师的第一次课上得不理想，就会使学生大失所望，使学生失去学习兴趣和感情。如《初中代数》第一册（上）的序言课可设计以下内容。让学生打开课本第一页，看插图，讲述我国古代数学家和数学名著的故事。

祖冲之：我国古代杰出的数学家，据《隋书·律历志》记载，祖冲之计算圆周率在 3.1415926 与 3.1415927 之间，并以 22/7 和 355/113 分别作为圆周率的"约率"和"密率"，比荷兰人安托兹得出"密率"早一千一百多年。

魏晋著名数学家刘徽所著《九章算术注》记载了负数的概念，而欧洲人到 15 世纪才承认负数，我国是世界上最早发明和使用负数的国家。

这些隐性情感的引入不但可以加深学生对课程的情感联结，还可以让学生建立教师博古通今的第一印象。

努力处理好每单元的第一节课。通常学生对新单元的学习充满好奇心，每一章的第一节内容都涉及该章的一些重要的上位概念学习。教师要充分准备每单元的第一节课，合理组织教学内容，科学使用教学方法，举例生动恰当，设问充满悬疑，精心设计提问，合理表达课堂情感，这些都会影响课堂教学效果。对于第一次出现的新概念，一定要讲清、讲透，如果一开始就讲不清楚，学生难以理解就会产生畏难情绪，会影响学生对整个单元的学习。如果教师的新单元课不能吸引学生的兴趣，或者学生听完以后认为没有什么实际用处，那么后面的教学就会变得非常困难。

认真对待每位学生的第一次提问。课堂提问作为教学的重要手段不容忽视，它能够及时反馈学生的学习信息，教师可以及时根据学生的具体情况来调整教学过程、方法和内容，以便提高教学效果。学生也非常重视教师第一次提问自己，不管学生回答如何，如果教师处理不当，会对学生今后的学习产生较大的消极影响。因此，设计提问要注意以下几点：（1）设计的问题要适应学生年龄和个人能力水平；（2）提问的问题要有明确的答案；（3）要充分保护学生回答问题的积极性，而不应该只关注学生回答正确与否。

合理设计第一次考试，难度应适中。对于第一次课程测验，学生一般会做较充分的准备，基础教育的学生对问题的评价是表面的，兴趣是不稳定的，他们往往会因一时一事的失利而感到"自己糟糕透了"，因此教师要努力设计好第一次考试，不要让那些已经做了较大努力，但学习成绩一般的学生在第一次考试中失利，从而放弃今后的努力，尤其是对于那些学习成绩一般的学生来说，第一次失利会给他们今后的学习蒙上阴影。因此，第一次测试应使绝大多数学生考出较理想的成绩，逐步培养学生的学习自信心，让他们感觉自己遇到了一位好老师，留下这位老师教得好的第一印象，这样学生的积极性会更高。

写好第一次板书。学生对教师的首次板书充满了期待，事实上第一次板书也是教师向学生推销自己的过程。精美的板书设计表现为字体正确、美观，字迹工整、清晰；布局合理，安排巧妙，条理清楚；内容简练，突出重点。具有美感的板书设计，从整体上看应该和谐优美，它不但能使学生从中获得知识，而且还能得到美的熏陶和感染。

　　处理好第一次意外突发事件。课堂中有几十个性格迥异的学生，课堂教学是一个动态变化过程，难免会发生一些人际冲突或者其他意想不到的突发事件。老师在处理第一次意外突发事件时要具有教学机智。针对意外情况迅速做出反应，及时、妥善地采取恰当的措施，要留给学生处事公平合理、心悦诚服的第一印象。

　　用心批改第一次作业。教师要用心批改学生的第一次作业，包括新学期的第一次作业，这对学生的学习积极性能起到推动作用。通常学生对新学期的第一次作业成绩极为重视，印象也最为深刻。因此，教师批改第一次作业时，应严格、细致，以鼓励为主，不给学生打低分，不给学生留下坏印象，要给学生留下未来可期、教师慈爱的第一印象。

本章小结

　　本章内容主要包括三个方面。

　　第一，在情绪感染中，学生的先入观念具有自我应验效应，这种先入观念的应验效应对情绪感染具有调节作用，调节的方式有两种——专注与合理化，调节的结果也有两种——易感性与免疫性。

　　学生在观看"权威"教师视频时，其注意水平不受教师情绪效价的影响，学生对"权威"教师均能保持较高的专注状态，从而提高了"权威"教师的积极情绪感染力（易感性调节），而对"新手"教师，学生"专注"程度较低，从而削弱了"新手"教师的积极情绪感染力（免疫性调节）。

　　第二，在情绪感染中，学生会自动化地依据主观经验对感官情绪信息进行解释，自动化的主观解释会影响情绪感染的效果，如果对感官情绪信息不能进行合理化解释，那么情绪感染的效果就会削弱。学生观看教师以积极情绪朗诵消极文本时，教师的积极情绪被学生的主观意识所调节，因为学生"无法解释"，所以教师积极情绪的感染效果被学生的主观意识所免疫。学生观看教师以消极情绪朗诵积极文本时，由于教师的矛盾情绪表达很难让学生理解，从而削弱了学生对积极语义情绪信息这类高级情绪信息的加工（语义联想）效果，导致通过语义联想而诱发的情绪体验被削弱。

　　第三，在首因效应实验中，实验组通过情境引导成功建立了关于教师的第一印象，并对情绪真诚性判断和情绪感染产生影响，出现首因效应。而对照组通过抽签引导未成功建立第一印象，因此没有出现情绪感染的首因效应。路径分析表明，首因效应通过情绪真诚性判断对情绪感染产生调节作用。学生的第一印象对教师的课堂情绪感染力具有重大影响。

第五章　学生的情感因素对课堂情绪感染的调节

第一节　学生的前情绪状态对情绪感染的调节

一　前情绪状态对情绪感染水平调节的理论构建

前情绪状态是指在情绪感染发生之前，个体就已经获得的情绪状态，这种情绪状态与人际关系水平无关，所以不能与本章第二节的研究相混淆。觉察者的前情绪状态和注意水平可能会通过影响觉察者的觉察水平而最终影响觉察者的情绪感染水平，据此我们假设觉察者的心境会对情绪感染的最终水平产生影响。心境一致性记忆倾向认为，个体在愉快的心境下回忆更多快乐的事件，在悲伤的心境下回忆更多不快乐的事件。同样地，被试更喜欢注意那些与自己心境一致的新奇的表情面孔，心境一致性注意倾向说明一个人的即时心境能够影响其注意倾向（Becker & Leinenger，2011）。心境一致性倾向（记忆倾向和注意倾向）会影响觉察者的情绪觉察水平，从而影响觉察者的情绪感染水平。Doherty（1998）研究发现，当人们处于欢快的心境时，会花更多时间去处理高兴的图片而不是悲伤的图片，当人们处于悲伤的心境时，就会花更多时间去处理悲伤的图片而不是高兴的图片，这就表明了心境一致性倾向影响了个体对相匹配情绪的觉察水平。人们倾向于注意[①]或学习与他们心境一致的事件（Bower，1981），所以快乐的人更易感染上积极的情绪（Bhullar，2012）。

觉察者的不同心境水平（前情绪状态）会对其情绪感染产生影响，本节研究通过实验任务诱发觉察者的两种前情绪状态——快乐与焦虑，考察教师的积极、消极两种情绪对被试在两种前情绪状态下的情绪感染

---

① 有意的或无意的。

效果。

本节研究目的是在实验室仿真教学情境下，比较教师情绪对分别处于快乐、焦虑两种前情绪状态的学生的感染效果。

二　学生前情绪状态的实验室诱导与教师情绪感染水平的测量

以公开方式随机招募大学生有效被试 40 名。被试平静情绪后进入基线测试，基线测试选用了教师积极和消极两种情绪的授课视频。基线测试播放一般指导语：下面给你播放一组视频，视频均呈现了真实的教学现场，请你想象自己置身于一个真实的教学情境中，认真听课，准备好了，现在开始上课。

基线测试结束以后，让被试完成一份有关教学内容的测试，无论被试完成的质量如何，均给予"表扬"以唤起被试的积极情绪，随即进入模块一的实验阶段，模块一研究学生在积极前情绪状态（快乐）下教师情绪对学生情绪感染的影响，指导语提示被试观看两个视频，第一个视频结束以后也有一个针对教学内容的测试，并有一个"表扬"环节。

模块一测试结束后，播放音乐并做放松训练，以避免被试在模块一中的情绪状态对模块二实验结果产生影响。模块二研究学生在消极前情绪状态（焦虑）下教师情绪对学生情绪感染的影响。在模块二的实验阶段，为唤起被试的焦虑情绪，在模块二每次播放视频之前均有一个特别的提示语，在播放第一个视频时，提示被试在教学视频中会有一些恐怖图片和声音出现，在播放第二个视频时，提示被试视频中会有更恐怖的图片和声音出现，以消除视频一中的恐怖信息对被试阈限的影响，模块二中的生理数据采集均在恐怖信息出现之前完成，以避免恐怖信息对被试产生恐惧和焦虑的复合情绪。

本节研究采用被试内重复测量设计，因此模块一与模块二采用不同教师的教学视频，播放顺序在被试间平衡。基线测试采用双基线水平比较，使用的教学视频为《景泰蓝的制作》（积极情绪朗诵）、《统筹方法》（消极情绪朗诵）。模块一中使用的教学视频为《语言的演变》（积极情绪朗诵）、《语言是人类重要的交际工具》（消极情绪朗诵）。模块二中使用的教学视频为《看云识天气》（积极情绪朗诵）、《大自然的语言》（消极情绪朗诵）。

每次教学视频播放结束后均要求被试完成一份"教师课堂情绪感染力评价问卷"。本节研究的干扰变量为文本的语义情绪信息，因此在实验材料上均采用中性文本。模块一的实验流程如图 5-1 所示，其中虚线框表示基线测试流程，实线框表示模块一实验流程，模块二的实验流程与模块一类似，但在播放视频前会特别提醒被试有恐怖的图片和声音出现。

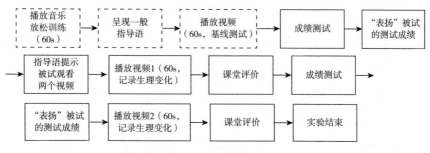

图 5-1　模块一的实验流程

三　学生在快乐状态下对教师情绪感染水平的调节

模块一有四种实验条件：学生在平静状态下观看教师积极情绪授课视频（实验条件Ⅰ，基线测试Ⅰ）和消极情绪授课视频（实验条件Ⅱ，基线测试Ⅱ）、学生在快乐状态下观看教师积极情绪授课视频（实验条件Ⅲ）和消极情绪授课视频（实验条件Ⅳ），采用的生理指标与第四章相同。表 5-1 呈现的是实验条件Ⅲ相对于基线测试Ⅰ，实验条件Ⅳ相对于基线测试Ⅱ的生理变化增量 ΔE 的平均数（M）与标准差（SD）。

表 5-1　学生在快乐状态下观看教师授课较基线测试水平的
ΔE 的平均数与标准差 （$n=40$）

	α 波	SMR	β 波	BVP 幅度	BVP 频率	SC	脸颊 EMG
	$M \pm SD$	$M \pm SD$	$M \pm SD$	$M \pm SD$	$M \pm SD$	$M \pm SD$	$M \pm SD$
Ⅲ对Ⅰ	0.24±0.74	0.65±1.48	0.63±1.33	0.42±0.88	−0.01±0.03	−0.08±0.74	0.00±0.03
Ⅳ对Ⅱ	0.22±0.97	0.32±1.01	0.92±2.99	0.54±0.93	−0.01±0.03	−0.18±0.64	0.03±0.10

多元方差分析结果显示，被试的 7 个生理指标在四种实验条件下主效应极其显著，$F_{(21, 19)} = 7.84$, $p < 0.001$, $partial\ \eta^2 = 0.90$, $1-\beta =$

1，基于平均变量的多元方差分析结果也显示四种实验条件的主效应极其显著，$F(21, 339) = 6.58$，$p < 0.001$，$1 - \beta = 1$。

通过一元方差分析可以考察每个生理指标在四种实验条件下是否达到显著性水平，一元方差分析结果如表 5-2 所示，一元方差分析具有显著性差异的变量统计检验力均大于等于 0.95（$1 - \beta \geq 0.95$）。

表 5-2　7 个生理指标的一元方差分析结果

生理指标	F	p	partial η^2	Observed Power [a]
α 波	0.64	0.590	0.02	0.18
SMR	1.70	.170	0.04	0.44
β 波	7.17**	0.000	0.16	0.98
BVP 幅度	10.81**	0.000	0.22	1.00
BVP 频率	5.80**	0.001	0.13	0.95
SC	8.59**	0.000	0.18	0.99
脸颊 EMG	42.73**	0.000	0.52	1.00

如表 5-2 所示，β 波、BVP 幅度、BVP 频率、SC 和脸颊 EMG 在四种实验条件下的一元方差分析均极其显著（$p < 0.01$），使用 LSD 法对上述生理指标在四种实验条件下进行两两比较，可以进一步考察这些差异会在哪些实验条件之间产生。表 5-3 呈现的是 7 个生理指标两两比较的结果。MD 表示前一种实验条件下的平均数减去后一种实验条件下的平均数的差量。

表 5-3　7 个生理指标在四种实验条件下两两比较的结果（部分）

生理指标	Ⅱ-Ⅰ		Ⅳ-Ⅲ		Ⅲ-Ⅰ		Ⅳ-Ⅱ	
	MD	p	MD	p	MD	p	MD	p
α 波	-0.16	0.602	-0.17	0.601	0.29	0.358	0.28	0.453
SMR	-0.03	0.938	-0.59	0.104	0.64	0.057	0.09	0.770
β 波	-0.74*	0.023	-0.90*	0.031	0.83*	0.016	0.67	0.054
BVP 幅度	-1.14*	0.016	-0.87*	0.028	1.07**	0.010	1.33**	0.000
BVP 频率	0.80*	0.049	0.26	0.381	-0.60	0.139	-1.13**	0.003

续表

生理指标	Ⅱ-Ⅰ		Ⅳ-Ⅲ		Ⅲ-Ⅰ		Ⅳ-Ⅱ	
	MD	p	MD	p	MD	p	MD	p
SC	0.80**	0.007	0.45	0.098	-0.55	0.068	-0.90**	0.000
脸颊 EMG	-1.06**	0.000	-0.86**	0.000	0.02	0.691	0.22	0.101

　　实验条件Ⅱ与实验条件Ⅰ相比，学生在平静状态下观看教师消极情绪授课视频比观看积极情绪授课视频 BVP 频率、SC 显著提高（$p<0.05$），β 波、BVP 幅度和脸颊 EMG 显著下降（$p<0.05$），说明教师的消极情绪（倦怠）对学生是有感染效果的。实验条件Ⅳ与条件Ⅲ相比，学生在快乐状态下观看教师消极情绪授课视频比观看积极情绪授课视频 β 波、BVP 幅度显著下降（$p<0.05$），这是教师消极情绪对学生快乐前情绪状态影响的结果，学生的脸颊 EMG 极其显著下降（$p<0.01$），可认为是受教师消极面孔情绪感染的结果，说明在快乐前情绪状态下，学生的面部表情不仅受自身情绪状态的影响（即自上而下的影响），也受他人感官情绪信息的影响。实验条件Ⅲ与实验条件Ⅰ相比，学生在快乐状态下比在平静状态下观看教师的积极情绪授课视频 β 波、BVP 幅度显著提高（$p<0.05$），这说明学生自身的快乐前情绪状态与教师的积极情绪感染可以叠加，叠加的结果是学生在快乐前情绪状态下观看教师积极情绪授课视频会诱发更大的快乐生理反馈，或者学生在快乐前情绪状态下更易感染教师的积极情绪。实验条件Ⅳ与实验条件Ⅱ相比，学生在快乐状态下比在平静状态下观看教师的消极情绪授课视频 BVP 幅度极其显著提高（$p<0.001$），而 BVP 频率、SC 极其显著下降（$p<0.01$），说明学生在快乐状态下比在平静状态下更不易感染教师的消极情绪，学生依然能够部分保留自身快乐的前情绪状态，这是观点采择所致，即由于个体不能置身于他人的处境上体验他人的情感（van Boven & Loewenstein，2003）。

四　学生在焦虑状态下对教师情绪感染水平的调节

　　模块二也有四种实验条件：学生在平静状态下观看教师积极情绪授课视频（实验条件Ⅰ，基线测试Ⅰ）和消极情绪授课视频（实验条件

Ⅱ，基线测试Ⅱ）、学生在焦虑状态观看教师积极情绪授课视频（实验条件Ⅲ）和消极情绪授课视频（实验条件Ⅳ）。表5-4呈现的是实验条件Ⅲ相对于基线测试Ⅰ，实验条件Ⅳ相对于基线测试Ⅱ的生理变化增量 $\triangle E$ 的平均数（M）与标准差（SD）。

表5-4　学生在焦虑状态下观看教师授课较基线测试水平的 ΔE
的平均数与标准差（ $n=40$ ）

	α 波	SMR	β 波	BVP 幅度	BVP 频率	SC	脸颊 EMG
	$M \pm SD$	$M \pm SD$	$M \pm SD$	$M \pm SD$	$M \pm SD$	$M \pm SD$	$M \pm SD$
Ⅲ对Ⅰ	0.19±0.82	0.53±1.22	0.80±1.24	−0.11±0.56	0.02±0.03	1.15±2.38	−0.08±0.03
Ⅳ对Ⅱ	1.13±5.85	0.59±1.17	1.97±5.37	0.10±0.89	0.01±0.03	0.25±0.67	0.03±0.17

把上述7个生理指标在四种实验条件下进行重复测量方差分析，多元方差分析显示，被试的7个生理指标在四种实验条件下主效应极其显著，$F(21, 19) = 30.72$，$p<0.001$，$partial\ \eta^2 = 0.97$，$1-\beta = 1$，基于平均变量的多元方差分析也显示四种实验条件的主效应极其显著，$F(21, 339) = 7.51$，$p<0.001$，$1-\beta = 1$。

一元方差分析结果如表5-5所示，一元方差分析具有显著性差异的变量中，SMR的统计检验力较低，为0.74，即正确拒绝零假设不太可靠，其余5个变量均大于等于0.92（$1-\beta \geqslant 0.92$），即正确拒绝零假设的概率是很高的。

表5-5　7个生理指标的一元方差分析结果

生理指标	F	p	$partial\ \eta^2$	$Observed\ Power$ [a]
α 波	0.54	0.658	0.01	0.16
SMR	3.29 *	0.023	0.08	0.74
β 波	28.55 **	0.000	0.42	1.00
BVP 幅度	7.03 **	0.001	0.15	0.96
BVP 频率	7.24 **	0.000	0.16	0.98
SC	5.22 **	0.002	0.12	0.92
脸颊 EMG	21.34 **	0.000	0.35	1.00

除 α 波，其余 6 个生理指标在四种实验条件下的一元方差分析均达到显著性水平（$p<0.05$），进一步对 7 个生理指标使用 LSD 法在四种实验条件下进行两两比较，结果如表 5-6 所示。

表 5-6　7 个生理指标在四种实验条件下两两比较的结果（部分）

生理指标	II - I		IV - III		III - I		IV - II	
	MD	p	MD	p	MD	p	MD	p
α 波	-0.16	0.602	-0.07	0.845	0.23	0.473	0.32	0.384
SMR	-0.03	0.938	0.01	0.972	0.73*	0.021	0.77*	0.019
β 波	-0.74*	0.023	0.01	0.960	1.62**	0.000	2.37**	0.000
BVP 幅度	-1.14*	0.016	-0.15	0.543	-1.41**	0.001	-0.42	0.257
BVP 频率	0.80*	0.049	0.60	0.187	1.17**	0.003	0.97**	0.006
SC	.80**	0.007	-0.04	0.915	1.06**	0.000	0.23	0.463
脸颊 EMG	-1.06**	0.000	-0.12	0.435	-0.79**	0.000	0.15	0.466

实验条件 IV 与实验条件 III 相比，学生在焦虑状态时观看教师消极情绪授课视频与观看积极情绪授课视频生理指标均没有显著性差异，表明当学生处于焦虑状态时，对情绪感染有一定的免疫力，即一旦个体处于焦虑状态时不太容易受外界感官情绪信息的影响。实验条件 III 与实验条件 I 相比，学生在焦虑状态下比在平静状态下观看教师的积极情绪授课视频 SMR、β 波、BVP 频率、SC 显著提高（$p<0.05$），而 BVP 幅度、脸颊 EMG 极其显著下降（$p<0.01$），焦虑前情绪状态是一种随时准备应急的状态，个体处于该种状态下会诱发 SMR、β 波提高和 BVP 幅度下降，以及 BVP 频率与 SC 提高，均是焦虑的生理反馈，由于焦虑状态对情绪感染具有免疫调节作用，所以这些生理变化可能主要不是情绪感染的结果，充分说明焦虑前情绪状态对情绪感染的免疫性。学生在焦虑状态下可能会出现注意转换，对教师积极情绪的无意识模仿水平显著下降。实验条件 IV 与实验条件 II 相比，学生在焦虑状态下比在平静状态下观看教师的消极情绪授课视频 SMR、β 波、BVP 频率显著提高（$p<0.05$），说明焦虑提高了个体的警觉性注意水平（β 波极其显著提高）。

五　学生在两种前情绪状态下的教师情绪感染效果比较

学生在快乐状态下观看教师的积极情绪授课视频（实验条件Ⅰ）和消极情绪授课视频（实验条件Ⅱ），学生在焦虑状态下观看教师的积极情绪授课视频（实验条件Ⅲ）和消极情绪授课视频（实验条件Ⅳ），在这四种实验条件下，对上述 7 个生理指标进行重复测量方差分析，多元方差分析显示，被试的 7 个生理指标在四种实验条件下主效应极其显著，F（21，19）= 26.74，$p<0.001$，$partial\ \eta^2 = 0.97$，$1-\beta = 1$。

一元方差分析结果如表 5-7 所示，α 波与 SMR 不存在显著性差异，其余 5 个生理指标均存在极其显著性差异，并且统计检验力均等于 1（$1-\beta = 1.00$）。

表 5-7　7 个生理指标的一元方差分析结果

生理指标	F	p	$partial\ \eta^2$	$Observed\ Power\ ^a$
α 波	0.10	0.961	0.00	0.07
SMR	2.04	0.112	0.05	0.51
β 波	10.62 **	0.000	0.21	1.00
BVP 幅度	26.71 **	0.000	0.41	1.00
BVP 频率	19.15 **	0.000	0.33	1.00
SC	14.89 **	0.000	0.28	1.00
脸颊 EMG	19.46 **	0.000	0.33	1.00

结合本节研究目的，在两两比较中，主要讨论实验条件Ⅲ与实验条件Ⅰ之间的差异性以及实验条件Ⅳ与实验条件Ⅱ之间的差异性，结果如表 5-8 所示。

表 5-8　7 个生理指标在四种实验条件下两两比较的结果（部分）

生理指标	Ⅲ - Ⅰ		Ⅳ - Ⅱ	
	MD	p	MD	p
α 波	-0.06	0.857	0.04	0.901
SMR	0.09	0.791	0.69 *	0.024
β 波	0.79 *	0.017	1.71 **	0.000

生理指标	Ⅲ - Ⅰ		Ⅳ - Ⅱ	
	MD	*p*	*MD*	*p*
BVP 幅度	− 2.48 **	0.000	− 1.76 **	0.000
BVP 频率	1.76 **	0.000	2.10 **	0.000
SC	1.61 **	0.000	1.12 **	0.002
脸颊 EMG	− 0.80 **	0.000	− 0.07	0.722

　　实验条件Ⅲ与实验条件Ⅰ相比，学生在焦虑状态下比在快乐状态下观看教师积极情绪授课视频 BVP 幅度、脸颊 EMG 极其显著下降（$p <$ 0.001），而 BVP 频率、SC 极其显著提升（$p < 0.001$），说明情绪感染的最终结果受学生前情绪状态的影响，焦虑前情绪状态对情绪感染有免疫性调节作用。实验条件Ⅳ与实验条件Ⅱ相比，学生在焦虑状态下比在快乐状态下观看教师消极情绪授课视频 β 波、BVP 频率、SC 极其显著提高（$p < 0.01$），而 BVP 幅度极其显著下降（$p < 0.001$），说明在焦虑情绪状态下可能更易感染消极情绪。

　　在实验的每个模块中，被试每看完一个视频都需要对教师的课堂情绪感染力进行评价，即完成"教师课堂情绪感染力评价问卷"，以"教师课堂情绪感染力评价问卷"的得分为因变量，以实验条件为被试内变量，对于同一组被试来说多次完成"教师课堂情绪感染力评价问卷"属于重复测量设计。如上所述，本节研究共有六种实验条件，分别是学生在平静状态下观看教师积极情绪授课视频（实验条件Ⅰ）和消极情绪授课视频（实验条件Ⅱ）、学生在快乐状态下观看教师积极情绪授课视频（实验条件Ⅲ）和消极情绪授课视频（实验条件Ⅳ）、学生在焦虑状态下观看教师积极情绪授课视频（实验条件Ⅴ）和消极情绪授课视频（条件Ⅵ）。

　　多元方差分析结果显示，课堂评价在六种实验条件下主效应极其显著，$F (5, 36) = 78.21$, $p < 0.001$, *partial* $\eta^2 = 0.92$, $1 - \beta = 1$，一元方差分析结果显示实验条件的主效应极其显著，$F (1.37, 54.68) = 54.11$, $p < 0.001$, *partial* $\eta^2 = 0.58$, $1 - \beta = 1$。

　　在两两比较中，结合本节研究的目的，主要是对在下列实验条件下的课堂评价差异性进行比较，如表 5-9 所示。

表 5-9　　课堂评价在六种实验条件下两两比较的结果（部分）

	III - I		IV - II		V - I		VI - II		V - III		VI - IV	
	MD	p	MD	p	MD	p	MD	p	MD	p	MD	p
课堂评价	1.78 **	0.000	1.24 **	0.000	-1.44 **	0.001	-0.83 *	0.023	-3.22 **	0.000	-2.07 **	0.000

学生在快乐状态下观看教师授课视频（积极或消极）的课堂评价都极其显著好于平静状态（$p<0.01$），而学生在焦虑状态下观看教师授课视频（积极或消极）的课堂评价都显著差于平静状态（$p<0.05$），学生在焦虑状态下观看教师授课视频（积极或消极）的课堂评价都极其显著差于快乐状态（$p<0.01$），证明了快乐前情绪状态对外界的情绪刺激具有正向极性化倾向，而焦虑前情绪状态对外界的情绪刺激具有一定的免疫性。

学生自身的前情绪状态对教师的情绪感染有调节作用，这种调节作用有两个方向——反向调节（削弱）和正向助长（提升）。学生在快乐前情绪状态下会提升教师积极情绪感染效果，会削弱教师消极情绪感染效果。学生在焦虑前情绪状态下会削弱教师情绪感染效果。

六　教育启示

学生的课堂前情绪状态受多种因素影响，有自身因素、家庭因素、教师因素、教学因素等。学生走进教室不是空着脑袋来的，他们已带入了先前的认知、情感、价值观，也就是说，在上课之前，学生已经有了情绪体验，教师也是如此，所以想要学生有良好的课前情绪状态，教师在走进教室时，首先要调整好自己的情绪状态。如果教师整个人显得精神饱满、和蔼可亲，那么上课之前的这些"无声语言"会不知不觉地将教师的积极情绪传递给学生，有利于诱发学生良好的课前情绪状态。课程导入的几分钟也非常关键，教师可以使用形式多样、生动有趣的故事导入、悬念导入、情景导入、观念冲突导入等，把握好上课刚开始的黄金 5 分钟，这对于诱发学生的课堂情绪状态非常重要。切忌刚上课的时候就批评学生、通报考试分数、提问太难的问题、开火车回答问题，这些都会诱发学生的消极情绪，尤其是焦虑情绪，从一开始就毁掉整节课。学生如果形成积极情绪又会交互感染教师的情绪，从而在课堂上营造一种轻松和谐的良好氛围；如果学生形成消极情绪，也会感染教师，破坏教师的课堂情绪，使课堂气氛难以修复。

教师在课前和课中应及时调节自己的情绪，形成良性的课堂情绪回路，可以运用以下方法。（1）要始终把注意力放在课堂教学的内容上，适度回避学生的消极情绪，多关注学生的积极回应，形成良好的课堂情绪回路，切莫让学生影响自己的情绪，进而被学生带动课堂情绪，教师一旦失去了课堂情绪的主导权，也就失去了传授知识的主导权。（2）对诱发不良情绪的情境要重新认识和评价，把原因归结为暂时的、偶然的因素，如学生只是喜欢开小差、学生只是调皮而已，切莫把原因归结为自己的能力不足，消极的课堂体验是教师消极课堂情绪来源，一旦教师认为是自己的管理能力有问题或是教学能力有问题，不能吸引学生的注意力，那么教师就会陷入无助，甚至自责、羞愧，长期消极体验会促使教师形成消极的教学自我效能感，进而形成消极的教学个性（职业个性），事实上任何教学都是有效的，教师在课堂上永远是成功的。（3）强制以积极的表情抑制负性情绪表达，多用肢体语言提升自己的情绪状态，提高自己的情绪感染力，依据 James-Lange 理论，情绪可以通过身体动作诱发，讲课时配合适度的肢体动作也是表达情绪的有效方法，可以增加教师上课的积极体验。

第二节　学生的课堂反向情绪感染现象

一　反向情绪感染理论的构建

情绪感染的过程可表示为"觉察—无意识模仿—生理反馈—情绪体验"。情绪感染的人际关系理论说明情绪感染受人际关系因素的影响，如凝聚力、人际信任水平和人际态度一致性等（Vijayalakshmi & Bhattacharyya, 2012），它们是建立在群体成员对群体以及其他成员的评价基础上的，属于认知范畴，这说明认知对情绪感染具有调节作用，第四章第一节已经证明了先入观念对情绪感染的调节作用。又有研究表明，评价决定了情绪反应和感受的本质（Urry，2009），人际关系评价均带有一定的情感色彩，与其说是认知，不如说是"先入情感"决定了他人情绪的感染力。现实生活中有这样的体验，看到一个令觉察者厌恶的人在与其朋友说笑，会激发觉察者讨厌的情绪，这时觉察者体验到了与诱发者完全相反的情绪，这就是反向情绪感染（Englis et al.，1982；McIntosh et al.，1994），觉察者与他人的人际关系水平决定了觉察者的情绪感染方向。有研究表明，如果一个人具有积极的政治态度，他在看到政治领导时，积极面部表情的 EMG 水平提高（Tee，2015），这是因为觉察者在无意识层面提取了对政治领导的积极态度，产生了积极的情绪体验，由于这一情绪体验先于情绪感染而发生，所以称为情绪感染的前情绪，前情绪决定了情绪感染的水平和方向，觉察者的前情绪状态对情绪感染的调节作用存在两个方向——反向调节与正向助长。

笔者初步将消极情绪分为攻击性消极情绪和消沉性消极情绪，攻击性消极情绪具有攻击他人的心理倾向性，如仇恨、愤怒、轻蔑、敌意等，攻击性消极情绪易与他人的情绪体验相反，容易诱发反向情绪感染，所以本节研究选择了"仇恨"作为前情绪。

觉察者因存在消极前情绪体验到了与诱发者积极情绪相反的情绪，这就是反向情绪感染。反向情绪感染可以用来解释为什么在一个人际信任水平高且凝聚力强的群体中，群体成员间的情绪感染效果就强，而在一个猜忌、涣散的群体中，群体间的情绪感染效果就弱（Torrente et al.，2013），也可以用来解释为什么在敌对关系中会出现幸灾乐祸的心理现象。反向情绪感染说明觉察者的前情绪状态会反向调节情绪感染。有研究发现，在特定情况下，政治家表达的情绪可能会导致接受者产生反移情反应（Gabriel & Masch，2017），说明观众与表演者的情绪并不总是一致的，这也是生活常识。

本节研究目的是证明学生的仇恨情绪会反向调节积极情绪感染，其结果是不但阻断他人的积极情绪感染，而且导致学生体验到更强烈的仇恨。

二　学生仇恨情绪的实验室诱导及其情绪感染水平的测量

以公开方式随机招募大学生有效被试 50 名。实验前一天组织学生观看《南京暴行纪实》（约翰·马吉）视频，时长为30分钟，观看后进行一个简短的讨论，以唤醒学生一致的情绪——仇恨，这样第二天就能快速唤醒学生的仇恨体验。

第二天正式实验，首先由主试向学生介绍实验相关的情况与注意事项，准备就绪后，播放音乐并指导学生做放松训练（6min），之后进行基线测试（5min）。接下来让学生观看《南京大屠杀纪录片》（5min），并测量学生的生理指标，观看结束后有一个主观情绪评定（-7～7），计算并做放松训练。随后安排学生观看两段东亚人的搞笑视频（有声音，无对白）并测量学生的生理指标。在播放每一段视频前均有指导语：现在给你播放一段来自日本/中国的搞笑视频，请你认真观看，并对视频中的笑点等级进行评定。笑点等级评定采用7级评分（1～7），分数越高表示越搞笑。实验采用被试内设计，为了排除视频播放顺序对评分的影响，两段视频的播放顺序在被试内平衡。实验流程如图5-2所示。

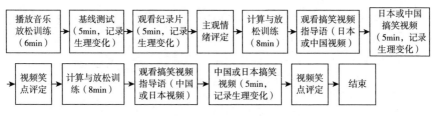

图5-2　实验流程

三　仇恨情绪下日本搞笑视频毫无笑点

将学生观看《南京大屠杀纪录片》视频（以下简称"大屠杀视频"）（实验条件Ⅱ）、日本搞笑视频（实验条件Ⅲ）时的生理指标与基线测试（实验条件Ⅰ）的生理指标进行比较。

对三种实验条件下学生的7个生理指标采用重复测量方差分析，结果显示实验条件主效应极其显著，$F_{(14, 32)} = 31.15$，$p < 0.001$，$partial\ \eta^2 = 0.93$，$1 - \beta = 1$，描述性统计结果如图5-3所示。

一元方差分析检验每个生理指标在三种实验条件下是否达到显著性水平，结果如表5-10所示。

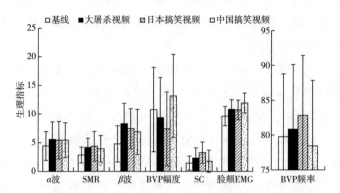

图 5-3　7 个生理指标在 4 种实验条件下的描述性统计（单位：μV、mho）

表 5-10　7 个生理指标的一元方差分析结果

生理指标	F	p	partial η^2	Observed Power [a]
α 波	4.48 *	0.03	0.09	0.65
SMR	17.96 **	0.00	0.29	1.00
β 波	58.97 **	0.00	0.57	1.00
BVP 幅度	36.93 **	0.00	0.45	1.00
BVP 频率	11.01 **	0.00	0.20	0.94
SC	27.09 **	0.00	0.38	1.00
脸颊 EMG	13.02 **	0.00	0.22	0.97

　　7 个生理指标一元方差检验均达到显著性水平，其中只有 α 波的统计检验力不高（$1-\beta=0.65$）。表 5-11 为 7 个生理指标在三种实验条件下两两比较的结果。

表 5-11　7 个生理指标在三种实验条件下两两比较的结果

生理指标	II - I		III - I		III - II	
	MD	p	MD	p	MD	p
α 波	1.14 **	0.000	1.02	0.05	-0.12	0.79
SMR	1.32 **	0.000	1.51 **	0.00	0.19	0.56
β 波	3.51 **	0.000	2.67 **	0.00	-0.85 *	0.04
BVP 幅度	-1.82 **	0.000	-3.37 **	0.00	-1.55 **	0.00

续表

生理指标	II - I		III - I		III - II	
	MD	p	MD	p	MD	p
BVP 频率	1.08 **	0.000	3.10 **	0.00	2.01 *	0.02
SC	0.88 **	0.000	1.83 **	0.00	0.95 **	0.00
脸颊 EMG	1.19 **	0.000	1.08 **	0.00	−0.11	0.72

实验结果显示，学生观看大屠杀视频（实验条件 II）与基线测试（实验条件 I）相比，BVP 幅度极其显著下降，而 BVP 频率极其显著提高，观后询问学生均表示体验到了"愤怒"情绪。BVP 幅度与主观快乐体验之间显著相关（Lai et al.，2011），如厌恶的声音刺激会导致 BVP 幅度下降（Ooishi & Kashino，2012），由于共情而叹息时 BVP 幅度会显著下降（Peper et al.，2007），相反，如果个体的痛苦情绪越少，积极情绪越多，BVP 幅度就越高，心率就越低（Park et al.，2014）。有学者采用观看视频的方法研究儿童的悲伤和兴趣忧虑（interest-worry）移情，结果显示在心率上存在显著性差异（Fink et al.，2015）。与基线测试相比，观看大屠杀视频时学生的 SC 与脸颊 EMG 极其显著提高。皮电通常被用于测量愉悦情绪或焦虑情绪反应（Gouizi et al.，2011；Balconi & Canavesio，2013），焦虑情绪会提升 SC 水平，仇恨是复合情绪，有打击对方的心理倾向，包含焦虑情绪，所以 SC 会上升。肌电与情绪信息的自动化加工相关，不受意识控制（Magnée et al.，2007），如人在高兴时脸颊 EMG 水平会自动提升，体验到快乐（Dimberg et al.，2011；Balconi & Canavesio，2013）。在合作情境下，颧肌肌电与积极情绪体验会提高，而在冲突情境下皱眉肌肌电会提高，并伴随有更高的皮电和心率（Balconi & Bortolotti，2012）。本节研究在愤怒情绪下检测到脸颊 EMG 水平提高，这可能与愤怒时"咬牙切齿"的动作有关。

将观看日本搞笑视频（实验条件 III）与基线测试（实验条件 I）相比较，生理指标的变化趋势与观看大屠杀视频（实验条件 II）时相同，充分证明观看日本搞笑视频没有诱发学生快乐体验。将观看日本搞笑视频与观看大屠杀视频相比较，学生的生理指标变化方向不但相同，而且生理唤醒程度更大，充分证明观看日本搞笑视频加剧了学生的愤怒体验，成功诱发了学生的反向情绪感染。

对"笑点"的主观评定进行配对样本 t 检验，结果表明，观看大屠杀视频与观看日本搞笑视频在主观评定上不存在显著性差别，$M \pm SD$ 分别为-6.50 ± 0.59、-6.67 ± 0.56，$t(45) = -1.66$，$p = 0.10$，Cohen's $d = 0.29$，$1 - \beta = 0.38$，情绪评定出现地板效应。

四 中国搞笑视频依然保持笑点

将学生观看大屠杀视频（实验条件Ⅱ）、中国搞笑视频（实验条件Ⅳ）时的生理指标与基线测试（实验条件Ⅰ）水平进行比较。

采用重复测量方差分析，显示实验条件的主效应极其显著，$F(14, 32) = 334.23$，$p < 0.001$，$partial\ \eta^2 = 0.99$，$1 - \beta = 1$。7 个生理指标的一元方差分析结果如表 5-12 所示。

表 5-12   7 个生理指标的一元方差分析结果

生理指标	F	p	$partial\ \eta^2$	$Observed\ Power^a$
α 波	8.36 **	0.000	0.16	0.93
SMR	14.93 **	0.000	0.25	0.99
β 波	43.52 **	0.000	0.49	1.00
BVP 幅度	91.29 **	0.000	0.67	1.00
BVP 频率	22.55 **	0.000	0.33	1.00
SC	4.74 *	0.020	0.10	0.71
脸颊 EMG	43.36 **	0.000	0.49	1.00

7 个生理指标的一元方差分析显示，SC 存在显著性差异（$p < 0.05$），其他指标均存在极其显著性差异（$p < 0.001$）。7 个生理指标在三种实验条件下两两比较的结果如表 5-13 所示。

表 5-13   7 个生理指标在三种实验条件下两两比较的结果

生理指标	Ⅱ - Ⅰ		Ⅳ - Ⅰ		Ⅳ - Ⅱ	
	MD	p	MD	p	MD	p
α 波	1.14 **	0.000	1.01 **	0.000	-0.12	0.740
SMR	1.32 **	0.000	1.08 **	0.000	-0.24	0.460

续表

生理指标	II－I		IV－I		IV－II	
	MD	p	MD	p	MD	p
β波	3.51**	0.000	2.11**	0.000	−1.41**	0.010
BVP 幅度	−1.82**	0.000	2.38**	0.000	4.20**	0.000
BVP 频率	1.08**	0.000	−1.30**	0.000	−2.38**	0.000
SC	0.88**	0.000	0.34	0.240	−0.55	0.130
脸颊 EMG	1.19**	0.000	2.28*	0.040	1.09**	0.000

实验条件 II 与实验条件 I 的比较结果与上述相同，兹不赘述。学生观看中国搞笑视频（实验条件 IV）与基线测试（实验条件 I）相比较，α 波、SMR、β 波、BVP 幅度均极其显著提高（$p<0.001$），而 BVP 频率极其显著下降（$p<0.001$），与观看日本搞笑视频时的生理指标变化方向相反，可以断定中国搞笑视频诱发了学生的快乐体验，脸颊 EMG 显著提高（$p<0.05$），进一步验证了学生的积极体验。观看中国搞笑视频（实验条件 IV）与观看大屠杀视频（实验条件 II）相比较，BVP 幅度、脸颊 EMG 均极其显著提高（$p<0.001$），充分说明中国搞笑视频诱发了学生快乐的情绪体验。

对"笑点"的主观评定进行配对样本 t 检验，与观看日本搞笑视频相比，学生在观看中国搞笑视频时有积极的主观评定，$M \pm SD$ 分别为 −6.67±0.56（日本）、3.98±1.27（中国），$t(45) = -48.36$，$p<0.001$，Cohen's $d = 10.85$，$1-\beta = 1$。

五 反向情绪感染的"情绪—内驱力"解释模型

本节研究通过让被试观看《南京大屠杀纪录片》，成功诱发学生的仇恨情绪，这一情绪体验相对于日本搞笑视频而言属于前情绪，在观看大屠杀视频后，告知学生将观看一个日本搞笑视频，在反向情绪感染中，仇恨对情绪感染的调节不仅阻止了情绪感染，还让学生体验到了更强烈的仇恨，俗话说"仇人相见，分外眼红"，仇人的快乐不但感染不了我们，还会让我们更加仇恨。"仇人"不仅仅是一个概念，更是一个情感符号，它会让人在见到仇人的一瞬间体验到仇恨。有研究表明，当人们暴露在充满情绪内容的概念中时就可以激活人们的脸部肌肉动作以表达情绪（Ekman，2009），更不用说观看生动的视频。Tomkins（1980）认为情绪具有动机作用，报复仇人的动机产生于报复性的情感需要与仇人在场，缓解仇恨的最好方法是打击对方，使对方体验痛苦，自己才能高兴。如果不是自愿宽恕，任何克制行为都不利于缓解仇恨。看到仇人快乐，只会体验到更大的痛苦，因为这与我们想让仇人痛苦的动机是完全相反的，任何与动机指向相悖的行为不但不能缓解内驱力，反而会加剧内驱力的紧迫性，由此发生反向情绪感染。在集体决策模型中，B到A的情绪感染强度，取决于两个人的特点：B的表达能力、A的开放程度以及从B到A的联系强度。如果A不接受B，B与A的联系很弱，则B对A的情绪感染力就弱，如果A排斥或仇恨B，此时B对A的情绪感染力为负，即发生反向情绪感染（Bosse et al.，2012）。另有研究表明，在存在对抗性决策的情况下，情绪感染效果也会大大减弱（Tsai et al.，2012），这可能也与动机对情绪感染的调节作用有关。

反向情绪感染发生后，学生会放大对对方的原有评价或者态度，如原来是仇恨情绪，反向情绪感染发生后会放大仇恨，产生对对方更低的评价，低评价也是宣泄仇恨情绪的方式之一，与报复性动机是一致的。尽管微笑本身是一种亲和的社会信号，很容易被分享和模仿，但当它被低共享发送者（low-communion sender）表现出来时，它的意义就会变成非亲和的，其感染性也会降低。例如，竞争对手或不受欢迎的人发送的微笑就不会被利害关系者模仿（Wróbel & Królewiak，2017）。从群体内与群体外的角度来分析的话，个体更倾向于模仿群体内的行为，而不模仿群体外的行为。例如，3岁儿童模仿实验内群体成员的频率与模仿实验外群体成员的频率相同，但4~6岁儿童则选择性地模仿实验内群体成员（van Schaik & Hunnius，2016）。

六　教育启示

敌对的师生关系会带来灾难性的教学后果，不但降低教师的课堂情绪感染力，甚至会使教学收效甚微。从理论上来说，教师在课堂中占有主导地位，按照布迪厄的"文化资本"理论，由于教师掌握了较多的文化资本，在课堂中享有话语权，学生是失语的。这与教师在课堂教学中的主导地位是和谐一体的，因为话语权与管理权必须交给有文化资本的一方。然而仔细分析当今社会现状，不难发现教师其实处于失语状态。在教学理念不断更新的时代，学生主体地位已经得到极大推崇，但是盲目地尊重学生的价值观念、权利和体验，忽视了教师的引导责任，对学生一味地投其所好，消除了教师的文化资本，使师生关系变得不是导学关系，而是有各自利益的冲突敌对关系。在低年级师生课堂冲突中，教师似乎处于有利地位，但是只要课堂冲突暴露于社会中，被谴责的基本上是教师，因为纵然学生有错，那也是教师的错，教师成为真正的失语者，而掌握文化资本少的学生成为课堂的实际主导者，极大地破坏了现代教学生态平衡，只要这种异化存在，教师的课堂情绪感染就不可能实现。

另外，教学功能也发生了异化。教师按照教育规律向学生传授知识。但是，由于受社会评价观的影响，教师的职业行为已经异化为促使学生通过考试。这种异化就意味着教师的一切教学活动必须以效率优先，为此，教师不得不管理课堂教学，这样难免会造成显性的课堂冲突，这就需要教师用教学机智去化解师生矛盾，教师在课堂中切忌与学生产生冲突，更不可与整个班级的学生为敌，这样会产生难以修复的师生矛盾。一旦学生抗拒教师，尤其是在高年级课堂中，教师的课堂情绪就起不到应有的感染力，甚至出现反向感染。有凝聚力的班级会有共同认可的心理层面的"我们"，会有较高的凝聚力、人际信任水平和人际态度一致性，它们都会对情绪感染产生积极影响。凝聚力强的群体会对群体外成员产生反向情绪感染，而对群体内成员产生正向情绪感染。而没有凝聚力的班级是"个体的"，相互之间没有心理上的依存关系，它们会对群体内成员产生反向情绪感染。所以，反向情绪感染是否发生决定了是"敌人"还是"我们"。

综上所述，在社会层面上既不可过分放大学生的权益，也不可无视教师的主导权力，一旦教师失去主导权，教师的课堂情绪感染力将无从谈起。作为课堂管理者，教师应管理适度、要求适度、导向适度、情感适度，切忌一切为了追求效率而异化师生关系，一旦与学生成为仇敌，课堂情绪感染将无从谈起。

第三节　学生的课堂降阈情绪感染现象

一　降阈情绪感染理论的构建

如前所述，作者将消极情绪分为攻击性消极情绪和消沉性消极情绪，消沉性消极情绪具有无明确打击对象的特点，如烦躁、悲伤、恐惧、绝望等，不具有明确的攻击动机。个体在经历消沉性消极情绪时，通常会有想摆脱当前情绪状态的倾向，会更容易接受积极的情绪感染，本节研究以烦躁为例，研究消极情绪的降阈情绪感染现象。降阈情绪感染是笔者首创的概念，它是指觉察者的前情绪（如消极前情绪）状态正向助长情绪感染效果（如积极情绪）。以往关于前情绪状态对情绪感染影响的研究聚焦于前情绪状态与情绪感染中的情绪具有相同的极性，如积极前情绪状态对积极情绪感染的影响，有研究表明，积极的政治态度可以使人在看到政治领导时表现出积极的面部表情。如果前情绪状态与情绪感染中的情绪在极性上是相反的，那么前情绪状态能否助长情绪感染效果？如果觉察者的前情绪是烦躁，会不会更易感染他人的快乐情绪？

心境一致性倾向可以影响个体对相匹配情绪的注意水平（Bhullar，2012），如果个体的心境是积极的，那么就更容易受积极情绪影响，如果是消极的，那么就更容易受消极情绪影响（Knott & Thorley，2014）。Connelly 和 Gooty（2015）发现，当个体处于积极情绪时倾向于觉得领导有魅力，处于消极情绪时倾向于觉得领导没有魅力；Na 等人（2018）提出了一种新的接受谣言的心理机制，当个体的情绪状态与谣言所诱发的情绪一致时，就会导致个体相信谣言。以此进行推理，当觉察者的前情绪状态是消极的，他就更容易感染他人的消极情绪，反之则相反，但是事实不总是这样的，著名的斯德哥尔摩综合征就是一个很好的例证。当受害者受到犯罪分子侵犯时，产生了不良情绪，反而会对犯罪分子产生好感、依赖，被害人可能经历了以下阶段：愤怒—恐惧—绝望—喜爱，这是一种典型的反向情绪心理。笔者认为反向情绪心理是指个体对同一对象前后出现两种极性完全相反的情绪体验，这与心境一致性倾向严重相悖，并且前情绪（积极/消极）状态会助长后情绪（消极/积极）体验的深刻性。笔者将情绪感染中的反向情绪心理称为"降阈情绪感染"，因为这种"助长"相当于是前情绪状态降低了后情绪体验的感染阈限。

大量研究表明，情绪会影响认知评价，人们倾向于对当前事物做出与当前情绪相一致的评价（Zebrowitz et al., 2017）。同样，如果消极的前情绪状态对情绪感染具有降阈作用，那么也会影响对后续事件的评价，如果这一关系成立的话，就可以通过觉察者的评价来反映他当时的情绪状态，从认知视角来检验降阈情绪感染有没有发生。

本节研究目的是证明学生的烦躁前情绪状态可以降阈调节他人的快乐情绪感染，即体验过烦躁情绪的学生更容易感染他人的积极情绪。

二　学生降阈心理的实验室诱导及其情绪感染水平测量

以公开方式随机招募大学生有效被试 50 名。实验流程如下。首先被试在实验员的指导下做音乐放松训练（6min），之后进行基线测量（5min）。随后，让被试观看视频，呈现指导语：接下来给你播放一段搞笑视频，请你认真观看，观看结束后对视频中的每个笑点进行等级评定（模块一）。视频笑点采用 7 级评分（1~7）。接下来有一个虚假任务，虚假任务重复三次，每次都告知学生任务不成功，其目的是诱发学生的烦躁情绪，为了检验烦躁情绪是否诱发成功，让被试再观看一次虚假任务操作视频（3min），视频中的假被试具有明显的烦躁情绪，以此激活被试的烦躁移情，同时记录被试的生理指标。虚假任务结束后，告知被试放弃任务，宣布进入实验的最后一个环节——再观看一段搞笑视频，实验流程同模块一，从指导语开始至笑点评定结束。实验采用被试内设计，两个搞笑视频的播放顺序在被试间平衡。实验流程如图 5-4 所示。

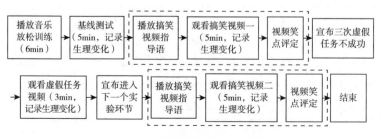

图 5-4　降阈情绪感染实验流程

三　积极与消极情绪的生理指标比较

将被试观看搞笑视频一（实验条件Ⅱ）、观看虚假任务视频（实验条件Ⅲ）时的生理指标与基线测试（实验条件Ⅰ）时的生理指标相比较。采用重复测量方差分析三种实验条件下被试的 7 个生理指标，结果显示，实验条件主效应极其显著，$F(14, 36) = 27.84$，$p < 0.001$，$partial\ \eta^2 = 0.92$，$1 - \beta = 1$。描述性统计结果如图 5-5 所示。

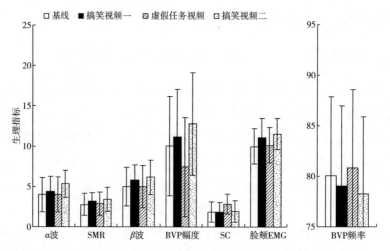

图 5-5　7 个生理指标在 4 种实验条件下的描述性统计（单位：$\mathbf{\mu V}$、mho）

一元方差分析用于检验每个生理指标在三种实验条件下是否达到显著性水平。表 5-14 为 7 个生理指标的一元方差分析结果。

表 5-14　7 个生理指标的一元方差分析结果

生理指标	F	p	$partial\ \eta^2$	$Observed\ Power\ a$
α 波	9.75 **	0.000	0.17	0.95
SMR	6.59 **	0.010	0.12	0.82
β 波	17.32 **	0.000	0.26	1.00
BVP 幅度	88.74 **	0.000	0.64	1.00
BVP 频率	26.37 **	0.000	0.35	1.00

续表

生理指标	*F*	*p*	*partial η²*	*Observed Power a*
SC	95.25 **	0.000	0.66	1.00
脸颊 EMG	24.70 **	0.000	0.34	1.00

可见，7 个生理指标的一元方差检验均达到显著性水平，且均有很高的统计检验力。表 5-15 为 7 个生理指标在三种实验条件下两两比较的结果。

表 5-15　7 个生理指标在三种实验条件下两两比较的结果

生理指标	Ⅱ-Ⅰ		Ⅲ-Ⅰ		Ⅲ-Ⅱ	
	MD	*p*	*MD*	*p*	*MD*	*p*
α 波	0.43 **	0.000	0.01	0.86	-0.42 **	0.010
SMR	0.43 **	0.000	0.11	0.17	-0.32 *	0.039
β 波	0.80 **	0.000	0.02	0.79	-0.77 **	0.040
BVP 幅度	1.14 **	0.000	-1.13 **	0.00	-2.27 **	0.000
BVP 频率	-0.99 **	0.000	0.77 **	0.01	1.76 **	0.000
SC	-0.04	0.415	0.97 **	0.00	1.02 **	0.000
脸颊 EMG	1.07 **	0.000	0.15	0.09	-0.92 **	0.000

被试观看虚假任务视频（实验条件Ⅲ）与观看搞笑视频一（实验条件Ⅱ）相比较，BVP 幅度极其显著下降（$p < 0.001$），BVP 幅度下降可以反映焦虑或紧张等消极情绪（Park et al., 2014），烦躁在主观体验上类似于焦虑。

四　消极前情绪对积极情绪感染力的易感性调节

将被试观看搞笑视频一（实验条件Ⅱ）、搞笑视频二（实验条件Ⅳ）时的生理指标与基线测试（实验条件Ⅰ）相比较。采用重复测量方差分析，结果显示实验条件主效应极其显著，$F(14, 36) = 40.28$，$p < 0.001$，$partial\ η² = 0.94$，$1-β = 1$。一元方差分析结果如表 5-16 所示。

表 5-16　7 个生理指标的一元方差分析结果

生理指标	F	p	partial η^2	Observed Power [a]
α 波	42.65 **	0.000	0.468	1.00
SMR	9.74 **	0.000	0.169	0.97
β 波	25.77 **	0.000	0.350	1.00
BVP 幅度	103.82 **	0.000	0.678	1.00
BVP 频率	43.18 **	0.000	0.470	1.00
SC	1.71	0.189	0.030	0.34
脸颊 EMG	32.51 **	0.000	0.400	1.00

　　可见，7 个生理指标的一元方差分析只有 SC 不存在显著性差异（$p>0.05$），其他指标均存在极其显著性差异（$p<0.001$）。表5-17为 7 个生理指标在三种实验条件下两两比较的结果。

表 5-17　7 个生理指标在三种实验条件下两两比较的结果

生理指标	Ⅱ-Ⅰ		Ⅳ-Ⅰ		Ⅳ-Ⅱ	
	MD	p	MD	p	MD	p
α 波	0.43 **	0.000	1.33 **	0.000	0.90 **	0.000
SMR	0.43 **	0.001	0.65 **	0.000	0.22	0.187
β 波	0.80 **	0.001	1.18 **	0.000	0.38 *	0.030
BVP 幅度	1.14 **	0.000	2.75 **	0.000	1.61 **	0.000
BVP 频率	-0.99 **	0.001	-1.76 **	0.000	-0.77 **	0.000
SC	-0.04	0.421	0.07	0.260	0.11	0.11
脸颊 EMG	1.07 **	0.000	1.53 **	0.000	0.46 *	0.031

　　学生观看搞笑视频二（实验条件Ⅳ）与基线测试（实验条件Ⅰ）相比较，β 波极其显著提高（$p<0.001$），表明注意水平提高，BVP 幅度极其显著提高而 BVP 频率极其显著下降（$p<0.001$），这与诱发快乐情绪时的生理指标变化方向相同，所以认为学生观看搞笑视频二同样产生了积极情绪，其脸颊 EMG 也极其显著提高（$p<0.001$）。观看搞笑视频二（实验条件Ⅳ）与观看搞笑视频一（实验条件Ⅱ）相比较，BVP 幅度、脸颊 EMG 显著上升（$p<0.05$）。对于同一个人来说，面部反应的强度与

自主神经反应呈正相关，即脸颊 EMG 的强度越大，自主神经的反应越强，生理唤醒的强度反映了情绪体验的强度，由此说明学生观看搞笑视频二比观看视频一体验到了更强烈的快乐情绪。

对"笑点"的主观评定进行配对样本 t 检验，结果表明，观看搞笑视频二比观看搞笑视频一在主观评定上更加积极，$M \pm SD$ 分别为 4.02 ± 1.27、3.40 ± 1.03，$t(49) = 6.29$，$p < 0.001$，Cohen's $d = 0.54$，$1 - \beta = 1.00$。由于学生在观看视频二之前经历了三次失败体验，且模块一与模块二的其他实验过程相同，由此可以得出，三次失败体验（烦躁情绪）让学生更容易感染他人的快乐情绪，证明了消极前情绪可以降阈调节积极情绪。

五　降阈情绪感染的"动机—相对阈限"解释模型

在模块二里，学生经历了三次任务不成功的消极体验，产生烦躁情绪，它属于消沉性消极情绪，如前所述，个体在体验消沉性消极情绪时有一种想摆脱自己当前情绪状态的动机，而观看搞笑视频与摆脱消极情绪的动机一致，所以个体在内隐动机上更愿意接受积极情绪，换言之，消极前情绪降低了被试对积极情绪的感受阈限，个体对积极情绪的敏感性加强，即降阈调节。在斯德哥尔摩综合征中，绑匪在受害者绝望时施以小恩小惠，受害者为了保护自身免受更大的伤害，就产生想亲近绑匪的内隐动机，这种内隐动机降低了对恩惠的感知阈限，受害者更容易捕捉绑匪的积极情绪，这与受害者想亲近绑匪的动机是一致的，所以对绑匪的积极情绪会产生易感性，甚至自我催眠，对绑匪产生积极幻想，情感的积极转变又会带来认知的转变，对绑匪产生认知好评。

通过上述分析，降阈情绪感染必须满足两个条件。（1）人们在内隐动机上想改变当前情绪状态，也就是说愿意接受他人情绪感染，如果没有这种动机，则有可能产生免疫性调节甚至反向情绪感染（如本章第二节）。事后询问被试确实证实了这一点，被试均有不想再尝试虚假任务的动机，也就是想摆脱当下情绪状态的动机，观看搞笑视频正好迎合了被试的这一动机。Kille 和 Wood（2011）的研究表明，越是亲密的情侣，对方的负性情绪对他们的感染力就越大，这是因为越亲密的情侣减轻对方负性情绪的动机越强烈，所以越容易被对方的负性情绪感染。（2）前情绪状态降低了人们后情绪体验的阈限，本节研究证明了烦躁情绪降低了被试体验快乐情绪的阈限。生活经验表明，积极的前情绪状态也会降低消极后情绪的体验阈限，这就是为什么越一帆风顺的人就越经不起挫折，这是一个降阈心理现象，但不是情绪感染中的降阈现象。对音乐的研究表明，让听众听一段快乐音乐之前先听一段悲伤音乐，听众表示听快乐音乐感知到的幸福感增加；听悲伤音乐之前听一段快乐音乐，听众表示听悲伤音乐感知到的悲伤增加；而听快乐音乐或悲伤音乐之后，平静音乐会被认为是快乐的或悲伤的，也就是说前面的音乐情绪会影响后面的音乐情绪感知，这可能与情绪的语境性相关，即一个音乐片段的意义可能取决于所听到的音乐语境（Sanga et al.，2017）。听众对音乐情绪的理解是以一种听众愿意感知的方式去感知的，同样降阈情绪感染也与人们用愿意感知的方式去感知有密切关系。

　　某些情绪可以降低其他情绪的感知阈限，那么某些情绪就有可能提高其他情绪的感知阈限。有研究表明，食用令人恐惧的（相对于不令人恐惧的）食物或饮料能显著降低因先前经历过令人恐惧的活动而产生的恐惧感，并显著提高对预期的令人恐惧的活动的容忍度，此外，应对恐惧的自信被证明可以显著调节食用令人恐惧的食物或饮料的预期效果（Du et al.，2019）。也就是说，这种情绪对情绪的调节效果可以是降阈的（易感性），也可以是升阈的（不易感），可以是前摄的，也可以是倒摄的。

六　教育启示

　　表扬不宜过多，要求不宜过少。太容易获得快乐，久而久之则不容易引起学生的快乐，适度严厉要求，在表扬学生时更容易引起学生的高强度快乐，这就是降阈的效果，苦的经历可以把感受快乐的阈限降低，类似于"苦口容易感受甜味"。我们在课堂中既不能很随意地给予表扬，也不能不给予表扬；既不能把表扬总是给予某几个学生，也不能把表扬平均分给每一个学生。在教育管理中，保持"适度"与"差异性"总是最好的。

　　在课堂教学中，适度的学习难度可以增加学习成功后的快乐体验，没有难度或者难度太大的学习都可能让学习者失去兴趣。现在基础教育的弊端在于学习难度太大，学习过程太苦，以苦学为主基调，学生很难尝到甜味，即便是成绩好的学生也会面临更高的要求、更大的难度，终究不能逃脱"头悬梁，锥刺股"的经历。依据"动机—相对阈限"理论，适度体验痛苦有利于增加人们体验快乐的能力，然而太苦的基础教育并不能提高学生体验课堂快乐情绪的能力，因为学生会感觉这些快乐情绪离他们的现实生活很远，相反他们会感觉抑郁；另外，太强的学习动机也不利于学生体验课堂中的情绪，他们只专注于解题，不太注重体验知识本身的情感，也不太关注教师的课堂情绪感染力。这就是为什么太苦的基础教育培养不了学生对学习的情感，相反他们会厌恶学习，就如同天天不得不与自己不喜欢的人待在一起一样。

大多数中学生一旦考上大学，就会报复性放纵自己，中国的基础教育既培养不了学生学习的情感，也培养不了学生吃苦耐劳的品格，大学成为学生们寻求快乐的乐园。这除了与大学教育制度有关，也是因为痛苦的基础教育塑造了他们极度追求享乐的品格，学习仅仅是他们的进身之阶，在沉睡的大学课堂中，教师情绪感染难上加难。由此可见，并非所有的消极情绪对积极情绪都有降阈作用，过度的消极情绪会产生厌恶情绪，"厌恶"是"鄙视+敌对"情绪，一种逃离情绪，个体没有想与厌恶对象（学习）相结合的动机，也就不存在体验厌恶对象的积极情绪。

本章小结

本章内容主要包括三个方面。

第一，学生自身的前情绪状态对教师的情绪感染有调节作用，这种调节作用有两种表现，分别是正向助长（提升）与反向调节（削弱）。学生在快乐前情绪状态下会提升教师积极情绪感染效果，会削弱教师消极情绪感染效果。学生在焦虑前情绪状态下对情绪感染有免疫力，即一旦个体处于焦虑状态可能不太容易受外界感官情绪信息的影响。

第二，通过观看大屠杀视频成功唤醒学生的仇恨前情绪，在仇恨情绪影响下学生在观看日本搞笑视频时，不但没有体验到快乐，反而加剧了仇恨体验，出现了反向情绪感染，攻击性消极前情绪对情绪感染具有反向调节作用。情绪转变会带来认知转变，学生对日本搞笑视频没有任何积极评价，出现低评价的地板效应。

　　第三，通过三次不成功的虚假任务成功诱发了学生的烦躁情绪，在烦躁情绪影响下，学生观看搞笑视频能产生更强烈的快乐情绪体验，表明消极前情绪降低了学生被积极情绪感染的阈限，消沉性消极前情绪对积极情绪具有降阈作用。

第六章　学生的个性心理对课堂情绪感染的调节

第一节　认知兴趣理论的构建及思维导引对认知兴趣的调节

一　认知兴趣理论的构建

以往对兴趣的定义多从动机、驱力、需要、态度倾向、积极情感等方面去界定，这种定义仅仅描述了兴趣的一些非特异特征或者用另一概念去解释兴趣这一概念，并没有揭示兴趣产生的内在机制或者兴趣的本质属性。关于兴趣的发生机制主要有需要假设、认知假设（章凯，2003）等。

以往关于兴趣发生机制的研究，其实都是兴趣的前因变量研究，没有真正涉及兴趣产生的内在机制。例如，Piaget（1967）就提出兴趣来源于需要，我们之所以对一个对象产生兴趣，是因为它能满足我们的需要。需要详细阐述的是兴趣的认知假设，Iran-Nejad（1987）认为兴趣产生于（惊奇后）智力活动的程度，喜欢并不是兴趣，喜欢是由结果效价引起的。可见，Iran-Nejad 的观点非常明确，兴趣产生于智力活动。Kintsch（1980）认为兴趣源于不协调解决。Mandler（1982）对比了兴趣和喜好，认为认知图式的不协调导致了兴趣，而不协调的解决方案导致喜好。Pekrun（2019）认为对信息的差距认知导致兴趣。这些观点的不合理之处在于，不是所有的认知不协调、对信息的差距认知都会导致兴趣，比如一个不喜欢物理的人尽管对很多物理问题都不理解（不协调、有信息差距），但他没有兴趣去学习，所以这些观点没有从本质上解释认知兴趣问题。但是，Mandler（1982）的观点对我们构建兴趣理论具有启发性，即在特定的领域里，为什么有些人认知不协调会产生兴趣，而有些人即使认知不协调也不会产生兴趣呢？这就是本节研究构建认识兴趣理论的第一个支点——"认知契合"。

Berlyne 等人（1974）认为兴趣是好奇心、新奇性、惊奇和不协调等相关变量的单调函数。有学者强调预测过程对兴趣的作用，并假设它是期望失败或由此产生的不协调引起的（Mandler，1982；Schank，1982），但是解决惊讶的预测过程不是兴趣体验的必要条件；Kintsch（1980）认为如果要有兴趣，刺激不仅必须是不可预测的，而且必须是可预测的，刺激具有不可预测和可预测的双重属性。上述观点强调了"预测"对兴趣的作用，这对我们构建认知兴趣理论非常有借鉴意义，即兴趣可能与个体有信心解决这个问题的良好预期有关。Pekrun（2019）认为兴趣包括对有可能消除信息差距的预期。另外，Izard 对情绪主观评定维量等级量表（DRS）的测量显示，兴趣的愉快维与确信维是最高的（孟昭兰，2005）。这就是本节研究构建认知兴趣理论的第二个支点——"认知确信度"。

Iran-Nejad（1987）认为喜好不受意外后不协调解决的影响，但兴趣受意外后不协调解决的影响，那么"意外后+不协调解决"是不是就等于兴趣呢？答案显然不是这样的，只能说前者是兴趣的必要条件，但不是充分条件。"不协调"能不能解决会影响认知体验，如果永远得不到解决，显然会对兴趣造成负面影响。Tomkins（1980）将兴趣归类为基本情感之一，这一观点或许是片面的，因为内在动机（White，1959）和美学（Berlyne，1974）领域的大量间接证据表明，影响兴趣的因素与单纯引起情感的因素不同。兴趣具有认知与情感的双重属性，尤其是认知兴趣。有学者认为兴趣等同于好奇心（Peterson & Cohen，2019），好奇心和兴趣都是自然而然的概念，不应该有先验的科学定义（Pekrun，2019；Murayama et al.，2019）。好奇心本身就是一种积极的认知体验，这就是本节研究构建认知兴趣理论的第三个支点——"认知体验"。

由此，笔者对广义兴趣定义如下：兴趣是指个体的思维方式、行为方式或情感需求方式与刺激事件的现象、原理或某些属性相契合而产生好奇心、预期、满足感的主观积极体验，这种体验对下一次行为具有指向与驱使作用。对于认知兴趣而言，主客体契合的依据是认知主体能否主动积极地建构刺激事件的心理意义，且在情感上积极体验思维的过程。

正如功能理论所说的，兴趣是智力活动程度的函数（Diener & Iran-Nejad，1986；Kintsch，1980），即在相关领域的智力活动程度越高，该领域的认知兴趣就越浓，也就是主体的思维方式越契合揭示客体的本质。

笔者初步将兴趣分为认知兴趣（认知活动激活）、行为兴趣（行为方式激活）、情感兴趣（情感需求激活），本节主要研究认知兴趣[①]，即由认知活动激活的积极情绪体验。认知兴趣是唤起语义加工、判断推理、问题解决、评价等一系列认知活动的驱动力。个体一旦产生认知兴趣就会有很高的认知确信度（原命题），认知确信度是指个体对自我当下认知水平的积极感知或对未来探索的积极预期，有研究表明，可以通过期望水平预测数学成绩与兴趣（Scalas & Fadda，2019），这里的期望其实是自我认知确信度。认知确信度低的个体容易产生学习焦虑，即对当下认知的消极评价和对未来探索的不良预期会扼杀认知兴趣（逆否命题）。因此，可以通过检测被试的认知确信度来测量被试当下的兴趣程度。

认知兴趣以认知性体验为主，如果学习者的思维方式与理解学科所需要的认知方式相契合，便会产生认知兴趣，获得积极的认知体验，而无法（完全）理解，则不会产生兴趣，获得消极的认知体验。学习者有固有的思维方式，简单地说就是学习者在多元智力中倾向于哪些"元"，即哪些方面智力更高；学科固有的认知方式是指对学科知识进行有效的意义建构需要用到的认知方式。两者契合的结果就是"擅长"，不契合的结果就是"不擅长"。

思维导引是指教育者对学科知识的认知方式进行改造，使之符合或不符合学习者固有的思维方式，从而激发或抑制学习者的兴趣。可见，思维导引可以影响主体对客体的认知契合度。尽管现有的文献中没有提到思维导引这一概念，但是一些文献对科学、技术、工程、数学（STEM）等的学习兴趣的研究表明，教育引导中的认知满足、认知支持对培养学生的学习兴趣非常重要（Laine et al.，2020）。强调认知方式的重要性与笔者提出的思维导引有异曲同工之妙。认知反馈是指学习者对学习结果或自身学习能力的评价，与具体的认知任务相联系。反馈分为自我反馈与外部反馈，本书使用外部反馈。认知反馈可以影响认知体验，因

---

① 没有特别说明的情况下，下文的兴趣都是指认知兴趣。

此操纵了兴趣的情感维。综上所述，认知兴趣的操纵变量有思维导引和认知反馈。本章第二节将比较认知反馈与情感反馈（表扬或批评）对兴趣的影响，两者合称为"情知反馈"。认识兴趣的发生机制及其调节如图6-1所示。

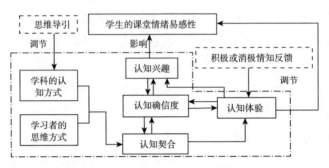

图6-1　认知兴趣的发生机制及其调节

　　假设1：思维导引如能与学习者的思维方式相契合，则能提高学习者的认知确信度，激发学习者的认知兴趣，相反，若两者不契合则会降低学习者的认知确信度，让学习者失去认知兴趣。

　　假设2：与学习者思维方式相契合的思维导引可以增强学习者对教师情绪的易感性，反之则会降低。

　　本节研究目的是通过思维导引来调节个体的认知兴趣，证明认知契合度与认知确信度是诱发个体认知兴趣的主要机制。

二　思维导引处理与认知兴趣的测量

（一）思维导引处理

　　有研究表明，大学生所学专业与其入学时的专业选择意愿匹配度越高，大三时的专业兴趣水平越高（潘颖秋，2017），大学生在14个专业领域内的特定基本兴趣（31种）能显著预测其专业承诺（高山川等，2014）。也就是说，专业选择能够反映兴趣，从整体上来说，中文系的学生比化学系的学生会更契合语文课程的认知方式，相反，化学系的学生比中文系的学生更契合化学课程的认知方式。

　　以公开招募的方式先后招募来自扬州大学的中文系学生、化学系学生（化学成绩偏低的中文系学生与语文成绩偏低的化学系学生），最终招募了有效被试大学生 40 名。让化学系的学生与中文系的学生分别接受如下两种思维导引的实验处理，处理顺序在被试间平衡，被试内变量为实验处理，被试间变量为系别，混合设计。录制教师用积极情绪朗诵学习材料的视频，学习材料为《景泰蓝的制作》《神奇的桂林溶洞》（节选）。

实验处理 1：接受语文思维导引（以下简称"语导"）。这是一篇语文说明文，请大家认真阅读思考下列问题。（1）这段文字中描写了几个工艺过程？可以分成几个段落，请用一句话写出每个段落的大意。（2）作者通过描写制作工艺想赞美什么？请写出这段文字的中心思想。（3）"椴木炭磨过，看来晶莹灿烂，没有一点儿缺憾，成一件精制品了"，此处的"缺憾"是什么意思？能否找一个同义词来替代？（共五个问题，在此只简述三个。）《神奇的桂林溶洞》的语导与此相似。

实验处理 2：接受化学思维导引（以下简称"化导"）。这是一段描写化学工艺的文字，请大家认真阅读并思考下列问题。（1）颜料的膨胀率与颜料中的金属成分有没有关系？为什么？（2）为什么要多次烧蓝？干燥的颜料与湿的颜料能否完全黏合？要注意什么？（3）最后为什么要用电镀工艺，而不用刷漆工艺？非金属材料能否电镀？（共五个问题，在此只简述三个。）《神奇的桂林溶洞》的化导与此相似。

接受实验处理 1（或实验处理 2）之后，让被试独立完成上述思考题（5min），不管完成与否，5 分钟后让被试观看教师积极情绪朗诵视频，结束后立即进行生理指标测量（60s），继续完成认知确信度实验，之后再接受实验处理 2（或实验处理 1），两种实验处理之间有放松训练。实验处理 1 与实验处理 2 的顺序在被试间平衡。实验流程如图 6-2 所示。

图 6-2　思维导引对认知兴趣的调节实验流程

（二）认知兴趣的测量

认知兴趣既有认知属性也有情感属性，其认知属性体现在认知主体的认知确信度上，其情感属性表现在认知主体的情感体验上。

认知确信度测量的过程如下。实验采用 GNAT 范式，每轮（block）共有 20 个试次（trail）。GNAT 范式中刺激的呈现顺序与时间如图 6-3 所示，采用语导时，启动刺激为一句诗词，采用化导时启动刺激为一个化学方程式，启动刺激的作用是再一次进行思维导引。靶刺激呈现的是一个双字词，双字词有两类，一类是语文词，如"驽钝""葳蕤""置喙"等次常用词；一类是化学词，如"硼砂""硝石""釉料"等。在任务一中，要求被试对所有语文词做出"理解"（go）反应（按空格键），而对化学词做"不理解"（no-go）反应；任务二相反，要求被试对语文词做出"不理解"（no-go）反应，而对化学词做出"理解"（go）反应。为了避免顺序效应，两种任务的呈现顺序在被试间平衡。在正式实验前均有练习，直到被试完全理解实验流程。

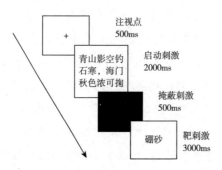

图 6-3　认知确信度 E-prime 实验流程

学生的课堂情绪易感性测量的过程如下。在情绪心理学中，兴趣被作为情绪去研究的，通常兴趣越高，积极体验就越强烈，反之则相反。本书以教学情境为例，在教学情境中，学生对教师所讲授的内容越感兴趣，越容易受教师课堂情绪影响，教师的课堂情绪也越能感染学生。心境一致性倾向认为心境（内源性）能够影响个体对相匹配情绪（外源性）的注意水平和共情（Bhullar，2012）。如果学生对教师讲授的内容感兴趣，则会提高注意水平，与教师的课堂情绪产生共鸣，产生积极的情绪体验，反之则产生消极体验，所以测量学生的课堂情绪易感性可以反映学生的兴趣程度。

三 思维导引对认知确信度的调节效果

按照思维导引对认知兴趣的调节实验流程，两个系别的被试分别接受语导处理与化导处理。采用重复测量方差分析对被试在两种实验处理下的语文词、化学词的反应时进行差异性检验，结果显示，中文系被试在反应时上的实验处理主效应极其显著，$F(3, 37) = 68.81$，$p < 0.001$，$partial\ \eta^2 = 0.85$，$1 - \beta = 1$，化学系被试在反应时上的实验处理主效应极其显著，$F(3, 37) = 31.09$，$p < 0.001$，$partial\ \eta^2 = 0.72$，$1 - \beta = 1$。不同系别被试在两种思维导引下的认知确信度比较如表 6-1 所示。

表 6-1　不同系别被试在两种思维导引下的认知确信度比较（反应时）

系别	go 反应	语导处理（$M \pm SD$）	化导处理（$M \pm SD$）	MD	p
中文系	语文词	717.68±59.42	786.15±89.90	-68.47**	0.001
	化学词	866.71±85.09	909.17±82.54	-42.46*	0.033
化学系	语文词	861.32±87.73	788.76±70.60	72.56**	0.001
	化学词	756.23±53.25	699.67±63.09	56.56**	0.001

中文系被试在语导处理下对语文词或化学词做出"理解"的反应时均显著短于化导处理，说明语导处理能增加中文系被试对语文词、甚至化学词的认知确信度。同样，化导处理增加了化学系被试对化学词和语文词的认知确信度，而语导处理则降低了其认知确信度。实验结果证明，与被试契合的思维导引可以提高被试的认知确信度，从而激发被试的认知兴趣，相反，与被试不契合的思维导引会降低被试的认知确信度，从而降低被试的认知兴趣（假设 1）。

使用反应时计分只计算被试正确的 go 反应的平均时；使用错误率计分需要通过信号辨别力指数 d' 进行比较。d' 为击中率（hit）p 对应的 Z 分数减去虚报率（false alarm）p 对应的 Z 分数。中文系被试在 d' 上的实验处理主效应极其显著，F（3，37）= 68.06，$p < 0.001$，$Partial\ \eta^2 =$ 0.85，$1-\beta = 1$；化学系被试在 d' 上的实验处理主效应极其显著，F（3，37）= 410.47，$p < 0.001$，$Partial\ \eta^2 = 0.97$，$1-\beta = 1$，d' 的平均数的差异性检验结果如表6-2所示。

表6-2　d' 的平均数的差异性检验

系别	go 反应	语导处理（$M \pm SD$）	化导处理（$M \pm SD$）	MD	p
中文系	语文词	2.31±0.86	2.13±0.60	0.18	0.087
	化学词	0.99±0.36	1.49±0.43	−0.50**	0.001
化学系	语文词	1.72±0.50	0.97±0.41	0.76**	0.000
	化学词	2.87±0.47	2.93±0.59	−0.07	0.288

　　中文系被试对语文词的 go 反应 d' 在语导处理与化导处理下没有显著性差异，这可能与中文系被试对语文词太熟悉有关；而对于化学词的 go 反应 d'，语导处理显著低于化导处理，说明语导处理提高了中文系被试对语文词的认知确信度，从而产生更多虚报，降低了中文系被试对化学词的辨别力。同样，化导处理显著降低了化学系被试对语文词的 go 反应 d'，且同时提高了对化学词的认知确信度，从而产生了更多虚报，降低了对语文词的辨别力，假设1同样得到证明。

四　思维导引对情绪易感性的调节效果

　　被试间变量系别有两个：中文系、化学系；被试内变量生理指标有三个水平：基线测试、语文思维导引、化学思维导引。表6-3是6个生理指标在六种实验条件下的平均值（M）与标准差（SD）。

表6-3　六种实验条件下被试的生理指标平均值与标准差（$n = 40$）

实验条件	α 波	β 波	BVP 幅度	BVP 频率	SC	脸颊 EMG
	$M \pm SD$	$M \pm SD$	$M \pm SD$	$M \pm SD$	$M \pm SD$	$M \pm SD$
中文系基线测试（Ⅰ）	4.56±3.25	3.69±2.83	8.86±5.32	80.8±7.75	2.18±1.80	8.81±1.79

续表

实验条件	α波	β波	BVP 幅度	BVP 频率	SC	脸颊 EMG
	$M \pm SD$	$M \pm SD$	$M \pm SD$	$M \pm SD$	$M \pm SD$	$M \pm SD$
中文系语文思维导引（Ⅱ）	5.82±3.01	4.9±2.57	12.77±5.70	78.15±7.54	2.19±1.60	11.47±2.40
中文系化学思维导引（Ⅲ）	3.97±2.45	4.75±2.87	9.6±5.56	82.04±8.62	5.2±2.31	8.64±2.00
化学系基线测试（Ⅳ）	4.72±3.08	3.92±2.70	9.41±5.32	80.48±9.35	2.1±1.73	8.51±1.79
化学系语文思维导引（Ⅴ）	5.87±3.22	5.8±2.72	8.52±5.58	81.75±8.91	4.66±2.57	8.66±1.65
化学系化学思维导引（Ⅵ）	7.06±2.95	4.15±2.88	12.23±5.23	79.64±9.04	2.02±1.57	9.96±2.65

重复测量方差分析结果显示，被试的 6 个生理指标在被试间主效应不显著，$F_{(6, 73)} = 1.25$，$p > 0.05$，$partial\ \eta^2 = 0.09$，$1 - \beta = 0.46$；实验条件的主效应极其显著，$F_{(12, 67)} = 25.41$，$p < 0.001$，$partial\ \eta^2 = 0.82$，$1 - \beta = 1.00$；被试间与被试内变量的交互效应极其显著，$F_{(12, 67)} = 29.31$，$p < 0.001$，$partial\ \eta^2 = 0.84$，$1 - \beta = 1.00$。单变量检验结果显示，除了 BVP 频率，单变量检验达到显著性水平的变量统计检验力均为 1（$1 - \beta = 1.00$），具有极高的统计检验力。

进一步使用 LSD 法对上述生理指标进行两两比较，表 6-4 是依据研究目的呈现的部分两两比较结果。

表 6-4　6 个生理指标在六种实验条件下两两比较的结果（部分）

生理指标	Ⅱ-Ⅲ（中/语导-中/化导）		Ⅵ-Ⅴ（化/化导-化/语导）		Ⅱ-Ⅴ（中/语导-化/语导）		Ⅵ-Ⅲ（化/化导-中/化导）	
	MD	p	MD	p	MD	p	MD	p
α波	1.85**	0.000	1.19**	0.001	−0.05	0.939	3.09**	0.000
β波	0.15	0.662	−1.64**	0.000	−0.89	0.135	−0.60	0.357
BVP 幅度	3.17**	0.000	3.70**	0.000	4.24**	0.001	2.63*	0.032
BVP 频率	−3.89**	0.007	−2.11	0.138	−3.60	0.055	−2.40	0.228

生理指标	II-III (中/语导-中/化导)		VI-V (化/化导-化/语导)		II-V (中/语导-化/语导)		VI-III (化/化导-中/化导)	
	MD	p	MD	p	MD	p	MD	p
SC	-3.01**	0.000	-2.64**	0.000	-2.47**	0.000	-3.18**	0.000
脸颊 EMG	2.84**	0.000	1.30**	0.000	2.82**	0.000	1.32*	0.014

注：表格中，"中/化导"是指中文系被试接受化学思维导引处理，"化/语导"是指化学系被试接受语文思维导引处理，其他名称以此类推。

中文系被试接受语文思维导引或者化学系被试接受化学思维导引后，对教师的积极情绪更具有易感性，具体表现在 α 波、BVP 幅度、脸颊 EMG 极其显著提高，而皮电 SC 显著下降。α 波反映了学生学习时的专注力，α 波越大则专注力越高；BVP 幅度反映了血管扩张程度，当体验积极情绪时，被试的血容量增加，而 BVP 频率就会下降，相反，当被试体验消极情绪时，血管收缩，血容量下降（Bhushan & Asai, 2018）；EMG 用于测量肌肉收缩时生成的低位电信号，脸颊 EMG 则反映被试的脸颊肌电水平，脸颊 EMG 越高表示被试脸颊部位的肌肉收缩程度越高（Dimberg et al., 2011），反映了被试无意识模仿教师积极表情的程度；SC 用于测量人体皮肤的电导性，SC 随皮肤汗腺活动变化而改变，通常在情绪紧张、恐惧或焦虑状态下汗腺分泌增加，皮肤的电导性就会增加。

组内比较有"中/语导—中/化导""化/化导—化/语导"，实验结果显示，α 波、BVP 幅度、脸颊 EMG 极其显著提高，而 SC 极其显著下降。组间比较有"中/语导—化/语导""化/化导—中/化导"与组内比较相同，具有相同的生理变化趋势，实验结果表明，被试接受本专业的思维导引（契合）时表现出较高的兴趣水平，对本专业教师积极情绪具有易感性，而被试在接受非本专业的思维导引（不契合）时表现出一定水平的认知焦虑，对教师的课堂情绪不具有易感性（假设 2），生理反馈的变化方向与前者相反。

五　思维导引对认知兴趣的调节机制

有研究证明了思维导引可以调节被试的认知兴趣。Iran-Nejad 和 Cecil（1992）分析了智力活动是如何引起兴趣的，要引起兴趣，智力活动必须是建构的，他们认为建构的智力活动趋向图式形成，并产生好奇心、疑问、确定性和一致性；相反，非建构的智力活动导致图式分解，并产生忧虑、压力、不确定性和不一致。所以能够将新旧知识建立起非人为的实质性联系，并建构新知识（或事物）的心理意义才是认知兴趣产生的必要条件，要形成这一必要条件，需要学习者固有的思维方式与事物的认知方式相契合，建构完整的心理意义。在学术界，多数学者认为兴趣影响认知（Sumantri & Whardani, 2017; Tambunan et al., 2021; Patall et al., 2016），兴趣不是认知产生的原因（Schmidt & Rotgans, 2017），兴趣是认知的结果或学习的情感附属品（Rotgans & Schmidt, 2017），认知兴趣必须建立在心理意义的基础之上，否则不存在认知兴趣，只有承认了这一点，才不至于在因果分析中认为兴趣是认知的"因"。很难想象人们会对完全难以建构心理意义的东西产生兴趣，试想1岁的婴儿会对金钱产生兴趣吗？所以，认知兴趣是建立在心理意义基础上的积极的好奇心、预期、确信、满足感的复合情绪体验。判断认知是否契合，标准是学习者固有的思维方式能否完全、无差别地建构知识的心理意义，学习者是否会狭隘地理解概念、命题或规则。当然，对于成长中的学生来说，不可能一次就能建构某种知识的全部心理意义，知识的心理意义建构是渐进的，是在修正错误的过程中不断完成的。一旦在某个学习阶段，学习者不能完整地建构知识在该学习阶段所要求的心理意义，而学习目标又要求学习者必须建构某种程度的心理意义，两者将产生不可调和的矛盾，而较差的学习结果反馈又降低了学习者自身的认知确信度，认知兴趣就很难保持。

六　教育启示

任何知识都有理解程度上的差异，有深度理解，也有浅度理解，比如我们可以通过例子告诉小学生微积分是怎么回事，这属于浅度理解，也可以通过表达式解决微积分的问题，这可视作中度或深度理解。但是，只要教学方法正确，任何知识都可以教给适宜的学龄儿童，至少可以做到浅度理解。

思维导引对于浅度理解知识是有效果的，思维导引可以降低学生学习知识的难度，提高教师的课堂情绪感染力，但是对于高级学习阶段深度理解知识，可能会捉襟见肘。因为教育者很难将所有抽象知识的学习方式转化为与学习者的思维方式相契合的认知方式；并且认知方式的改造最终不能根本性地降低学科固有概念内涵的理解难度，而当学习者没有深度理解概念内涵的潜质时或者他的思维方式不能契合学科固有的认知方式时，对认知结果的不良预期会导致认知确信度下降，个体不能从认知中得到积极体验，认知得不到成功体验的反哺，兴趣就难以维持。这就是为什么一些学生在初级阶段对某学科学习兴趣很高，到了高年级会逐渐失去对该学科的学习兴趣。理论上来说，不管教师把教学设计得多完美，情感表达得多丰富，充其量只能做到保持低年级学生的学习兴趣，教师很难做到让所有高年级学生都喜欢，学习兴趣的缺乏总会让一部分学生隐性逃课。

美国教育家、心理学家霍华德·加德纳（Howard Gardner）在1983年出版的《智力的结构》（*Frames of Mind*）一书中提出智力是在某种社会或文化环境的价值标准下，个体用以解决自己遇到的真正难题或创造出有效产品所需要的能力（Gardner，1983），人有七种智力：语言智力、逻辑数学智力、音乐智力、空间智力、身体运动智力、人际关系智力和内省智力，后来加德纳又添加了自然智力。每一种智力在每个人的身上分布是不均匀的，有人擅长数学、有人擅长音乐，这就是智力与学科的契合，是兴趣产生的必要条件，但不是充分条件，兴趣还受情知反馈的影响。教师应该认识到每个学生有不同的认知兴趣，并非每个学生都对教学内容感兴趣，也不是每个学生都擅长教师所教的学科。教师所能做的是尽可能用思维导引降低知识学习难度，兼顾课堂上每个学生不同层次的学科理解能力，让每个学生都能学有所得，保持他们的兴趣。

第二节　思维导引与情知反馈
对认知兴趣的调节

一　思维导引与情知反馈对认知兴趣调节的理论构建

调节认知兴趣的另一种方法是改变认知体验方式，操作变量是认知反馈与情感反馈。认知反馈是一种与认知任务相关的评价，如高分；情感反馈与认知任务无关，属于泛泛地表扬或者批评。认知反馈与情感反馈一起被称作情知反馈。

认知体验是源于个体对当下认知的评价或对认知结果的预期而产生的情感体验，本节研究通过操纵认知反馈与情感反馈来影响被试的认知体验，因此本节研究的认知兴趣是情境兴趣。与稳定的个体认知兴趣相比，情境兴趣是由当前环境里的某些条件或刺激引起的暂时兴趣，具有情境性和不稳定性，如积极的外部反馈。在实验中会给予被试积极认知反馈和批评，或消极认知反馈和表扬，两个因素的水平固定搭配，产生对抗设计的效果，这样可以考察认知反馈与情感反馈的角力效果。如果批评不足以消除积极认知反馈的影响，或者表扬不足以消除消极认知反馈的影响，则证明认知反馈不同于情感反馈（表扬或批评）。

假设 1：认知反馈通过干预被试认知体验的方式作用于兴趣，积极认知反馈会提高被试的认知确信度，消极认知反馈则会降低认知确信度，认知反馈对兴趣的影响要大于情感性表扬或批评。

学生对教师的情绪易感性既是学生认知体验的反映，也是教师情绪感染的结果，它们之间的逻辑是"认知反馈+情感反馈—认知体验—认知兴趣—课堂情绪易感性"。所以通过测量学生的课堂情绪易感性，可以了解学生的认知兴趣。

那么积极的认知体验与思维导引哪个对兴趣的影响更大？积极认知反馈能否抵消思维导引的不匹配，或者匹配的思维导引能否抵消消极认知反馈的影响呢？两个因素同时作用时会对兴趣产生怎样的调节效果？

假设 2：积极认知反馈可以增强被试对教师的情绪易感性，消极认知反馈则会降低对教师的情绪易感性。对于情境兴趣而言，认知反馈比思维导引的影响更大。

本节研究采用三因素设计，在思维导引的基础上加入了认知反馈（积极和消极）和情感反馈（表扬和批评），以下简称"情知反馈"，其中认知反馈与情感反馈两个因素固定搭配，依据研究目的组合形成对抗设计，所以实际是两因素设计。

本节研究目的是揭示认知反馈与情感反馈对兴趣的调节效果，揭示情知反馈与思维导引对认知兴趣的影响机制。

二　情知反馈与思维导引的实验设计

要求被试完成两轮（block）的测试，目的是让被试获得积极与消极的认知体验，每轮（block）包含 20 个关于化学或语文的试次（trial）。如果要让被试获得积极的认知体验，则给予 90% 的"回答正确"反馈，10% 的"回答错误"反馈①，同时给予被试一些气馁的话（情感反馈），如"得意什么呀？骄必败""没什么了不起的"，用于考察积极认知反馈与批评对被试兴趣的角力效果，"积极认知反馈+批评"出现的概率为90%；如果要让被试获得消极的认知体验，则给予 90% 的"回答错误"反馈，10% 的"回答正确"反馈，同时给予被试表扬（情感反馈），如"继续努力，看好你""你是很棒的"，用于考察消极认知反馈与表扬对被试兴趣的角力效果，"消极认知反馈+表扬"出现的概率为90%。

先后招募有效大学生被试 40 名。中文系学生与化学系学生各 20 名，均要接受以下两种被试内实验处理：语导+积极认知反馈/消极情感反馈②；化导+消极认知反馈/积极情感反馈。实验流程如图 6-4 所示，实验最后有一个"是否愿意继续回答问题"的意向测试。被试内变量为实验处理，被试间变量为系别，本研究为混合设计。

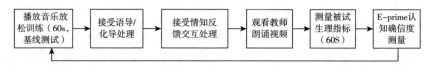

图 6-4　思维导引与情知反馈对认知兴趣的调节实验流程

三　情知反馈与思维导引对认知确信度的调节效果

如图 6-4 所示，采用重复测量方差分析对被试在两种实验处理下的语文词、化学词的反应时进行差异性检验，结果显示，中文系被试在反应时上的实验处理主效应极其显著，$F_{(3, 37)} = 122.38$，$p < 0.001$，$partial\ \eta^2 = 0.91$，$1 - \beta = 1$，化学系被试在反应时上的实验处理主效应极

①　设置 10% 的错误是为了不让被试产生怀疑，以免失去实验的真实性，"回答正确"或"回答错误"反馈属于认知反馈。

②　积极认知反馈固定搭配消极情感反馈、消极认知反馈固定搭配积极情感反馈，以下称"积极认知反馈"或"消极认知反馈"都默认有固定的情感反馈搭配，不再赘述。

其显著，$F_{(3, 37)} = 59.30$，$p<0.001$，$Partial\ \eta^2 = 0.83$，$1-\beta = 1$。中文系被试与化学系被试在两种认知反馈下的认知确信度两两比较如表6-5所示。

表6-5 中文系被试与化学系被试在两种认知反馈下的确信度两两比较（反应时）

系别	go 反应	语导+积极认知反馈（$M\pm SD$）	化导+消极认知反馈（$M\pm SD$）	MD	p
中文系	语文词	750.67±57.10	942.19±91.47	−191.52**	0.000
	化学词	1031.51±93.35	1083.35±81.20	−51.84**	0.005
化学系	语文词	807.71±77.27	985.79±95.00	−178.08**	0.000
	化学词	718.40±71.94	737.25±84.25	−18.85	0.271

"语导+积极认知反馈"较"化导+消极认知反馈"均显著缩短了语文词与化学词的 go 反应时，由此说明积极认知反馈比思维导引（无论契合与否）更能提高被试的认知确信度，积极认知反馈能显著提高被试的情境兴趣水平。相反，消极认知反馈会降低被试的认知确信度和情境兴趣水平。由于在积极认知反馈中固定搭配了消极情感反馈，实验结果表明，批评并没有降低被试的认知确信度，同样，表扬也没有提高被试的认知确信度，即在兴趣中，认知反馈的角力大于情感反馈。

中文系被试在信号辨别力指数 d' 上的实验处理的主效应极其显著，$F_{(3, 37)} = 133.17$，$p<0.001$，$partial\ \eta^2 = 0.92$，$1-\beta = 1$；化学系被试在 d' 上的实验处理的主效应极其显著，$F_{(3, 37)} = 193.59$，$p<0.001$，$partial\ \eta^2 = 0.94$，$1-\beta = 1$。d' 的平均数的差异性检验如表6-6所示。

表6-6 d' 的平均数的差异性检验

系别	go 反应	语导+积极认知反馈（$M\pm SD$）	化导+消极认知反馈（$M\pm SD$）	MD	p
中文系	语文词	3.18±1.01	2.99±0.86	0.18	0.070
	化学词	1.16±0.62	0.75±0.50	0.41**	0.000
化学系	语文词	1.74±0.69	1.52±0.68	0.21**	0.005
	化学词	2.82±0.80	2.72±0.79	0.10	0.059

表6-6显示，中文系被试对语文词的 go 反应 d'、化学系被试对化学

词的 go 反应 d' 不存在显著性差异。中文系被试对化学词的 go 反应 d' 在"语导＋积极认知反馈"下显著高于"化导＋消极认知反馈";化学系被试对语文词的 go 反应 d' 在"语导＋积极认知反馈"下也显著高于"化导＋消极认知反馈"。由此说明,对于情境兴趣而言,积极认知反馈可以部分抵消不契合的思维导引的作用,认知反馈比思维导引对情境兴趣的调节力更强(假设2)。在消极认知反馈中,尽管设置了对被试的表扬,但消极认知反馈在认知确信度上依然显著低于积极认知反馈,表现为被试的反应时更长, d' 更低。同样,在积极认知反馈中,尽管设置了令被试气馁的话语,但依然没有降低被试的认知确信度,因此认知反馈对兴趣的影响要大于情感反馈(假设1)。

四　情知反馈与思维导引对情绪易感性的调节效果

被试间变量系别有两个:中文系、化学系;被试内变量生理指标有三个水平:基线测试、语文思维导引＋积极认知反馈、化学思维导引＋消极认知反馈。表6-7是6个生理指标在六种实验条件下的平均值(M)与标准差(SD)。

表6-7　六种实验条件下被试的生理指标的平均值与标准差 ($n=40$)

实验条件	α 波	β 波	BVP 幅度	BVP 频率	SC	脸颊 EMG
	$M\pm SD$	$M\pm SD$	$M\pm SD$	$M\pm SD$	$M\pm SD$	$M\pm SD$
中文系基线测试(Ⅰ)	4.59±2.6	4.61±2.61	11.03±7.68	80.11±9.42	1.44±1.28	9.63±1.69
中/语 导＋积极(Ⅱ)	7.67±3.34	5.67±3.04	12.46±7.77	79.09±8.04	1.86±1.2	11.37±1.79
中/化 导＋消极(Ⅲ)	5.79±3.61	4.48±2.44	7.72±6.72	83.16±8.98	2.57±1.72	10.64±1.69
化学系基线测试(Ⅳ)	5.18±2.84	4.82±3.38	9.82±7.16	80.3±9.79	2.39±1.87	9.75±1.77
化/语 导＋积极(Ⅴ)	6.66±3.26	8.3±2.6	10.89±6.67	79.71±9	1.84±1.27	9.27±1.82
化/化 导＋消极(Ⅵ)	5.47±3	5.65±2.82	8.68±7.11	81.1±9.73	4.47±2.01	5.92±1.97

注:表格中,"中/语导＋积极"是指中文系被试接受语文思维导引处理并且获得积极认知反馈和消极情感反馈的实验处理,其他名称的意义以此类推。

重复测量方差分析结果显示，被试的 6 个生理指标在被试间主效应极其显著，$F(6, 73) = 10.46$，$p < 0.001$，$partial\ \eta^2 = 0.46$，$1 - \beta = 1.00$；实验条件的主效应极其显著，$F(12, 67) = 53.85$，$p < 0.001$，$partial\ \eta^2 = 0.91$，$1 - \beta = 1.00$；被试间与被试内变量的交互效应极其显著，$F(12, 67) = 32.34$，$p < 0.001$，$partial\ \eta^2 = 0.85$，$1 - \beta = 1.00$。单变量检验结果显示，所有变量在单变量检验中均达到极其显著性水平，统计检验力均为 1（$1 - \beta = 1.00$），具有极高的统计检验力。

进一步对上述生理指标进行两两比较，表 6-8 是依据研究目的呈现的部分结果。

表 6-8　6 个生理指标在六种实验条件下两两比较的结果（部分）

生理指标	Ⅱ-Ⅲ（中/语导+积极—中/化导+消极）		Ⅴ-Ⅵ（化/语导+积极—化/化导+消极）		Ⅱ-Ⅵ（中/语导+积极—化/化导+消极）		Ⅴ-Ⅲ（化/语导+积极—中/化导+消极）	
	MD	p	MD	p	MD	p	MD	p
α 波	1.81**	0.000	1.19*	0.014	2.20**	0.003	0.87	0.263
β 波	1.20**	0.002	2.65**	0.000	0.03	0.969	3.83**	0.000
BVP 幅度	4.75**	0.000	2.21**	0.000	3.78*	0.026	3.17*	0.037
BVP 频率	-4.07**	0.000	-1.40*	0.045	-2.01	0.317	-3.45	0.090
SC	-0.71*	0.025	-2.63**	0.000	-2.62**	0.000	-0.73*	0.035
脸颊 EMG	0.73*	0.019	3.35**	0.000	5.45**	0.000	1.37**	0.001

无论是与专业相同的思维导引"中/语导"，还是与专业不同的思维导引"化/语导"，只要被试获得积极认知反馈，α 波、BVP 幅度、脸颊 EMG 均比消极认知反馈显著提升，而 SC 显著下降，部分 BVP 频率显著下降。相反，如果被试获得了消极认知反馈，无论是与专业相同的思维导引"化/化导"，还是与专业不同的思维导引"中/化导"，被试的 α 波、BVP 幅度、脸颊 EMG 均较积极认知反馈显著下降，而 SC 显著上升。这说明积极认知反馈可以增强被试对教师积极情绪的易感性，而消极认知反馈则削弱了教师的课堂情绪感染力（假设 2）。由表 6-8 "Ⅴ-Ⅵ"可知，积极认知反馈能抵消非契合思维导引的消极作用，由"Ⅱ-Ⅵ"可知，正确的思维导引并不能抵消消极认知反馈的影响，这说明情

境兴趣受认知反馈影响更大（假设2）。

五　认知反馈对认知兴趣的调节——基于认知契合的作用

积极认知反馈属于外源性情绪，可以增强学习者的认知体验，但前提是学习者本身具有对自我认知水平的积极感知和对知识学习的积极预期。认知反馈越积极，被试的认知确信度就越高，情境兴趣水平就越高，因为认知兴趣本身源于对认知的积极体验或者对结果的积极预期。但是如果学习者没有认知确信度，通过积极的认知反馈是否依然可以提高学习者的认知兴趣呢？答案是否定的。

不是所有高难度的学习都可以通过积极的认知反馈来调节。尽管在情境兴趣中，认知反馈比思维导引影响更大，认知反馈的角力也大于情感反馈，但是在长期的个体兴趣中，认知兴趣产生与否，根源还是认知契合，而认知反馈只能短暂干预认知体验，属于外源性调节，一旦学习者在认知中长期体验不到快乐，单靠积极认知反馈是没有效果的。用认知反馈来调节学习者兴趣，对于初级学习是有效的，但对于高难度学习，学习者一旦建立不了复杂概念/命题的心理意义，或者只能够建立复杂概念/命题的简单心理意义，认知兴趣就很难产生。这就是为什么小学生的学习兴趣可以通过科学的教育方法来培养，而高中生对某些学科的学习倦怠就很难通过外力手段来矫正。

情感反馈不能抵消认知反馈对兴趣的影响作用，说明认知反馈与情感反馈对个体的影响有着不同的心理发生机制。认知反馈与认知体验直接关联，影响被试的认知确信度，从而影响被试的情境兴趣，与事件关联。而情感反馈，如表扬分为两种，一种是与事件关联且发生在事件后，一种是不与事件关联，泛泛表扬，前者或许可以帮助提高个体的情境兴趣，但必须建立在个体获得积极的认知体验之上，而后者并不能真实地提高个体的认知兴趣，充其量只是一种鼓励，或许可以提高个体的自信，但对于提高学科兴趣不起作用。这就是一旦学生对某学科没有兴趣就很难通过表扬来改善的原因；同样，学生一旦对游戏产生兴趣，外部的批评也很难改变学生的认知兴趣。

六　认知兴趣发生中的情感契合机制

第一节与第二节均证明了认知兴趣可以提高被试的情绪易感性。认知兴趣既是认知体验也是认知驱动力，作为内源性情绪体验，它与外源性的教师情绪感染会产生叠加效应，情绪叠加其实是一种复合情绪现象，可以发生在同极情绪间，如喜上加喜，也可以发生在不同极性的情绪间，如悲喜交加。教师的教学情绪一般以积极为主（朗诵表演中的消极表达除外），本质上属于教师的认知情绪（来源于教学内容）在课堂教学中的表达，对于学生来说是课堂的主要外源性认知情绪，而兴趣属于学生的内源性积极体验。教师在教学中的情绪投入状态与有兴趣的学生的认知情绪状态是一致的，对于学生而言，属于内源性认知情绪与外源性认知情绪的共鸣，因此学生对教师情绪产生易感性。但是，对于没有兴趣的学生而言，学生的内源性认知情绪（如讨厌）与教师的外源性认知情绪是不一致的，这样就产生不了共鸣，也就不具有情绪易感性。

　　学生的认知情绪（来源于教学内容）与教师的课堂情绪表达的共鸣点是教学内容，有些教学内容所表达的情绪是消极的，如《窦娥冤》，教师的朗诵情绪也是消极的，但是来自教学内容的消极情绪表达不会削弱学习者的学习兴趣，因为有些人喜欢阅读悲情小说（Konečni，2017），这就是消极情绪（来源于内容）的积极感受（认知体验）。所以，积极的认知体验与消极的情绪感受是可以共存的，尽管兴趣是一种积极的认知体验，但是它有别于一般的积极情感。有人在科学研究中失败了上百次，已经体验到了消极情绪，却依然能够保持兴趣；游戏厅中有些孩子打游戏打得骂骂咧咧却依然兴致不减，这都是因为尽管当下的认知体验是消极的，但是由于认知契合，他们确信自己能够驾驭当下的困境，并对未来充满积极的预期、好奇心与满足感。

七　教育启示

　　情知反馈在学科兴趣培养中具有非常重要的作用，尤其是认知反馈，其作用远远大于情感反馈。认知反馈有内源性与外源性两种，内源性认知反馈是指学生在认知过程中自我觉知到的认知体验，积极的内源性认知反馈是学生钻研的动力，是内源性兴趣；外源性认知反馈是通过教师给予学业评价来使学生获得相应的认知体验，积极的外源性认知反馈是维持兴趣的力量，良好的外源性反馈可以提升教师的课堂情绪感染力。在应试教育中，有部分成绩好的学生可以获得积极认知反馈，学科成绩能很好地预测学习兴趣（Potvin et al., 2020），所以学科成绩好能切实提高学生的学业兴趣，是培养认知兴趣的有效方法。成绩差的学生则无法获得积极认知反馈，这时用表扬来弥补或许在低年级中有一定的效果，而在高年级中无济于事。课堂终究不是一般的人际交往，而是以知识为媒介的特殊人际交往活动，如果学生没有以掌握知识为主的积极情感回路，师生交往就没有内容，教学就失去意义，课堂情绪感染将失去意义。

兴趣是最好的老师。对学科喜爱与否，直接影响学生的学习情感。教师要培养学生的兴趣，扩大其知识面，增强教学的趣味性。古人说："知之者不如好之者，好之者不如乐之者。"在应试教育中，兴趣的最大拦路虎是高要求，所谓"学了一粒沙，考了撒哈拉"，高要求是指脱离学生最近发展区的高难度要求，它会让很多有潜质的学生产生学习困难，造成学生内源性的积极体验难以形成，只要高要求存在就会有大量的学生因为认知不契合而产生消极的认知体验，此时再好的外源性认知反馈都无法消除长期的消极体验对兴趣的扼杀作用。

此外，认知兴趣以外的因素也会对学习兴趣产生影响，如学习观。有认知确信度的学习者不一定就会产生认知兴趣，认知兴趣的产生还受机制之外的因素影响。例如，如果学生认为"当下学习是没有前途的""学习成绩好与找一份好工作没有关系"，那么即使有再好的学科认知兴趣也会受到巨大的消极影响，这就是当下大学生在课堂上选择不努力的原因，而在考研上又会下功夫，一旦考上研究生又会闲得发霉。功利化的教育使学生不是对学习感兴趣，而是对利益感兴趣。功利化学习着眼于学习后的利益获得，不着眼于对知识本身产生兴趣，对认知兴趣具有极大的破坏作用，对教师的课堂情绪感染力也有极大的破坏作用。

第三节　学生的注意倾向对情绪感染的调节

一　注意倾向对情绪感染水平调节的理论构建

第二章第二节构建了情绪感染的调节模型，其中有这么一个影响路径：觉察者的心境（情绪状态）会影响觉察者的情绪觉察水平，从而影响其无意识模仿水平，进而最终影响情绪感染水平；另外，觉察者的心境会影响觉察者的注意水平或注意倾向，进而影响觉察者的情绪觉察水平，并最终影响情绪感染水平。

注意水平除了受觉察者的心境影响，也会受到高级认知加工的影响，如觉察者认为"非常重要"而有意分配注意资源。Kille 和 Wood（2011）的实验通过让被试生动地想象自己情侣遭受负性情绪的过程，结果越亲密的情侣越能捕获对方的情绪，亲密程度也可以预测他们希望改善自己情侣情绪的动机，即越是亲密的情侣，他们就越想减轻对方的负性情绪，否则他们自己也会受负性情绪影响。人们具有避免分享那些与己无关的人的情绪的意图，例如，一个友好或值得信任的情绪诱发者被认为比一个不友好或不值得信任的情绪诱发者具有更合理的意图，因此，前者的情绪表达比后者的情绪表达更可能引起觉察者一致的情绪（Epstude & Mussweiler，2009；Wróbel & Królewiak，2017）。由此说明，觉察者愿意接受分享的动机水平调控了注意倾向和情绪感染水平。

有观点认为所有大脑区域对情绪面孔的反应都需要一定的注意资源，如同处理其他信息一样，大脑对情绪面孔的处理是在严密的意识控制之下进行的（Pessoa et al.，2002）。也有相反的观点认为对情绪刺激的加工处理不需要注意参与，也就是说是自动化的（Öhman，2002），这些结论也得到了脑成像技术的研究支持，杏仁核就是对情绪信息进行自动化处理的大脑区域（Killgore & Yurgelun-Todd，2004；Williams et al.，2004；Luo et al.，2004）。由前文的分析可知，情绪感染是对情绪刺激的自动化加工处理，那么，注意水平或注意倾向究竟能否对情绪感染的结果进行调节，或者说注意力的转移会不会影响情绪感染的最终结果呢？本研究通过指导语分别引导被试注意教学内容和教师表情，考察被试的注意倾向对教师情绪感染效果的影响。

本节研究目的是在实验室仿真教学情境下比较学生的注意倾向对教师情绪感染的调节作用。

二 学生注意倾向的诱导及情绪感染水平测量

以公开方式招募选取有效大学生被试 40 名。在被试平静情绪后即进入基线测试，基线测试将播放两段教师授课视频——积极情绪与消极情绪，并分别进行基线生理测试。随后进入模块一，也是播放两段授课视频，指导语提示被试听课时要专注教学内容，因为每个视频结束后有关于教学内容的测试，目的是引导学生把注意资源投入教学内容。模块二的实验流程与模块一基本相同，所不同的是指导语提示被试要专注教师的情绪表现，该教师的课堂情绪感染力很强，视频观看结束后讨论教师使用了什么情绪。模块二没有成绩测试。模块一与模块二采用不同教师的教学视频，模块一与模块二的实验顺序以及视频的播放顺序在被试间平衡。模块一的实验流程如图 6-5 所示。本节研究使用的实验材料同第五章第一节。

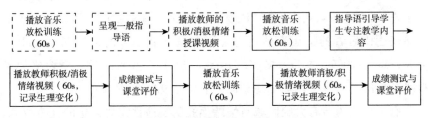

图 6-5　模块一的实验流程

三　学生专注教学内容时对教师情绪感染水平的调节

　　模块一有四种实验条件，分别是学生平静时观看教师积极情绪授课视频（实验条件 I，基线测试 I）和消极情绪授课视频（实验条件 II，基线测试 II）、学生专注教学内容时观看教师积极情绪授课视频（实验条件 III）和消极情绪授课视频（实验条件 IV）。表 6-9 呈现的是 III 对 I、IV 对 II 的生理变化增量 $\triangle E$ 的平均数（M）与标准差（SD）。

表 6-9　学生专注教学内容的两种实验条件下较基线水平的
ΔE 的平均数与标准差（$n=40$）

	α 波	SMR	β 波	BVP 幅度	BVP 频率	SC	脸颊 EMG
	$M\pm SD$	$M\pm SD$	$M\pm SD$	$M\pm SD$	$M\pm SD$	$M\pm SD$	$M\pm SD$
III 对 I	0.43±0.78	0.26±0.92	0.28±0.55	-0.07±0.34	0.01±0.02	.49±1.03	-0.09±0.05
IV 对 II	0.99±1.45	0.91±1.54	0.61±0.93	0.34±0.96	0.00±0.03	.13±1.15	-0.02±0.06

　　对上述 7 个生理指标在四种实验条件下进行重复测量方差分析，被

试的 7 个生理指标在四种实验条件下主效应极其显著，F（21，19）=
75.43，$p<0.001$，$partial\ \eta^2=0.99$，$1-\beta=1$，基于平均变量的多元方差
分析结果也显示四种实验条件的主效应极其显著，F（21，339）= 9.26，
$p<0.001$，$1-\beta=1$。

一元方差分析结果如表 6-10 所示，一元方差分析达到显著性水平的
变量中，SC 的统计检验力不高（$1-\beta=0.69$），正确拒绝零假设的概率
不高，其余变量的统计检验力均大于等于 0.78（$1-\beta \geqslant 0.78$），具有较
强的统计检验力。

表 6-10　7 个生理指标的一元方差分析结果

生理指标	F	p	$partial\ \eta^2$	$Observed\ Power\ ^a$
α 波	15.76 **	0.000	0.29	1.00
SMR	4.27 *	0.012	0.10	0.78
β 波	13.02 **	0.000	0.25	1.00
BVP 幅度	2.59	0.071	0.06	0.55
BVP 频率	5.54 **	0.003	0.12	0.89
SC	3.34 *	0.030	0.08	0.69
脸颊 EMG	55.87 **	0.000	0.59	1.00

进一步使用 LSD 法对上述生理指标在四种实验条件下进行两两比
较，表 6-11 呈现的是 7 个生理指标两两比较的结果。结合本研究目的，
呈现了部分两两比较的结果。

表 6-11　7 个生理指标在四种实验条件下两两比较的结果（部分）

生理指标	II - I		IV - III		III - I		IV - II	
	MD	p	MD	p	MD	p	MD	p
α 波	-0.58	0.045	-0.04	0.902	1.22 **	0.000	1.76 **	0.000
SMR	-0.33	0.152	0.18	0.585	0.43	0.087	0.94 **	0.003
β 波	-0.72 **	0.003	-0.10	0.759	0.75 **	0.001	1.37 **	0.000
BVP 幅度	-0.79 **	0.003	-0.16	0.639	-0.52 *	0.038	0.11	0.764
BVP 频率	1.10 **	0.000	0.08	0.805	0.83 **	0.002	-0.18	0.577

续表

生理指标	II - I		IV - III		III - I		IV - II	
	MD	*p*	*MD*	*p*	*MD*	*p*	*MD*	*p*
SC	0.75 **	0.000	0.11	0.669	0.39 *	0.070	-0.26	0.384
脸颊 EMG	-0.86 **	0.000	-0.13	0.144	-0.92 **	0.000	-0.19	0.058

　　学生在平静时观看教师消极情绪授课视频（实验条件 II）与观看积极情绪授课视频（实验条件 I）相比，β 波极其显著下降（$p < 0.01$），这是由于教师倦怠的消极情绪会导致学生注意力难以集中，是感官情绪信息感染的直接结果，BVP 幅度和脸颊 EMG 极其显著下降（$p < 0.01$），SC 极其显著上升（$p < 0.01$），这是消极情绪感染的表现指标。学生在专注教学内容时观看教师消极情绪授课视频（实验条件 IV）与观看积极情绪授课视频（实验条件 III）相比，所有生理指标均没有显著性差异，这与 Pessoa（2005）的研究结论一致，即在非注意条件下，不管情绪面孔是正性的还是负性的，被试的反应都没有显著性差异，由此说明，杏仁核对情绪信息的处理不是自动化的，而是需要消耗注意资源的。由于学生太专注教学内容而"忽视"了对教师面部表情的关注，甚至"视而不见"，证明了情绪感染受觉察者注意倾向的影响。实验条件 III 与实验条件 I 相比，学生在专注教学内容时观看教师积极情绪授课视频比在平静时 α 波、β 波、BVP 频率极其显著提高（$p < 0.01$），而 BVP 幅度与脸颊 EMG 显著下降（$p < 0.05$），α 波、β 波提高与注意水平有关，伴随焦虑情绪而来的有 SC 提高，这与指导语诱导学生专注教学内容并会针对教学内容测试有关，激发了学生专注教学内容的焦虑状态。

　　专注于教学内容对学生而言是一种认知负荷，这种认知负荷挤占了专注表情的注意资源，从而使情绪感染水平下降，这也从另一个角度证明了情绪感染需要消耗一定的注意资源用于对他人的表情进行识别和模仿。大脑的信息处理是以注意为中介的（Pessoa et al., 2002），注意资源是大脑信息处理的调节器，注意他人情绪、情绪识别、模仿都可以无意识完成，但需要占用一定的心理资源。专注于教学内容时，学生极有可能提高对语义情绪信息的感知力，注意倾向会影响不同的教学情感源点的感染效果。最优的情感教学就是教师情绪与语义情绪相一致，所有情感源点达到情感共振，实现师生情感共鸣。

四　学生专注教师表情时对教师情绪感染水平的调节

模块二有四种实验条件，分别是学生平静时观看教师积极情绪授课视频（实验条件Ⅰ，基线测试Ⅰ）和消极情绪授课视频（实验条件Ⅱ，基线测试Ⅱ）、学生专注教师表情时观看教师积极情绪授课视频（实验条件Ⅲ）和消极情绪授课视频（实验条件Ⅳ）。表6-12呈现的是实验条件Ⅲ对实验条件Ⅰ，实验条件Ⅳ对实验条件Ⅱ的生理变化增量 $\triangle E$ 的平均数（M）与标准差（SD）。

表6-12　专注教师表情的两种实验条件下较基线水平的 ΔE 的平均数与标准差（$n=40$）

	α 波	SMR	β 波	BVP 幅度	BVP 频率	SC	脸颊 EMG
	$M\pm SD$	$M\pm SD$	$M\pm SD$	$M\pm SD$	$M\pm SD$	$M\pm SD$	$M\pm SD$
Ⅲ对Ⅰ	0.20±0.85	-0.12±1.08	0.27±0.61	0.15±0.36	-0.01±0.02	0.25±1.20	0.08±0.08
Ⅳ对Ⅱ	0.70±1.16	0.60±1.12	0.60±0.94	-0.02±0.69	0.01±0.03	0.50±1.15	-0.01±0.06

上述7个生理指标在四种实验条件下进行重复测量方差分析，结果显示，被试的7个生理指标在四种实验条件下主效应极其显著，$F(21, 19) = 96.94$，$p<0.001$，$partial\ \eta^2 = 0.99$，$1-\beta = 1$。

一元方差分析结果如表6-13所示，一元方差分析具有显著性差异的变量均具有很高的统计检验力（$1-\beta > 0.99$）。

表6-13　7个生理指标的一元方差分析结果

生理指标	F	p	$partial\ \eta^2$	$Observed\ Power^a$
α 波	2.70	0.064	0.06	0.56
SMR	1.66	0.191	0.04	0.37
β 波	14.72**	0.000	0.27	1.00
BVP 幅度	21.66**	0.000	0.36	1.00
BVP 频率	31.59**	0.000	0.45	1.00
SC	11.46**	0.000	0.23	1.00
脸颊 EMG	115.11**	0.000	0.75	1.00

使用 LSD 法对上述生理指标在四种实验条件下进行两两比较，表 6-14 呈现的是 7 个生理指标两两比较的结果。

表 6-14　7 个生理指标在四种实验条件下两两比较的结果（部分）

生理指标	Ⅱ - Ⅰ		Ⅳ - Ⅲ		Ⅲ - Ⅰ		Ⅳ - Ⅱ	
	MD	p	MD	p	MD	p	MD	p
α 波	-0.58	0.045	-0.12	0.726	0.24	0.285	0.70	0.057
SMR	-0.33	0.152	0.01	0.977	0.18	0.366	0.52	0.065
β 波	-0.72**	0.003	0.21	0.528	0.70**	0.004	1.64**	0.000
BVP 幅度	-0.79**	0.003	-2.32**	0.000	0.92**	0.001	-0.61	0.073
BVP 频率	1.10**	0.000	2.95**	0.000	-1.07**	0.000	0.78*	0.049
SC	0.75**	0.000	1.22**	0.000	-0.33	0.174	0.14	0.586
脸颊 EMG	-0.86**	0.000	-1.81**	0.000	0.82**	0.000	-0.13	0.182

实验条件Ⅳ与实验条件Ⅲ相比，学生在专注教师表情时观看教师消极情绪授课视频比观看积极情绪授课视频 BVP 幅度和脸颊 EMG 极其显著下降（$p<0.001$），脸颊 EMG 与学生觉察教师的表情后产生的无意识模仿有关，BVP 幅度下降可能是由于教师的倦怠情绪导致学生情绪压抑。实验条件Ⅲ与实验条件Ⅰ相比，学生在专注教师表情时观看教师积极情绪授课视频比在平静时 β 波、BVP 幅度和脸颊 EMG 极其显著提高（$p<0.01$），BVP 频率极其显著下降（$p<0.001$），β 波提高与专注教师表情有关，专注于教师的表情增加了教师的情绪感染力。实验条件Ⅳ与实验条件Ⅱ相比，学生在专注教师表情时观看教师消极情绪授课视频比在平静时 β 波极其显著提高（$p<0.001$），BVP 频率显著提高（$p<0.05$），β 波提高是警觉注意的重要指标，表明学生很专注，而 BVP 频率提高与教师情绪感染力有关。

五　学生在两种专注状态下的教师情绪感染水平比较

学生专注教学内容时观看教师积极情绪授课视频（实验条件Ⅰ）和消极情绪授课视频（实验条件Ⅱ），学生专注教师表情时观看教师积极情绪授课视频（实验条件Ⅲ）和消极情绪授课视频（实验条件Ⅳ），在这四种实验条件下，对上述 7 个生理指标进行重复测量方差分析，结果显示，被试的 7 个生理指标在四种实验条件下主效应极其显著，$F (21, 19) = 29.44$，$p<0.001$，$partial\ \eta^2 = 0.97$，$1-\beta = 1$。使用 LSD 法对 7 个生理指标在四种实验条件下进行两两比较，结果如表 6-15 所示。

表 6-15　7 个生理指标在四种实验条件下两两比较的结果（部分）

生理指标	Ⅲ - Ⅰ		Ⅳ - Ⅱ	
	MD	p	MD	p
α 波	-0.98**	0.001	-1.06**	0.005
SMR	-0.24	0.416	-0.42	0.200
β 波	-0.04	0.881	0.27	0.416
BVP 幅度	1.44**	0.001	-0.72*	0.032
BVP 频率	-1.90**	0.000	0.97*	0.019
SC	-0.72*	0.018	0.40	0.213
脸颊 EMG	1.75**	0.000	0.06	0.087

实验条件Ⅲ与实验条件Ⅰ相比，学生专注教师表情时观看教师积极情绪授课视频比专注教学内容时 BVP 幅度、脸颊 EMG 极其显著提升（$p<0.01$），而 BVP 频率极其显著下降（$p<0.01$），Pessoa 等人（2002）采用 fMRI 技术考察了被试在注意情绪面孔时与注意箭头方向时的反应差异，结果发现，与非注意条件相比，注意条件下表情信息诱发更强的生理信号。上述结果说明了学生专注教师表情时比专注教学内容时更易受教师情绪感染，因为专注教师表情提升了学生对教师情绪信息的处理效果。实验条件Ⅳ与实验条件Ⅱ相比，学生专注教师表情时观看教师消极情绪授课视频比专注教学内容时 BVP 幅度显著下降，而 BVP 频率显著提升（$p<0.05$），这也证明学生专注教师表情更易受教师情绪感染。

情绪感染需要占用一定的注意资源，当学生专注于教学内容时，相对于情绪感染而言是一种注意力分散，所以削弱了教师情绪感染的效果，而专注于教师表情相对于情绪感染而言是注意力集中，所以增强了教师情绪感染的效果。有研究发现，移情能力较弱的女性受情绪感染的影响较小，更能专注于揭示欺骗的非情绪线索，所以分辨欺骗的能力更强，而移情能力强的女性过于专注他人的情绪，反而使分辨欺骗的能力下降（Duran ea al., 2018），所以情绪注意水平与情绪感染呈正相关。

六　教育启示

尽管提升情绪注意水平可以提高情绪感染效果，但是不能一味地为了追求课堂情绪感染效果，而将学生的注意力引向教师的情绪。课堂中教师可以操控的情感回路有三条：（1）以教学内容为主的知识情感回路；（2）以教师情绪表达为主的课堂情绪感染；（3）以营造课堂氛围为主的人际互动情绪，包括师生之间、生生之间。从理论上来说，知识情感回路是课堂中的主要情感回路，其他两条回路应该服务于这一条情感回路，也就是说教师在课堂中的情绪表达、人际互动均是围绕教学内容展开的。但是在实践中，教师的课堂情绪表达、课堂氛围营造未必一定要与教学内容相关，可以是管理方面的。比如，教师可以中止教学，整肃班纪。如果教师的情绪表达与教学内容相符，可以打动学生，并在师生之间形成亲密的情感联结。有研究表明，积极的共同经历能够正向影响师生关系，且不同类型的经历（回忆、想象）均有显著促进作用（丁玉婷等，2023）。Aasheim 等人（2018）对某校的师生关系进行了"教师课堂管理项目"（IY-TCM）干预，项目结束后再次调查师生关系，发现共同参与该项目的经历对师生亲密度和冲突化解有适度的正向影响。而最新的研究还发现，除了传统的面对面经历，师生在社交网络上的积极互动经历同样能促进关系深入发展（Kasperski & Blau, 2020）。所以有些教师在课堂上会讲一些与教学内容无关的题外话，如自己小时候的经历或开一个玩笑，以此来拉近与学生的距离，或者组织一些师生共同参与的课堂活动，这些都可以称为不与教学内容相联系的情感回路，所以，从实践上来说，第二条、第三路情感回路既可以与教学内容相辅相成，也可以与教学管理相辅，甚至可以直接用于拉近师生关系或者活跃课堂氛围。良性互动均可以提升课堂生态，但切不可喧宾夺主，课堂教学应以知识情感为主。

如果学生专注于第一条情感回路，这条情感回路以学习知识为基调，如本章第二节所述，学生需要积极认知反馈，才能在学习知识中体验到积极情绪。在低年级，教师可以借助积极的外源性认知反馈建立学生的

第一条情感回路，而在高年级，会有越来越多学生对某门学科缺乏固有兴趣，仅有外源性积极反馈可能难以为继，所以一个班级中，总会有一些学生对某门学科喜欢或者不喜欢。对于专注于第一条情感回路的学生来说，教师的情绪感染力会被他们选择性弱化，教师无须将这部分学生的注意倾向刻意引导到教师的说教上来或者人际互动上来，他们有自己的见解、有自己的积极体验，以认知体验为主。而对于那些完全无法建立第一条情感回路的学生来说，教师提升自己的情绪感染力也很难提高他们学习效果，一个基本听不懂知识的人是不太会关注教师的情绪表演的。而对于那些通过自己的努力可以部分体验第一条情感回路的学生来说，教师的课堂情绪感染力、课堂人际互动情绪就显得尤为重要，它可以帮助学生更好地专注教师的教学内容，而不游离，建立第一条情感回路，事实上，大部分学生都属于这种类型，这就是教师增强其课堂情绪操控能力的重要原因。

苏霍姆林斯基说过："教师如果不想方设法使学生产生高昂情绪和智力振奋的内心状态，就急于传授知识，那么这种知识只能使人产生冷漠的态度，而不动情感的脑力劳动就会带来疲倦。没有欢欣鼓舞的心情，学习就会成为学生沉重的负担。"（苏霍姆林斯基，1981）教师有了激情，学生的情绪将受到感染，身心振奋，教学活动就能更生动、更有效率。

本章小结

本章内容主要包括三个方面。

第一，认知契合能提高被试的认知确信度（兴趣），认知不契合则会降低被试的认知确信度，思维导引通过影响认知契合调节被试的认知兴趣，认知契合的标准是能否构建完整的心理意义。契合的思维导引可以提高被试对教学情绪的易感性。

第二，认知反馈会影响被试的认知体验和认知确信度，从而影响被试的情境兴趣。认知反馈对个体兴趣的影响比情感反馈的影响更大，积极认知反馈可以提高被试对教学情绪的易感性。情境兴趣受认知反馈影响大，受思维导引的影响小。

　　第三，学生的注意倾向对教师的情绪感染有调节作用。学生在专注教学内容时会削弱教师对学生的情绪感染效果，但能提高学生对语义情绪信息的感知，注意倾向会影响不同教学源点的情绪感染效果。学生在专注教师表情时更易受教师情绪感染，说明情绪感染是需要占用注意资源的，学生的注意倾向可以调节教师的课堂情绪感染效果。

第三篇

课堂情绪感染模式的实践问题

第七章　教学中的教师情绪性特点

第一节　教师的课堂情绪性测量

一　教师情绪性理论的构建

（一）情绪性行为现象

情绪性通常被认为是一种长期的、稳定的个性特质，它具有积极情绪和消极情绪两个相互独立的维度（Watson et al., 1988）。情绪性的英文为"emotionality"，可理解为"情绪人格化"或者"人格化的情绪"，即能够反映个体人格特征的情绪。国内针对情绪性的研究较少，主要研究情绪性进食（谢爱等，2016）、情绪性对决策模型的影响（徐平等，2011）、情绪性对心理健康的影响（李强等，2017）等。国外对于情绪性的研究较多，但大多集中在儿童与青少年教育（Han & Ko, 2021；Shewark et al., 2021）、情绪性的功能与作用（Cioffi et al., 2021；Qu et al., 2020）、情绪性与相关病症的相关性（Crawford et al., 2021）、情绪性的预测及相关因素研究（Schweizer et al., 2021；DiLalla et al., 2021；Hur & Jeong, 2021）等方面，总的来说国内外研究以儿童为主，以病态心理为主，尚没有有关教师情绪性的研究。

情绪性是个体对外界刺激的较稳定的一致性主观体验，个体的情绪性反应会带来相应的行为变化，如情绪性进食表现为以进食行为作为应对焦虑情绪的反应（Houldcroft et al., 2014）。一般而言，情绪性与情绪性行为是一致的，我们可以把情绪性行为理解为是个体应对积极情绪或消解消极情绪的一种策略。因此，笔者认为情绪性是指个体对外在刺激在情绪上的唤醒状态，包括情绪反应的类型、程度，并在行为上产生能体现个性特征的特异性行为方式。

情绪性可以按唤醒度（低—高）和愉悦度（负性—正性）进行区

分，唤醒度即情绪唤醒程度的高低，表现在自我体验与表情反应的强度上，对于同一个人来说，情绪的增强与自我体验、表情反应的增强是一致的（Adelman & Zajonc，1989）。通常唤醒程度高，情绪体验程度也高，这种人不容易控制自己的情绪。愉悦度是指情绪的极性，分为积极情绪与消极情绪。积极情绪能引起积极体验，并伴有趋向行为，如高兴、兴趣、喜欢、满意、惊奇等；消极情绪引起不愉快体验，并伴有逃避或打击行为，如愤怒、悲哀、恐惧、厌恶、痛苦等。张映芬等人（2017）将教师的教学情绪分为愉悦、希望、自豪、生气、焦虑、羞愧、无望、无趣八种，其中前三种为积极情绪，后五种为消极情绪。情绪又分为基本情绪与复合情绪，基本情绪被界定为先天的，在进化中为适应生存演化而来，每一种基本情绪都具有不同的生存适应功能。复合情绪是在基本情绪的基础上，在社会情境中通过自我认知评价派生的，表现为情绪与自我认知的复合，如窘迫感就是恐惧与自我认知评价的结合，其表现特征为"不想成为别人注意的对象，怕自己出丑"。还有一种复合情绪表现为多种情绪的复合，如悲喜交加、又惊又喜，其本质也是情绪与自我认知评价的结合，即产生两种不同的评价结果，才会有悲喜交加或又惊又喜。

情绪性包括三种类型。第一种是波动型情绪性个体，通常是指情绪比较容易唤醒、情绪波动比较大的个体，表现为情绪不稳定，这种个体的情绪比较容易受外界的影响，通俗地讲就是情绪化的人或者性情中人，是一种外控型情绪特征的个体。第二种是负性情绪性个体，是指对外界刺激的感知和自身的情绪体验以负性为主，负性情绪性个体可以是外控型的，也可以是内控型的。通常波动型情绪性个体的负性情绪体验不一定强，负性情绪性个体的情绪波动性也不一定强，但是这两类人的一个共同特点就是情绪自主调节能力都很弱，如负性情绪性个体具有更高的负性情绪报告率，且负性情绪持续时间和情绪波动性相关（Maples et al.，2014；Verduyn & Brans，2012）。上述两种类型被统称为消极情绪性，这两种情绪性对教学行为具有一定的消极影响，本章研究的教师情绪性特指上述两种消极情绪性。第三种是正性情绪性个体，即积极情绪性，是指对外界刺激的感知和自身的情绪体验以正性为主，正性情绪性个体比较容易控制自己的情绪，就其情绪性而言，对教学的负面影响较小，但不排除个体消极教育理念对教育的负面影响。

情绪性通过个体的行为方式表现出来，行为方式区别于广义行为，广义行为是指受意识或无意识支配表现出来的外部活动方式；而行为方式是指能够集中反映个性特征的那部分行为，表现为直觉性、自动化，外在表现为行为的习惯性与人格性，所以不同于一般意义上的行为。个体在情绪表达时身心激动的程度，或者在人格上易于情绪激动的特征均可通过行为方式表现出来，如多愁善感、易怒等。人的情绪性会直接影响人的行为方式，个体行为会被情绪操控，出现理性不能操控行为的现象，比如，明明知道辱骂孩子不利于教育，但是由于情绪使然，教师会做出辱骂学生的行为，这就是个体原来平稳的行为状态会由于某种激荡情绪而呈现紊乱和畸变的一面，是一种情绪性行为（emotional behavior）。

教师的负性情绪性会对教学产生消极影响，学生也极容易受教师负性情绪性的消极影响。Moè 和 Katz（2018）发现，父母的情绪可以预测孩子对家庭作业的情绪，父母的积极情绪可以提高孩子做作业的积极情绪和自我效能感。教师情绪对学生可能也有类似影响，因为与积极的非语言信息相比，学生更容易从消极的非语言信息中捕捉到消极的社会态度（Brey & Shutts，2018）。

教师的情绪性行为与教师个体的情绪性息息相关，是个体情绪性在教学中的表现。教师情绪性对教师在教学中的情绪表达有深刻的影响，如有的教师不能容忍学生违规，表现出易怒性（情绪性行为），有的教师则表现出宽容；有的教师容易受学生行为影响（情绪性行为），有的教师则不容易；有的教师容易被情绪操控（情绪性行为），有的教师则不然。教师行为受消极情绪驱使，是教师个体消极情绪性的集中体现。

（二）情绪性行为类型

从情绪性行为的形成原因来划分的话，情绪性行为分为气质行为和性格行为。气质行为受遗传影响，体现行为的情绪特点，气质类型通常分为多血质、胆汁质、黏液质、抑郁质四种，这四种气质类型描述了个体的情绪性特点，可见气质其实是个体情绪性的集中体现。性格行为是个体后天形成的稳定的态度与行为方式，性格行为中的态度成分也集中体现了个体后天养成的情绪性，如自信的人以体验积极的情绪为主，而自卑的人以体验消极的情绪为主，反映在情绪性上，前者是积极的，后者是消极的。

从情绪的极性来划分的话，情绪性行为分为正性情绪性行为和负性情绪性行为。情绪性行为是一个人对事件刺激的习惯化情绪反应，心态积极的人容易直觉地对刺激事件产生积极反应，相反，心态消极的人容易直觉地对刺激事件产生消极反应，心态反映的是一个人对刺激事件的属性的一种自动化感知与评估，是个体心理在刺激事件上的投射，乐观的人容易用积极的眼光去感知和预测事物，而悲观的人则相反。

从行为动机的显隐性来划分的话，情绪性行为分为外显动机行为和内隐（无意识）动机行为。人的动机水平可以高于意识水平，也可以低于意识水平。当人们能够清楚地意识到自己要干什么，行为具有很强的受意识支配的倾向性，这就是显性动机。相反，当人们不能够清楚地意识到自己要干什么，但是行为又具有一定的指向性和目的性，动机水平低于意识水平，这就是无意识动机或内隐动机。本能冲动、罪恶情结动力、好奇心动机、逞强动机、逆反动机等均属于无意识动机。内隐动机与人的个性特征有密切的联系，如自卑的人具有强烈的无意识动机，因为他们更希望获得别人的认可，所以会用自尊心很强的伪装来掩饰自己自卑的内心。一位性格自卑的教师更难容忍学生的错误，可能会因为学生的小错误而大发雷霆，以展示自己的"能力感"，这是一种无意识动机。

情绪性行为有建设性和破坏性两种后果。并非所有的情绪性行为都具有破坏性。一般来说，正性情绪性行为比负性情绪性行为更具建设性，所以心态积极的人比心态消极的人在处理事情的效益上更好。同样，对于教师来说，正性情绪性行为多的教师比正性情绪性行为少的教师更好，但有时候偶尔发一次脾气，表现一下负性情绪性行为对教育也是有意义的。最重要的是，具有正性情绪性行为倾向的教师更能够操控自己的情绪，也更能操控自己的行为；相反，具有负性情绪性行为倾向的教师更不易操控自己的情绪和行为。我们可以简单理解为正性情绪性是一种自己更容易把控的心理状态，而负性情绪性是一种被搅乱的心理状态，你可以让一个高兴的人佯装愤怒，但是很难让一个心情烦躁的人装出高兴的样子，这就是负性情绪性对人的行为的破坏性。

（三）教师情绪性与教育理念的关系

教师如果负性情绪性倾向严重，将很难把教育理念落实到自己的教学实践当中。如图7-1所示，即便是教师相信的教育理念也要通过教师的消极情绪性的过滤，才能变成实践中的教育理念，否则即便知道这样做是不对的，也会受情绪的驱使继续做出错误的教育行为，这就是消极情绪性对教育理念的瓦解作用。教育行为受消极情绪性控制较多，那么受教育理念控制自然就较少。这不是因为教师不笃信教育理念，而是因为即便笃信教育理念，也很难在自己负性情绪满满的情况下去践行教育理念，因为此时教师的行为已经被负性情绪操控。这就是负性情绪性对教育理念实践的破坏作用。相反，正性情绪性教师更容易践行自己的教育理念，因为他的教育行为受消极情绪控制较少，在积极情绪下，人更容易调整自己的行为，这样教育行为受理性意识控制自然较多。负性情绪性代表的是个体行为的非控状态和紊乱状态，而正性情绪性代表的是可控状态和积极状态。例如，满意的教师认为他们的学生是令人满意的，并通过非语言信息来表达这些感受，不满意的教师认为他们的学生就是令人不满意的（Houser & Waldbuesser, 2017），积极情绪和消极情绪会在行为上表现出来，可见情绪性对于教师高品质教学具有重大影响。

图7-1　教师消极情绪性对教育理念的过滤作用

二　情绪性行为的心理分析

（一）来源于信念

情绪性行为受个体信念的影响。观念分为一般观念（知道）和信念（迷信），信念是人们在一定的认知基础上确立的对某种观念坚信不疑并身体力行的态度，是情感、认知和意志的有机统一。通常个体会出现违反一般观念的行为，但是不会违反信念，信念可以理解为带有情感的观念，违反信念会唤醒个体的消极情绪体验，所以，个体的信念越多，情绪性行为就越多。对青少年的负性情绪性研究表明，负性情绪性是一种显著的倾向性脆弱，负性情绪性与情绪内隐信念相关，通过情绪内隐信念间接影响抑郁症状（Crawford et al.，2021），也就是说消极情绪性倾向严重的个体更倾向于认为情绪是无法控制的，这反过来可能会增加他们出现抑郁症状的可能性。

信念有理性信念和非理性信念之分，理性信念是指一种比较接近客观事实的认知，而非理性信念是一种远离客观事实的认知。通常心理健康的个体具有较多的理性信念，而心理不健康的个体更容易植入非理性信念。例如，一个缺乏安全感的人比较容易相信神秘力量会给自己带来护佑；一个内心焦虑的人比较容易产生刻板行为。相反，一个自信满满的个体更容易相信自己的力量会决定自己的命运。所以，一个人产生什么样的信念与这个人的性格是密切关联的。如果说理性信念是性格的一种投射的话，那么非理性信念就是性格缺陷的一种劣质填充物，因为非理性信念迎合了性格缺陷的心理需要，可以降低性格缺陷所带来的焦虑感。

一个具有性格缺陷的教师会产生较多的非理性信念。例如，怀疑自己教学能力的教师会产生一种"教学管理比教学能力更重要"的信念，于是会用严格的管理来掩饰自己教学能力上的不足，并把这种焦虑感转移给学生，通过严格管理来要求学生取得好成绩。一个缺乏信任感的教师会产生一种"要时刻提防别人"的信念，因而会处处怀疑学生的行为，对学生的表现会产生更多消极体验。

（二）来源于气质类型

情绪性受气质影响，气质类型最具人格特色的表现形式之一就是人的情绪性。Eysenck（1956）对情绪性、自强度、焦虑（包括驱力）等进行研究后发现它们具有同一性，指出情绪性（神经质）不稳定的人喜怒无常，容易激动，情绪性（神经质）稳定的人反应缓慢而且轻微，并且很容易恢复平静，并进一步指出情绪性（神经质）与植物性神经系统特别是交感神经系统的机能相联系，认为可以用内外倾和神经质两个维度来表示正常人格的神经症以及精神病态人格。对244对单卵双生子和394对异卵双生子进行的负性情绪性评估研究表明，相似的遗传度和共享的环境对5个月大和18个月大的婴儿的负性情绪性的贡献率分别为31%和

57.3%（Schumann et al.，2017），可见遗传对于情绪性的影响是非常大的。情绪性代表了气质中反映的个体在情绪体验倾向上的差异性，以及应对压力和厌恶刺激时的反应（Rothbart，2007），并且大致类似成人神经质的人格维度（Markon et al.，2005）。

　　上面提到信念对情绪性的影响，而影响信念形成的一个最重要因素是气质（Dweck，2017）。Dweck（2017）假设个人在与周围世界互动和体验时会形成各种信念，而这些信念又会反过来指导未来的行为。气质是影响重要认知发展的一个最显著因素，Dweck（2017）认为性格的个体差异因素，如气质，通过引导个体行为方向和应对环境的方式，对信念的形成具有下游影响作用。气质也可定义为相对稳定的情绪、运动和注意倾向，它影响个体感知和体验周围世界的方式，也影响个体经验信念的形成。因此，气质的个体差异既能影响个体的情绪体验，也能影响他们对这些体验的相对可控性的信念。

（三）来源于动机

　　如前所述，动机有外显动机和内隐动机之分。外显动机较多受意识控制，而内隐动机则较多受情绪控制。例如，情绪心理学家 Tomkin（1980）就认为情绪具有动机的功能。Izarod（1992）认为在人格子系统中有三种类型的动机结构，分别是内驱力、感情—认知的相互作用、感情—认知结构，其中感情—认知的相互作用是动机系统中的主要组成部分，人们的多数动机是感情和认知相互作用构成的，感情性因素同认知因素的无数次结合和相互作用，构成了人的主要动机系统。事实上，人对外界刺激的反应是情感和认知相互作用的产物，两者缺一不可，它们是人脑加工的主要内容。感情—认知结构指的是特定的感情模式与特定的认知定式在长期结合中形成的心理特征或人格结构，这一结构是感情和认知相互作用并长期结合沉淀下来的产物，它最能够反映人格特征。感情—认知结构的概念中包含着一种动力关系，它一方面是感情性的，另一方面还包括由信仰、价值、爱好、理想所制约的认知，因此人格特征中蕴含着浓厚的感情因素，这些情感因素在特定的情境下以个性化的行为特征表现出来，既是人格特征的显现，也是行为动机的表现。

　　情绪性行为的动机可以是外显的。例如，一个非常生气的教师会有意严厉惩罚一个犯错误的孩子，此时他的情绪以外显动机形式表现出来，这就是 Izard（1992）所说的感情—认知的相互作用。情绪性行为的动机也可以是内隐的，例如，一个缺乏仁爱之心的教师会以一种几乎病态的非理性方式去惩罚犯错误的孩子，他自己都不知道这种惩罚的真正动机是什么，或许这种惩罚仅仅可以改善他的一点点消极体验而已。再如，一个没有同理心的教师可能不知道学生被他歧视的感觉，或者他可能知道学生被他歧视的感觉，也意识到自己的这种歧视会给学生带来伤害，但是他就是不愿意改变这种现状，不愿意改变的动机可能是外显的，例如"我没必要为他操心""他又不是我的孩子"，也有可能是内隐的——满足了他的自尊需要，但不管动机是外显的还是内隐的，都具有受情感影响的成分，这就是感情—认知结构中的人格特征表现和动机表现。

（四）受暗示影响

暗示是潜意识对来自外界信息的一种意识或无意识的意义建构，或对于自我意识流信息的一种非理性、非对抗性的认同、接收和储存，并对自己的情绪和行为产生影响的心理现象。暗示本质上是一种潜意识判断，它与人格特征相联系，别人能不能暗示你，取决于你自己内在人格特征的强韧度，以及他人与你的力量对比，如果你认为对方"权威"，那么他就能暗示你，否则对方就暗示不了你，这就是自卑的人普遍容易受别人暗示的原因。受暗示性强的教师往往情绪不稳定，情绪控制能力和调节能力较弱，受暗示性强的教师情绪是外源性的，自我暗示效果弱于他人暗示效果；而受暗示性弱的教师，情绪相对稳定、情绪不易受外界环境的影响，自我对情绪的控制能力较强，情绪的自我暗示效果要强于他人暗示效果。

情绪感染本质上属于一种情绪暗示，它包括情绪诱发者的表情暗示和情境暗示，容易受情绪暗示的人，情绪的自我操控能力与自我调控能力不高，表现为情绪波动大，辨别能力低。有研究表明，易于被情绪感染的人看不出别人的谎言与欺骗行为（Duran et al.，2018），这就是情绪感染对认知的负面影响。有研究表明，女性的移情水平会影响她们发现欺骗的能力，同理心水平较低的女性比同理心水平较高的女性更能区分真假观点（Duran et al.，2018）。由此可见，易受他人情绪暗示不是情绪智力高的表现，而是对他人与对自己的情绪操控能力弱的表现，会对认知判断产生负面影响，正确理解他人的情绪并能有效操控自己情绪才是情绪智力高的表现，所以对教师来说，并不是越有同理心就越有利于工作，有时候同理心反而会成为工作的障碍。有研究表明，情绪智力较高的消费者在随后的无关判断中受情绪感染的影响较小（Hasford et al.，2015），表明情绪智力对无意识的情绪感染具有调节作用。

（五）　与情绪调节能力相关

情绪调节是个体依据内外部环境的要求，在对情绪进行监控和评估的基础上，采用一定的行为策略，对情绪进行影响和控制的过程，是个体保持内外适应的机能反应。情绪调节在心理成分上包括情绪觉知、情绪评价、情绪理解、情绪表达、情绪调节策略的运用等内容，情绪调节策略是个体为了达到情绪调节的目的而采取的技术方法和手段，与情绪控制相比，情绪调节涉及的不仅仅是降低或减少情绪，还会涉及情绪唤醒和增强。人在婴幼儿阶段就有一定的情绪调节能力，慢慢形成了一套自己的情绪调节策略，但是每个人的情绪调节能力有强有弱，这不仅与个体的调节策略有关，更与个体的情绪性有关。

对于消极情绪性的教师来说，无论是他们长期沉浸在消极情绪中，还是表现为情绪波动大，这两个特征都显示了他们的情绪调节能力弱。情绪调节能力弱与三个因素有关：（1）调节情绪的自我效能感，消极情绪性教师由于长期和消极情绪形成了不良互动，习惯与消极情绪相伴，失去了改善情绪的动力和自我效能感；（2）自主系反应，在相同刺激条件下，通常面部表情反应强烈的个体比面部表情反应弱的个体具有更高的自主系反应，情绪体验越深刻，情绪的自我调节难度越大；（3）心理韧性，有研究表明，心理韧性强的人更容易产生积极情绪，因为他们倾向于将记忆中的消极事件与积极事件整合联系起来（Philippe et al.，2009），而心理韧性弱的个体更擅长将消极事件整合成消极记忆，并经常提取这些记忆。

三　"教师的消极情绪性问卷"编制

（一）　问卷维度划分

教师的消极情绪性包括波动型情绪性与负性情绪性。通过教师的情绪性心理分析可知，教师情绪性主要受下列因素影响。

（1）负性性情。它是负性情绪性的必要条件，包括消极性格与气质。

（2）非理性信念与行为。它是负性情绪性的必要条件，包括防御性悲观、安全感低、非理性信念与内隐动机等。

（3）受暗示性。它是情绪波动性强的必要条件，受暗示性强的教师其情绪比较容易受他人影响，通俗讲就是比较情绪化，情绪控制能力较弱。

（4）情绪调节。它综合反映两类消极情绪性，是它们的共同必要条件。

满足（1）、（2）、（4）的教师是负性情绪性个体，其中（1）、（2）是必要条件，（4）是程度指标或可改善性指标。满足（3）、（4）的教师是波动型情绪性个体，其中（3）是必要条件，（4）是程度指标。

（二）预测问卷的编制

首先，编制面向教师的开放式问卷，共收集了 40 份开放式问卷，将开放式问卷的所有项目输入计算机，经过归类、汇总，筛选 63 个项目。然后，咨询多名心理学专业博士，将 63 个项目按照教师消极情绪性的心理学分析，分成 4 个维度，项目采用 Likert 5 点计分（1~5），分别对应"从不如此"至"总是如此"。

在修订阶段，先后共采集样本数据 45 份，对数据进行项目分析、筛选与修订，主要参考各项目得分的平均数、标准差、题总相关系数、某一项目删除后问卷的 Cronbach's α 系数变化等，最终确定的问卷共有 4 个维度，每个维度有 10 个项目。

（三）施测过程

为更好地考察问卷的稳定性和心理测量学指标，正式施测问卷分多次、多样本发放。将正式施测所获得的数据分为样本 1 和样本 2，样本 1 有效数据为 166 份，样本 2 有效数据为 160 份。

1. 探索性因子分析结果

对样本 1 的数据进行探索性因子分析（EFA）适合性检验。KMO（Kaiser-Meyer-Olkin）分数为 0.780，巴特利特球形检验（Bartlett test of sphericity）值为 3243.13（$p<0.001$），表明与单位矩阵有极其显著性差

异，探索性因子分析的结果可靠。

对数据进行探索性因子分析，采用主成分分析法作为提取因子的依据，以特征根大于 1 为因子提取标准，采用方差极大法正交旋转（varimax），旋转后因子载荷矩阵如表 7-1 所示，4 个因子的方差累积贡献率为 58.33%。

表 7-1　旋转后因子载荷矩阵

"教师的消极情绪性问卷"项目	因子载荷			
	负性性情	非理性信念与行为	受暗示性	情绪调节
负性性情	0.670			
我在学校遇到开心的事情比较少	0.677			
我觉得和同事交往时不是很自在	0.747			
我比较喜欢在学校里工作（R）	0.734			
我觉得很多教育政策纯属瞎折腾	0.774			
我总是喜欢尝试一些新的教育方法（R）	0.774			
我在教师大会上会感觉拘束	0.719			
在学校工作疲倦时，只要短暂休息就能精神抖擞（R）	0.796			
接到学校新要求时，我常常闷闷不乐	0.701			
和领导聊天我会感到不自在	0.775			
我基本不会和学生开玩笑				
非理性信念与行为				
我会对表现不好的学生说一些讽刺挖苦或尖刻的话		0.726		
我不允许自己班的成绩落后于其他班级		0.763		
我觉得任何事情都有积极的一面（R）		0.759		
课堂上，我会有意回避成绩差的学生的脸		0.796		
我很讨厌批改成绩差的学生的作业		0.800		
我更喜欢和成绩好的学生交往		0.751		
如果我教了一遍，学生还不会，我就会很生气		0.766		
我认为孩子三天不打上房揭瓦		0.803		

"教师的消极情绪性问卷"项目	因子载荷			
	负性性情	非理性信念与行为	受暗示性	情绪调节
我渴望获得别人的认可		0.787		
如果一件事做得不顺，我就会觉得自己毫无价值		0.772		
受暗示性				
课堂上只要有一个学生捣乱，我就觉得课上不下去			0.765	
我很在乎学生怎么看我			0.711	
我在学校期间情绪时好时坏			0.770	
如果学生发言积极，我会觉得我的问题提得很好			0.709	
看到学生哭泣的时候，我也会感觉很难过			0.719	
教育学生的时候，我经常会想如果是自己的孩子会怎么办			0.779	
颁发奖状的时候，我很同情那些没有拿到奖状的学生			0.767	
我提问时，如果学生没什么反应，我会觉得失落			0.753	
在校园里，如果有学生主动向我问好，我会因此高兴			0.794	
有时，我会同情那些不受老师待见的学生			0.707	
情绪调节				
课堂上当我心情不好时，我就觉得课上不下去				0.772
我心情糟糕的时候，很容易把这种情绪带到课堂上去				0.709
学生惹我生气时，我有一种恨不得揍他一顿的感觉				0.721
我能在短时间内调整好自己的消极情绪（R）				0.752
我在课堂上经常和学生产生冲突				0.719
当学生惹我生气时，我的消极情绪会持续很长时间				0.729
课堂上，无论感觉多么糟糕，我都能往好处想（R）				0.753
在学校心情不佳时，我总能想一些令人开心的事情（R）				0.711
生活中的很多琐事会影响我的工作情绪				0.746
我基本不会与朋友倾诉我的消极情绪				0.707

注：其中"R"表示反向计分题。

　　"教师的消极情绪性问卷"的 4 个维度结构清晰，项目的因子载荷均在 0.670 及以上，每个维度内项目内容清晰明确、可解释性强。总问卷的 Cronbach's α 系数为 0.87，表明问卷具有很好的信度。本问卷的鉴别指数 D 为 0.241~0.422，说明问卷具有很好的区分度。

　　2. 信度分析与项目分析

　　合并样本 1 和样本 2 的数据进行信度分析与项目分析。总问卷的标准化 Cronbach's α 系数为 0.87，Friedman's χ^2 值为 37.09（$p<0.001$），达到极其显著性水平，表示受测者差异大、信度高。各分维度的内部一致性系数分别为负性性情 0.92、非理性信念与行为 0.93、受暗示性 0.92、情绪调节 0.90。

　　项目分析采用鉴别指数 D 和题总相关系数 r，项目的鉴别指数采用各维度内总分的高分端（27%）在该项目上的平均得分减去低分端（27%）在该项目上的平均得分，然后除以该项目的满分值计算得出。鉴别指数 D 为 0.241~0.422，题总相关系数 r 为 0.105~0.530。

　　3. 效度分析

　　使用样本 2 的数据进行效度分析。以探索性因子分析的 4 个因子作为结构方程模型（SEM）中的潜变量，以表 7-1 中各项目作为相应的各潜变量的外生可测变量，潜变量间两两相关，建立结构方程模型，模型的标准化路径系数为 0.41~0.85，模型拟合度如表 7-2 所示。

表 7-2　CFA 模型拟合度

指标	χ^2	df	χ^2/df	GFI	AGFI	NFI	CFI	IFI	RMSEA
值	221.36	131	1.69	0.94	0.92	0.97	0.91	0.95	0.056

　　模型的 $\chi^2/df=1.69<5$，表示模型拟合度较高，RMSEA 小于 0.08，且 GFI、AGFI、CFI 和 NFI 均比较接近 1，表明问卷具有较好的结构效度。

　　收敛效度可通过平均方差提取值（AVE）来表征，研究发现，各潜变量 AVE 的平方根均大于潜变量之间的相关系数（区别效度），如表 7-3 所示。

表 7-3　区别效度检验

潜变量	负性情绪性	非理性信念与行为	受暗示性	情绪调节
负性情绪性	0.66			
非理性信念与行为	0.45	0.52		
受暗示性	0.17	0.13	0.67	
情绪调节	0.44	0.41	0.33	0.60

注：斜对角线上的数据为 AVE 的平方根，其他数据为潜变量的相关系数。

　　验证性因子分析表明，各项拟合指数均在良好水平以上，表示问卷具有较好的结构效度。AVE 反映了每个潜变量对所包含项目的解释程度，AVE 大于 0.5 表示该潜变量具有较好的收敛效度。本问卷各潜变量的 AVE 均大于 0.5，各潜变量 AVE 的平方根均大于潜变量之间的相关系数，表明各潜变量仍然是内涵有所重合但相互独立的概念，具有很好的区别效度。此外，本问卷具有很好的效标关联效度。问卷在修订过程中使用了开放式问卷收集了大量的教师负性情绪性事例，经过专家们的反复修改初步编制了问卷。因此，问卷的测量具有较好的内容效度。

　　对样本 1 和样本 2 的数据进行的效标关联效度检验表明，本问卷的负性性情维度与"大五人格问卷"中的神经质维度的相关系数为 0.242（$p<0.05$），与"艾森克人格问卷"中神经质维度的相关系数为 0.320（$p<0.01$）；本问卷的非理性信念与行为维度与"大五人格问卷"中的宜人性维度的相关系数为 0.241（$p<0.05$），与 The Belief Scale（BS）（Malouff & Schutte，1986）的相关系数为 0.334；本问卷的受暗示性与 Gudjonsson Suggestibility Scale（GSS）（Gudjonsson，1997）的相关系数为 0.297（$p<0.05$）；本问卷的情绪调节维度与 The Scale of Regulatory Emotional Self-efficacy（SRESE）（Caprapa et al.，2008）的相关系数为 0.318（$p<0.01$）。

第二节　教师的消极情绪性对情绪劳动的
影响与调节

一　教师情绪性与情绪劳动的关系

（一）情绪劳动的概念

情绪本来是一种自然反应，但当你通过意识控制情绪时，情绪成为一种需要努力的心理过程，这就需要意识参与去表达期望情绪，这一过程称为情绪劳动。情绪劳动最初由 Hochschild（1983）定义为管理情绪以展示公众可观察的面部反应和身体行为，并且通常用于描述个体如何调整他们对真实体验的情绪的表达以达到交流的目的。情绪劳动通常是指在人际交往中，个体意识地调整自己的情绪表达，以使表现出来的情绪符合社会规范要求。情绪劳动包含两层意思：（1）个体会根据自己对社会规则的了解来理解和表达情绪，情绪劳动要符合个体所理解的社会规则；（2）情绪劳动需要付出某种程度的努力，即使内在感受与社会所期望表达的情绪一致，仍需要付出意识努力，它包括个体对情绪表达规则的感知、情绪调节和情绪表达。

依据情绪劳动的程度可分为表层行为（表层情绪劳动）和深层行为（深层情绪劳动），Hochschild（1983）定义表层行为（surface acting）为当个体在没有改变内心感受的情况下，外部情绪表达（如身体行为、面部反应）与内心体验到的真实情绪大不相同，这可以通过放大、假装或抑制情绪来实现；相反，深层行为（deep acting）指的是将期望的情绪内在化，从而使表达的情绪与感觉到的情绪更加一致。Morris 和 Feldman（1996）将真实表达情绪（genuinely expressing emotions）列为第三种情绪劳动策略，认为尽管情绪失调——预期情绪和体验情绪之间存在差异——可能很低，但是依然需要一定的意识努力来表达期望情绪。深层行为是一种高信念行为，与个体对组织规则的积极感知和对组织的认同感正相关，而表层行为是一种低信念行为，与个体对组织的消极感知正相关（Diefendor et al.，2005）。

（二）情绪劳动与情绪性的关系

关于教师情绪劳动与情绪性的关系，通常经历积极情绪的教师更有可能进行深层表演（深层行为），而那些经常经历消极情绪的教师则报告了更多的表层表演（表层行为）。Keller 等人（2014）的研究显示，低快乐、高愤怒和高焦虑与教师应对情绪失调时较高水平的表层情绪劳动显著对应，表现为内在情绪体验与表达情绪之间的不一致。然而，对教师的情绪劳动进行更具体区分的研究表明，尽管表层表演与较低的愉悦感有关，除了更多的焦虑、愤怒和沮丧，深层表演始终与更积极的情绪状况有关（Lee & Chelladurai，2016），教师的深层表演水平越高，工作满意度就越高（Cheung & Lun，2015；Yin，2015），同时感到较少的精疲力竭（Akin et al.，2014；Philipp & Schüpbach，2010）和去个性化（Akin et al.，2014；Yilmaz et al.，2015），具有更高的个人成就感（Akin et al.，2014；Cheung & Lun，2015）。因此，积极情绪性教师在多数情境下容易体验积极情绪，也更容易操控自己的情绪，能表现出更多的深层行为，而消极情绪性教师，基本可以确定，由于操控自己负性情绪的能力较弱，只能表现出更多的表层行为，甚至不适宜地表达自己的消极情绪而不能自控，表现为较低的情绪劳动水平。有研究表明，深层情绪劳动可以有效阻碍负性情绪由员工向顾客传递，而表层情绪劳动则促进了负性情绪向顾客的传递（Liu，Chi，& Gremler，2019）。

综上所述，消极情绪性包括波动型情绪性与负性情绪性，消极情绪性教师普遍具有更弱的情绪劳动能力，原因有以下四点。

（1）消极情绪性教师对规则的熟知程度不如积极情绪性教师。消极情绪性教师对自主表现规则的理解力较弱，这是情绪劳动中的认知部分，即个体对情境的理解以及在该情境下最适宜的表现方式的理解。例如，教师缺乏教学机智，就有可能在不该发脾气的课堂场合大发雷霆，或者在该严厉要求学生的场合选择妥协，因为他可能对该情境下最适宜的表现方式没有足够的理解。

（2）负性情绪性教师角色转换能力弱，情绪表达缺乏多样性。情绪劳动要求个体依据不同场合、不同对象、不同阶层的人表现出不同的情绪反应。情绪表达的多样性可以缩短沟通的距离，有利于增强人际沟通中信息交换的准确性和可靠性，促进彼此观点的接受与融合。例如，高校辅导员与学生沟通，辅导员选择放低姿态，转换身份，以朋友的角色与学生沟通，这将使学生更放松，更愿意讲；但有时又需要以严师的身份出现，让学生更"服从"。教师是教学者，也是管理者，只使用一种情绪表达很难达到管理效果。

（3）负性情绪性教师容易在情绪劳动中聚焦自我。根据情绪劳动接受者的不同，Seery 和 Corrigall（2009）将情绪劳动划分为聚焦自我的情绪劳动和聚焦他人的情绪劳动。聚焦自我的情绪劳动指的是当一个人并不真正感到快乐或高兴时，表现出适当的或必要的情绪表现（如微笑），他需要假装一种情绪表达，但又时时刻刻地觉察自己的情绪体验，时刻体验这种情绪表达与真实情绪体验之间的差距，因此容易产生情绪失调。聚焦他人的情绪劳动是指努力使他人感到快乐或满足，增强他人的自尊，有益于他人心理健康，因此又称为情感增强工作。这类情绪劳动与"关心"或"培养"工作特别相关，如护理工作、教师。当然从更大的思域来说，聚焦他人的情绪劳动也未必就是要使别人快乐或满足，对于教师而言，一切有利于学生身心健康的情绪劳动都可以称为聚焦他人的情绪劳动，典型特点就是以工作目的为中心，情绪劳动也未必就一定要表达积极的情绪，有时表达适宜的消极情绪也是情绪劳动的一部分。

（4）负性情绪性教师情绪易受他人影响，并表现出较高的负性情绪水平。负性情绪性教师具有两种人格特点：情绪易受他人影响和对他人情绪的解读以负性为主。例如，由于教师授课时的自我感觉不好、自我确信度低，就可能把学生的笑理解为是嘲笑，负性情绪性教师容易产生职业倦怠、职业承诺较低。有研究显示，情绪更易感的员工表现出较高水平的职业倦怠，当员工的职业倦怠水平较高时，他们的集体承诺就会削弱（Jung & Yoon，2019）。作为教师，要善于用情绪去感染学生，表现为对他人情绪的操控，而不是容易被他人情绪所感染。

二　教师的消极情绪性与情绪劳动测量

本节研究研究目的有两个。（1）通过行为实验测量消极情绪性教师的负性性情、非理性信念与行为、受暗示性，这三种因素为内隐人格特征，其测量将采用内隐联想测验法（IAT）。上述三种人格特征与第一节中问卷维度划分是一致的，这样既可以让问卷编制与行为测量的效度相互验证，又提供了问卷编制以外的另一种消极情绪性测量方法。（2）验证高、低分组的负性情绪性教师的情绪劳动能力，假设高分组教师的情绪劳动能力显著弱于低分组教师。

情绪劳动能力的最重要指标是情绪转换能力，它包括调节原有情绪的能力和在应景条件下表达新情绪的能力，即情绪表达能力。情绪转换能力越强，深层情绪劳动能力越强。所以本节研究将采用情绪转换能力任务来测量教师的情绪劳动能力。

本节研究以参与省级教师培训的在岗中小学教师为研究对象，将第一节中样本 2 的"教师的消极情绪性问卷"施测对象按分数进行高、低分组，取高分端（27%）和低分端（27%）的被试作为本实验的研究对象，实验最终采集到有效数据 80 份，高分组、低分组被试各 40 名，其中男教师 36 名、女教师 44 名。

（一）教师的消极情绪性测量

教师的负性情绪性行为实验从下列三个方面来测量教师的情绪性，实验程序使用 E-prime 设计，在每次正式实验之前，均有练习，直到被试完全熟悉实验程序。

负性性情测量采用 GNAT 范式。呈现一组"我+人格特征词"。任务一是要求教师对"我+积极人格特征词"做出同意（go）反应，而对"我+消极人格特征词"不做（no-go）反应。任务二与任务一相反，要求教师对"我+消极人格特征词"做出同意（go）反应，而对"我+积极人格特征词"不做（no-go）反应。刺激的呈现顺序与时间如下：指导语—注视点（500ms）—"我+人格特征词"（2000ms）。被试必须在 2000ms 内做出反应，否则视为错误反应。go 反应为空格键，为了加强空格键与意义的联结，事先在空格键上贴了"同意"两字。

人格特征词包括积极人格特征双字词"乐观""主动""开朗"等，消极人格特征双字词"焦虑""悲观""腼腆"等。

非理性信念与行为测量采用 IAT 范式。刺激的呈现顺序如下：指导语—教具照片（启动刺激）—注视点（500ms）—学生活动图片（3000ms）（靶刺激）。要求教师对图片快速做出积极、中性、消极的反应。实验指导语为：下列给你看一组师生互动的图片，请你评价师生互动的性质是积极的（D 键反应）、还是消极的（K 键反应）？积极互动的定义为教师在鼓励或者指导学生活动；消极互动的定义为教师在批评或者指责学生活动；如果中性或无法判断的话就按空格键。由于中性有可能是无法判断的结果，所以不计入统计。

实验中使用的学生活动图片选择如下。首先，选择学生与教师同框的照片 60 张，包括课堂内的学习活动和课堂外的课间活动，每张照片都有教师，图片均为 1024×768 像素；然后，采用 15 级评定尺度（-7~7），随机抽取 30 名教师对图片的性质做出评定，让教师评定图片中教师与学生的互动是积极的还是消极的，积极互动的定义为教师在鼓励或者指导学生活动，消极互动的定义为教师在批评或者指责学生活动；最后，选出中性图片 40 张，图片平均效价为 0.38±1.14，单样本 t 检验表明与"0"没有显著性差异；另拍摄 40 张教具的中性照片，照片中没有人，作为启动刺激。

受暗示性测量方法是让教师看两组中性情绪图片，每组各 20 张。选择任意一组情绪图片，指导语为：这是一组积极的情绪图片，其中会有若干张中性图片，请你快速做出选择，积极图片按 D 键，中性图片按空格键。任意选择另一组情绪图片，指导语为：这是一组消极的情绪图片，其中会有若干张中性图片，请你快速做出选择，消极图片按 K 键，中性图片按空格键。通过测量教师对该组图片积极或消极评价的反应时与次数，以检测教师的受暗示性。刺激的呈现顺序如下：指导语—注视点（500ms）—中性情绪图片（2000ms）。

中性情绪图片为从中国化面孔情绪图片系统（CFAPS）中挑选的平静情绪图片 40 张，男女各 20 张。所有实验均在相应的按键上贴上提示标签，如在 D 键、K 键、空格键上分别贴上"积极""消极""中性"。

（二）教师的情绪劳动能力测量

让教师看一段 10 分钟的恐怖视频，用来激发教师的恐惧情绪。然后要求教师立即调整好自己的情绪上课，上课的要求是用积极情绪给学生朗诵一段课文。测量前后两个任务教师的生理反馈，在这两个任务中教师的生理反馈差异越大，说明教师的情绪调节能力越强，否则教师的情绪调节能力越弱。情绪的生理反馈测量使用了 E、F、G、H 四个通道，测量皮电、皮温、呼吸、血容量。

实验程序如下：被试进入实验室后，由主试简单介绍实验的注意事项，并要求被试签署知情协议书；实验开始前，播放音乐做放松训练（300s），然后正式开始教师负性情绪性测量的三个行为实验，在每个行为实验之间都播放音乐做放松训练（300s）；所有的行为实验结束以后，进行教师的情绪劳动能力实验。在进行教师情绪劳动能力测验之前，实验总流程如图7-2所示。

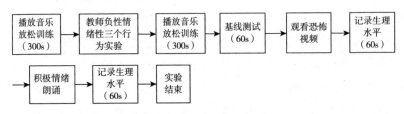

图7-2　教师情绪性对情绪劳动影响的实验流程

三　教师的负性情绪性行为的特征分析

对两组被试在三个负性情绪性行为实验中的反应时进行描述性统计，对高、低分组进行独立样本 t 检验，结果如表7-4所示。

表7-4　两组被试在三个负性情绪性行为实验中的反应时比较

实验任务	反应类别	消极情绪性高分组（$M \pm SD$）	消极情绪性低分组（$M \pm SD$）	t	p	Cohen's d	$1-\beta$
负性性情测量	我+积极人格特征词	934.93±93.05	820.97±130.41	4.50**	0.000	1.00	1.00
	我+消极人格特征词	822.98±59.57	950.91±89.67	−7.52**	0.000	1.68	1.00
非理性信念与行为测量	积极评价	972.56±103.44	810.30±89.23	7.51**	0.000	1.68	1.00
	消极评价	760.36±105.39	964.02±99.00	−8.91**	0.000	1.99	1.00
受暗示性测量	积极表情	969.45±81.37	846.93±90.83	6.35**	0.000	1.42	1.00
	消极表情	859.84±83.21	971.72±86.81	−5.88**	0.001	1.32	1.00

GNAT范示有两种计分方法，一种是采用反应时，另一种是辨别力指数 d'。高、低分组被试在负性性情测量中的 d' 的差异性检验如表7-5所示。

表 7-5　两组被试在负性性情测量中的 d' 的差异性检验

实验任务	go 反应	消极情绪性高分组（$M\pm SD$）/试次	消极情绪性低分组（$M\pm SD$）/试次	t	p	Cohen's d	$1-\beta$
负性性情测量	我+积极人格特征词	1.60±0.48	2.15±0.86	−3.56 **	0.001	0.79	1.00
	我+消极人格特征词	1.96±0.63	1.39±0.46	4.58 **	0.000	1.03	1.00

在负性性情测量中，消极情绪性高分组对"我+积极人格特征词"的反应时极其显著长于消极情绪性低分组，而对"我+消极人格特征词"的反应时极其显著短于低分组，说明高分组更倾向于对自己人格特征做出负面评价，所以在面对"我+积极人格特征词"时出现犹豫，而对"我+消极人格特征词"更能认可，说明高分组的负性情绪性倾向显著高于低分组。在辨别力指数 d' 上，高分组在"我+积极人格特征词"上的 d' 显著低于低分组，而在"我+消极人格特征词"上的 d' 则显著高于低分组，这反映了高分组在"我+积极人格特征词"上的击中率更低，虚报率更高，而在"我+消极人格特征词"上的击中率更高，虚报率更低，说明了负性情绪性高分组的被试在人格特征的内隐认知上存在对自己人格特征的消极认知，相比较而言，低分组则对自己人格特征存在积极内隐认知。

人格特征的消极内隐认知是个体在气质作用下在长期生活中积淀形成的一种自我认知，与外显认知不同，内隐认知越消极的个体越有可能在外显行为中表现出高评价，这是外显心理对内隐心理的掩饰。因为自我低评价是一种缺陷，是自己对自己的否定，个体害怕这种"否定"被暴露出来，所以处处掩饰自己，同时也害怕别人的行为攻击自己的弱点，所以处处怀疑别人对自己不尊重，在外显行为中表现为高自尊，由此，负性性情的人在与别人交往时容易产生冲突，在工作中容易产生低自我效能感和个人满意度。有研究表明，教师对其个人确认行为的感知与学生的非言语反应（NVR）行为相关（Malachowski & Martin，2011），更重要的发现是，教师对学生的 NVR 感知与教师对课堂的个人满意度和自我效能感有关，较低的个人满意度和自我效能感会导致对学生的 NVR 感知水平下降（Mottet & Beebe, 2006）。可见，负性性情对教师教学工作的破坏性是很大的。

在非理性信念与行为的测量中，采用重复测量方差分析对被试的三种反应的频次（积极评价、消极评价、中性评价）进行分析，实验的频次主效应极其显著，$F(2, 77) = 93.29$，$p < 0.001$，$partial \ \eta^2 = 0.71$，$1 - \beta = 1$。在受暗示性测量中，采用同样的方差分析对被试的三种反应的频次（积极表情、消极表情、中性表情）进行分析，三类反应的频次主效应极其显著，$F(2, 77) = 15.69$，$p < 0.001$，$partial \ \eta^2 = 0.291$，$1 - \beta = 1$。组间 t 检验结果如表 7-6 所示。

表 7-6　两组被试在两个负性情绪性行为实验中的平均频次的组间比较

实验任务	反应类别	消极情绪性高分组（频次）	消极情绪性低分组（频次）	t	p	Cohen's d	Observed Power [a]
非理性信念与行为测量	积极评价	11.30±2.34	22.23±2.66	-19.47**	0.000	4.36	1.00
	消极评价	19.85±2.87	10.60±2.24	16.07**	0.000	3.59	1.00
	中性评价	8.85±3.76	7.18±3.51	2.06*	0.043	0.46	0.98
受暗示性测量	积极表情	14.18±2.25	10.98±1.61	7.31**	0.000	1.64	1.00
	消极表情	15.45±1.75	9.08±2.30	13.93**	0.000	3.11	1.00
	中性表情	10.38±2.94	19.95±2.92	-14.62**	0.000	3.27	1.00

两组被试在两个负性情绪性行为实验中的平均频次组内比较结果如表 7-7 所示。

表 7-7　两组被试在两个负性情绪性行为实验中的平均频次的组内比较

实验任务	组别	积极—消极		积极—中性		消极—中性	
		MD	p	MD	p	MD	p
非理性信念与行为测量	高分组	-8.55**	0.000	2.45**	0.008	11.00**	0.000
	低分组	11.63**	0.000	15.05**	0.000	3.43**	0.000
受暗示性测量	高分组	-1.27**	0.004	3.80**	0.000	5.08**	0.000
	低分组	1.90**	0.000	-8.98**	0.000	-10.88**	0.000

在非理性信念与行为测量中，消极情绪性高分组对师生互动的积极评价反应时显著长于低分组，对师生互动的消极评价反应时显著短于低分组。这说明高分组习惯于将中性的师生互动评价为消极的，认知反应时更短，而做出积极评价时需要更多的思考时间，所以反应时更长；低分组则相反，更习惯于对师生互动做出积极的评价。这说明高分组有更多的消极信念，这些消极信念会投射到师生互动的评价中。俗话说眼睛是心灵的窗口，眼里看到了什么，心里就有什么，眼里看到了积极的东西，心里就有积极的东西。在频次统计上，高分组的积极评价频次显著低于低分组，而消极评价频次显著高于低分组，说明高分组更倾向于将中性的师生互动看作消极的。在组内比较上，高分组的积极评价频次显著低于消极评价频次，低分组则相反。

负性情绪性个体在很多情境中体验到消极情绪，与他们对情境的绝对化解释、不良预期、概括化评价①有关，他们的消极情绪体验与低挫折耐受有关。非理性信念与行为可以表现为一种内隐的或者外显的认知，表现为一种习惯化的自动思维，这类人多属于霍兰德职业性向中的艺术型和研究型人格，他们平时比较爱思考，不太愿意交往，并且自认为是非常理性的人，殊不知，过分理性的思维本身就是不理性的，也不适合人际交往。例如，"我的眼里容不得沙子""我不允许别人出现低级错误"，看似是理性的"严谨"，其实是不理性的，因为人际交往毕竟不是科学研究。

在受暗示性测量中，消极情绪性高分组对于积极表情评价的反应时显著长于低分组，这说明高分组对积极表情的识别速度没有低分组快，尤其是对于普通强度的积极表情（研究使用的是中性情绪图片）。高分组对于消极表情的识别速度则显著快于低分组，这说明高分组更倾向于把人的表情识别为消极的。在频次统计中，高分组在积极表情、消极表情的频次上均显著高于低分组，说明高分组比低分组更容易受指导语的暗示。在组内比较上，高分组的积极表情评价频次显著低于消极表情的评价频次，低分组则相反。负性情绪性个体更容易受他人影响，与他们

---

① 概括化评价与消极情绪性个体的内隐人格特征形成有重要关系，消极情绪性个体容易对事件进行概括化评价，即整体归属思维，遇到一件事情不好，就否定整个自我。

内隐低自尊有关，由此他们在无意识中更关注别人对自己的评价，内隐低自尊决定了他们更渴望获得别人的积极评价，在认知习惯中也就更关注来自外部的线索，而忽视自我判断，所以更易受外部线索的影响。

四　教师的消极情绪性与情绪劳动的关系分析

高分组采用重复测量方差分析三种实验条件下被试的 5 个生理指标，结果显示，实验主效应极其显著，$F (10, 30) = 83.24$，$p < 0.001$，$partial\ \eta^2 = 0.99$，$1 - \beta = 1$。一元方差分析如表 7-8 所示。

表 7-8　高分组 5 个生理指标的一元方差分析

生理指标	基线测试 $M \pm SD$	恐怖视频 $M \pm SD$	积极朗诵 $M \pm SD$	F	p	$partial\ \eta^2$	$Observed\ Power\ ^a$
BVP 幅度	6.51±5.27	5.68±5.35	5.76±5.30	58.87**	0.000	0.60	1.00
BVP 频率	91.80±10.81	93.93±10.85	93.35±11.03	61.01**	0.000	0.61	1.00
SC	7.13±4.55	7.71±4.60	7.62±4.52	65.68**	0.000	0.63	1.00
TEMP	27.98±3.65	27.44±3.67	27.55±3.63	85.97**	0.000	0.69	1.00
RESP	23.65±2.89	21.95±3.24	22.16±2.81	50.32**	0.000	0.56	1.00

高分组 5 个生理指标一元方差检验均达到极其显著性水平，统计检验力均为 1.00。5 个生理指标在三种实验条件下的两两比较如表 7-9 所示。由于是被试内重复测量比较，方差大，结果依然显著。

表 7-9　高分组 5 个生理指标在三种实验条件下两两比较

生理指标	恐怖视频—基线测试 MD	p	积极朗诵—基线测试 MD	p	积极朗诵—恐怖视频 MD	p
BVP 幅度	-0.83**	0.000	-0.75**	0.000	0.08	0.453
BVP 频率	2.13**	0.001	1.56**	0.001	-0.57*	0.026
SC	0.58**	0.000	0.49**	0.000	-0.09	0.205
TEMP	-0.54**	0.001	-0.43**	0.001	0.12*	0.029
RESP	-1.70**	0.000	-1.49**	0.000	0.21	0.355

消极情绪性高分组被试对恐怖视频产生了显著的生理唤醒，相对于

基线测试，被试的 BVP 幅度、TEMP、RESP 显著下降，而 BVP 频率、SC 显著上升；当要求被试看完恐怖视频后及时调整情绪进行积极情绪朗诵时，高分组被试的生理指标与看恐怖视频时相比变化不太明显，且与基线测试水平相比，高分组被试在积极情绪朗诵时的生理指标变化方向与看恐怖视频时的变化方向是相同的。这充分说明高分组被试没有及时调整自己的情绪。事后询问也表明，高分组在朗诵时没有完全从恐惧情绪中脱离出来。由此说明，负性情绪性倾向较高的个体的情绪转换能力较弱，表现为具有较弱的情绪自主性，情绪控制能力较弱。

对低分组被试在三种实验条件下的 5 个生理指标采用重复测量方差分析，结果显示，实验主效应极其显著，$F(10, 30) = 57.26$，$p < 0.001$，$partial\ \eta^2 = 0.95$，$1 - \beta = 1$。一元方差分析如表 7-10 所示。

表 7-10　低分组 5 个生理指标的一元方差分析

生理指标	基线测试 $M \pm SD$	恐怖视频 $M \pm SD$	积极朗诵 $M \pm SD$	F	p	$partial\ \eta^2$	$Observed\ Power$ [a]
BVP 幅度	5.11±5.10	4.63±4.00	5.18±4.11	88.92**	0.000	0.69	1.00
BVP 频率	95.94±10.18	96.93±10.18	95.89±10.23	103.12**	0.000	0.73	1.00
SC	8.01±4.37	8.24±4.41	7.94±4.42	75.13**	0.000	0.66	1.00
TEMP	28.73±3.98	28.37±3.93	28.78±3.9 万	156.82**	0.000	0.80	1.00
RESP	24.56±3.39	23.76±3.44	24.62±3.39	104.11**	0.000	0.73	1.00

低分组 5 个生理指标在三种实验条件下两两比较的结果如表 7-11 所示。

表 7-11　低分组 5 个生理指标在三种实验条件下两两比较

生理指标	恐怖视频-基线测试		积极朗诵-基线测试		积极朗诵-恐怖视频	
	MD	p	MD	p	MD	p
BVP 幅度	-0.49**	0.000	0.06*	0.010	0.55**	0.000
BVP 频率	0.99**	0.000	-0.05*	0.017	-1.05**	0.000
SC	0.23**	0.000	-0.07**	0.007	-0.30**	0.000

生理指标	恐怖视频-基线		积极朗诵-基线		积极朗诵-恐怖视频	
	MD	p	MD	p	MD	p
TEMP	−0.35 **	0.000	0.06 *	0.014	0.41 **	0.000
RESP	−0.80 **	0.000	0.06 *	0.017	0.86 **	0.000

低分组被试对恐怖视频产生了显著的生理唤醒，相对于基线水平，被试的 BVP 幅度、TEMP、RESP 显著下降，而 BVP 频率、SC 显著上升；当要求被试看完恐怖视频后及时调整情绪进行积极情绪朗诵时，低分组被试的生理指标与看恐怖视频时相比变化显著，且与基线测试相比在积极情绪朗诵时的生理指标变化方向与看恐怖视频时的变化方向是相反的，说明低分组被试前后体验到了两种极性相反的情绪。事后询问也表明，低分组在朗诵时基本脱离了前面恐惧情绪的影响，能够及时调整自己的情绪，在积极朗诵时体验到了愉悦情绪。

表层行为和负性情绪性的真实表达始终被认为是有害的，而负性情绪劳动则是策略性的、可以操控的，为了学生的学习和发展，教师可能经常从事这种类型的情绪劳动，包括积极情绪劳动或可控的消极情绪劳动，应该承认许多教师意识地从事情绪劳动而不顾个人付出的心理成本（psychological cost），但这些都建立在教师积极情绪性的基础之上，而消极不可控的负性情绪性对教学是十分有害的。

五　负性情绪性的调节策略——接纳与承诺疗法

接纳与承诺疗法（Acceptance and Commitment Therapy，ACT）是由美国著名心理学家斯蒂文·海斯（Steven C. Hayes）教授及其同事基于行为疗法创立的心理治疗方法，是继认知行为疗法后的又一重大心理治疗理论。ACT 与辨证行为疗法、内观认知疗法一起被称为认知行为治疗的第三次浪潮，是认知行为治疗的最新发展。图 7-3 呈现了 ACT 的六边形心理病理。

一个人的情绪性通常与心理僵化（psychological ridigity）密切相关，接纳与承诺疗法认为，心理僵化的人通常会经验性回避，即试图去避免、摆脱、压抑或者逃离那些不想要的个人经验（包括思想、情感、感觉、

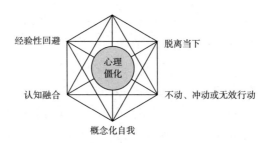

图 7-3　ACT 的六边形心理病理

记忆），长期经历负性情绪的教师可能会被工作搞得心力交瘁，他们认为有效的做法就是回避，于是他们会消极应对，试图用这种方式来摆脱自己的消极情绪。然而，大脑只能做加法，不能做减法，不是我们想回避某些个人经验就可以回避的，事实上，我们越是努力回避一个经验，就越会强化这一经验带来的消极体验，而经验与自身融合，会产生认知融合。

认知融合是心理僵化病理模型中的核心部分，是指人们的行为受语言法则和思维内容过度控制的倾向，即人们会把想法、意象、感觉当作事实本身。负性情绪性教师会认为自己很糟糕，会把"自己"与"糟糕"等同起来，自己的行为、感情完全受想法控制，殊不知这只是个人想法，不是事实本身。比如，这个学生很糟糕，也只是个人想法，不是事实本身。当教师处于认知融合状态时，那些想法就好像是绝对真理，必须服从，思想、情感都会受消极想法的影响。人类的大脑本身就是一个故事机，它会在空闲的时候喋喋不休地讲很多故事，对于负性情绪性的人，大脑自然会讲很多消极故事，产生负面的想法，久而久之，就会形成概念化自我。

概念化自我是用来定义和描述自己的言语内容层面上的自我，正如海斯所言："我们人类在这个世界上不仅仅是生活，我们同时还在用语言去解释它、建构它、审视它和理解它。"（Hayes & Wicson，1994）一个负性情绪性教师的概念化自我自然也是消极的，他们可能会认为自己很糟糕，自己的学生很糟糕。概念化自我本身没有问题，但是对概念化自我的依附会增加心理僵化。当一个人固守已经不再适用的描述，可能就会依附于概念化自我，就会增加痛苦或导致不动、冲动或者无效行动。

不动、冲动或者无效行动会产生不理智或明知是错误的行为。例如，教师会撕掉一个没有认真完成作业的学生的作业本，或者完全不理会一个犯了错误的学生。一旦教师产生这些无效行为，就会导致价值不清，或者产生错误价值，如"学生是很难教好的""不要在差生身上浪费时间了"。一个人如果在生活中有诸多价值不清，就会脱离当下。

脱离当下就是不愿意接受当下，容易生活在过去或者未来中，沉浸在过去事件（正性或负性）的想象中或者对未来消极事件的担忧中，例如，负性情绪性教师不太容易接受学生的不规范行为，因为他们害怕这些行为可能会带来消极的后果，或者习惯于过去的学生行为，于是产生经验性回避。

与病理模型相对应，接纳与承诺疗法有六边形的治疗过程，如图7-4所示。一个教师可以接纳自己的坏脾气，可以接纳自己的教学失败，可以接纳犯了错误的学生，并且可以与这些消极经验进行亲密对话，这就是接纳，它是教师职业生活中重要的组成部分，并且万物都是有利有弊的，每个人都有成功的部分也有失败的部分，要学会把自己与失败的体验或想法相解离，那仅仅是一种消极经验，并不是你自己。

图 7-4　ACT 六边形心理治疗过程

认知解离就是改变认知融合的状态，避免思想、情感受想法控制而不能还原事实。认知融合告诉大脑想法即现实，而且极其重要。认知解离则提示我们想法只是语言，是当下的一些感受，不是事实本身。想法本身没有威胁性，即使是最消极的想法也无法真正令人恐惧和困扰。例如，你认为学生惹你生气，那只是你的想法而已，学生未必就是有针对性地惹你生气，学生的动机也未必是坏的，即便是有针对性的，可能也是事出有因，或者换一个角度去思考可能是转变师生关系的契机。

以己为景实为观察性自我，它与内容自我相对，概念化自我实则就是内容自我，是我们用来定义和描述自己的语言内容的自我，比如名字、年龄、职位。概念化自我在生活中是有用的，比如认为"我是一名优秀的老师"时，但是当教师僵化地依附于这个概念化自我时，可能就不会容忍成绩差的学生，或者在面对家长的质问时恼羞成怒。人的一生会经历很多变化，我们的思维、情感、记忆和感觉在每个阶段都会不同，但唯独那个始终存在并察觉所有"我"的那个我，那个不被任何词汇和形式定义的"我"，才是恒定不变的、不被任何概念束缚的我，即以己为景。当你的一种思维、情感、记忆、感觉和另一种不同的经验厮杀时，你的经验就变成了你的敌人，卷入这场战争毫无意义，只会使你的情绪变得非常糟糕，你的经验将成为坏情绪的帮凶。以己为景就是让你以观察自我的视角去观察这场毫无意义的厮杀，抽身事外，当以概念自我作为客体来观察的时候，"我"就分成了"客体的我"和观察着"客体的我"的"主体的我"，就有机会更清晰地看清自己心理的各项内容/动机，从而更全面地认识自己。以己为景为更全面地看清楚自己内心提供了有效的手段。当个体更多地看清了自己的优点后，就会获得勇气和动力；当个体更多地看清了自己的缺点/盲点后，则会反思反复出现、无法排遣的负性情绪的源头究竟是什么。

承诺行动是要改变那些依附于概念化自我的不合理行为，因为这些行为本身是受不合理的思维、情感而产生的，一旦与这些思维、情感解离，行动方式自然发生改变，并承诺自己一定会改变，相应地，价值也就会发生转变，你会认为"学生是非常可爱的""教育是一项非常有意义的事业"。只有个体有所承诺，规则才能对行为产生影响（Gosserand & Diefendorff, 2005）。

活在当下是指我们不能活在过去或者未来事件的想象中，应更多地关注当下发生的事件，并采取接纳当下的做法，而不是经验性回避。

第三节　教师的感官情绪信息的感染效果
比较：线上即时教学与线下教学

一　感官情绪信息类型及其感染效果的理论思考

第一章详细论述了感官情绪信息与高级情绪信息的区别。感官情绪信息包括面部表情、肢体动作、声音（音阶、音调）、气味等，加工这些情绪信息几乎不需要意识努力，自动化程度非常高。例如，突然听到一声尖叫，我们通常会吓一跳，但产生生理反馈在先（肌肉紧张、血管收缩、出汗等），意识到自己害怕在后，感官情绪通常是由生理反馈到意识层面自下而上激活的，走的是情绪的"快速路"（孟昭兰，2005），同样某些高级动物看到同伴的恐慌情绪、听到恐慌的声音或嗅到某种气味也会快速产生情绪并做出防御行为，所以人类（包括婴儿）和某些高级动物均能识别感官情绪信息。这种直接诱发和模仿的反馈机制不需要学习即可实现（Lishner et al.，2008），具有跨种族甚至跨物种的相似性。高级情绪信息如社会身份信息、情境信息，是只有人类才能识别的情绪信息，虽然这类情绪信息需要感官系统摄入，如看一篇感人的文章、触景生情等，但是要"提取"其中的情绪信息需要高级认知参与，这类情绪信息走的是"绕行路"（孟昭兰，2005），需要高级认知系统去解读这类情绪信息才能产生相应的情绪，这是自上而下的情绪触发机制。

如上所述，感官情绪信息有很多类型，不同类型的感官情绪信息感染效果一样吗？教师的面部表情、声音等感官情绪信息的情绪感染效果有差异吗？由于以往没有区分情绪信息类型，所以对此也没有相应的研究，对此进行研究对于教学实践具有较大的指导意义，它可以让教师更加清楚自己作为教学"三大情感源点"之一（卢家楣，2006），应该如何在课堂中传递更好的感官情绪信息，以便更好地改善"师生间人际关系中的情感交流回路"（卢家楣，2006）。

此外，线上与线下感官情绪信息的感染效果是否相同？多年来，我们一直在倡导 SPOC（small private online course）混合式教学，甚至MOOC（massive open online courses）或者翻转课堂，其真实效果究竟如何？近年来，我们有了大量线上即时教学的实践机会，但是无论是教师的直观感受还是学生的直观感受，都没有预期的那么好，如果可以面对面授课，为什么要隔着屏幕呢？教学难道只是传递知识吗？隔着屏幕究竟让课堂教学丢失了什么？

在进行本节研究之前，有必要区分一下线上即时教学和线上视频课程两种完全不同的教学情境。线上即时教学是指教师和学生借助社交平台，如腾讯会议、网易课堂、钉钉等平台，同时在线上登录进行多人会议模式的即时教学。线上视频课程是指将事先录制好的教学视频上传到某网站，然后让学生登录网站并观看视频的学习方式，很多学者认为线上视频课程是一种教学，其实它是在线课程（online course），不是教学。应该说，MOOC、SPOC、微课都属于线上视频课程，不属于线上即时教学。线上即时教学本质上要比线上视频课程好得多，因为线上即时教学营造了一个师生交往的心理环境，而线上视频课程则完全没有师生交往的心理环境。线上即时教学至少可以即时地与学生保持语言互动，教师可以通过提问简单了解学生的学习动态，学生也可以及时提出自己的疑难问题，尽管隔着屏幕，教师可以感受到学生此时此刻正在听课，学生也可以感受到教师正在讲课，对教学双方的行为具有一定的约束性，这就是为什么尽管在线上，当学生听到教师提问自己时也会感到紧张。如果让学生观看事先录制好的视频课程，即便听到教师在视频中喊自己的名字并提问自己，也不会紧张，因为学生感受不到教师此时此刻在倾听自己。

一个更深层次的理论问题是，线上教学，包括线上即时教学与线上视频课程究竟是不是"教学"？据考证，"教"与"学"在甲骨文中就已出现，并且"教"与"学"两个字是同源的，本来是一个字，后来才分化成两个字。《礼记·学记》中有"学学半"，即"教学半"，孔颖达的解释是"言教人乃是益己学之半也"，意思是教育别人的同时自己的学问也得到长进。可见，教学是指一种教者先学后教，教中又学的活动，更强调"学"的活动。《礼记·学记》有"玉不琢不成器，人不学不知道。是故古之王者建国君民，教学为先"。这里的教学还是强调"学"的活动。许慎在《说文解字》中解释，"教，上所施，下所效也"，《说文解字》对教学的解释强调了"教""学"两个方面。到了近代，教学的内涵在于教授，更强调教，赫尔巴特认为学生对教师必须保持一种被动状态。现在一般认为教学是教师的教和学生的学所组成的一种人类特有的人才培养活动。可见，"教学"一词的解释从单向强调"学"或"教"，最后统一到"教"与"学"的双向活动。几乎所有的现代教学观点都一致认为教学是一种人与人之间的以传授知识为目的的双向交往活动，教学属于特殊的人际交往活动，从这个层面上来说，线上即时教学还能勉强算作一种隔空的人际交往活动，而线上视频课程就不属于交往活动了，因为线上视频课程没有任何人际互动，充其量是一种视听教材。

至于线上即时教学，它与传统的教学行为相比也是天壤之别，它基本破坏了教学的原始生态，是一种被阉割的、不完整的教学。网络交往的匿名性、隐蔽性、无纪律性、去人格化不但改变了人际交往的物理环境，也改变了人际交往的心理环境，传统教学中教师的九种角色在线上教学中只剩"传道者"的角色，实际上是播音员的角色，学生的主体地位变成观众地位。网络交往过滤了很多现实人际交往的信息，只剩下传播知识的语言信息和动态图像，传统课堂信息的多维多向性变成单维单向性，教师既无法监督学生是否按自己的要求去做，学生也无法完整地了解教师的指令，甚至连相互完整立体地看到对方都不可能，整个传统课堂退化成了管中窥豹。就连教师书写板书、学生相互模仿这么简单的事情都变成一种奢望，线上即时教学基本丢失了传统课堂的构成要素，不再具备传统课堂的生态环境，充其量只是一种网络直播的有声读物而已。

由此可见，现代教学理论企图借助网络技术将传统课堂行为无限扩展只是一种梦想，其代价是瓦解了课堂的原始生态以及削弱了教学效果。所以，线上教学已不符合传统教学的定义，实质是一种学生带有动机的自学行为，如果学生的动机不存在，学习行为就很难发生。

综上所述，即便是线上即时教学比 MOOC 等线上视频课程要好得多，但是它与现场教学相比也会逊色不少，那些认为线上教学比线下教学效果更好的观点既没有理论基础，也没有实践支持，充其量只是一种幻想。笔者认为线下教学效果要比线上教学好得多，本节研究将从教师情绪感染效果这一视角去证实这一假设。

本节研究目的是在实验室仿真教学与现场情境下，比较教师所传递的不同类型的感官情绪信息（语音、面部表情、复合情绪信息）对学生情绪感染效果的影响。

二　教师的感官情绪信息感染效果测量

本节研究共有四个实验模块。模块一使用教师语音情绪信息（无视频），语音情绪信息分为积极、消极、中性（基线测试）；模块二使用教师的表情情绪信息，包括面部表情与肢体语言，研究方法是给学生播放有字幕的静音教学视频，教师的表情情绪信息分为积极、消极和中性（基线测试）；模块三使用教师的视听觉双通道情绪信息，视听觉双通道情绪信息是指既有声音又有画面的多媒体视频，分为积极、消极和中性（基线测试）。上述视频通过腾讯课堂播放，并欺骗被试这是线上即时教学，上课教师能看到被试的举动。模块四为现场情境，聘请三位教师分别使用中性、积极、消极三种情绪现场朗诵三个文本。

本节研究使用的教师均为男性，为避免文本的语义情绪信息对被试的影响，研究中均使用中性文本。

模块一播放音频文件，教学内容为《看云识天气》（中性情绪）、《景泰蓝的制作》（积极情绪）、《统筹方法》（消极情绪）。

模块二播放静音视频文件，教学内容为《考试总结》（中性情绪）、《大自然的语言》（积极情绪）、《运动会总结》（消极情绪）。

模块三播放视听视频文件，教学内容为《落日的幻觉》（中性情绪）、《语言的演变》（积极情绪）、《语言是人类重要的交际工具》（消极情绪）。

模块四使用真人现场教学，教学内容为《食物从何处来》（中性情绪）、《〈物种起源〉导言》（积极情绪）、《统筹方法》（消极情绪）。

以公开方式招募有效大学生被试 46 名。每位被试进入实验室后，主试向被试介绍实验相关的情况与注意事项，并签订实验知情协议。

为营造仿真教学效果，所有实验均在教室中进行，模块一至模块三，使用笔记本电脑通过腾讯课堂模仿线上即时教学，模块四使用现场教学。

本节研究的四个模块，采用被试内重复测量设计，即所有被试均要接受所有研究模块中的所有实验刺激。除了基线测试的实验材料放在第一次序，其他实验材料的呈现顺序在被试间平衡。其中模块三和模块四在每呈现一个实验刺激后要求被试完成"教师课堂情绪感染力评价问卷"。模块流程如图 7-5 所示，四个模块流程相似。

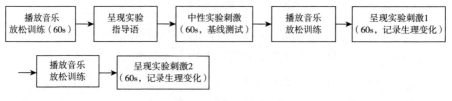

图 7-5　模块流程

研究中使用了生物反馈仪 A、B、D、G 四个通道（见附录六）。

三　线上即时教学情境下教师的感官情绪信息的感染效果比较

（一）教师的语音、表情和视听觉双通道中性情绪信息的感染效果比较

在三类中性感官情绪信息中，语音情绪信息、表情情绪信息以及视听觉双通道情绪信息，究竟哪种对学生情绪感染的效果好呢？为了研究这一问题，分别选取了模块一中的中性情绪音频（实验条件Ⅰ）、模块二中的中性表情静音视频（实验条件Ⅱ）、模块三中的中性情绪视听视频（实验条件Ⅲ）进行比较，实验均为被试内设计。

多元方差分析结果显示，被试在三种实验条件下主效应极其显著，$F_{(14, 32)} = 5.62$，$p < 0.001$，$partial\ \eta^2 = 0.71$，$1-\beta = 1$，基于平均变量的多元方差分析结果显示被试内因素实验条件的主效应极其显著，$F_{(14, 170)} = 4.83$，$p < 0.001$，$1-\beta = 1$。描述性统计与一元方差分析如表 7-12 所示。

表 7-12　7 个生理指标的描述性统计与一元方差分析结果

生理指标	音频 $M \pm SD$	静音视频 $M \pm SD$	视听视频 $M \pm SD$	F	p	$partial\ \eta^2$	$Observed\ Power^a$
α 波	4.44±2.50	4.13±2.59	5.03±3.17	3.57	0.059	0.07	0.49
SMR	2.86±1.39	3.03±2.34	3.65±2.52	2.79	0.087	0.06	0.44
β 波	4.79±3.15	4.75±2.99	6.06±3.48	11.62**	0.000	0.21	0.97

续表

生理指标	音频 $M \pm SD$	静音视频 $M \pm SD$	视听视频 $M \pm SD$	F	p	partial η^2	Observed Power [a]
BVP 幅度	10.78±7.35	10.36±7.12	8.57±7.19	23.74**	0.000	0.34	1.00
BVP 频率	79.75±9.03	79.72±8.92	79.40±9.15	1.15	0.303	0.03	0.20
SC	1.44±1.22	1.65±1.28	2.22±2.09	4.19*	0.033	0.09	0.61
脸颊 EMG	9.65±1.69	9.63±1.72	9.74±1.72	6.00*	0.011	0.12	0.75

7 个生理指标的一元方差分析显示，β 波、BVP 幅度、SC、脸颊 EMG 的一元方差检验结果显著，其中 SC 的统计检验力最低。对一元方差检验结果显著的 4 个生理指标在三种实验条件下两两比较，根据研究目的选取部分结果，如表 7-13 所示。

表 7-13　4 个生理指标在三种实验条件下两两比较的结果（部分）

生理指标	Ⅱ-Ⅰ		Ⅲ-Ⅰ		Ⅲ-Ⅱ	
	MD	p	MD	p	MD	p
β 波	-0.04	0.837	1.26**	0.001	1.31**	0.001
BVP 幅度	-0.42*	0.018	-2.21**	0.000	-1.79**	0.000
SC	0.21	0.286	0.78**	0.004	0.56	0.118
脸颊 EMG	-0.01	0.486	0.10*	0.019	0.11**	0.010

与语音情绪信息、表情情绪信息相比，在视听觉双通道情绪信息下，学生的注意水平是最高的，表现为 β 波平均波值最大；BVP 幅度在中性情绪语音（实验条件Ⅰ）下取得最大值，且显著高于其他两种实验条件（$p<0.05$），这可能与学生对教师的中性情绪的理解有关，在视听觉双通道情绪信息条件下，有些学生可能会以为教师的情绪是消极的，所以引起 SC 的显著上升。就脸颊 EMG 来说，中性情绪视听视频（实验条件Ⅲ）情绪信息比其他两种类型的情绪信息对学生的情绪感染水平高，即在实验条件Ⅲ下脸颊 EMG 有最大的肌电电位，且与其他两种实验条件存在显著性差异（$p<0.05$），这是因为学生在专注时会绷紧脸部肌肉，导致脸颊 EMG 提升。总的来说，中性情绪不存在明显的课堂情绪感染，没

有激情的教学哪怕是中性情绪，也是没有感染力的，可能会等同于消极
倦怠情绪。

（二）教师的语音、表情和视听觉双通道积极情绪信息的感染效果比较

在三类积极感官情绪信息中，语音情绪信息、表情情绪信息以及视
听觉双通道情绪信息，哪类对学生情绪感染的效果好呢？为了研究这一
问题，分别选取了模块一中的积极情绪音频（实验条件Ⅰ）、模块二中
的积极表情静音视频（实验条件Ⅱ）、模块三中的积极情绪视听视频
（实验条件Ⅲ）进行比较，实验均为被试内设计。

多元方差分析结果显示，被试在三种实验条件下主效应极其显著，F
$(14, 32) = 15.14$，$p<0.001$，$partial\ \eta^2 = 0.87$，$1-\beta = 1$，基于平均变量
的多元方差分析结果显示被试内因素实验条件的主效应极其显著，F
$(14, 170) = 8.43$，$p<0.001$，$1-\beta = 1$。7个生理指标的描述性统计与一
元方差分析结果如表7-14所示。

表 7-14　　7个生理指标的描述性统计与一元方差分析结果

生理指标	音频 $M\pm SD$	静音视频 $M\pm SD$	视听视频 $M\pm SD$	F	p	$partial\ \eta^2$	$Observed\ Power^a$
α波	5.04±4.09	5.63±2.96	5.45±3.50	0.39	0.633	0.01	0.10
SMR	3.47±2.22	3.62±2.24	4.37±2.58	2.59	0.081	0.05	0.50
β波	5.82±3.65	5.85±3.81	7.46±3.49	6.89**	0.003	0.13	0.89
BVP幅度	11.15±7.62	9.79±7.11	12.91±7.15	14.10**	0.000	0.24	1.00
BVP频率	78.04±9.03	79.84±9.07	78.35±8.57	3.60*	0.031	0.07	0.65
SC	1.81±1.15	1.85±1.40	2.35±2.07	2.00	0.141	0.04	0.40
脸颊EMG	9.86±1.90	10.70±1.73	11.64±1.73	44.32**	0.000	0.50	1.00

7个生理指标的一元方差分析显示，β波、BVP幅度、BVP频率、
脸颊EMG的一元方差检验结果显著，其中BVP频率的统计检验力最低。
4个生理指标在三种实验条件下两两比较的结果（部分）如表7-15
所示。

表 7-15　4 个生理指标在三种实验条件下两两比较的结果（部分）

生理指标	Ⅱ-Ⅰ		Ⅲ-Ⅰ		Ⅲ-Ⅱ	
	MD	p	MD	p	MD	p
β 波	0.03	0.952	1.64**	0.004	1.61**	0.000
BVP 幅度	-1.36*	0.037	1.76*	0.012	3.12**	0.000
BVP 频率	1.79**	0.000	0.30	0.722	-1.49	0.065
脸颊 EMG	0.84**	0.000	1.78**	0.000	0.94**	0.000

β 波、BVP 幅度在积极情绪视听视频（实验条件Ⅲ）中有最大值，极其显著地大于其他两种实验条件。就脸颊 EMG 来说，视听觉双通道积极情绪信息比其他两种积极情绪信息对学生的情绪感染水平要高，即在实验条件Ⅲ下脸颊 EMG 有最大的肌电电位，且与其他两种实验条件存在极其显著性差异（$p<0.01$）。在积极情绪音频（实验条件Ⅰ）下，脸颊 EMG 的电位最低，在视频条件下觉察者可以模仿教师表情，从而诱发了更大的脸颊 EMG。

语音情绪信息（实验条件Ⅰ）与表情情绪信息（实验条件Ⅱ）相比，语音情绪信息能激活更大的 BVP 幅度（$p<0.05$），而 BVP 频率显著下降（$p<0.01$），表明积极语音情绪信息比表情情绪信息更能唤醒学生的积极情绪体验，事后询问被试也验证了这一点，即语音情绪信息相较于表情情绪信息更具有感染力。这一点提示教师在课堂中语音比表情更重要，有时候夸张的面部表情未必有感染力，而抑扬顿挫的语调对学生更具有感染力，当然两者配合形成的视听觉双通道情绪信息感染力是最强的。

语音语调之所以对学生的感染力强，可能是由于平常上课或接受谈话教育时，学生更多是听教师讲话而不是看教师的面部表情。比如，我们通常会说"听讲"而非"看讲"，这也说明了在课堂上接受教育的过程更多是"听"，因此教师的语音语调传递的情绪对学生尤为重要。我们在学习生活中比较直观的感受就是当教师倦怠、疲劳的时候，讲课就有气无力，听课的学生会昏昏欲睡。再者，在课下接受教师的思想教育、批评时，学生通常的动作就是低头，所以也不可能看到教师的表情，学生的大部分情绪体验来自教师的语音语调（愤怒、厌恶、轻蔑等）。

（三）教师的语音、表情和视听觉双通道消极情绪信息的感染效果比较

选取模块一中的消极情绪音频（实验条件Ⅰ）、模块二中的消极表情静音视频（实验条件Ⅱ）、模块三中的消极情绪视听视频（实验条件Ⅲ）进行比较。

多元方差分析结果显示，被试的 7 个生理指标在三种实验条件下主效应极其显著，$F(14, 32) = 7.80$，$p<0.001$，$partial\ \eta^2 = 0.77$，$1-\beta = 1$，基于平均变量的多元方差分析结果显示实验条件的主效应极其显著，$F(14, 170) = 3.87$，$p<0.001$，$1-\beta = 1$。7 个生理指标的描述性统计与一元方差分析结果如表 7-16 所示。

表 7-16　7 个生理指标的描述性统计与一元方差分析结果

生理指标	音频 $M\pm SD$	静音视频 $M\pm SD$	视听视频 $M\pm SD$	F	p	$partial\ \eta^2$	$Observed\ Power^{\ a}$
α 波	4.07±4.70	3.38±3.05	4.25±3.02	1.00	0.022	0.02	0.22
SMR	2.33±2.05	2.78±1.59	2.74±2.31	0.95	0.381	0.02	0.20
β 波	4.12±3.82	4.11±3.58	5.10±3.93	2.34	0.102	0.05	0.46
BVP 幅度	8.47±7.57	9.64±7.43	7.10±5.74	8.74**	0.000	0.16	0.96
BVP 频率	82.33±9.33	80.63±9.30	81.83±9.43	4.36*	0.016	0.09	0.74
SC	2.82±1.52	2.32±1.78	4.13±2.06	14.05**	0.000	0.24	1.00
脸颊 EMG	9.46±1.77	9.24±1.67	9.82±1.74	2.80	0.097	0.06	0.54

7 个生理指标一元方差检验达到显著水平的有 BVP 幅度、BVP 频率和 SC，其中 BVP 频率的统计检验力不高（0.74）。表 7-17 为 7 个生理指标在三种实验条件下两两比较的结果（部分）。

表 7-17　7 个生理指标在三种实验条件下两两比较的结果（部分）

生理指标	Ⅱ-Ⅰ		Ⅲ-Ⅰ		Ⅲ-Ⅱ	
	MD	p	MD	p	MD	p
α 波	-0.70	0.385	0.18	0.803	0.88*	0.020
β 波	-0.02	0.973	0.98	0.088	1.00*	0.046
BVP 幅度	1.17*	0.042	-1.37	0.070	-2.54**	0.000

续表

生理指标	Ⅱ－Ⅰ		Ⅲ－Ⅰ		Ⅲ－Ⅱ	
	MD	p	MD	p	MD	p
BVP 频率	−1.70**	0.009	−0.50	0.476	1.20**	0.007
SC	−0.50	0.139	1.30**	0.000	1.81**	0.000
脸颊 EMG	−0.22	0.475	0.37**	0.000	0.59	0.057

消极情绪音频（实验条件Ⅰ）较消极表情静音视频（实验条件Ⅱ）有更低的 BVP 幅度和更高的 BVP 频率，两个指标均存在显著性差异，说明在消极情绪上，语音情绪信息比表情情绪信息具有更大的感染力，事后询问被试也证实了这一点。这一点提示教师，富有激情的声音可能是教师情绪感染力的主要来源，相反，有气无力或平淡无奇的声音会压抑课堂气氛，是学生消极情绪体验的来源，声音的感染力要大于表情。通常一个教师在课堂中真正投入教学，其情感是很容易通过声音表现出来的，相反，如果教师的情绪是伪装，虽然表情（如笑脸）很容易伪装，但声音难以伪装，也就是说语音情绪在某种程度上是辨别情绪真假的重要指标。教师在课堂教学中需要结合教学内容进行一定程度的情绪劳动，其中抑扬顿挫的语音情绪劳动在情绪劳动中扮演了重要角色。

学生观看消极情绪视听视频（实验条件Ⅲ）SC、脸颊 EMG 极其显著大于消极情绪音频（实验条件Ⅰ），α 波、β 波、BVP 频率、SC 显著大于消极表情静音视频（实验条件Ⅱ），学生观看消极情绪视听视频 BVP 幅度取得最小值，而 SC、脸颊 EMG 取得最大值。由此说明在消极情绪信息上，视听觉双通道情绪信息的感染效果要好于单通道情绪信息。这些结果与“教师课堂情绪感染力评价问卷”的调查结果一致。

四 线上即时教学与线下教学教师的感官情绪信息的感染效果比较

（一）教师的中性感官情绪信息的感染效果比较

将线上即时教学中教师的视听觉双通道中性情绪信息（实验条件Ⅰ）与线下教学情境中教师的中性情绪信息（实验条件Ⅱ）的感染效果进行比较。多元方差分析结果显示，被试的 7 个生理指标在两种实验条件下主效应极其显著，$F_{(14, 32)} = 19.79$，$p < 0.001$，$partial\ \eta^2 = 0.78$，

$1-\beta=1$。表 7-18 为两种实验条件下被试的生理指标的描述性统计与一元方差分析结果。

表 7-18　两种实验条件下被试的生理指标描述性统计
与一元方差分析结果（$n=46$）

生理指标	实验条件 I M±SD	实验条件 II M±SD	F	p	partial η^2	Observed Power [a]
α 波	5.03±3.18	6.85±3.70	79.47 **	0.000	0.64	1.00
SMR	3.65±2.52	5.74±2.83	87.27 **	0.000	0.66	1.00
β 波	6.06±3.48	8.09±3.90	81.35 **	0.000	0.64	1.00
BVP 幅度	8.58±7.18	9.00±7.38	12.72 **	0.001	0.22	0.94
BVP 频率	79.40±9.15	79.70±9.19	8.47 **	0.006	0.16	0.81
SC	2.22±2.10	2.42±2.17	5.89 *	0.019	0.12	0.66
脸颊 EMG	9.75±1.72	10.05±1.79	13.85 **	0.001	0.24	0.95

有 6 个指标达到了极其显著性水平（$p<0.01$），SC 达到了显著性水平（$p<0.05$），但是 SC 的统计检验力（$1-\beta=0.66$）不高，其他 6 个变量均具有较高的统计检验力。对 7 个生理指标进一步在两种实验条件下做差异性检验，结果如表 7-19 所示。

表 7-19　7 个生理指标在两种实验条件下比较的结果

II - I	α 波	SMR	β 波	BVP 幅度	BVP 频率	SC	脸颊 EMG
MD	1.82 **	2.08 **	2.02 **	0.43 **	-0.56 **	-0.45 *	0.30 **
p	0.000	0.000	0.000	0.001	0.006	0.019	0.001

线下教学情境与线上即时教学相比，教师中性情绪具有更大的感染力，在线下教学情境下，学生的 α 波、SMR、β 波均高于线上即时教学，说明学生在线下教学中更关注教师。即使教师使用中性情绪朗诵文本，线下教学依然能够给学生带来一定的积极情绪感染，表现为 BVP 幅度极其显著提高（$p<0.01$），而 BVP 频率极其显著下降（$p<0.01$），脸颊 EMG 也极其显著提高（$p<0.01$）。上述结果表明，线下教学比线上即时教学更能吸引学生的关注，即使在教师中性情绪下，如果学生能够关注

教师的朗诵，也能产生积极的情绪体验，证实了线下教学优于线上教学。

（二）教师的积极感官情绪信息的感染效果比较

将线上即时教学中教师的视听觉双通道积极情绪信息（实验条件Ⅰ）与线下教学情境中教师的积极情绪信息（实验条件Ⅱ）的感染效果进行比较。多元方差分析结果显示，被试的7个生理指标在两种实验条件下主效应极其显著，$F（14，32）= 101.30$，$p < 0.001$，$partial\ \eta^2 = 0.95$，$1-\beta = 1$。表7-20为两种实验条件下被试生理指标的描述性统计与一元方差分析结果。

表 7-20　两种实验条件下被试的生理指标描述性统计
与一元方差分析结果（$n=46$）

生理指标	实验条件Ⅰ $M \pm SD$	实验条件Ⅱ $M \pm SD$	F	p	$partial\ \eta^2$	$Observed\ Power^a$
α波	5.45±3.50	7.45±3.70	96.79**	0.000	0.68	1.00
SMR	4.36±2.58	6.58±2.53	116.77**	0.000	0.72	1.00
β波	7.46±3.49	9.19±3.67	77.11**	0.000	0.63	1.00
BVP 幅度	12.91±7.15	14.80±7.30	78.93**	0.000	0.64	1.00
BVP 频率	78.35±8.57	75.80±8.73	107.55**	0.000	0.70	1.00
SC	2.35±2.08	2.09±1.72	6.75*	0.013	0.13	0.72
脸颊 EMG	11.64±1.73	12.92±1.95	95.98**	0.000	0.68	1.00

7个生理指标的一元方差分析结果显示，有6个指标达到了极其显著性水平（$p<0.001$），SC 达到了显著性水平（$p<0.05$），但是 SC 的统计检验力（$1-\beta = 0.72$）不高，其他6个变量的统计检验力均为1。对7个生理指标进一步在两种实验条件下做差异性检验，如表7-21所示。

表 7-21　7个生理指标在两种实验条件下的比较结果

Ⅱ-Ⅰ	α波	SMR	β波	BVP 幅度	BVP 频率	SC	脸颊 EMG
MD	2.00**	2.22**	1.73**	1.89**	-2.54**	-0.26*	1.28**
p	0.000	0.000	0.000	0.000	0.000	0.013	0.000

教师积极情绪在线下教学情境下比线上即时教学具有更大的感染力，线下教学情境下学生的 α 波、SMR、β 波均极其显著高于线上即时教学，说明在线下教学中学生更容易关注教师。专注力可以提高学生的无意识模仿水平，受教师的积极情绪感染，学生的 BVP 幅度极其显著提高、BVP 频率极其显著下降（$p < 0.001$），学生的脸颊 EMG 水平显著提高，说明学生无意识地模仿了教师的面部表情。

上述结果证明，线下教学与线上即时教学相比，教师使用积极情绪更能吸引学生的关注，教师的积极情绪比线上即时教学更能感染学生，学生在线下更容易无意识模仿教师的表情，依据情绪的内导理论或 James-Lange 理论，生理反馈可自下而上诱发情绪体验。线下教学时，学生处于一种真实的教学心理氛围中，线下教学可以屏蔽学生很多与教学无关的行为与心理，学生处于教学约束中，所以线下教学优于线上即时教学。

（三）教师的消极感官情绪信息的感染效果比较

将线上即时教学中教师的视听觉双通道消极情绪信息（实验条件 I ）与线下教学情境中教师的消极情绪信息（实验条件 II ）的感染效果进行比较。多元方差分析结果显示，被试的 7 个生理指标在两种实验条件下主效应极其显著，$F_{(14, 32)} = 58.85$，$p < 0.001$，$partial\ \eta^2 = 0.91$，$1-\beta = 1$。表 7-22 为两种实验条件下被试的生理指标的描述性统计与一元方差分析结果。

表 7-22　两种实验条件下被试的生理指标描述性统计
与一元方差分析结果 （$n = 46$）

生理指标	实验条件 I $M \pm SD$	实验条件 II $M \pm SD$	F	p	$partial\ \eta^2$	$Observed\ Power^{a}$
α 波	4.25±3.02	5.25±3.07	143.20**	0.000	0.76	1.00
SMR	2.74±2.31	3.67±2.30	128.50**	0.000	0.74	1.00
β 波	5.10±3.93	6.06±3.94	100.82**	0.000	0.69	1.00
BVP 幅度	7.10±5.74	6.16±5.20	32.84**	0.000	0.42	1.00
BVP 频率	81.83±9.44	83.14±9.49	93.19**	0.000	0.67	1.00
SC	4.12±2.06	4.95±2.21	70.94**	0.001	0.61	1.00
脸颊 EMG	9.83±1.73	10.19±1.90	9.15**	0.004	0.17	0.84

　　7个生理指标的一元方差分析结果显示，7个指标均达到了极其显著水平（$p<0.01$），脸颊 EMG 的统计检验力（$1-\beta=0.84$）稍低，其他 6 个变量的统计检验力均为 1。对 7 个生理指标进一步在两种实验条件下做差异性检验，如表 7-23 所示。

表 7-23　7个生理指标在两种实验条件下的比较结果

Ⅱ-Ⅰ	α 波	SMR	β 波	BVP 幅度	BVP 频率	SC	脸颊 EMG
MD	1.00 **	0.93 **	0.97 **	-0.94 **	1.31 **	0.83 *	0.37 **
p	0.000	0.000	0.000	0.000	0.000	0.001	0.004

　　线下教学情境与线上即时教学相比，教师消极情绪具有更大的感染力，在线下教学情境中，学生的 α 波、SMR、β 波均极其显著高于线上即时教学（$p<0.001$），说明学生在线下教学中更易关注教师，无论是教师处于中性、积极还是消极情绪状态，尤其是班级学生人数较少或者学生对学科感兴趣的情况下，线下教学更是优于线上即时教学，线下教学时学生普遍更关注教师，而在线上即时教学时学生更容易转移注意力，不但不关注教师，还可能不关注教学内容。

　　相比于线上即时教学，线下教学时教师的消极情绪同样具有更强的感染力，表现为 BVP 幅度极其显著下降（$p<0.001$），以及 SC 极其显著性上升（$p<0.01$）。实验中教师的消极情绪不同于为了朗诵文本的需要而表现出来的消极情感，如朗诵《窦娥冤》时表现出悲伤的情感，实验中使用的教师消极情绪为倦怠，表现为没有激情、有气无力或心不在焉，与文本的语义情绪没有关联，说明教师的教学倦怠情绪会影响学生产生学习倦怠。由于在线上即时教学中，教师的课堂情绪感染力更弱，所以教师的消极情绪对学生的影响也更弱，但这不能说线上即时教学就优于线下教学，因为大部分情况下，教师的教学情绪是积极的，线上教学的最大缺点就是学生的注意力转移和情绪感染的削弱现象让教学变得不可控。

（四）学生对教师的课堂情绪感染力评价比较

　　依据实验流程，学生看完视频（视听觉双通道）或者听完线下课后均要完成一份"教师课堂情绪感染力评价问卷"，对线上即时教学与线下教学情境中教师三种类型的情绪感染力得分进行配对 t 检验，检验结果如表 7-24 所示。

表 7-24　两种实验条件下教师课堂情绪感染力评价比较

教师情绪	实验条件	$M \pm SD$	t	p	Cohen's d	$1-\beta$
中性	II	26.83±5.07	11.91**	0.000	1.72	1.00
	I	21.23±4.24				
积极	II	33.23±4.83	10.97**	0.000	1.58	1.00
	I	27.79±3.85				
消极	II	16.50±3.04	9.77**	0.000	1.41	1.00
	I	12.94±3.27				

　　问卷的结果验证了生理测量结果，即学生的主观感受与生理唤醒具有一致性，教师在中性、积极、消极三种情绪状态下，学生普遍感觉教师在线下教学情境中情绪感染力要强于线上即时教学。学生普遍认为教师在中性与积极情绪状态下的线下教学效果要好于线上即时教学。

五　教育启示

　　从情绪感染的视角来看，线下教学效果要远远好于线上即时教学，线下教学比线上即时教学更能吸引学生的关注，即便是教师表达中性情绪，也能获得较好的情绪感染效果，而线上即时教学几乎难以达到情绪感染的效果，学生的专注力严重缺失，这是线上即时教学效果不好的原因。近年来的线上即时教学实践普遍反映了教学效果不好，在当下应试教育环境下，大学生普遍存在学习动力不足，在课堂上听课都难以保质保量，很难想象他们会在线上认真听讲，更难以想象会在课后通过视频来学习。对于小学生或初中生来说，学习普遍较为被动，且自学能力不足，在课堂上学习可以最大限度地削弱他们的行为自由度，他们不能自由走动，不能说话，甚至不能做小动作，身体上的自由限制会产生相应的心理约束，不能做其他事情使他们更容易专注教师的授课内容，所以更有可能专注于老师讲课。课堂环境是一个教学约束环境，在教学约束下，其情绪更容易被教师感染。这就是线下教学普遍优于线上即时教学的原因。

　　相对于线下教学，MOOC 或 SPOC 属于线上视频课程，其效果要远远差于线上即时教学，严格来说，MOOC 或 SPOC 不属于教学行为，不符合教学的定义，属于一种多媒体自学材料，它们的地位与书本教材没有差异。学生在线观看视频的行为属于自学行为，而非教学行为，学生的行为自由度是最大的，学生要么有强大的内部动机（学业兴趣），要么有强大的外部动机（教师检查或者升学考试），否则线上视频学习是基本不能成功的。

本章小结

　　本章内容主要包括三个方面。

　　第一，情绪性是课本中的教育理念向实践中的教育理念转变的中介变量，教师消极情绪性对教育理念具有瓦解作用。教师的情绪性行为对教师在教学过程中的情绪表达有深刻的影响。情绪性行为受个体信念、气质类型、动机、受暗示性、情绪调节能力的影响。本章的"教师的消极情绪性问卷"从负性性情、非理性信念与行为、受暗示性、情绪调节四个维度进行调查，具有较高的信度、效度水平。

　　第二，负性情绪性教师对规则的熟知程度不如正性情绪性教师；负性情绪性教师的角色转换能力低，情绪表达缺少多样性；负性情绪性教师的情绪劳动多为表层行为；负性情绪性教师容易在情绪劳动中聚焦自我。实证研究表明，负性情绪性教师具有消极的内隐人格认知，具有消极的非理性信念，更容易受他人暗示。负性情绪性教师的情绪劳动能力更弱，尤其是深层情绪劳动更弱。接纳与承诺疗法对负性情绪性具有一定的治疗效果。

　　第三，无论是积极情绪还是消极情绪，教师语音情绪信息的感染效果要好于表情情绪信息的感染效果，教师视听觉双通道情绪信息具有更强的情绪感染力，能唤醒学生相应的情绪体验。线下教学与线上即时教学相比，教师的情绪感染力更强，学生的注意水平更高，而在线上即时教学中，学生注意力容易转移，存在情绪感染的削弱现象，教学变得不可控。MOOC、SPOC 属于视听教材，不属于教学范畴。

第八章　教学中的师生关系情境

第一节　非利害关系情境下学生位差心理的
泛化及其对情绪感染的调节

一　上、下位心理的泛化及对情绪感染的调节作用

在社会学上，社会地位（social status）受个体社会位置、权力、声望、职业、财富等因素的影响，社会地位综合反映了一个人在社会中所处的层级位置，在人际交往中具有标签效应和心理意义，对社会地位的感知会影响交往双方的交往行为。

Wiesner（2024）认为，心理地位（life position）是一个人对自己和他人的基本信念，这些信念可分为我好（I+）、我不好（I-）、你好（U+）以及你不好（U-），由此形成四种信念组合。心理地位中的"好"与"不好"只与自己感受到的自己或者他人的价值有关，与品德没有直接关系，"好"表示对自己或他人的感觉良好，能够接纳自己或他人，"不好"是"好"的对立面（Napper，2009），"不好"是指感觉不好，不能接纳自己或他人，很容易产生羞耻感。人际位差心理（位差心理）与心理地位不同，人际位差心理是指人与人之间因社会地位差距而产生的差距心理，专指交往者对双方社会地位的相对差距的觉知，并由此产生的心理体验。人际位差心理也有与心理地位类似的差距心理，但是人际位差心理受社会权势左右，而心理地位只是一种心理感受，不一定要与社会权势挂钩。

在社会层级交往中对自己和他人的社会地位的感知可以分为以下四种情况：我是地位高的（I+）、我是地位低的（I-）、你是地位高的（U+）和你是地位低的（U-）。因此，社会层级交往就会产生四种组合：我高你也高（I+U+）、我高你低（I+U-）、我低你高（I-U+）、我低你

也低（I-U-）。我高你也高（I+U+）或者我低你也低（I-U-）的交往
情境相当于同类人之间的交往，个体不会产生太大的社会身份启动效应，
而在我低你高（I-U+）、我高你低（I+U-）这两种情况下，身份启动效
应会非常明显，尤其是当交往双方身份相差悬殊的时候，这种启动效应
会更明显。

　　如果是我低你高（I-U+），地位相距悬殊，那么"我"就可能会产
生下位心理，而"你"可能会产生上位心理。下位心理表现为在认知上
感觉自己身份低于对方，体验到下位情绪，如敬畏、害怕、焦虑、羞怯、
退缩、拘谨等人际交往情绪，有一种低人一等的感觉。与之相反，上位
心理就是在认知上感觉自己身份高于对方，体验到上位情绪，如傲慢、
骄傲、蛮横、自恋、鄙视、优越感等，有一种高人一等的感觉。通过上
述分析可知，人际位差心理会带来情绪变化，情绪变化会反映在生理指
标上，可以通过测量生理指标来测量人际位差心理，由此，人际位差心
理就成为可观测、可检验的概念。

　　社会层级交往有两种情境：一种是上下级关系情境（利害关系情
境），另一种是非上下级关系情境（非利害关系情境）。前者是指有管理
与被管理的关系，就是上下级之间的交往情境；后者是指没有管理与被
管理的关系，但是双方有社会地位差异。通常人际位差心理很容易在上
下级关系中出现，在非上下级交往中出现人际位差心理是人际位差心理
在一般人际交往中的泛化现象，称为人际位差心理的泛化。

　　当个体体验到下位情绪，是不是意味着更容易被对方的情绪感染呢？
有研究表明，领导的情绪比非领导对下属更有感染力（Fredrickson，
2003），正如 Elfenbein（2007）所言，关注领导的情绪表达是因为下属
认为领导的情绪表达是一种重要的信息。也有研究表明，下属的情绪并
不总是被领导影响，在下属中心的领导关系中（follower centric
leadership），领导的情绪反而容易受下属的影响（Snaebjornsson &
Vaiciukynaite，2016）。从社会功能来说，下位情绪属于消极情绪，那么
个体在非利害关系情境下能否激活下位情绪体验？处于下位情绪的个体
对他人微笑是否具有易感性？相应地，上位情绪属于积极情绪，那么个
体在非利害关系情境下能否激活上位情绪？上位情绪对情绪感染是否有
调节作用？

本节研究目的是验证学生在非利害关系情境下（以职业性向访谈为例）上、下位情绪的泛化及其对情绪感染水平的调节作用。

二　上、下位心理的实验诱发及情绪感染的测量

实验设计了一个虚假的职业性向访谈任务，模拟非利害关系情境，实验以大学生作为被试，被试需接受三位不同身份的访谈员（由实验助手扮演）的访谈，三位访谈员的身份分别是高校教师、大学科创社记者（在读大学生）、高中科学社记者（在读高中生），均为男性，长相大众化，衣着不显眼。安排三种不同身份的人员与被试交往的目的是检验能否启动被试的上、下位情绪。实验中的人际交往情绪以"微笑"为例，研究实验助手的"微笑"（相对于"不微笑"）是否会感染学生，因为微笑是最常见的人际交往表情，有研究表明，微笑是人际交往中最具感染力的表情（Mui et al., 2018），也即研究处于上、下位心理的被试对他人微笑情绪的感染效果有无调节作用？

以公开招募的方式陆续招募来自扬州大学的非心理学或教育学专业的大学生被试 150 名，最后获得有效数据 70 份，其中男生 35 名、女生 35 名。

实验开始后，实验员向被试介绍实验的规范与流程，签署实验知情协议，在被试身体的相应部位连接好生物反馈仪传感器，然后在实验员的指导下做音乐放松训练（5min），之后做基线测试并记录生理水平（5min）。告知被试这是一个职业性向访谈实验（虚假的实验任务），接下来进入实验的主要环节。告知被试访谈员的身份，如"他是一名高校教师，博士学历，获得过省科学技术进步奖……"，"他是一名在校大学生，学习用功，平时喜欢关注一些社会问题……"，"他是一名在校高中生，学习刻苦，对大学充满向往，崇拜大学生，想了解目前大学生的升学去向……"。这一步的目的是引导被试对访谈员的身份信息进行"深加工"，以便启动上、下位情绪。随后进入职业性向访谈环节，由访谈员按照访谈提纲"随机"提问，每位访谈员随机分配 3 个问题，访谈时间严格控制在 5 分钟，同时采集被试的生理指标。接着在实验员指导下做音乐放松训练（5min），为下一个访谈做准备。实验流程如图 8-1 所示。

实验中使用了生物反馈仪 B、D、E、G 四个通道（见附录六）。

图 8-1　实验流程

三　上、下位情绪唤醒效应检验

将三类访谈员表情平静时被试的生理指标与基线测试进行比较，即访谈员为高中生（实验条件Ⅱ）、大学生（实验条件Ⅲ）、高校教师（实验条件Ⅳ）且表情平静时被试的生理指标与基线测试（实验条件Ⅰ）进行比较，之所以选择访谈员表情平静时被试的生理指标，是为了排除访谈员情绪（另一组访谈员为微笑）对被试上、下位情绪启动的影响。

采用重复测量方差分析四种实验条件下被试的 6 个生理指标，结果显示，实验条件主效应极其显著，F（18，17）= 24.48，$p < 0.001$，$partial\ \eta^2 = 0.96$，$1 - \beta = 1$。各实验条件下的描述性统计如图 8-2 所示。

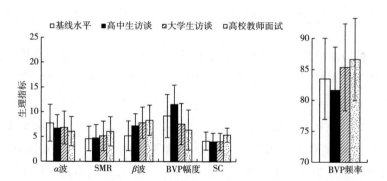

图 8-2　四种实验条件下被试的生理指标描述性统计（单位：μV、mho）

一元方差分析结果如表 8-1 所示。

表 8-1　6 个生理指标的一元方差分析结果

生理指标	F	p	$partial\ \eta^2$	$Observed\ Power$ [a]
α 波	5.06 **	0.003	0.13	0.91
SMR	6.38 **	0.001	0.16	0.96

续表

生理指标	F	p	partial η^2	Observed Power [a]
β 波	10.20**	0.000	0.23	0.99
BVP 幅度	62.76**	0.000	0.65	1.00
BVP 频率	57.22**	0.000	0.63	1.00
SC	8.16**	0.000	0.19	0.99

6 个生理指标一元方差检验均达到极其显著性水平，且均具有很高的统计检验力。表 8-2 是三种访谈情境的生理指标与基线测试进行两两比较的结果。

表 8-2　6 个生理指标在四种实验条件下两两比较的结果

生理指标	Ⅱ - Ⅰ		Ⅲ - Ⅰ		Ⅳ - Ⅰ	
	MD	p	MD	p	MD	p
α 波	-1.06*	0.052	-0.94*	0.038	-1.66**	0.001
SMR	0.13	0.740	0.58	0.131	1.50**	0.002
β 波	2.02**	0.007	2.64**	0.002	3.14**	0.000
BVP 幅度	2.31**	0.000	-1.63**	0.000	-2.83**	0.000
BVP 频率	-1.83**	0.000	1.87**	0.000	3.15**	0.000
SC	-0.18	0.685	-0.13	0.743	1.23**	0.001

三种访谈情境的生理指标与基线水平相比较，α 波均显著下降，而 β 波均极其显著提升（p<0.01）。β 波是人处于神经兴奋状态时的波形，通常是情绪亢奋的表现，脑波节律一般易受精神活动的影响，如当学生将注意力集中在某一事物或做心算时，α 波即被抑制，转为低幅 β 波，而且精神活动越强烈、亢奋时，α 波抑制效应越明显，而 β 波越强烈（Wang et al., 2013；Price & Harmon-Jones, 2015）。说明在三种实验条件下，被试的注意水平均提高了。

本实验成功唤醒了被试的上、下位情绪，当访谈员为高中生时，被试产生了积极的上位情绪体验；而当访谈员为高校教师时，BVP 幅度朝着相反的方向变化，尽管生理指标不能反映情绪的类型，但是可以断定前后是两种不同极性的情绪，即面对高校教师时，被试产生了下位情绪体验，事后询问被试，他们都表示接受高校教师访谈时普遍感觉到了拘谨或者焦虑。由此证明人际位差心理在非利害关系情境下泛化启动。

四 上、下位情绪对微笑情绪感染的调节作用

当被试启动上、下位情绪时，对方的情绪会对被试产生感染力吗？为此，将两组被试的生理指标进行比较，一组接受访谈员的微笑访谈，另一组接受访谈员平静访谈。

被试间检验结果显示，访谈员表情（微笑 VS 平静）的实验主效应极其显著，$F(6, 63) = 6.42$，$p<0.001$，$partial\ \eta^2 = 0.38$，$1-\beta = 1.00$。访谈员表情与访谈员类型的交互作用极其显著，$F(18, 51) = 26.05$，$p<0.001$，$partial\ \eta^2 = 0.90$，$1-\beta = 1.00$。进一步在访谈员类型变量上做访谈员表情的简单主效应分析，结果如表 8-3、表 8-4、表 8-5 所示。

表 8-3 访谈员（高中生）微笑表情的感染力检验

	访谈员平静 ($M\pm SD$)	访谈员微笑 ($M\pm SD$)	MD	t	p	$partial\ \eta^2$	$Observed\ Power\ ^a$
α 波	6.68±2.67	5.76±2.25	0.92	1.56	0.123	0.04	0.27
SMR	4.72±2.70	4.20±1.89	0.52	0.92	0.362	0.01	0.15
β 波	7.19±2.42	8.80±3.66	-1.61	-2.15 *	0.035	0.06	0.56
BVP 幅度	11.50±3.95	9.86±4.03	1.64	1.72	0.090	0.04	0.39
BVP 频率	82.57±6.98	75.69±8.99	6.89	3.58 **	0.001	0.16	0.94
SC	3.96±1.76	3.85±1.45	0.11	0.29	0.772	0.00	0.06

表 8-4 访谈员（大学生）微笑表情的感染力检验

	访谈员平静 ($M\pm SD$)	访谈员微笑 ($M\pm SD$)	MD	t	p	$partial\ \eta^2$	$Observed\ Power\ ^a$
α 波	6.80±3.33	5.79±2.90	1.01	1.36	0.180	0.03	0.27
SMR	5.17±2.96	4.92±2.02	0.25	0.41	0.684	0.00	0.07
β 波	7.83±3.15	10.23±3.63	-2.40	-2.96 **	0.004	0.11	0.83
BVP 幅度	7.57±4.15	11.73±4.60	-4.16	-3.91 **	0.000	0.19	0.98
BVP 频率	86.27±7.03	78.10±9.17	8.17	4.18 **	0.000	0.21	0.99
SC	4.02±1.76	3.75±1.62	0.27	0.67	0.503	0.01	0.10

表 8-5 访谈员 (高校教师) 微笑表情的感染力检验

	访谈员平静 (M±SD)	访谈员微笑 (M±SD)	MD	t	p	partial η²	Observed Power [a]
α 波	6.08±2.96	5.33±2.51	0.76	1.15	0.252	0.02	0.20
SMR	6.09±2.94	4.32±2.17	1.78	2.89**	0.005	0.11	0.81
β 波	8.33±3.06	10.37±3.01	-2.05	-2.82**	0.006	0.10	0.79
BVP 幅度	6.36±4.03	13.79±4.35	-7.43	-7.42**	0.000	0.45	1.00
BVP 频率	87.55±6.67.	78.68±8.74	8.87	4.77**	0.000	0.25	0.99
SC	5.37±1.42	3.14±1.33	2.23	6.76**	0.000	0.40	1.00

面对访谈员微笑表情，被试的 β 波均有显著提高，说明学生对所有类型的访谈员的微笑均给予更多的注意力，情绪感染是以注意处理为中介的，注意处理能增强情绪感染力 (Kille & Wood, 2011)。当访谈员为大学生和高校教师时，访谈员表情微笑与访谈员表情平静时相比较，被试的 BVP 幅度显著提高，而 BVP 频率极其显著下降 ($p<0.001$)，其中表 8-5 中 SC 有极其显著下降，说明当访谈员为高校教师时，微笑表情情绪感染力最强，可以大大减轻被试的焦虑情绪，所以 BVP 幅度变化增量最大。有研究表明，当人们从紧张态度放松下来时，副交感神经活动就会占主导地位，心率、皮电就会下降 (Mizugaki et al., 2015)。研究表明低社会权力的人对他人的情绪更敏感，而高社会权力的人对他人的情绪更不敏感 (Snodgrass, 1985)，这部分解释了为什么高校教师情绪感染力最强，而高中生访谈员对大学生的情绪感染力就很弱。从情绪感染视角也证明了被试在面对不同身份的访谈员时产生了不同的人际位差心理，面对高校教师时产生了下位心理，而面对高中生时产生了上位心理，由于上、下位心理不同，导致他们对访谈员的情绪产生不同的易感性。

在访谈情境中，被试将产生两种情绪：第一种是上、下位情绪，这是由身份差距导致的人际情绪；第二种是面试官的微笑所产生的情绪感染，这是自下而上的、无意识的人际情绪传递过程。在情绪叠加中，动机强且确信度高的情绪会得到放大，而动机弱的情绪容易被动机强的情绪瓦解，这就是情绪的相克现象。在非利害关系情境下，人际交往中的微笑情绪是一种确信度高的情绪，访谈员的微笑表情表达了一种肯定的态度，可以增强被试的信心与动机，因此具有一定的感染力，但是其感染水平与被试所处的心理状态有关，当被试处于下位心理（与高校教师在一起时的不确信感）时，被试会在无意识中搜索对方的情绪，由于对方微笑是确信度高的情绪，会给自己增加信心，正好可以克制被试的下位情绪，迎合了被试的情感需要，这就是高校教师的微笑更具感染力的原因。而面对高中生访谈员，由于被试体验到了上位情绪，上位情绪本身就是确信度高的情绪，因此失去了关注对方微笑情绪的内隐动机，也就削弱了对方的情绪感染力。

实验中的访谈情境模拟的是课堂中师生之间的平等对话情境，教学关系是在师生平等互动中完成的，尽管课堂教学是非利害关系情境，但是师生仍然有身份上的不同，学生能意识到教师是课堂的管理者和课堂的主导者，因此学生会产生下位心理，尤其是低年级学生很关注教师对自己的态度，当然高年级学生，甚至大学生也会关注教师对自己的态度，这就是学生的向师性，向师性在所有学段的学生身上都会存在，甚至在类似师生关系的情境中会泛化，比如喊别人"老师"时，下位心理就会启动，并不需要别人真实地教过你。

五　教育启示

在师生关系中，学生普遍具有下位心理，学生保持适度的下位心理有利于课堂管理，有利于增强教师的课堂情绪感染力，所以教师在课堂中应该具有一定的威严感。但过犹不及，过度的严厉会导致学生过度关注事件的结果而产生焦虑情绪，甚至有些胆子大的学生会产生对抗情绪，所以凡事适可而止、因人而异。恩威并济、张弛有度才是最好的管理，"恩"可以增强"威"的效果，"威"又可以放大"恩"的情感。

下位心理首先表现为被管理者对管理者的认可，这是由双方的主从地位决定的。在师生关系中，学生普遍认可教师的学识、地位。学生处于下位心理时渴望来自教师的认可，这种认可会让他们感觉自己是在按照教师的要求去做，符合教学的任务要求，这就是学生自我实现的动机。教师认可学生，一方面可以给他们带来极大动力，另一方面又可以进一步巩固学生对教师的认可，提高学生的向师性和教师的课堂情绪感染力。

相反，如果教师漠视学生，学生长期得不到教师的认可，向师性就有可能会消耗殆尽，此时学生形成消极的自我概念"教师不可能会关注我的"，就会在心理层面上远离教师，在情感上抵触教师，师生之间的课堂情感互动会变得困难，教师的课堂情绪感染力将无从谈起。所以，教师应该利用好学生的向师性，在课堂或课后关注每一个学生，让学生的向师性得到强化，这样可以进一步增强教师在课堂中的情绪感染力，强化学生的学习兴趣和学习信心。

第二节 利害关系情境下学生的位差心理启动及其对情绪感染的调节

一 下位心理及其对情绪感染的影响

如前所述，社会层级交往有两种情境：一种是上下级关系情境，另一种是非上下级关系情境。前者相当于下属与自己的顶头上司交往，有决定和被决定的利害关系，后者相当于与一个没有直属关系的"领导"交往，没有利害关系。生活经验告诉我们，与自己的顶头上司交往更易产生人际位差心理，但不是每个人也不是在每一次社会层级交往中都会启动位差心理，经验告诉我们人际位差心理可能受多种因素影响，如交往动机、熟悉程度、关系类型、对方的情绪表达等，这些都属于交往情境。为此，本节研究控制了交往双方的熟悉程度（采用陌生人交往），以及上位交往者的表情（平静 VS 微笑），研究在利害关系情境下（面试情境）能否启动人际位差心理，以及这种心理对情绪感染的调节作用。

有研究表明，下属会更关注他们领导的情绪，这种过多的关注会放大领导的情绪感染力（Johnson，2008）。如果这一结论成立的话，结合本节研究的实验，可以确定高校教师的微笑总是具有感染力的，并且总是比普通人员的微笑对被试的感染力强；同样，在面试情境下，面试官的微笑可以让被试更放松。但是，事实果真总是如此吗？微笑在不同的场合会有不同的社会意义，有时候微笑反而可能给对方增加压力，如高考父母送孩子进考场时的微笑，表示的是一种期待，可能增加孩子的心理压力。由此说明，评价在情绪感染中起到了关键作用，不是所有的微笑都有感染力（Hennig-Thurau et al., 2006）。

以往对情绪感染的研究缺乏情境化的思想，研究的结果总是认为觉察者感染上了他所觉察的情绪（Falkenberg et al., 2008）。最新的一些研究已经不支持这一观点了，比如哭泣对于幼儿没有太大的感染效果，甚至与白噪声是一样的（Ruffman et al., 2019），认为情绪感染不能脱离具体的情境，觉察者会将自己的认知下意识地投射到情境中，从而改变情绪感染的结果（Isern-Mas & Gomila, 2019）。甚至当人面临是否需要和他人进行合作的决策时，情绪感染现象也会消失（Tsai et al., 2012）。情境性情绪感染现象不再从"感染水平"上去探讨情绪感染现象，因为情境性情绪感染有可能会出现选择性感染（详见第四章第三节），或者反向与降阈情绪感染（详见第五章第二节、第三节），不同的情境因素决定情绪感染能不能发生以及发生的方向。所谓情境性情绪感染是指发生在真实人际交往情境中的情绪感染，并且这些人际交往情境包含很多显性因素，它们会影响情绪感染的最终结果。利害关系情境是一种有上下级关系或决定与被决定关系的人际交往情境，师生的课堂交往在一定程度上就是一种决定与被决定的人际交往情境，师生平等只是人格平等，这种利害关系情境交往会对教师的课堂情绪感染力产生什么样的影响呢？其心理学原理是什么？

本节研究目的是学生在利害关系情境下（以面试情境为例），上、下位情绪对情绪感染水平的影响。

二　利害关系情境的创设及情绪感染的测量

实验以大学生作为被试，实验是一个虚假的大学语文知识面试任务，实验前告知被试面试分数占学科总成绩的 50%，这样就会让被试处于利害关系情境。三位面试官分别是高校教师、大学文学社记者（在读大学生）、高中文学社记者（在读高中生），由面试官直接打分。实验安排了三种不同身份的人员与被试交往的目的是检验能否启动被试的上、下位心理，唤醒上、下位情绪。实验中的人际交往情绪以"微笑"为例，有一半学生接受面试官微笑面试；另一半学生接受面试官平静表情面试。实验最后获得有效数据 80 份，其中男生 40 名，女生 40 名。实验流程与第一节相同，不同的是实验情境，所有被试均要接受三位面试官的知识面试。

三　利害关系情境下的焦虑情绪检验

将接受面试官平静表情面试的被试的生理指标与基线测试进行比较，即三种语文面试情境，面试官分别为高中生（实验条件Ⅱ）、大学生（实验条件Ⅲ）、高校教师（条件Ⅳ）时被试的生理指标与基线测试（实验条件Ⅰ）进行比较，以确定被试在面试时是否产生焦虑情绪，即证明语文面试是不是焦虑情境。

采用混合重复测量方差分析四种实验条件下被试的 6 个生理指标，结果显示，实验条件主效应极其显著，$F(18, 61) = 35.62$，$p < 0.001$，partial $\eta^2 = 0.91$，$1 - \beta = 1$。各实验条件下的描述性统计结果如图 8-3 所示。

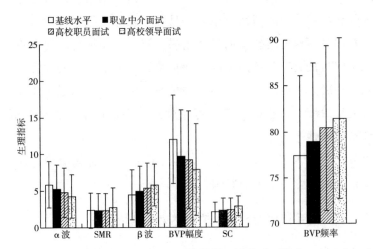

图 8-3　四种实验条件下被试的生理指标描述性统计（单位：μV、mho）

用一元方差检验每个生理指标在四种实验条件下是否达到显著性水平，结果如表 8-6 所示。

表 8-6　6 个生理指标的一元方差分析结果

生理指标	F	p	partial η^2	Observed Power [a]
α 波	14.19 **	0.001	0.15	1.00
SMR	9.86 **	0.000	0.11	1.00

续表

生理指标	F	p	partial η^2	Observed Power [a]
β 波	11.84**	0.000	0.13	1.00
BVP 幅度	96.76**	0.001	0.55	1.00
BVP 频率	104.77**	0.000	0.57	1.00
SC	7.09**	0.001	0.08	0.98

6个生理指标的一元方差检验均达到极其显著性水平，且均具有很高的统计检验力。表8-7是6个生理指标在四种实验条件下两两比较的结果。

表8-7　6个生理指标在四种实验条件下两两比较的结果

生理指标	II - I		III - I		IV - I	
	MD	p	MD	p	MD	p
α 波	-0.63*	0.022	-1.10**	0.000	-1.60**	0.000
SMR	0.45*	0.051	0.84**	0.000	1.18**	0.000
β 波	0.50*	0.043	0.90**	0.000	1.31**	0.001
BVP 幅度	-2.46**	0.000	-2.79**	0.000	-4.15**	0.001
BVP 频率	1.43**	0.000	3.05**	0.000	4.09**	0.001
SC	0.13	0.514	0.45*	0.041	0.82**	0.000

三种面试情境与基线测试相比较，均出现 BVP 幅度极其显著下降（$p<0.01$）和 BVP 频率极其显著提高（$p<0.01$），有研究表明，当人们处于焦虑情境，心率会显著加快（Aritzeta et al., 2017），而心率可以用 BVP 频率计算出来，所以 BVP 频率同样可以反映焦虑程度。尤其是当面试官为高校教师（实验条件IV）时，各项指标的变化更明显，SC 也极其显著提高（$p<0.001$），当面试官为大学生（实验条件III）时也观察到 SC 显著提高，因为人在焦虑情境下交感神经活动占主导地位，会导致心率显著加快、皮电显著提高，这是人的应激反应（Mizugaki et al., 2015），皮电通常被用于测量被试的愉悦情绪反应或者焦虑情绪反应

（Banks et al.，2014）。实验结束后被试的主观情绪评定也验证了学生在面试时体验到了焦虑，由此证明了面试情境的确是一个焦虑情境。

在面试情境下，被试普遍体验到了焦虑情绪。在利害关系情境中，个体具有强烈地获得利益的动机（面试成功），这种动机来自获得职业的情感需要与面试，动机会强化内驱力的强度和紧迫感，过强的动机会诱发焦虑情绪体验，焦虑情绪是由强烈的动机与对未来的不确定性双重因素诱发的。

从人际位差心理上来说，想要完整地解释上、下位情绪的动机效应，需要对 Izard（1992）的理论进行补充，增加"动机"维量。当个体处于上位情绪时，自我确信度高，易产生交往优越感，更不在意对方，会产生支配、指使，甚至鄙视对方的动机，交往动机更弱，也就是说上位情绪的交往动机维量是低的；而处于下位情绪时正好相反，自我确信度低，希望获得他人好评的动机更强，所以会出现恭维、迎合、讨好对方的动机，交往动机更强。当面试官为高校教师时，被试体验到了更强烈的焦虑情绪，与其希望获得面试官好评的动机是密不可分的，当个体出现位差心理时已有"动机"卷入其中，可见动机维量在人际位差心理启动中起重要作用。

四　上、下位情绪对微笑情绪感染的调节作用

第一节的实验验证了上、下位心理会泛化启动，在非利害关系情境下，人们更可能淡化一些社会地位认知，在这种情境下依然能够启动人际位差心理，那么就更有理由相信，在利害关系情境中，人们只会更加关注双方的社会地位，人际位差心理更易启动，面试中的焦虑情绪便是人际位差心理的表现。在面试情境中，人际位差心理会不会调节对他人微笑的情绪感染呢？

被试间检验结果显示，面试官表情（微笑 VS 平静）的实验主效应极其显著，$F_{(6, 73)} = 4.36$，$p<0.001$，$partial\ \eta^2 = 0.26$，$1-\beta = 0.98$。面试官表情与面试官类型的交互作用极其显著，$F_{(18, 61)} = 2.66$，$p<0.001$，$partial\ \eta^2 = 0.44$，$1-\beta = 0.99$。进一步在面试官类型变量上做面试官表情的简单主效应分析，结果如表8-8、表8-9、表8-10所示。

表8-8　面试官（高中生）微笑表情的感染力检验

	面试官平静（M±SD）	面试官微笑（M±SD）	MD	F	p	partial η²	Observed Power ª
α波	6.05±3.72	4.45±2.70	1.60	4.83	0.061	0.06	0.58
SMR	2.62±2.13	3.30±2.48	−0.68	1.72	0.190	0.02	0.25
β波	4.93±2.98	5.01±3.77	−0.08	0.10	0.920	0.00	0.05
BVP 幅度	10.79±6.85	8.28±5.99	2.51	3.04	0.091	0.04	0.41
BVP 频率	74.99±9.17	82.60±6.24	−7.60	18.79 **	0.000	0.19	0.99
SC	1.93±1.79	2.44±1.79	−0.51	1.64	0.202	0.02	0.24

表8-9　面试官（大学生）微笑表情的感染力检验

	面试官平静（M±SD）	面试官微笑（M±SD）	MD	F	p	partial η²	Observed Power ª
α波	5.12±3.42	4.44±3.39	0.68	0.82	0.368	0.01	0.15
SMR	3.21±1.81	3.51±2.77	−0.30	0.32	0.570	0.00	0.09
β波	4.65±2.81	6.08±3.83	−1.43	3.64	0.061	0.05	0.47
BVP 幅度	11.52±7.03	6.89±5.55	4.63	10.66 **	0.000	0.12	0.90
BVP 频率	76.53±9.34	84.30±6.72	−7.77	18.22 **	0.001	0.19	0.99
SC	2.38±1.46	2.43±1.71	−0.05	0.02	0.887	0.00	0.05

表8-10　面试官（高校教师）微笑表情的感染力检验

	面试官平静（M±SD）	面试官微笑（M±SD）	MD	F	p	partial η²	Observed Power ª
α波	4.77±3.25	3.78±2.54	0.99	2.30	0.130	0.03	0.32
SMR	2.91±2.28	4.48±2.90	−1.57	7.26 **	0.011	0.09	0.76
β波	5.01±2.66	6.54±2.90	−1.53	6.06 *	0.020	0.07	0.68
BVP 幅度	9.78±6.25	5.91±5.74	3.87	8.31 **	0.001	0.10	0.81
BVP 频率	77.16±8.89	85.75±6.21	−8.59	25.09 **	0.001	0.24	1.00
SC	2.42±1.35	3.32±1.24	−0.90	9.58 **	0.001	0.11	0.86

　　当面试官为高中生时，面试官微笑会导致被试的BVP频率显著提高，当人们的焦虑情绪增强时，BVP频率都会显著提高。由此可推导出，

当面试官为高中生时，微笑不但没有减轻被试的焦虑状态，反而可能会增强被试的焦虑情绪体验。由此说明，在焦虑情境下，被试的上位情绪对他人的微笑不具有明显的调节效果。

当面试官微笑时，被试的 BVP 幅度均极其显著下降，BVP 频率均极其显著提升（$p<0.001$），BVP 是反映情绪唤醒程度的生理指标，人在遭受网络欺凌时 BVP 幅度会下降（Caravita et al., 2016）。除此之外，当面试官为高校教师时，SC 极其显著提升（$p<0.01$），SC 是焦虑情绪的重要衡量指标之一。上述结果表明，在面试情境下，微笑不但不能感染面试者，从而让他们产生愉悦的情绪体验（降低焦虑），相反，面试官微笑可能会显著增强被试的焦虑情绪体验，尤其是当面试官为高校教师时，微笑会让被试体验到更强烈的焦虑情绪。有研究发现，社交焦虑与微笑的模仿性增强有关，但这只适用于礼貌微笑，而不适用于快乐微笑（Dijk et al., 2018），对方礼貌性地微笑实际上并不能减轻社交焦虑者的焦虑体验，反而可能会增强其焦虑体验。由此说明，在焦虑情境下，面试官的微笑不具有情绪感染力，并且被试的下位情绪可能还会增强焦虑情绪体验。

面试情境是一种决定与被决定的利害关系情境，面试对于绝大多数考生来说都会产生压力，因为考生不确定自己能不能成功，这是对未来不确定性的一种担忧，所以是一种典型的焦虑情境，并且实验后被试的焦虑主观评定也证实了被试在利害关系情境下体验到了明显的焦虑情绪。

实验结果表明，当被试面对高校教师（实验条件Ⅳ）时，比面对大学生（实验条件Ⅲ）和高中生（实验条件Ⅱ）时出现更强烈的焦虑情绪，启动了人际位差心理。在面对高中生时，被试的上位情绪也并未对面试中的焦虑情绪产生调节作用，在利害关系情境下，面试官微笑不但不能感染被试，反而会加重被试的焦虑情绪体验，这是情境性情绪感染叠加效应的结果。

在利害关系情境中，被试将产生三种情绪：第一种是面试情境导致的焦虑情绪，是由于强烈的求成动机和不确定性所诱发的情绪；第二种是上、下位情绪，这是一种由社会身份差距导致的情绪，这一情绪体验几乎发生在人际交往开始的一瞬间，所以是情绪感染的前情绪；第三种是面试官的微笑所产生的情绪感染，这是一种自下而上的、无意识的人际情绪传递过程。

面试是一个高焦虑情境，焦虑情绪是一种动机强且确信度低的情绪，面试官的微笑表达的是欢迎前来面试的姿态，它会强化面试者的求成动机，不能减少面试结果的不确定性，而加强面试者动机的结果是增加了面试中的焦虑感；面试者的下位情绪也是一种动机强且确信度低的情绪，焦虑情境叠加，表现为更加焦虑。这就解释了为什么在利害关系情境下，面试官的微笑不但没有感染力，反而会加重面试者焦虑。

五　教育启示

利害关系情境下的人际关系会削弱情绪感染，增加下位者的焦虑情绪体验。基础教育课堂以提升学业成绩为目标，教师在课堂教学中会以各种方式评价学生，学生也会相互评价或者自我评价，这种评价理念已深入人心，好处是可以让学生获得外部学习动机，促使他们为了表现好而努力学习，但坏处也不少，如破坏学生的学习兴趣，异化了课堂中的人际关系，使师生之间不再是一种平等的对话关系，而是一种评价与被评价的关系，增加了学习者的焦虑体验，削弱了教师的课堂情绪感染力。比较好的做法是，教师不要轻易在课堂中直接评价学生，更不可批评学生，让学生产生压力，对于回答问题不正确的学生也应该给予鼓励。教师不可人为地制造课堂紧张气氛，比如让学生相互竞争，树立典型，尽管这样做可以起到替代强化的效果，但是弊端更明显，那就是异化了师生之间的关系，让大部分实现不了教师要求的学生产生焦虑感与抵触情绪，对于这部分学生来说，他们很难融入课堂情感中，他们甚至害怕教师让他们回答问题，害怕同学看他们的笑话，这种下位体验让他们产生了消极情绪小生态，完全无法融入课堂情感生态中，只能成为课堂的"看客"。有人说竞争本来就是生态的一部分功能，但这只能用于描述自然生态，而不可用于描述课堂中的师生关系、生生关系。良好的课堂教学关系应该是一种以传授知识为目的的师生之间的平等对话关系，教育之外无目的。学生不是空着脑袋来到教室的，人际关系的异化会直接影响教师的课堂情绪感染效果。

第三节　慈师、严师的课堂情绪感染效果及对学生
"敬""畏"体验的影响

一　慈师与严师的界定

严与慈是基于教师有责任心的前提下对两种不同的教育方式与态度的判断。传统印象①中的严师，"严"指严厉、严格，严师大多奉行外烁论，表现为教师在教育态度上不能容忍学生有错误，要求严厉、严格，教育手段上多用训诫惩罚，学生处于被动状态。此处，我们对严师不做新解，如严师应是在符合职业规范和教育规律的前提下，立足关怀与爱，对自我与学生都严格要求，同时为学生所敬畏，并促进学生健全发展的教师（赵力慧等，2021），这就基本把严师等同于良师，不太符合我们对传统严师形象的理解。慈师大多奉行内导论，表现为教师在态度上能适度容忍学生的错误，态度慈祥、和蔼，教育手段多为循循善诱，学生处于主动状态。自古以来就有"严师出高徒"一说，由于"严"的传统教育方法与现代教育理论相悖，近年来有"严""慈"之争，而双方争论的焦点大多是教育结果的优劣——能否出高徒（班振等，2023）。

学生入学后都会对教师产生敬畏心理，但鲜有对学生的敬畏心理进行研究的。从传统意义上去理解，慈师在学生面前形象和蔼，严师形象威严，作为一名合格的教师，他们都有爱与责任心，只不过教育的方式与态度不同而已，慈师有一种显性的爱与宽容的教育态度，而严师则有一种隐性的爱与苛刻的教育态度，这与教师的个人情绪性有关。那么，两种不同的教育方式哪一种更能让学生接受呢？以往研究没涉及学生的情绪体验这一角度，比如严师与慈师在课堂上对学生的情绪感染效果如何？会给学生带来什么样的情绪体验？

二　"敬"与"畏"的情绪错觉与分化理论构建

本节研究将情绪错觉定义为个体在主观体验上不能分辨两种（也可

---

① 本书只对严师或慈师做传统印象中的描述，不做现代教育理论中关于严、慈的拓展性注解和讨论。

以是多种）情绪状态，以及不能分辨两种情绪状态对行为的影响。例如"敬"与"畏"，主观体验上都与焦虑、紧张等情绪联系在一起，在行为上个体都表现得拘谨、服从。所以"敬"通常与"畏"联系在一起，称为"敬畏"。敬畏夹杂着潜在的恐惧，这种恐惧来源于个体面对比自己更强大或更有力的事物时，陷入无助的焦灼中。敬畏情绪是一种混合了困惑、钦佩、惊奇、服从等多种情绪的复杂情绪（董蕊等，2013）。

从情绪唤醒方式上来看，"敬"是由于敬重对方而产生的一种积极的消极情绪[①]，"敬"情绪源于高级认知，是一种自上而下的情绪，与自我评价、对对方的评价密切相关。"畏"可以通过高级认知唤醒（如害怕鬼魂）；也可以通过感知觉的方式唤醒，不需要太多高级认知参与（如恐高），这种唤醒方式是自下而上的，来源于无意识的恐惧条件刺激（Madipakkam et al., 2016），例如，看到一个凶神恶煞的人，从感官刺激上就会立刻诱发害怕情绪。从情绪的产生机制上，这两种情绪其实不是一种情绪，所以它们在调节方式上可能存在差异。如果"敬"是源于敬重对方的学识，那么消除"敬"的最好方式就是看到对方的"浅陋"；如果"畏"源于害怕对方给自己造成人身威胁，那么获得安全感是克服"畏"的最好方式。

尽管"敬""畏"在体验上都有焦虑感，在生理唤醒、主观体验上可能趋同，但是在情绪类别、诱发刺激、产生机制、调节方式上有所差异，笔者推断"敬""畏"应该不是一种情绪，而是两种情绪，心理学应该能找到两种情绪分化的实验证据。由此本节研究提出如下假设。

假设1："敬""畏"可能具有相同的生理唤醒，无论是慈师还是严师，学生"敬""畏"教师在主观体验上都感觉到了压力感或焦虑感，在行为取向上表现为服从，"敬""畏"在主观体验上趋同。

假设2："敬""畏"的调节方式不同，给予学生安全感或力量感可以帮助学生消除对严师的"畏"，但不能消除对慈师的"敬"，"敬""畏"在内隐认同感上与行为取向上出现分离，是两种不同的体验。

---

① 积极的消极情绪是本书研究对情绪类型的一种划分。所谓积极的消极情绪是指在人际趋避上属于"趋"情绪，而在体验上敬与畏相伴，具有一定的消极体验。

三 "敬""畏"情绪的实验诱发以及学生的情绪感染测量与行为测量

以公开招募的方式选取来自扬州大学的大学生被试63名，最后获得有效数据60份，其中男生30名、女生30名。

慈师与严师均由实验助理扮演。实验前让学生观看关于慈师与严师的视频介绍。慈师形象主要突显慈祥的态度与循循善诱的教学特点，严师主要突显严厉的态度与惩戒的教学特点。然后看一段严师与慈师的微笑朗诵视频，在视频结束最后1分钟测量学生的生理唤醒程度。

实验中所使用的教学视频为中性文本《统筹方法》《景泰蓝的制作》，两位教师均采用积极情绪朗诵。

实验中的游戏任务为比较两张图片有无差异（见图8-4），游戏程序用E-prime编制，每轮（block）游戏会依次呈现10张图片，即10个试次（trial），要求被试尽快做出判断，如果有差异按"是"键，没有则按"否"键。

图8-4 实验图片

实验任务是被试与慈师、严师分别进行两局游戏比赛，每局游戏12轮，总分120分，双方在两局游戏中轮流做裁判。每轮游戏结束后由电脑打分，但是裁判有权调整分数，并依据调整后的分数进行奖品分配，此时非裁判一方可以抗议，裁判可以选择坚持或者取消调分，然后对裁判进行满意度评分。由于教师的行为是诱发被试心理变化的重要变量，所以，教师的行为对所有被试都是一致的，包括教师的调分次数、调分结果、抗议次数等，以免因为教师的行为差异对实验结果造成系统误差。

为避免实验的顺序效应及助理外貌对实验结果的影响，慈师与严师的实验顺序及人物扮演在被试间平衡。实验分为两个模块，区别为实验模块二在开始前先给被试播放一段抗议视频。以下先介绍实验模块一，实验模块一的游戏规则如图8-5所示。

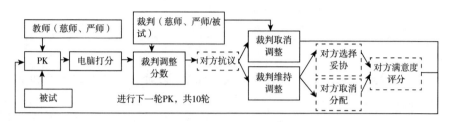

图8-5　实验模块一的游戏规则

实验阶段一：慈师为游戏裁判，实验助理每次都会将比赛分数做有利于自己的调整，如果被试抗议，则置之不理，观察被试会不会产生不满情绪，比赛结束后，对被试进行60秒的生理指标记录。

实验阶段二：指定被试为游戏裁判，目的是考察被试会不会因为阶段一的不公平分配而"报复"实验助理，即有意将自己的分数调高而将教师的分数调低。

上述两个阶段为实验情境一。在实验情境二中，被试与严师进行游戏对决，实验过程与实验情境一完全一样，但试次的图片不一样。实验设计为被试内设计。实验情境与实验阶段的解释如表8-11所示。

表8-11　实验情境与实验阶段的解释

	实验阶段一	实验阶段二
实验情境一：被试PK慈师	慈师为裁判 目的：电脑打分固定，裁判每轮均做了有利于自己的分数调整，以此激发被试的不满情绪	被试为裁判 目的：电脑打分固定，观察被试是否会"报复"，即将分数做有利于自己的调整
实验情境二：被试PK严师	严师为裁判 目的：同上	被试为裁判 目的：同上。

偏向指数计算如下。若教师为裁判，设教师与被试在每轮 PK 中的正确次数分别为 m、n（由电脑记分），实验每一轮 PK 均在两个 PK 者之

间分配 10 元钱，如果以正确次数（电脑打分）为分配依据，则教师应分得 10 元钱中的 $10m/(m+n)$，如果教师将两人的 PK 分数分别调整为 x、y，则教师实际分得 10 元钱中的 $10x/(x+y)$，"实得"与"应得"的差为偏向指数：

$$\frac{10x}{(x+y)} - \frac{10m}{(m+n)}$$

如果教师与被试正确次数分别为 5 和 8，教师将次数调整为 8 和 5，则偏向指数为：

$$\frac{10\times8}{8+5} - \frac{10\times5}{5+8}$$

偏向指数均以裁判为视角来计算，某轮游戏的偏向指数为正，表明裁判作了有利于自己的分数调整，0 表示没有调整，每局 12 轮游戏的偏向指数之和为该局游戏的偏向指数。

实验中使用了生物反馈仪 E、F、G、H 四个通道（见附录六）。

四　慈师与严师的微笑表情对学生的感染效果比较

组织学生观看慈师与严师的积极情绪朗诵，测量被试的生理指标，采用重复测量方差分析三种实验条件下被试的 5 个生理指标，结果显示，实验主效应极其显著，$F(10, 30) = 46.39$，$p<0.001$，$partial\ \eta^2 = 0.94$，$1-\beta = 1$。一元方差分析结果如表 8-12 所示。由于是被试内重复测量比较，方差大，结果依然显著。

表 8-12　5 个生理指标的一元方差分析结果

生理指标	基线 $M\pm SD$	慈师 $M\pm SD$	严师 $M\pm SD$	F	p	$partial\ \eta^2$	$Observed\ Power^a$
BVP 幅度	6.26±4.87	8.34±4.71	7.53±4.46	37.33**	0.000	0.49	1.00
BVP 频率	91.75±10.85	92.42±9.71	93.94±10.10	3.82*	0.05	0.09	0.52
SC	6.52±4.32	6.72±4.22	9.59±4.10	142.78**	0.001	0.79	1.00
TEMP	27.51±3.75	27.27±3.95	29.51±3.68	37.33**	0.000	0.49	1.00
RESP	23.76±2.95	23.68±3.27	25.84±3.54	40.00**	0.000	0.50	1.00

5 个生理指标一元方差检验均达到显著性水平，除 BVP 频率，其他生理指标统计检验力均为 1。对 5 个生理指标在三种实验条件下进行两两比较，结果如表 8-13 所示。

表 8-13　5 个生理指标在三种实验条件下两两比较的结果

生理指标	慈师—基线		严师—基线		严师—慈师	
	MD	p	MD	p	MD	p
BVP 幅度	2.08**	0.000	1.27**	0.000	−0.82**	0.001
BVP 频率	0.68	0.465	2.20*	0.037	1.52**	0.000
SC	0.20	0.083	3.08**	0.000	2.87**	0.000
TEMP	−0.24	0.368	2.00**	0.000	2.24**	0.000
RESP	−0.08*	0.784	2.08**	0.000	2.16**	0.000

慈师与严师相比，BVP 幅度显著提高，而 BVP 频率、SC、TEMP 与 RESP 则显著下降，观看教师积极情绪朗诵视频产生了两种差异显著的生理唤醒，可见学生对于慈师与严师的态度是不一样的，前文说过，情绪感染是无意识产生的，但是可以受高级认知调节，也就是说，在无意识阶段，学生都受到两类教师的积极情绪感染，但是在高级认知里，学生对慈师与严师的态度是不同的，对慈师产生了更多的接纳情绪，而对严师产生了抵触情绪，甚至会认为严师的积极情绪是"装"出来的，实验后的询问也证实了这一点，多数学生认为慈师的微笑更和蔼，而严师的微笑有些勉强。

五　学生对"敬""畏"体验的趋同现象——来自行为的证据

（一）慈师与严师的不公正调分对被试情绪的影响

采用重复测量方差分析三种实验条件下被试的 5 个生理指标，结果显示，实验主效应极其显著，$F(10, 30) = 19.28$，$p < 0.001$，$partial\ \eta^2 = 0.87$，$1-\beta = 1$。一元方差分析结果如表 8-14 所示。

表 8-14　5 个生理指标的一元方差分析结果

生理指标	基线 $M \pm SD$	慈师 $M \pm SD$	严师 $M \pm SD$	F	P	$partial$ η^2	$Observed$ $Power^a$
BVP 幅度	6.26±4.87	5.53±4.71	5.22±4.52	13.62**	0.000	0.26	0.99
BVP 频率	91.75±10.85	93.73±9.59	95.06±10.10	8.45**	0.004	0.18	0.85
SC	6.52±4.32	6.80±4.14	7.22±4.15	10.91**	0.001	0.22	0.95
TEMP	27.51±3.75	27.97±3.95	29.27±3.80	27.58**	0.000	0.41	1.00
RESP	23.76±2.95	24.47±3.19	25.52±3.22	25.86**	0.000	0.40	1.00

　　5 个生理指标一元方差检验均达到极其显著性水平,统计检验力均在 0.85 及以上。对 5 个生理指标在三种实验条件下进行两两比较,结果如表 8-15 所示。

表 8-15　5 个生理指标在三种实验条件下两两比较的结果

生理指标	慈师—基线		严师—基线		严师—慈师	
	MD	p	MD	p	MD	p
BVP 幅度	-0.73**	0.002	-1.04**	0.000	-0.31	0.034
BVP 频率	1.98*	0.035	3.31**	0.002	1.33	0.000
SC	0.28**	0.003	0.70**	0.001	0.42	0.011
TEMP	0.46*	0.037	1.76**	0.000	1.30	0.000
RESP	0.71*	0.018	1.76**	0.000	1.05	0.000

　　中国大学生的成长较多地得到来自权威的帮助和引导,也较多地受到权威的限制,在中国大学生人群中,很多指出自己有比较明显的对权威的畏惧感(訾非,2007)。权威恐惧本质上是对社会差距的恐惧,所以社会差距恐惧可以很好地预测权威畏惧(Butler,2013)。从表 8-15 可知,被试对慈师产生了显著的生理唤醒,与严师相比,被试的生理变化趋势相同,但程度不一,面对严师时,生理变化更甚。由此说明,"敬""畏"具有相同的生理唤醒,"敬"或多或少伴随着"畏"。有研究表明,"敬"会产生鸡皮疙瘩的感觉和寒战的感觉,这种感觉与"畏"(恐惧)很相似(Schurtz et al.,2012),这可能是两种情绪产生相同的生理唤醒的原因。实验后询问被试得知,被试在游戏过程中,尤其当被试为裁判

时，均感受到了不同程度的压力，对情境的解释基本上都使用了"紧张""害怕""拘谨""焦虑""威胁"等情绪词。由于生理指标唤醒趋势相同，对情境的解释相似，依据情绪归因理论，被试应该具有相同的情绪体验。被试的自我报告充分证明了，在浅层的外显认知水平上并不能区分"敬""畏"两种情绪，这两种情绪在主观体验上也没有显著差异，因此在意识层面上产生了情绪错觉。

（二）　慈师与严师作为裁判对被试行为的影响

在实验阶段一中，对实验情境一与实验情境二下被试的行为采用重复测量方差分析，结果显示，实验主效应极其显著，$F(3, 37) = 5.30$，$p<0.01$，$partial\ \eta^2 = 0.3$，$1-\beta = 0.9$。慈师与严师作为裁判对被试行为影响的一元方差分析如表 8-16 所示。

表 8-16　　慈师与严师作为裁判对被试行为影响的一元方差分析

实验情境＼观测变量	慈师 $M\pm SD$	严师 $M\pm SD$	F	p	$partial\ \eta^2$	$Observed\ Power^a$
被试抗议次数	1.10 ± 0.81	0.95 ± 0.78	1.13	0.295	0.03	0.18
被试取消次数	0.33 ± 0.53	0.30 ± 0.52	0.11	0.743	0.00	0.06
被试满意度	-0.36 ± 3.25	1.09 ± 1.62	11.95^{**}	0.001	0.23	0.92

两种条件下对各指标又可以单独使用配对组 t 检验，被试抗议次数、被试取消次数、被试满意度的配对组 t 检验结果分别如下：$t(39) = 1.06$，$p = 0.295$，Cohen's $d = 0.19$，$1-\beta = 0.85$；$t(39) = 0.33$，$p = 0.743$，Cohen's $d = 0.06$，$1-\beta = 0.63$；$t(39) = -3.46$，$p = 0.001$，Cohen's $d = 0.56$，$1-\beta = 1.00$[①]。由此可见，t 检验的显著性水平与重复测量方差分析的结果是一致的。当慈师或严师作为裁判时，被试对于"不公平调整"的抗议次数、取消次数没有显著性差异，但被试对严师的满意度显著高于慈师。这可能是害怕情绪对于内隐认知的影响，"不敢反抗"与"选择满意"趋于一致，即情知一致，从而降低了焦虑感。

---

① 由于因素共有四个水平，观测变量间不是完全独立的，所以用重复测量方差分析更准确。

（三）被试作为裁判对慈师与严师的调分行为比较

在实验阶段二中，对实验情境一与实验情境二下被试的行为采用重复测量方差分析，结果显示，实验主效应极其显著，$F (6, 34) = 12.08$，$p<0.001$，$partial\ \eta^2 = 0.68$，$1-\beta = 1$。被试作为裁判对慈师与严师的调分行为的一元方差分析如表 8-17 所示。

表 8-17　被试作为裁判对慈师与严师的调分行为的一元方差分析

实验情境 观测变量	慈师 $M\pm SD$	严师 $M\pm SD$	F	p	$partial\ \eta^2$	$Observed$ $Power\ ^a$
被试总调次数	2.95±1.78	2.68±0.89	0.83	0.368	0.02	0.14
被试取消次数	1.20±0.82	2.13±0.79	18.56**	0.000	0.33	0.99
被试实调次数	1.75±1.41	0.55±0.82	31.03**	0.000	0.44	1.00
调后被试分数	49.13±4.44	45.75±2.61	23.28**	0.000	0.37	1.00
调后教师分数	60.08±4.24	62.83±1.92	17.21**	0.000	0.31	0.98
偏向指数	3.28±2.71	1.06±1.52	26.76**	0.000	0.41	1.00
被试满意度	2.82±1.07	3.15±0.75	5.01*	0.031	0.11	0.59

当慈师或严师为裁判时，由于电脑打分与调整后分数都是事先设定的，因此偏向指数之和为 25，固定不变。将实验阶段二以被试为裁判时的偏向指数与实验阶段一中的偏向指数 25 进行比较。采用单样本 t 检验，两个实验情境的检验结果分别如下。慈师情境：$M = 3.28$，$t (39) = -50.64$，$p = 0.000$，Cohen's $d = 11.33$，$1-\beta = 1$；严师情境：$M = 1.06$，$t (39) = -99.84$，$p = 0.000$，Cohen's $d = 22.27$，$1-\beta = 1$。结果表明，当被试为裁判时，被试做了很少的有利于自己的分数调整，基本维持了"电脑打分"，说明被试对于慈师或严师心生"敬""畏"，不敢轻易调整分数，尤其是面对严师，更是如此。尽管在实验阶段一中，被试受到不公正的分数调整，由于"敬""畏"的原因，被试选择了服从而不是报复，有研究表明对权威的畏惧感和对他人否定的惧怕呈较强的正相关（訾非，2006）。

六　"敬""畏"的认同感分化与测量——来自行为的证据

（一）"敬""畏"分化的诱发与测量

实验模块二采用被试内设计，被试与实验模块一相同。在实验模块二开始之前，先给被试看一段抗议视频，视频中的实验助理（慈师或严师）与实验中的实验助理是一样的，视频中的"被试"对实验助理的不公平对待明显不满，并据理力争。视频中实验助理始终保持微笑辩解，表现出很被动、很难堪的样子。

看完视频后再组织被试与实验助理（慈师或严师）进行一局游戏PK，共12轮，实验流程如图8-6所示。本轮游戏由电脑打分后，先由实验助理调分（其中电脑打分与助理调分的分数结构与实验模块一中的实验阶段一相同，目的是唤醒被试的不满情绪），但调分的最终决定权交给被试，被试可以对实验助理的调分进行再调分，然后实验助理每次都会提出抗议。被试可以选择"采信"或"不采信"反抗，如果"采信"就接受"电脑打分"，如果"不采信"则维持被试的调分。实验情境一为"慈师PK被试"，实验情境二为"严师PK被试"。

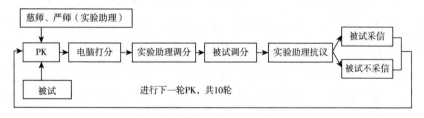

图 8-6　实验模块二的流程

（二）被试观看"抗议视频"前后调分行为的变化

在实验模块一中，当被试为裁判时，被试很少做出有利于自己的分数调整，基本维持了"电脑打分"，说明被试对于慈师或严师心生"敬""畏"。实验模块二在实验之前给被试播放了反抗视频，这种"敬""畏"情感会不会发生改变呢？

比较"慈师PK被试"的情境，即对实验模块一/情境一与实验模块二/情境一做重复测量方差分析，结果显示，实验主效应极其显著，F

（5，35）$= 10.73$，$p<0.001$，$partial\ \eta^2 = 0.61$，$1-\beta = 1$。被试观看视频前后对慈师调分行为变化的一元方差分析如表 8-18 所示。

表 8-18　被试观看视频前后对慈师调分行为变化的一元方差分析

实验模块　　　　　　观测变量	模块一 $M \pm SD$	模块二 $M \pm SD$	F	p	$partial\ \eta^2$	$Observed$ $Power^{\,a}$
被试总调次数	2.95±1.78	4.93±1.10	45.26	0.014*	0.86	0.94
被试实调次数	1.75±1.41	1.45±1.13	1.52	0.225	0.04	0.23
调后被试分数	49.13±4.44	42.43±3.54	0.82	0.371	0.02	0.14
调后教师分数	60.08±4.24	64.83±3.60	0.11	0.741	0.00	0.06
偏向指数	3.28±2.71	2.64±1.92	2.57	0.117	0.06	0.35
被试满意度	2.82±1.07	3.28±0.84	29.37**	0.000	0.43	1.00

　　实验模块二在实验前先让被试看了一段反抗视频，当慈师与被试 PK 时，事实上被试有调分与终审裁决的权力，但是在面对慈师抗议时，被试的实调次数与实验模块一中被试为裁判时的实调次数没有显著性差异。由于被试有再次调分的权力，在实验模块二中，被试的满意度有显著提高，而其他指标均没有显著变化，这表明观看抗议视频后，被试的行为没有发生显著变化。

　　"敬"是一种认知型情绪，这种情绪自上而下唤醒，诱发"敬"的情绪与被试对自己与对方的评价有关，对对方的评价有可能来源于对慈师的刻板印象，即学生普遍对教师存在一种概括化、固定化的崇敬态度，所以不会因为看了一段反抗视频后转变对慈师的崇敬态度。从另一个角度来说，"敬"也是一种自我意识性情绪，所谓自我意识性情绪是指这种情绪的激活与个体的自我评价有关，具有社会性（Chen et al., 2020），个体之所以"敬"，是因为看到了自己与对方的差距，知识、阅历、社会身份等，在这些方面个体意识到自己不如对方，所以对别人的"敬"相伴而生的是对自己的"羞"，"羞"是一种害怕别人贬低自己的情绪（Sznycer et al., 2016），"羞"体验容易让人顺从他人的意愿，降低对自己的确信度。"敬"与"羞"产生了心理位差，所以"敬"

是一种下位情绪。

比较"严师 PK 被试"的情境，将实验模块一/情境二与实验模块二/情境二做重复测量方差分析，结果显示，实验主效应极其显著，$F_{(5, 35)} = 161.32$，$p<0.001$，$partial\ \eta^2 = 0.96$，$1-\beta = 1$。被试观看视频前后对严师调分行为变化的一元方差分析如表 8-19 所示。

表 8-19　被试观看视频前后对严师调分行为变化的一元方差分析

观测变量 ＼ 实验模块	模块一 $M \pm SD$	模块二 $M \pm SD$	F	p	$partial\ \eta^2$	Observed Power [a]
被试总调次数	2.68±0.89	8.13±1.24	462.37**	0.000	0.98	1.00
被试实调次数	0.55±0.82	6.58±1.71	583.95**	0.000	0.94	1.00
调后被试分数	45.75±2.61	58.58±6.70	316.31**	0.000	0.89	1.00
调后严师分数	62.83±1.92	48.70±6.60	344.90**	0.000	0.90	1.00
偏向指数	1.06±1.52	14.72±4.34	373.54**	0.000	0.91	1.00
被试满意度	3.15±0.75	-0.36±1.49	277.20**	0.000	0.88	1.00

在实验模块二中，当严师与被试 PK 时，被试观看抗议视频后，在偏向指数上显著高于实验模块一，被试的实调次数也显著高于实验模块一，大大高于"慈师 PK 被试"的情境，并且被试的满意度极其显著低于实验模块一。上述实验结果均表明，被试在观看了抗议视频后，克服了"畏"，在实验模块二中被试做了有利于自己的分数调整，这与实验模块二中"慈师 PK 被试"的情境已完全不同，出现了行为分化。

研究结果表明看完视频后，被试克服了对严师的畏惧心理，他们意识到反抗本身并不对自己造成"威胁"，也就是说观察学习给了他们反抗的安全感，安全感是一种积极情绪，有研究表明积极情绪在生理激活层面可以有效降低条件性恐惧的泛化（冯彪等，2017），安全感可以战胜畏惧，这就是被试在实验模块二中选择报复的原因。

综上所述，"敬"与"畏"在激活方式（自上而下或自下而上）、认知层面、感知觉类型上均有显著不同，除此之外，这两种情绪在接受程度上也有显著差异。"敬"是一种想趋近对方的主动情绪——趋情绪（产生趋向行为），"敬"会带来对自己的渺小感和谦卑感体验（董蕊，2013）。"畏"是一种想逃避对方的被动情绪——避情绪（产生逃避行为），是外界或自身强加给自己的恐惧情绪。在真实情境中①，被试通常不愿意接受有实质性危险的"畏"情绪，所以从改变动机上来说，被试不愿意改变"敬"而更愿意改变"畏"。

七 教育启示

"敬"是学生对教师的积极情绪，尽管学生有下位情绪体验，但是"敬"包含了对教师的高度认可，是下位情绪体验与向师性的复合体验，类似于崇拜，对课堂情绪感染具有积极作用。"畏"本质上是学生对教师的消极情绪，"畏"不但没有高度认可，还有一种想逃离的行为取向，甚至是敌对的情绪体验，是下位心理与离师心理的复合体验，表面上"畏"可以让学生听话、服从，但师生关系是扭曲的、异化的。在师生关系中，被试对慈师的高认同感容易让被试将慈师的微笑表情解释为"真诚"或"亲和"，因此慈师的微笑对学生具有很强的感染力；而认为严师的微笑是一种无奈的表现，甚至是敌对的，因此严师的微笑无法感染学生，可见慈师比严师更有情绪感染力。因此，在教学上应该做慈师，而在管理上应该做严师，慈严相济是最好的教育。

中国自古以来都在宣扬师道尊严，而如今，大中小学师生关系出现了严重的扭曲和异化，表现为情感淡漠、互不尊重。师生关系的变化直接伤害了教育的精髓和本质，因为它从根本上破坏了教育关系。

师与道的分离指的是现在的部分教师与教师本身所应代表和传承的文化传统和理想信念出现了分离。正如唐代著名思想家韩愈所说，教师最根本的任务是"传道"。学生对教师的尊重和爱戴，不完全是对教师个人的尊重和爱戴，更多是对教师所代表和体现的这种文化的尊重与爱戴，而现代社会破坏了这一基础。首先，表现为教师的权威本身没有受到管理部门的尊重，各种形式主义、教条主义的检查和考核无视教师在

---

① 在虚假情境中，有些人可能喜欢恐惧感，如看惊悚电影，在真实的情境中，有些人可能喜欢从事自认为安全的或者实际安全的、带有恐惧感的极限运动。

教学上的权威性，甚至在教学环节都要受到非教学人员的指手画脚。其次，表现为教师在教育中忘记了自己的文化身份和道德根据，而仅仅将自己看作一个教书匠，教师既不能将自己与"道"联系在一起、以身垂范，也很难向学生推销正统的理想信念，社会文化的多元性正侵蚀着教师的尊严。

师与育的分离指的是教师的名分与现实的教育教学活动之间的分离。中国历史上教师的称号是何等荣耀，是"红烛""春蚕""园丁"，是"灵魂的工程师"，所有这些比喻都表达了一个意思：教师的"育"包含了一种奉献、给予和自我牺牲。但是，现在有些教师将师生关系涂抹上了一层"交换"的色彩，不讲究奉献，学生有追求好成绩的目的，可以花钱去上辅导班，教师有追求金钱利益的目的，可以去校外兼职，以至于有些学生将家教比作自己家里的保姆。

本章小结

本章内容主要包括三个方面。

第一，在非利害关系情境中，被试在接受高中生访谈时与接受高校教师访谈时出现了两种不同极性的情绪：优越情绪和焦虑情绪。由此说明，被试的上、下位情绪被唤醒。在访谈情境中，访谈员的微笑情绪均能诱发被试的快乐情绪体验，且当访谈员是高校教师时，快乐情绪体验最强，表明下位情绪可以对微笑情绪进行调节。

第二，被试在大学语文知识面试（利害关系情境）中均有焦虑情绪体验，且面试官为高校教师时，这种变化更甚，上位情绪并未对面试中的焦虑情绪产生调节作用，而下位情绪加重了被试的焦虑情绪体验；在利害关系情境下，面试官的微笑情绪不但不能感染被试，相反还会显著增强被试的焦虑情绪体验。

第三，在课堂情绪感染实验中，学生更容易被慈师的积极情绪感染，而不容易被严师的积极情绪所感染，因为在意识层面上，学生认为慈师的微笑更和蔼，而严师的微笑有些勉强。学生在浅层的外显认知水平上并不能区分"敬""畏"两种情绪，这两种情绪在主观体验上没有显著差异，因此在意识层面上产生了情绪错觉。在认同感分化实验中，实验前先让学生看了一段反抗视频，学生对于慈师的"敬"情绪没有发生显著变化，但是对严师的"畏"情绪发生了显著变化，表现为学生在采信慈师的抗议上显著多于严师，表明学生对慈师的认同感显著高于严师，证明"敬""畏"不是同一种情绪。

第九章　教学中的情绪信息来源

第一节　语义情绪信息与感官情绪信息的叠加
对课堂情绪感染的调节

一　语义情绪信息与感官情绪信息的叠加现象

Hoffman（2002）提出了两种高级认知机制——语介联想（language-mediated association）和观点采择（active perspective taking）。语介联想是借助语言描述来诱发觉察者想象相应的情境而产生情绪体验；观点采择是指觉察者以他人的视角想象自己身处他人的情境中而产生相应的情绪体验。语介联想和观点采择需要觉察者较多的认知努力（Lishner, Cooter, & Zald, 2008），所以 Hoffman 的两种高级认知机制不属于情绪感染，而属于典型的高级认知加工过程，是移情现象。在教学实践中，有些课程内容本身就存在情绪信息，这些情绪信息属于高级情绪信息，加上教师授课时热情洋溢地演绎，形成"师生间伴随教学中认知信息传递而形成的情感交流回路"（卢家楣，2006），此时，教师传递给学生的情绪信息有两类：一类是感官情绪信息（教师的面部表情、肢体动作、语气、语调等），另一类是高级情绪信息（课程内容）。两种情绪信息分别以感官情绪信息和高级情绪信息的加工机制作用于学生的最终情绪体验。例如，热情洋溢的演说远比语调平淡、毫无生气的报告更为喜闻乐见，观众更易接受（卢家楣，1988），这是因为热情洋溢的演说具有两类情绪信息叠加的效果，叠加的效果要比单一的效果更能激发觉察者强烈的情绪体验。研究教学中的情绪叠加现象有利于教师更深刻地了解自己的情绪表达对提升教学效果的重要性，为意识地培养和提升教师的课堂情绪感染力提供理论依据。

本节研究拟采用实验室仿真教学实验，探讨不同类型的感官情绪信息的情绪感染效果，以及语义情绪信息与感官情绪信息对课堂情绪感染的叠加效果。

二　实验室中语义情绪信息与感官情绪信息的叠加设计

本节实验的被试同第七章第三节。实验分为两个模块，模块一给学生播放不同情绪朗诵具有不同语义情绪的文本音频文件，考察语义情绪信息在听觉上对学生情绪感染的叠加效果，分别是积极文本《爱我中华》，采用积极情绪朗诵；消极文本《两个傻子的伤感爱情》，采用消极情绪朗诵，研究文本的语义情绪信息与感官情绪信息（声音）在情绪感染中的叠加效果。由于实验中的被试与第七章第三节中的被试相同，所以在分析数据时，使用了第七章第三节模块一中的《景泰蓝的制作》（积极情绪音频）、《统筹方法》（消极情绪音频）采集到的被试生理指标，作为基线测试水平。模块二给学生播放不同情绪朗诵的具有不同语义情绪的文本视频文件（视听视频），分别是积极文本《父亲的爱》（积极情绪视频）、《痛恨"以怨报德"》（消极情绪视频），使用了第七章第三节模块三中的《语言的演变》（积极情绪视频）、《语言是人类重要的交际工具》（消极情绪视频）作为基线测试水平。

实验采用被试内重复测量设计，模块一与模块二的实验顺序在被试间平衡，模块一、模块二的内部实验顺序与学生性别（男、女）采用拉丁方设计，以控制性别与实验顺序对实验结果的影响。模块一的实验流程如图9-1所示，模块二的实验流程与模块一类似。模块二在每次教学视频播放结束后均要求被试完成一份"教师课堂情绪感染力评价问卷"。

图9-1　模块一的实验流程

三　音频语义情绪信息对学生情绪感染的叠加效果

模块一有四种实验条件，分别是中性文本的积极情绪语音（实验条件Ⅰ，基线测试Ⅰ）和消极情绪语音（实验条件Ⅱ，基线测试Ⅱ）（使用第七章第三节的数据）、积极文本的积极情绪语音（实验条件Ⅲ）和消极文本的消极情绪语音（实验条件Ⅳ）。表9-1呈现的是实验条件Ⅲ相对于基线测试Ⅰ，实验条件Ⅳ相对于基线测试Ⅱ的生理变化增量 ΔE 的平均数（M）与标准差（SD）。

表9-1　两种语义情绪条件下较基线水平的 ΔE 的
平均数与标准差（$n = 46$）

	α波	SMR	β波	BVP 幅度	BVP 频率	SC	脸颊 EMG
	$M \pm SD$	$M \pm SD$	$M \pm SD$	$M \pm SD$	$M \pm SD$	$M \pm SD$	$M \pm SD$
Ⅲ - Ⅰ	0.27±1.03	0.42±1.08	0.49±1.32	0.18±0.46	-0.02±0.04	0.01±1.11	0.02±0.03
Ⅳ - Ⅱ	0.98±1.58	1.62±1.69	1.66±1.58	-0.07±0.58	0.01±0.05	1.19±1.52	0.02±0.03

对上述7个生理指标在四种实验条件下进行重复测量方差分析，结果显示，被试的7个生理指标在四种实验条件下主效应极其显著，F（21，25）= 25.84，$p < 0.001$，$partial\ \eta^2 = 0.96$，$1 - \beta = 1$。7个生理指标在四种实验条件下的一元方差分析结果如表9-2所示。

表9-2　7个生理指标在四种实验条件下的一元方差分析结果

生理指标	F	p	$partial\ \eta^2$	$Observed\ Power$ [a]
α波	2.64	0.070	0.06	0.54
SMR	18.48**	0.000	0.29	1.00
β波	32.26**	0.000	0.42	1.00
BVP 幅度	38.91**	0.000	0.46	1.00
BVP 频率	30.04**	0.000	0.40	1.00
SC	10.68**	0.000	0.19	0.99
脸颊 EMG	5.81*	0.018	0.11	0.68

进一步使用LSD法对上述生理指标在四种实验条件下进行两两比较，表9-3呈现的是两两比较的结果，表中Ⅰ、Ⅱ、Ⅲ、Ⅳ表示四种实

验条件，结合本节研究的目的，只比较Ⅲ与Ⅰ、Ⅳ与Ⅱ，以研究语音情绪信息与语义情绪信息对情绪感染的叠加效果。

表9-3　7个生理指标在四种实验条件下两两比较的结果（部分）

生理指标	Ⅲ-Ⅰ		Ⅳ-Ⅱ	
	MD	*p*	*MD*	*p*
α波	0.13	0.740	0.66	0.103
SMR	0.76*	0.024	2.24**	0.000
β波	0.93*	0.050	4.40**	0.000
BVP 幅度	1.15**	0.002	-0.91**	0.004
BVP 频率	-1.55**	0.001	0.70	0.241
SC	-0.28	0.234	1.11**	0.002
脸颊 EMG	0.22**	0.000	0.16**	0.000

在语音实验条件下，与中性语义情绪信息相比，积极语义情绪信息条件下脸颊 EMG 显著提升，说明被试的情绪表达不仅是情绪感染的结果，也受语义情绪信息的影响，具有自下而上的情绪感染与自上而下的语介联想相互叠加的效果。其他指标如 β 波、BVP 幅度，在积极语义情绪信息条件下均比中性语义情绪信息条件下有显著提升，进一步证明了语义情绪信息和语音情绪信息对被试的情绪感染有叠加效果，积极语义情绪信息比中性语义情绪信息对被试的情绪唤醒程度更高。消极文本的消极情绪语音（实验条件Ⅳ）比中性文本的消极情绪语音（实验条件Ⅱ）SMR 与 β 波极其显著提高（$p<0.001$），说明消极语义情绪信息更能引起学生的警觉性注意，而 BVP 幅度极其显著下降（$p<0.01$），说明消极语义情绪信息与消极语音情绪信息在被试身上产生了叠加效果，从而诱发了被试更大的消极情绪体验。

四　视听觉双通道语义情绪信息对学生情绪感染的叠加效果

模块二给学生播放的是视听觉双通道视频文件，研究语义情绪信息与视听觉双通道情绪信息对被试情绪感染的叠加效果。该模块有四种实验条件，分别是中性文本的积极情绪视频（实验条件Ⅰ，基线测试Ⅰ）

和消极情绪视频（实验条件Ⅱ，基线测试Ⅱ）（使用第七章第三节的数据）、积极文本的积极情绪视频（实验条件Ⅲ）和消极文本的消极情绪视频（条件Ⅳ）。表9-4呈现的是实验条件Ⅲ相对于基线测试Ⅰ、实验条件Ⅳ相对于基线测试Ⅱ的生理变化增量 ΔE 的平均数与标准差。

表 9-4　两种语义情感条件下较基线水平的 ΔE 的
平均数与标准差（$n = 46$）

	α 波	SMR	β 波	BVP 幅度	BVP 频率	SC	脸颊 EMG
	$M \pm SD$	$M \pm SD$	$M \pm SD$	$M \pm SD$	$M \pm SD$	$M \pm SD$	$M \pm SD$
Ⅲ-Ⅰ	-0.03±0.48	0.03±0.60	0.25±0.70	0.13±0.31	0.00±0.02	0.14±1.06	0.04±0.08
Ⅳ-Ⅱ	0.87±1.55	1.27±1.34	2.05±3.38	0.67±2.26	0.01±0.02	0.26±0.56	0.03±0.02

对上述7个生理指标在四种实验条件下进行重复测量方差分析，结果显示，被试的7个生理指标在四种实验条件下的主效应极其显著，$F_{(21, 25)} = 39.68$，$p < 0.001$，$partial\ \eta^2 = 0.97$，$1-\beta = 1$。7个生理指标在四种实验条件下的一元方差分析结果如表9-5所示。

表 9-5　7 个生理指标的一元方差分析结果

生理指标	F	p	$partial\ \eta^2$	$Observed\ Power$ [a]
α 波	2.90	0.084	0.06	0.44
SMR	7.48**	0.004	0.14	0.85
β 波	23.70**	0.000	0.34	1.00
BVP 幅度	116.68**	0.000	0.72	1.00
BVP 频率	13.08**	0.000	0.23	0.96
SC	12.19**	0.000	0.21	0.98
脸颊 EMG	71.31**	0.000	0.61	1.00

进一步使用LSD法对上述生理指标在四种实验条件下进行两两比较，部分结果如表9-6所示。实验目的是考察视听觉双通道情绪信息与语义情绪信息对情绪感染的叠加效果。

表 9-6　7 个生理指标在四种实验条件下两两比较的结果（部分）

生理指标	III - I		IV - II	
	MD	p	MD	p
α 波	0.13	0.578	1.39 **	0.000
SMR	0.05	0.830	1.68 **	0.000
β 波	0.77	0.172	3.41 **	0.000
BVP 幅度	0.84 *	0.033	-0.82 **	0.002
BVP 频率	-0.26	0.269	0.93 **	0.000
SC	-0.16	0.383	0.65 **	0.007
脸颊 EMG	0.34 **	0.006	0.28 **	0.000

　　在视听视频实验条件下，实验条件 III 与实验条件 I 相比较，BVP 幅度、脸颊 EMG 均显著提高（$p<0.05$），积极文本的积极情绪视听视频比中性文本的积极情绪视听视频有更大的情绪诱发效果，这是语义情绪信息与视听觉双通道情绪信息对情绪感染的叠加效果。实验条件 IV 与实验条件 II 相比较，α 波、SMR、β 波、BVP 频率、SC、脸颊 EMG 均显著提高（$p<0.01$），而 BVP 幅度极其显著下降（$p<0.01$），说明消极语义情绪信息更能提高学生的注意水平，并且消极语义情绪信息与消极视听觉双通道情绪信息对情绪感染有叠加效果，从而诱发了学生更大的消极情绪体验。文本内容属于高级情绪信息，它可以通过移情来传递，也可以与感官情绪信息对情绪感染产生叠加效果，使被试产生更大的情绪唤醒，例如，我们读一篇感人肺腑的文章，其情绪唤醒程度往往不及聆听别人演讲这篇文章的情绪唤醒程度高。

　　当教师用相同的情绪演绎时，积极或消极语义情绪信息比中性语义情绪信息对学生的情绪唤醒度更高。教师上课时的消极倦怠情绪会诱发学生 α 波、β 波下降，而消极伤感情绪却能诱发 α 波、β 波上升，说明消极情绪诱发的生理反馈并不总是一致，消极情绪存在生理指标的实验性分离，例如，教师的倦怠情绪会降低学生的注意水平，削弱课堂情绪感染效果，而伤感情绪则会提高学生的注意水平和增强课堂情绪感染效果。

　　在模块二中，被试每看完一个视频都需要对教师的课堂情绪感染力做出评价，以"教师课堂情绪感染力评价问卷"得分为因变量。加入第七章第三节中的两个视频《语言的演变》（积极情绪视频）与《语言是人类重要的交际工具》（消极情绪视频）的"教师课堂情绪感染力评价问卷"得分，这样共有四种实验条件的得分。将播放顺序作为被试间变量，同时将视频类型作为被试内变量，加入学生编号变量以后，形成交叉设计的方差分析，结果如表9-7所示。

表9-7　交叉设计方差分析的因素主效应与交互效应

变异来源	df		F	p	partial η^2	Observed Power [a]
	Hypothesis	Error				
视频类型	2	138	226.49**	0.000	0.77	1.00
播放顺序	1	138	29.33**	0.000	0.33	1.00
学生编号	46	138	1.11	0.324	0.27	0.95
视频类型×播放顺序	1	138	16.72**	0.000	0.11	0.98

视频类型、播放顺序的主效应极其显著（$p < 0.001$），视频类型与播放顺序的交互效应也极其显著（$p < 0.001$），进一步对视频类型进行两两比较，结果如表9-8所示。

表9-8　不同视频类型的"教师课堂情绪感染力评价问卷"
得分的两两比较的结果（部分）

视频类型（I）	视频类型（J）	$M \pm SD$	MD（I-J）	p
III	I	30.67±3.06	2.88**	0.000
IV	II	31.79±3.05	15.29**	0.000
	III		1.13*	0.037

注：$M \pm SD$ 为第一栏"视频类型（I）"的平均值与标准差。

积极文本的积极情绪视频（实验条件III）和消极文本的消极情绪视频（实验条件IV）的"教师课堂情绪感染力评价问卷"得分均较高，且分别与中性文本的积极情绪视频（实验条件I）和消极情绪视频（实验条件II）存在极其显著性差异（$p < 0.001$）。值得注意的是，教师用消极情绪去表达《痛恨"以怨报德"》（实验条件IV的材料）、

《语言是人类重要的交际工具》（实验条件 Ⅱ 的材料）两种文本，结果显示消极情绪对于中性文本起不到较好的情绪感染效果，而对于消极文本却有较好的情绪感染效果。Hennig-Thurau 等人（2006）认为，当觉察者不能合理地解释他人情绪表达的原因时，意识性情绪感染就不会发生，所以用消极情绪去表达中性文本是不相称的，学生不能很好地解释教师表达消极情绪的原因，因此对教师的课堂情绪感染力的评价就不高（$M = 16.50$）。

五　教育启示

教师在课堂上的情绪表达直接影响课堂的教学效果，教师在课堂上的情绪表达要与文本的语义情绪一致，如第六章第三节所述，教学的第一情感回路是以教学内容为主的知识情感回路，其他两条情感回路要服务于它，所以在课堂教学中，教师不一定总要表达积极情绪，而是应该服从于教学内容的情感。教师首先要善于挖掘和理解文本内容的情感基调——隐性的或者显性的情感元素，合理地表达文本的语义情绪，才能达到较好的情绪感染效果。教师盲目地在课堂上充满激情地表演，实质脱离教学内容，不一定能吸引学生主动参与学习，甚至会成为学习的干扰因素。师生间一旦形成不了良性的情感互动，教师会倦怠，学生也会倦怠，仅有形式的情感是没有灵魂的，学生无法享受其中，这就是为什么一些浮夸的示范课上教师的情绪感染效果差，也得不到学生普遍认可。

德国教育家第斯多惠曾说过："我以为教学的艺术，不在于传授的本领，而在于激励、唤醒，没有兴奋的情绪怎么激励人，没有主动性怎么能唤醒沉睡的人。"（第斯多惠，2001）美国知名教授查理德·威伍在一篇演讲里有一句极为精彩的话："教学好的教师在大多数情况下都是志向更高和激情奔放的，伟大至少一部分出自天赋，这是无法传播的。然而，伟大的教师一定是有激情的教师。"可见，高效的课堂是教师通过激情激发出来的，但以往的教育家们忽略了一点，那就是教师的激情必须是适宜的，夸大与不合时宜的激情同样没有感染力。

第二节　教学内容中语义情绪信息的挖掘策略

　　教学内容中有很多种语义情绪信息，依据语义情绪信息的显性、隐性来划分的话，可分为显性语义情绪信息（显性情感）和隐性语义情绪信息（隐性情感）。显性语义情绪信息是指可以直接用语言表达出来的情绪信息，如小说中的人物对话、情感描写，历史事件的直接评价等。隐性语义情绪信息是不直接用语言表达的情绪，而是通过隐蔽的方式传达的情绪。具体来说，教学中的隐性情感又分为两类：一类是可以显性表达而没有显性表达的情感，如对历史事件的间接评价，散文中通过对景物的描写抒发作者情感，都是较为隐晦的表达方式，如《雨中登泰山》的开头：

　　　　从火车上遥望泰山，几十年来有好些次了，每次想起"孔子登东山而小鲁，登泰山而小天下"那句话来，就觉得过而不登，像是欠下悠久的文化传统一笔债似的。

　　另一类隐性情感是不能或难以显性表达的情感，需要有兴趣或者有一定理解力的人产生共鸣的情感，如数学的美、科学的美，以及有些文学作品中流露的人生阅历，只可意会却难以言传，即便是言传也难以让学生理解。

　　依据学科情感类型来划分的话，语义情绪信息又可分为语文、数学、物理、化学等，每个学科均有属于自己的情感特点，有些是外显的，有些是内隐的。教师比较容易挖掘显性情感，但是不太容易挖掘那些难以表达的隐性情感，挖掘这类情感通常要从培养学生兴趣和理解力入手，再加以引导，如拓展物理学科普知识可以有效帮助学生建立物理学兴趣；学科隐性情感也与社会文化密切相关，如20世纪八九十年代流行的"学好数理化，走遍天下都不怕"，在这种学科观引导下，学生普遍认为数理化是非常实用的学科，激发了学生的学习热情。

　　依据学科的情感教育目的来划分的话，语义情绪信息可分为爱国主义情感、道德感、学科情感、美感教育。其中，学科情感教育包括学科观培养与学科兴趣培养，目前的教育最忽视的是对学生学科情感的培养。

语义情绪信息的体验方式可分为情感体验与认知体验。通常在教学中，这两种体验是交织在一起的，很难剥离，但是体验的主次有分别，如果学生能直接体验语义情绪信息且能准确表达出来，那么此时学生的体验就是情感体验，情感体验是指向语义情绪信息本身的；相反，如果学生的体验不指向语义情绪信息，而是指向认知本身，是对认知程度、认知期望、理性美的评价而产生的体验，就属于认知体验。通常后者是隐性情感，或者语义情绪信息的外溢情感，与个人理解力、阅历有关，不同的人有不同的认知体验。

语义情绪信息与认知评价相关，通常包含复合情绪，由于复合情绪与认知相联系，这就为教师挖掘语义情绪信息提供可能。有研究认为有意义的学习实质就是符号所代表的知识与学习者认知结构中已有的观念建立起非人为的、实质性的联系，也就是说，有意义的学习是要建立知识的心理意义（陈琦等，2019），由此特别强调学习者必须建立有意义的学习心向。《论语·述而》有"不愤不启，不悱不发。""愤"者心欲通而未达之貌；"悱"者口欲言而未能之态。孔子的这一观点也表达了学习新知识的心向。教学内容中的语义情绪信息挖掘恰恰是解决学习心向问题的重要方法之一。Byron（2008）认为，人们通常对于弱语义情绪信息的体验存在偏差。人们在阅读电子信息的时候有两个系统偏差：（1）中性偏差，即指人们不能很好地分辨积极情绪，认为他们是中性的；（2）负性偏差，即人们倾向于认为情绪信息是负性的，人们通常不能意识到自己的偏差，所以教师有必要对教学内容进行情感化处理。

依据挖掘语义情绪信息时指向的主体不同，我们将挖掘策略分为学生中心策略和教材中心策略。这种划分主要根据语义情绪信息挖掘的指向对象，无论是什么策略，教学最终都以学生为中心。学生中心策略主要目的是调整学生的学习心向，其依据是学生情绪发生的心理机制，它根据不同的心理机制分为心理匹配策略、超出预期策略（卢家楣，2002）、思维导引策略和积极体验策略，其中心理匹配策略又可进一步细分为认知匹配策略和形式匹配策略。教材中心策略以挖掘教材内容中的情感元素为手段，服务于情感教学目的，根据教学内容内含情感因素的不同情况分为展示情感策略、发掘情感策略、诱发情感策略和赋予情感策略（卢家楣，2002）。

一　学生中心策略

（一）认知匹配策略

认知匹配策略指教师通过调整教学内容与学生需要之间关系的认知评价来使教学内容满足学生需要，主要从改变学生的观念入手，从小培养学生积极的认知，比如"学好数理化，走遍天下都不怕"，就是一种学科价值观，积极向上的学科价值观对于学科学习具有巨大的驱动作用，其重要性不亚于学科兴趣。有学科认知兴趣的人如果没有积极的学科价值观支撑，同样会对学科没有学习兴趣。现在的工匠精神下滑，根本原因不是找不到对技术感兴趣的人，而是人们感觉技术工人普遍待遇不好。所以，消极的学科价值观会瓦解认知兴趣，因为没有利益，也就没有兴趣。

学科价值观要从小建立，学校教育除了传授学科知识，也要向学生传授学科价值观，可以讲述各学科的名家逸事和学科小应用，例如下列阅读材料。

看似简单的汉诺塔游戏，其中究竟蕴藏了怎样的数学秘密？人类从什么时候开始在绳子上打下第一个结用来计数？大数学家笛卡儿如何受蜘蛛的启发，创造了解析几何体系，进而推动了解析几何的发展。

数学既可以帮助我们探索比原子还小的量子世界，也可以帮助我们描绘广阔浩瀚的宇宙银河，了解星系运动的规律离不开数学。1846 年，勒威耶在没有得到同行支持的情况下，以自己的热诚独立计算出了海王星的轨道。根据其计算，柏林天文台的德国天文学家伽勒，在同一年的 9 月 23 日晚间（9 月 23 日恰好也是勒威耶逝世的日子），观测到了海王星，与勒威耶预测的位置相距不到 1°。海王星是唯一利用数学预测而非有计划的观测发现的行星，被称为"计算出来的行星"。与海王星类似，轨道介于木星和火星之间的一颗矮行星——"谷神星"，也是利用数学定律发现的。1776 年，德国的一位数学老师戴维·提丢斯曾推算出了各大行星与太阳之间的距离比例为 0.4，0.7，1，1.6，2.8，5.2，10，19.6，……［a =（n+4）/10，其中 n = 0，3，6，12，24，48，……］这一规律后来被称为"提丢斯-波得定律"。然而研究者们发现，数字"2.8"没有与它对应的行星。难道在火星和木星之间还有一颗未被发现的天体吗？后来数学家高斯利用"最小二乘法"的运算定律算出了它的运动轨迹。在高斯的预测之下，1801 年天文学家观测到了谷神星。

其实数学是可以发现的，只要你肯转动脑筋。

动手实验操作：低年级小朋友在计算 1000-867 时，突然想到把 1000 变成 999+1，这样算式就变成了 999-867+1，计算一下子变得简单了。同学们想一想，还有哪些计算小技巧？

（二）形式匹配策略

形式匹配策略指教师通过改变教学内容的呈现形式来使教学内容在形式上满足学生需要，主要从改变教学内容的呈现形式入手。教学内容的呈现形式有两个方面：（1）技术层面，即通过什么方式来呈现知识，如使用多媒体直观呈现，使用教具来呈现；（2）内涵层面，即通过什么教学模式来展开知识，即呈现的逻辑性、条理性、可接受性，使其更符合学生的心理需要。例如，同样是谋杀案，可以以时间顺序来描述事件，也可以以警方介入的时间点为顺序来描述事件，逐渐抽丝剥茧、还原事件，显然后一种方式更能满足人们的好奇心。第六章研究认为，在认知兴趣中，人们通常都具有好奇心、期待感、确信感、满足感，只要能激活其中一个即是好的教学设计。

小明和小华一起包饺子，小明买了 40 个饺子皮，每个饺子皮的面积为 25 平方厘米。小华买了 20 个饺子皮，每个饺子皮的面积为 50 平方厘米。请问小明和小华包饺子时所用的饺子馅一样多吗？如果你是饺子店的老板，用哪一种方法包饺子更节约本钱，并说说为什么？

本单元介绍边长、面积与体积的关系，通过这个例子导入，可以让同学们非常直观地感觉到数学就在身边，学习数学能帮助我们解决很多生活中的问题。

（三）超出预期策略

超出预期策略指教师通过呈现教学内容的结果形式，使之超出学生当前能力的预期，满足学生的好奇心。严格来说，超出预期其实属于形式匹配策略。

和 9 相关的魔术

9 在数字王国中有点与众不同，下面给同学们介绍一个与它相关的数学魔术。

随便写一个日期，可以是你的生日，然后再打乱顺序随意排列，这样就得到两个数，再用两个数中的大数减去小数，把得数中每个数位上的数加起来，直到结果是一位数为止，神奇的 9 就出现了。

下面老师再教同学们变一个数学魔术。体验一次做魔术师的感觉。

让你的同桌随便写一个 5 位数，如 14365，5 个数字不能都相同。

用这个 5 位数的 5 个数字再随意组成另外一个 5 位数，如 56413。

用这两个 5 位数相减，大数减小数，56413-14365=42048。

让观众想着得数中的任意一个数字，如 2。除了 2，把得数的其他数字 4、0、4、8 告诉魔术师。

魔术师只要把对方告诉你的那几个数一直相加：4+0+4+8=16，再将 16 的两个位数 1 和 6 相加，最后得到一个一位数 7，然后用 9 减去 7，就可以知道对方想的就是 2 了。试一试吧。

（四）思维导引策略

依据第六章第一节的研究，思维导引是指教育者对学科知识的认知方式进行改造，使之符合学习者固有的思维方式，从而激发学习者的兴趣。思维导引是引导认知兴趣的重要方法，因为在新旧知识之间建立起非人为的实质性联系，建构新知识的心理意义是认知兴趣产生的必要条件。要产生这一必要条件，需要学习者固有的思维方式与事物的认知方式相契合，建构起完整的心理意义；同时，思维导引在引导学习者思维方式与事物的认知方式间建立起联系的过程中起到了重要的桥梁作用。美国教育心理学家杰罗姆·布鲁纳在《教育过程》一书中认为，任何学科都能够按照某种正确的方式教给任何年龄阶段的任何儿童。尽管这一论断有些激进，但是他表达了这样一种思想，那就是引导方法在教学中是非常重要的，教学方法要能够帮助儿童成功建立心理意义，没有心理意义，一切兴趣都是枉然。

数形结合百般好

"数形结合百般好，隔离分家万事休！"这是我国伟大的数学家华罗庚爷爷的名言。

同学们遇到过这样的题目吗？求 $1/2+1/4+1/8+\cdots\cdots+1/128$ 之和，如果要用分数加法来解决这一问题，计算将非常复杂，我们现在就使用数形结合的方法来解决这一问题。

画一个正方形表示单位 1。

将它平均分成两份，其中一份为 $1/2$。

以此类推，将剩下的图形不断地平均分为两份，其中每一份分别表示 $1/2$，$1/4$，$1/8$，$\cdots\cdots$，$1/64$，$1/128$。

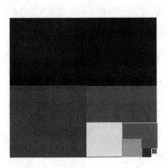

仔细观察发现，最后剩下的图形与表示 $1/128$ 的长方形相同。

因此 $1/2+1/4+1/8+\cdots\cdots+1/128=1-1/128=127/128$。

利用图形可以很直观地表达算式的含义，很快计算出结果。

类似的题目还有许多，例如，计算 $1+3+5+7+\cdots\cdots+2019+2021$。

根据算式的特征，我们可以将算式转换为相应的图形，通过观察规律找到解题的方法。

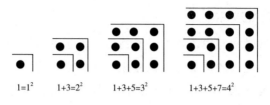

$$1 = 1^2 \qquad 1+3 = 2^2 \qquad 1+3+5 = 3^2 \qquad 1+3+5+7 = 4^2$$

我们将算式中的每个奇数用圆点表示，并将圆点按照一定的顺序排好，不难发现算式的和就是圆点的总数，它是一个平方数。由此可知，若干个连续奇数的和就等于其数字个数的平方。由此 $1+3+5+7+\cdots\cdots+2019+2021$。这里一共有 $(2021-1)\div 2+1 = 1011$ 个奇数求和。这样就把数的问题转换成图形的问题，数形结合答案就出来了，同学们以后遇到难题也可以巧妙地运用数形结合的思想去思考，给思考插上想象的翅膀。

（五）积极体验策略

积极体验包括积极的认知体验和积极的非认知体验。积极的认知体验是指与学业认知任务相联系的情绪体验，一般发生在学业认知过程中或者学业认知过程后，可以是外源性的，也可以是内源性的。外源性的积极认知体验在教师给予学生积极的认知反馈后产生；而内源性的积极认知反馈由学生自己的认知兴趣激活，对某一任务有强大的认知确信度的学生具有积极的认知体验，发生在认知过程中或认知过程后。积极的非认知体验类似于表扬或者鼓励，不指向具体的认知任务。第六章第一节、第二节证明了积极的认知体验与一般性表扬或者批评有着不同的心理发生机制，积极的认知体验对学业的驱动效果要远远好于一般性表扬。内源性的积极认知体验对认知行为的驱动效果又要远远好于外源性的积极认知体验，外源性的积极认知反馈效果与认知任务的难度有关，任务越难，效果越差，这是因为当学生难以完成高难度的认知任务时，会产生内源性的消极认知体验，此时外部认知反馈难以消除内源性的消极体验，甚至使外部认知反馈显得虚假。

二　教材中心策略

（一）展示情感策略

直接展示教学内容中蕴含的显性情感。展示的方法包括教师的情绪劳动、具有情感元素的视听材料的使用。通常在人文学科中显性情感元素较多，教师要深入体验教学内容的语义情绪信息，善于将语义情绪信息转化为教师的课堂情感，或应用多种视听手段来直接展示教学内容的语义情绪信息，本章第一节证明了与语义情绪信息一致的教师情绪表达可以增强课堂的情绪感染效果。

《再别康桥》教案

一、教学目的

（一）感知《再别康桥》的诗意美、音乐美、建筑美、绘画美。

（二）学会新诗的鉴赏方法。

二、教学方法

诵读吟咏法，欣赏法。

三、媒体设计

多媒体教学，播放校园歌曲《再别康桥》，播放黄磊朗诵《再别康桥》。

四、教学过程设计

（一）导语。

"轻轻的我走了，正如我轻轻的来。"一首带有淡淡哀愁的离别诗牵动了多少文人学者的心。徐志摩，他就这样悄悄地来，又这样悄悄地走了。诗人徐志摩是怎样一个人呢？让我们和诗人一起《再别康桥》，走进诗人内心。

（二）播放歌曲《再别康桥》，附上剑桥的图片。

（解说：音乐能陶冶人的心灵。《再别康桥》这首诗本身就极具音乐美。播放一首由《再别康桥》改成的歌曲，可以让学生从另一个艺术层面去感受徐志摩的诗。配上剑桥优美的风景图片，让学生由听觉到视觉都对《再别康桥》有一定的感知。）

（三）徐志摩其人及写作背景。

……（略）

（四）播放黄磊朗读的《再别康桥》，老师指导朗读。注意诗歌的节奏及饱含的深情。

（五）整体鉴赏《再别康桥》。

（解说：从诗歌的意象，诗歌的形式入手赏析这首诗歌。）

1. 从诗歌的意象入手赏析诗歌。

提问。

（1）这首诗在景物的选择上独具特色，请同学们找出诗中描写了哪些景物？

描写的景物有云彩、金柳、柔波、青荇、青草、星辉等自然景物。

（2）为什么作者要选择描写这些景物？

诗人告别康桥时，避开送行的人、周围的高楼大厦、车水马龙等平常物象，而选取云彩等自然景物，将这些景物通过拟人写法，景中见情，情中有景，情景交融在一起。

如把河畔的金柳比喻成夕阳中的新娘，绿油油的水草在柔波里招摇，仿佛在向诗人招手示意，诗人的快乐通过恰当的意象（主观意识中的客观现象）选择达到了顶点，这正是本诗意象选择独具特色之处。

2. 从诗歌的形式入手赏析诗歌。

《再别康桥》在形式上具有三美——绘画美、音乐美、建筑美。

（1）绘画美，全诗共七节，几乎每一节都包含一个可以画得出的画面。如向西天的云彩轻轻招手作别，河畔的金柳倒映在康河里摇曳多姿；康河水底的水草在招摇着似乎有话对诗人说。作者通过动作性很强的词语，如"招手""荡漾""招摇""揉碎""漫溯""挥一挥"等，使每一幅画都富有流动的画面美，给人以立体感。

（2）音乐美，就诗歌的音节而言，朗朗上口，错落有致，这都是音乐美的表现。

A. 押韵，韵脚为来、彩，娘、漾，摇、草，虹、梦，溯、歌，箫、桥，来、彩。

B. 音节和谐，节奏感强。

C. 回环复沓。首节和末节，语意相似，节奏相同，构成回环呼应的结构形式。

（3）建筑美，节的匀称和句的整齐。《再别康桥》共七节，每节两句，单行和双行错开一格排列，无论从排列上看，还是从字数上看，都整齐划一，给人以美感。

（二）发掘情感策略

有些教学内容不直接蕴含显性情感，比较含蓄、内隐，学习者需要有一些学科兴趣或欣赏能力才能发现其中的美。通常在历史、地理中隐性情感比较多。教师要善于挖掘教学内容的隐性情感，并善于用情绪劳动或其他教学手段将这一情感显性化。例如"中国的国土面积为960万平方公里"，这句话就包含有我国幅员辽阔、地广物博的爱国主义情感，如何将这种隐性情感显性化就是教师发掘情感的过程。

在人教版四年级语文下册《夜莺的歌声》的教学中，教师不仅要让学生掌握一些新的字词和句子，了解故事的大概内容，还要让学生对文章的深刻内涵进行分析，要让学生体会小夜莺机智勇敢地利用口哨学习不同的鸟鸣，为游击队传递信息，协助游击队歼灭德国法西斯强盗的英勇事迹，表现了小夜莺的爱国主义精神。在教学的时候，教师可让全班学生分角色声情并茂地朗读课文，感悟小夜莺和德国士兵语言中的思想情感，从而让学生能够更加深入地理解课文的情感，增强教师的课堂情绪感染力。

（三）诱发情感策略

自然科学知识本身只介绍客观规律，对于没有学科兴趣的学生来说很难发现其中的美，这种情感既不显性也不隐性，需要一种比较特殊的欣赏能力才能感觉，即"悟性美"。比如，元素周期表、质能方程、欧拉定理、海伦公式等，这种美主要表现为简洁、和谐、对称、奇异、隽永等。产生悟性美的前提是学习者对所学内容有着深入的理解，理解得越深入就越能体会到美感。这就需要教师具有美的感悟力，能够将知识之间的联系用"大道至简"的方式表达出来。

欧拉公式：宇宙第一完美公式

欧拉公式 $e^{i\pi} + 1 = 0$，其巧妙之处在于，它没有任何多余的内容，将数学中最基本的 e、i、π 放在了同一个式子中，同时加入了数学和哲学中最重要的 0 和 1，再以简单的加号相连。高斯曾经说："一个人第一次看到这个公式而不感到它的魅力，他不可能成为数学家。"虽然不敢肯定她是世界上最伟大的公式，但是可以肯定，它是最美丽的数学公式。

1. 自然数的"e"含于其中。自然对数的底，大到飞船的速度，小至蜗牛的螺线，谁能够离开它？

2. 最重要的常数"π"含于其中。世界上最完美的平面对称图形是圆，最美丽的公式能够离开圆周率吗？

3. 最重要的运算符号"+"含于其中。之所以说加号是最重要的符号，是因为其余运算都是由加法派生而来，减法是加法的逆运算，乘法是累计的加法。

4. 最重要的关系符号"="含于其中。学算术最先遇见它。

5. 最重要的两个"元"在里面。虚无"0"，实数单位"1"，是数的最基本元素。

6. 最重要的虚数单位"i"也在其中，是复数的最基础元素。

之所以说她美，是因为这个公式的精简。她没有多余的字符，却联系着几乎所有的数学知识。有了"+"，可以得到其余运算符号；有了"0"和"1"，就可以得到其他的数字；有了"π"就有了三角函数；有了"i"就有了虚数，平面向量、空间与数一一对应；有了"e"就有了微积分。数学的基本元素在此聚齐，最后画上了一个完美的"="。

（四）赋予情感策略

对于中性教学内容而言，教师可以将能诱发学生情感的元素加入教学过程，以诱发学生对该教学内容的情感，这就赋予了中性教学内容以情感。第四章第二节研究了学生的高级认知对教师情绪感染力的调节，结果表明，在学生可以理解的情况下，中性文本用积极情绪或者消极情绪去朗诵也可以感染学生。由此说明，中性教学内容是可以赋予情感的，学生会因为教师的情绪感染而将自己的情绪迁移到教学内容中去。赋予情感策略的具体方法有三种：一是教师恰当的情绪表达，教师的情绪表达如果不能被学生所理解，将起不到情绪感染的效果；二是将物的教学内容人格化，比如讲解洗衣机的说明文，可以用第一人称来介绍"洗衣机"，达到人格化的效果；三是将教学内容生活化，并将生活逸事穿插其中，以增强生活气息和情绪感染效果，这样可以诱发学生将生活情感迁移到教学内容中。

笛卡儿与坐标

　　我们都知道用一对数可以表示平面上任意一个点的位置。数对与平面上的点一一对应的思想看起来简单，却是数学史上一个重要的飞跃，笛卡儿建立了坐标系，并创立了解析几何。

　　笛卡儿坐标也称直角坐标系，是最常用的坐标系，是笛卡儿在1637年发表的《方法论》附录中提到的。在笛卡儿生活的那个年代，代数与几何各自为政、画地为牢的状况抑制了数学的发展。怎样才能摆脱这种状况，架构起沟通代数与几何的桥梁呢？这个问题苦苦折磨着年轻的笛卡儿。有一天，笛卡儿生病了，躺在床上抬头望着天花板，一只小小的蜘蛛从墙角慢慢地爬过来，吐丝结网，忙个不停。从东跑到西，从南跑到北。笛卡儿想：要结成一张网，小蜘蛛要走多少路啊？笛卡儿突发奇想，他要算一算蜘蛛走过的路程。他先把蜘蛛看成一个点，这个点离墙角多远，离墙的两边多远。他思考着、计算着，好像悟出了什么，又看到了什么。大梦初醒的笛卡儿茅塞顿开，一种新的思想初露端倪：在相互垂直的两条直线下，一个点可以用点到这两条直线的距离，也就是两个数来表示，这样就可以用数形结合的方式将代数与几何联系起来。现在我们还知道可以用经度和纬度来表示地球上的任意一个点，这是基于地理坐标系统的定位方法，也得益于笛卡儿的解析几何思想。

三　积极体验策略在教学中的应用

实验中的积极体验是指积极认知体验，如前所述，积极认知体验有外源性和内源性两种产生途径。实验采用外源性手段激活学生的积极认知体验，研究学生积极认知体验对学生的学业行为、学业情绪会产生哪些影响。

（一）积极认知体验的实验设计

1. 被试

以某七年级第一学期的两个并行自然班为研究对象，且两个班级由同一数学教师任教。将每个班级中最近三次代数成绩稳定且相当的同性别学生配对，只在班级内部配对分组，在班级内部分实验组与对照组（见图9-2），以便观察在相同的教学环境下，两组被试的行为差异。最终一共遴选出45对被试分在实验组与对照组中。

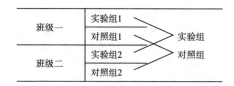

图9-2　班级内部配对分组示意

实验组由实验组1与实验组2组成，对照组由对照组1与对照组2组成。

2. 实验设计

实验采用配对控制组后测设计，研究方法为观察法、测量法。

3. 实验工具

编制学生课堂行为观察量表。收集可以反映学生学习态度的课内与课外学习行为，经过5位专家研讨，以4位及以上专家认可的强相关行为测量学生学习态度，最后确定13种观察变量，用来反映学生的学习态度，具有很高的内容效度（见表9-9）。

表9-9　实验课的课堂观察变量

行为分类	教师行为	学生的应答行为
课堂内学生应答行为	提问	举手次数
		不举手次数

续表

行为分类	教师行为	学生的应答行为
课堂内学生应答行为	课堂自习5分钟	自习（有读、写行为）时间
	课堂作业5分钟	自习作业分数
		自习作业态度（步骤详细、规范性）
	整节课时	无关小动作次数
		开小差（10秒以上）次数
课后学生应答行为	推荐试卷2套	推荐作业总分
		推荐作业态度（步骤详细、规范性）
	布置下次课预习	预习测验分数
	摘抄课本的知识点	预习笔记态度（详细与规范性）

注：无关小动作的定义为学生无故拿各种东西而没有产生学习的行为，如无故开文具盒而没有产生相应的学习行为，无故翻书而没有阅读，无故看时间、交头接耳、转头、推搡他人等明显动作；开小差是指一个人做与学习无关的事情达10秒钟以上；布置的课堂自习内容与作业任务是在5分钟内无法完成的，这样可以避免有学生因提前完成而无所事事；推荐作业总分＝自选题目数×每题得分，这样既可以反映学生自愿完成题目的数量又可以反映完成题目的质量。

实验课课堂内作业试题3道，完成后需要收上来。课外推荐试卷两套，下一次课需要收上来。为了检测学生的学习态度，实验课推荐的作业量较大。为了控制其他课程作业对本课程作业的影响，与其他任课教师约定其他课程的课后作业在两个班级中是一样的。

4. 实验程序

两个班级讲授的内容为七年级数学二元一次方程，由同一个教师任教，教学进度一样。在第四学时两个班级布置了相同的作业，教师按照配对名单批改作业。在前三次批改作业中，以积极、正常两种反馈方式分别对实验组、对照组进行处理。

实验组施加积极认知反馈操作：实验组的作业施以宽松标准批改，只在其作业本上正确的地方打"√"，错误的不打"×"，只做少量纠正。

对照组施加正常反馈操作：对照组的作业本按正常标准批改，有"√"有"×"。

在实验课前半个小时，任课教师对实验组学生的作业进行了单独私下表扬，表扬的内容是：一元一次方程这一章的内容你学得相当不错。目的是激活实验组学生积极的认知体验，对照组不做处理。考虑到实验的伦理性问题，对照组按以往正常教学行为进行，只是不另外增加积极认知反馈，在实验课堂里不批评、不歧视所有学生。

实验课时为第五学时，实验课秘密全程录像。所有作业分数与作业态度的打分采用三位有经验的教师按统一标准打分，先从作业本中确定一个最优的标准，然后确定一个最差的标准，以此确定扣分标准，项目的最终得分为三位教师打分的平均分。

（二）积极认知反馈对学生学习行为与态度的影响

在整节课里，教师提问时实验组学生的总举手次数为 246 次，对照组被试的总举手次数为 184 次，理论频次为 215，$\chi^2 = 22.35 > 6.63$，$p < 0.01$。实验组无关小动作次数为 61 次，对照组为 117 次，理论频次为 89，$\chi^2 = 17.62 > 6.63$，$p < 0.01$，上述两种行为在两组间均存在极其显著性差异。实验组开小差次数为 13 次，对照组为 21 次，理论频次为 17，$\chi^2 = 1.88 < 3.84$，$p > 0.05$，没有显著性差异。

由于实验以成绩配对分组，所以只能确保与成绩直接相关的特质在配对组间比较具有意义，而与成绩不直接关系的特质在配对组间比较不一定有意义。所以将与成绩直接相关的自习作业分数、推荐作业总分、预习测验分数采用配对组 t 检验，而与学业成绩不直接相关的自习时间、自习作业态度、预习笔记态度等使用独立样本 t 检验。总体来说，独立样本 t 检验的显著性门槛比配对组 t 检验更高，也就是说配对组 t 检验显著的在独立样本 t 检验中不一定显著。

对两组被试实验课的课堂观察变量做差异性分析，结果如表 9-10 所示。

表 9-10　两组被试实验课的课堂观察变量的差异性分析

观察变量	实验组（$M\pm SD$）	对照组（$M\pm SD$）	t	p	Cohen's d	$1-\beta$
自习时间	4.47±0.30	4.27±0.47	2.42*	0.018	0.51	0.99
自习作业分数	91.31±5.32	90.09±6.16	1.20	0.237	0.18	0.22
自习作业态度	95.33±3.44	91.84±6.35	3.24**	0.002	0.68	1.00
推荐作业总分	180.20±14.89	175.63±14.19	5.14**	0.000	0.77	1.00
推荐作业态度	90.90±5.88	83.93±5.97	5.57**	0.000	1.18	1.00

观察变量	实验组 （$M \pm SD$）	对照组 （$M \pm SD$）	t	p	Cohen's d	$1 - \beta$
预习测验分数	86.17±5.82	84.38±5.66	1.78	0.081	0.27	0.43
预习笔记态度	91.38±5.10	86.38±4.54	4.91**	0.000	1.04	1.00

在与学业成绩直接相关的观察变量上，两组被试的自习作业分数、预习测验分数不存在显著性差异，但是在推荐作业总分上存在极其显著性差异，这可能是由于"推荐作业总分=自选题目数×每题得分"，所以既包括了作业态度也包含了作业的质量，因为作业态度决定了实验组同学普遍做了更多的作业题目，实验组做的平均题目数为29.72道，对照组为25.74道，两者存在极其显著性差异，t（88）= 5.40，$p < 0.01$，Cohen's d = 1.12，$1 - \beta$ = 1。因为自愿完成的题目总数不一样，所以推荐作业总分也就存在极其显著性差异。对两组被试在反映学习态度的变量上进行差异性检验，在自习时间、自习作业态度、推荐作业态度、预习笔记态度上均存在显著性差异，这说明外源性积极认知反馈可以提高学生的积极认知体验，从而使学生的学习态度更积极，第六章第二节的研究也证明了认知反馈要比一般的表扬对兴趣的提升作用更大。

四　教育启示

情感教学本质上是为了让学生在学习过程中获得积极的情绪体验，教学过程是一个特殊的认知过程，之所以特殊是因为这个认知过程不是由学生自己发起的，而是由学校来组织的，情绪与动机是驱动认知活动的两个重要因素。在高中阶段，很多学生有强大的外部动机——考大学的支撑，所以尽管学习本身可能是乏味的，但仍能保持强大的学习动力，驱使学习行为。当然，在基础教育阶段，有些孩子可能为了得到家长或老师的表扬而努力学习，这也是一种外部的主导性动机。但是这些动机有一个特点，那就是一旦目的达到，或者目的无法达到，行为都将难以为继。

内部动机与外部动机不同，它直接扎根于活动本身，由于完成某任务本身就能激发人的兴趣，令人愉快，所以活动本身就是行动者所追求的目的。如果说获得表扬是一种外部动机，那么积极认知体验才是一种真正的内部动机，第六章第二节的研究已经证明了积极认知体验不同于表扬。

认知匮乏是产生行为动力的重要根源，认知匮乏会驱动认知行为，情感缺失则会产生情感驱动行为。图 9-3 展示了认知兴趣驱动认知行为的发生机制。

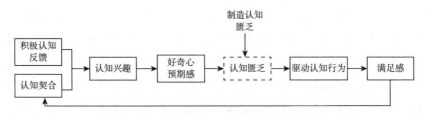

图 9-3 认知兴趣驱动认知行为的发生机制

前文提到的认知匹配策略其实就是一种人为制造认知匮乏感的认知契合策略，而教材中心策略其实就是情感契合策略，两者有不同的心理机制。当认知难度不大时，积极认知反馈可以激发认知兴趣，此外，学习者固有的思维方式与事物的认知方式相契合时就会产生认知兴趣。即能够构建心理意义时，学习者就会对事物产生认知兴趣，积极认知反馈其实就是通过由外向内的手段影响学习者构建心理意义，这对于建立初学者的认知兴趣是非常重要的，可以促进学习者产生积极的态度，这在本实验中已经得到证实。

第三节 教学过程中情境性情感的诱发策略

一 科学的应试教育

教育目标有广义和狭义之分，广义的教育目标是指人们对受教育者的总期望，即人们希望受教育者通过教育在身心诸方面发生变化。狭义的教育目标是国家对培养人才的总要求。教育目标一般由两部分内容构成：（1）把受教育者培养成什么性质的人；（2）培养成该种性质的人应当具有什么样的素养，即对人的素质或质量的规定。其中，人的素质规定是教育目标的核心部分。

理论上来说，学校的培养目标和课程的教学目标是依据教育目标制定的，培养目标属于各级各类学校的教育指向，而教学目标指在教学实施后学生在知识与技能、过程与方法、情感态度与价值观上要达到的要求。因此，教育目标、培养目标、教学目标是一个由抽象到具体、由概括到实施的高度统一的整体。

但是，在实践操作中，这三者之间的关系未必是统一的。教育目标与培养目标往往是一些官方化的表述，不一定有实践指导意义，真正指导教育目标的是应试分数。尽管国家已经出台很多文件希望淡化应试教育，但是当前还不具备取消应试教育的客观条件。既然目前取消不了应试教育，不如正视它，好好研究它，科学的应试教育未必就不是好的教育，再说素质教育与应试教育本身不是对立的两个概念，而是包含与被包含的关系，应试能力也是素质教育的一部分，因此应试教育应该包含在素质教育中。事实上，我们批判的不是应试教育，而是应试教育阻碍了学生其他素质的发展。

问题是，什么是科学的应试教育？我们需要学生具备什么样的应试能力？什么学段需要培养学生的应试能力？如何培养学生的应试能力？能否兼顾应试教育与情感教育？用教育结果问题来思考教育过程问题，可以提高我们对教育过程的批判能力，为评价教育过程提供了客观标准，为情感教育提供了操作方法。

科学的应试选拔指导科学的应试教育，科学的应试选拔包括科学的应试内容和评价方法。科学的应试内容是指考试内容的科学性。科学的评价方法是指学习结果评价的科学性。

要回答考什么、如何考，就需要回归教育目标。社会需要什么样的人才？应用能力、自学能力、创新能力是推动现代社会发展的三大能力素养，以应用能力为核心，以自学能力和创新能力为双翼，应用能力决定了个体能否成为一个合格的劳动者，自学能力和创新能力决定了劳动者在未来的职业生涯中能走多远，可见这三种能力在人才培养和选拔中至关重要，它既规范了劳动者的基本能力，又规范了劳动者可持续发展的能力和态度。相反，缺乏应用能力、自学能力、创新能力的人既不能满足社会的基本要求，也不能适应社会发展的需要。在教育过程中，我们如何确保学生获得这些能力？又如何检验这些能力呢？

应用能力是指应用知识有效解决实际问题的能力，这种能力在现代教育中体现较多，兹不赘述。

自学能力是指在没有他人指导的情况下循序学习和理解新知识的能力，是实现终身学习的能力要求。自学能力是学习管理能力、反省能力、元认知能力的综合体现，它是可以在应试中考核的一种能力。

创新能力是指运用基本的逻辑思维方法创造出有价值的新理论、新技术、新方法或解决新问题的能力。创新有大创新和小创新之分，像牛顿、爱因斯坦这样的科学家的创新属于大创新，而小创新指独立创造性地解决未知问题，这个未知问题可以是人类的未知问题，也可以仅仅是个人的未知问题。

除了三大能力，现代社会还需要学生具备自学情感，它是实现终身发展的动力。能力好比是一台架构合理的机器，蕴含着潜在的功能，但是要把这些功能发挥出来，还需要动力，这就是情感素质的作用。

二　情感化应试教育的四个基本原则

改变现代教育模式首先要改变教育目标，即要回答我们需要培养什么样的人，科学的教育模式需要合理的教育目标。由此提出本节研究的第一个原则——目标合理原则。

（一）目标合理原则

要回答我们要培养什么样的人，需要反思当下的教育目标和教学目标，如英语教学是培养双语者（bilingual）、翻译家（translator）还是语言学家（linguist）？语文教学是培养语言工作者、作家、文学家还是语言学家？数学教育是培养速算家、速算解题者、数学工作者还是数学家？

美国著名的教育学家、心理学家布卢姆认为完整的教学目标应包括认知领域、情感领域、动作技能领域三大目标领域。并且，每一个目标领域又分为由低级到高级的学习层次，每一个层次代表着学生的不同学习水平。

对于大众而言，我们的英语课程是为了培养双语者（bilingual），语文教学是为了培养语言工作者，数学教学是为了培养数学工作者。教学目标决定了考核方式，考核方式决定了教学方法，要实现教学目标，首先要有正确的考核方式。在应试教育背景下，考核方式是教学行为的指挥棒，什么样的考核方式决定了什么样的教学行为。语言作为一门交流工具，如果达不到交流的目的，那么基本是无效学习，只有首先成为双语者（bilingual），才能进一步成长为翻译家（translator）或者语言学家（linguist），所以让没有听、说、写能力的教师去教学生，这些教师的能力是不胜任的。一些所谓的中英双语幼儿园，从入园就开始教幼儿认识单词，而不是听说的培养，其教育结果可想而知。

在应试教育背景下，考核方式指导教学方法，要从根本上扭转不科学的教学方法，就要先转变考核方式，自学能力、应用能力、创新能力其实都可以通过恰当的方式来考核，考核方式的转变甚至能影响教师的教学情感和学生的学习情感，考核方式的转变有利于国家选拔真正的人才。例如，增加英语情境性会话可以让学生在不知不觉中感悟语言，增加学习的趣味性，而不需要死记语法，但是前提是需要有优秀的双语教学者。改变语文阅读理解的考核方式可以改变语文的教学方法和学习方法，真正让学生理解和欣赏文本。改变数学考核中大量问题下移的情况，让学生腾出时间学习更多数学新知识，站得更高，看得更远，这样既能开拓学科视野又减少刁钻方法的练习。

为了诱发教学中的情境性情感，除了目标合理原则外，还需要遵循以下原则。

（二）积极体验原则

在教学与考试中尽可能地让学习者获得积极体验。除了高考选拔考试，对未成年学生应尽可能地进行不选拔考核。目前家庭对教育的需求无比旺盛，完全有条件取消中考普职分流，让更多民间资金注入基础教育，实现公办普高和民办普高并行，让所有孩子都可以进入普高，让未成年人接受完高中教育后再进行职业分流，这样既有利于产业工人素质的整体提高和职业教育的顺利开展，又可以从根本上减少应试教育的强度。如果没有高中阶段的通识教育，很多职业教育难以深入开展，加上初中毕业生年龄太小，基本没有明确的职业性向和职业规划，学习职业的内部动机不足，职业教育难以开展。目前职业高中教育办学质量不佳，加上整个社会对职高生有偏见，在这样的大环境下，职高生很难获得积极的情感体验，容易影响其学习积极性。

就目前家长对孩子的教育期望而言，如若取消中考，将应试教育相对集中在高中阶段开展，或将可以增强义务教育阶段学生在素质教育中的积极体验，增强学生的成就感、获得感，有利于国家精准选拔人才。

（三）容忍错误原则

容忍学生在学习中的错误，尊重学生的差异性。教育面对的是成千上万的学生，人最大的特点就是个体差异性。个体差异性有两个方面：（1）个体智力上的差异性，表现为不同个体在多元智力①的不同方面存在差异；（2）在发育速度上存在差异，表现为在智力发展水平上有的儿童较早出现相应的特征，有的则较晚出现。由于个体差异性，不可能所有学生都能成为教师所教学科的天才，容忍他们出现错误，就是尊重学生的差异性，这是个性化教育与全面发展的教育的生动体现。即使在应试教育的背景下，教育者也不应该只注重分数，更不应该只看重某个学科的分数，尊重和理解学生的个体差异性，容忍他们的学业错误，不因学生学业错误而歧视他们，让他们平等地受到教育关怀。

（四）科学评价原则

评价的范畴很广，不仅仅局限在考试上，即便是应试教育，也应该呼唤科学评价。仅从考试的角度来说，试题是否科学规范、有没有信度和效度、如何科学记分等问题，均大有学问。考试应该与教育目标相吻合，考什么、怎么考，不是以能难倒学生为目的，而是以需要培养什么样的人才为目标。"考试内容、形式是否能够体现教育目标规定的素养""评价是否能真实反映学生现有的能力水平"等均是应试教育下迫切需要回答的问题。应试的目的是筛选人才，那如何保证应试筛选到了我们想要的人才呢？如上所述，我们需要学生有应用能力、自学能力、创新能力，那么如何在应试教育中体现出来呢？具体到每一门学科就是"本学科应该以培养什么样的能力为主""如何通过应试反映这些能力"。例如，在数学考试中，我们如何反映一个学生的自学能力和创新能力，需

---

① 美国心理学家霍华德·加德纳（Howard Gardner）在1983年出版的《智力的结构》（*Frames of Mind*）一书中提出每个人都至少具备语言智力、逻辑数学智力、音乐智力、空间智力、身体运动智力、人际关系智力和内省智力，后来，加德纳又添加了自然智力，这一理论被称为多元智力理论（Multiple Intelligences）。

要什么样的题型和多长的考试时间来考核这些能力。在英语考试中，语法好的学生是不是意味着英语沟通能力就强呢？哪些语法是必须要考的，哪些语法是不需要考的？什么样的考试能反映一个学生的英语沟通水平？这些问题都是很值得研究的问题。再例如，一个靠答题技巧获得高分的学生是不是优秀的学生？哪些题型可以因学生掌握答题技巧而获得高分？作文究竟是不是一种好的考试题型？造句题型为什么在考试中逐渐消失了？考试究竟应该"方法至上"还是"知识至上"呢？

在应试评分上，评阅试卷的标准是什么。例如，一个小学生由于粗心大意把应用题计算错了，但从方法上看，该生已经完全掌握了数学知识，该不该记0分，0分是不是意味着什么都不会？标准答案是不是真的很标准呢？一个汉译英出现语法错误的孩子，能不能记0分，哪些语法重要，哪些语法并不影响语言交流？毕竟我们的孩子不在英语大环境中长大，细节问题，甚至苛刻的语法问题是不是很有必要在考试中出现？

改变应试教育模式必须先改变考试模式，在应试背景下，每个个体都是趋利的，包括教师、学生、家长、培训机构，只有考试模式转变了，教育模式才会随之而变。如果考试中体现了学生的自学能力和创新能力，有自学能力和创新能力的学生对学习能没有情感吗？

三　应试教育活动的情感设计

素质教育未必就受学生欢迎，应试教育也未必就不受学生欢迎；同样，素质教育不等同于情感教学，应试教育也未必就与情感教学格格不入。科学的应试教育是素质教育最重要，也是不可或缺的一部分，如果没有应试教育做基础，素质教育就是一个好看的花瓶。科学的应试教育可以反映学生的能力，而脱离应试教育的素质教育既不能培养学生的核心素养，也将丢弃教育的基本功能。

情感是人类活动过程中的附属品，不仅与活动的内容有关，更与活动的形式有关。同样，教育活动中的情感激活既与活动内容相关，也与活动形式相关。依据马斯洛需求层次理论（Maslow's hierarchy of needs），人有五个层次的基本需要，而教育活动主要体现了归属感与爱的需要、尊重的需要、自我实现的需要。如果这些需要在教学活动中获得满足，那么学生就能获得积极体验，反之，就得到消极体验。为此，教师在教学活动中应该遵循以下策略。

（一）合作学习策略

合作学习是指师生共同参与教学活动的实施、完成学习任务的教学行为，合作学习策略可以是师生合作，也可以是生生合作。关于合作学习的论文汗牛充栋，但是大多基于知识学习为目的来研究，而忽视了合作学习的情感功能。其实合作学习除了学习功能，更重要的是情感功能，它可以让学生满足归属感与爱的需要和尊重的需要。如果从情感视角去审视合作学习，就会发现，活动目的不同，活动形式以及评价活动的标准也就不同，让所有学生参与活动并在活动中获得归属感和尊重是合作学习的情感教学体现。不以获得知识和能力为目的的合作学习策略，应该与传统的合作学习策略有着不同的设计思路，如何发挥学生的积极性和能动性是合作学习策略首要思考的问题。为此，需要进一步思考更为具体的合作方案，比如，如何分配合作任务，如何搭配合作伙伴，如何呈现合作成果，如何反馈合作成绩，只要好生、差生①都能参与，差生就不会沦为看客，所有人都能获得归属感，满足爱的需要，这样的合作学习不可谓没有情感。而合作学习的情感教学目标实现了，知识与能力目标还会远吗？我们应该让教学中的知识与技能目标成为情感教学的附属品，而不是相反。不同的合作任务有不同的合作方案，合作学习策略的总原则是每个学生都应该有自己的角色分工，完成一定的任务，而不能仅仅是看客。合作分组可以依据任务不同采用相邻性、成绩相似性、性格相似性、性格互补性、不同性别搭配等方式进行，合作的人数视任务不同而不同，一般以2~7人为宜。

合作学习策略的教学过程设计如下。

星期三的数学课上，数学老师在黑板上出了一道题：小红玩游戏，先把标号1~80的80张卡片按序号从小到大顺序排列，自上而下码成一叠，然后抽出最上面第1张卡片放到最下面，把第2张卡片扔掉，再抽出第3张卡片放到最下面，扔掉第4张卡片……按照这样的步骤循环下去，直到剩下最后一张卡片为止。请问这一张卡

---

① 这里的好生、差生是指应试教育下以成绩好坏来评价。

片的序号是几呢？

　　教师引导：同学们，我们能不能先从小的数字开始试验呢？比如先试验 3 张卡片，再试验 4 张卡片，再试验 5 张卡片……同学们能够获得什么规律呢？

　　合作任务分配：前后座同学进行合作，4 人一组。

　　工具：剪刀、纸片若干。

　　听了教师的引导，同学们都动起笔来，在纸上试验起来，两个同学负责剪纸片，另两个同学负责标号，制作完成了 80 张卡片。小组同学们从小数开始试验，一个同学试验，另一个同学负责记录，这时两人一组，一直到试验 40 张卡片时，四人一组，每个同学轮流操作，每个人均有操作和记录的机会。经过反复实验，每组都得出 80 张卡片时答案是 33。

　　教师引导同学们尝试用卡片数减去 2 的某个幂，前提是不能为负数。让同学们合作探索规律，直到写出表达式为止。

（二）竞争学习策略

　　竞争学习是指在教师的组织下生生之间以某任务胜出为目的的相互角逐活动。精心组织的竞争学习可以充分调动学生活动的积极性，极大地满足学生自我实现的需要。同样，教学活动中的竞争未必就是以学习知识为目的，竞争的内容可以体现学生学习的方方面面，以情感教学为指导的竞争学习策略不以知识学习为目的，而以积极情绪体验为目的，例如，一项精心组织的辩论比赛，即使是看客，也能通过替代性强化获得极大的满足感。

　　英语情境会话中竞争学习策略的教学设计如下。

　　1. 组内互助

　　（1）小组策划、学习。小组内策划表演方案、表演形式，设计会话的句子。

　　（2）小组内互助、帮差。由于教师只评价小组，所以组内每个学生的成绩好坏直接影响该学习小组的整体成绩。因此，小组内部各成员之间会相互督促，有利于提高每个成员的学习动机和学习情感。

2. 小组间竞赛

（1）新教材中安排了很多交际性活动，如信息交流、猜谜、扮演角色、做游戏等活动。运用小组演示，设置情境，让组员扮演课文中的角色，鼓励自行设计会话表演的方案，在课堂上演出，促使学生预习、排演，进行课外语言交际。

如在教学仁爱版英语八年级下册 Unit 7 Topic 3 Section A 时，为了让学生更好地掌握教学重点"Eating Languages"，创设如下教学活动。

A. 利用多媒体展示点菜情景，注意"Eating Languages"的使用。

> Here is a table for two.
>
> May I take your order now?
>
> May I have the bill?
>
> Here is the change.

B. 各组学生分别扮演"服务员"和"顾客"进行用菜单点菜的情景对话。

C. 引导学生进行表演，并在活动中着重掌握"Eating Languages"等语言知识，通过创设情景，使学生由感性接触到理解表象，进而运用学到的语言材料尝试交际性操练，充分展示了主体的能动作用。

（2）英语教学中小组之间的竞争可以有多种形式。如单词接龙比赛、课文朗读比赛、问题抢答比赛、口语对话比赛、英语书法比赛等，评选出最佳小组，排出小组名次。由于以小组为单位，参与面更广，竞争更激烈，获胜人数也更多，后进生也有了获奖的机会，能体会到成就感。

如在教学仁爱版英语八年级上册 Unit1 Topic 1 Section D 后，为了让学生回答好"What are you going to do when you grow up?"，让学生进行未来职业预测大比赛，要求小组成员的参与度要广。开始比赛后，随着一组组板书"teacher""businessman""manager""engineer""cook""doctor""nurse""pilot"……学生们的情绪渐渐被调动起来，个个争先恐后，课堂气氛异常活跃，有的同学甚至写出了"stewardess"（空姐）。每组学生都不甘落后，赢的小组神采飞扬，输的小组也不气馁，等待下节课的比赛。有时候，在临近下课时会有两三组并列第一，就加试一题，可以是有些难度的或课外的；也可以故意说得很快，学生需十分集中注意力，再决出最后的"winner"，气氛不亚于足球赛的点球。学生的学习兴趣明显提高，作业情况也好转。

　　在竞争学习中，切忌以学习知识为目的为教学内容设计竞争活动，而应该以培养学科情感为目的，不应该总是以会话的质量或者回答问题的准确性为评价标准，如有没有语法错误、交流是否流畅、会不会使用新句型、单词发音是否正确等，而应该着眼于调动学生参与竞争的积极性。试想，培养了学生的学习情感，知识学习还会远吗？

（三）　游戏学习策略

　　游戏学习是指在教师策划和指导下通过游戏活动的方式来完成学习任务的教学方法。游戏是儿童的天性，是儿童与生俱来的兴趣。儿童游戏通常分为两种：一种是竞技类的，比如跳房子、抓五子；另一种是模拟生活的，如过家家、角色扮演等。竞技游戏以胜出为目的，体现了人具有自我实现和获得他人认可的心理需要；模拟生活游戏是模仿儿童未来生活的一种趣味活动，体现了人具有为未来生活做准备的自然天性，这符合赫伯特·斯宾塞（Herbert Spencer）的教育目的观。由此，教学游戏可分为竞技游戏和模拟生活游戏，游戏形式必须契合学生的活动方式和情感需求，不能单纯以课程知识为核心，要让所有学生都能参与、都有机会表现自己，如模仿动物的行为游戏，在低年级儿童中开展教学游戏可以极大地调动儿童的参与积极性，以情感教学为目的的游戏设计同样不一定要以学习知识为主要目的，而应以儿童参与和获得认可为目的，这是塑造儿童积极心理的最好方法，最终会反哺知识教学。

游戏作文教学设计

　　1. 学习目标

　　（1）仔细观察同学哑剧表演时的动作神态，说一小段通顺的话。

（2）根据表演的情况选择合适的材料写成一篇不少于400字的习作。

2. 教学准备

教师在近十张纸条上写上"洗衣机""猪八戒脚踩西瓜皮""电视节目真好看""我碰到了难题""口渴喝到了烫水"等学生容易表演的内容。

3. 教学过程

（1）趣味引入。

师：（板书：表演）说起表演，大家一定兴高采烈，今天的表演与以往不同，不能说话（板书：哑剧），只能用你的肢体语言来表示。表演者要根据抽到的纸条上的内容进行夸张的表演，让我们下面的同学来猜，猜中了，表演者有奖。

（2）观察说话。

请一号表演者抽签。

抽到后思考几秒钟马上表演，同学们仔细观察他思考的神态、动作，猜想他的心理活动，认真观察他是如何表演的，然后说说自己观察到的情景。（引导说话要细致）如金彩同学从老师手中小心谨慎地抽出一张纸条，看了看，眉头拧在了一起，嘴里嘀咕着："怎么表演啊！"说着，向老师投去了求救的目光。老师笑盈盈地鼓励他："一定行，赶紧表演吧！"金彩灵机一动，用手比画着一个一个大大的长方形，接着好像用手拧开一个水龙头，伸出手指按下一个开关，自己不停地转动着身子。转了好一会儿，看同学们没有感觉，他赶紧脱下自己的外衣，抱在怀里又转了起来，这下，同学们都异口同声地叫起来："洗衣机！"

请二号同学表演。

要求观察细致，说话清楚明白，请平时发言机会少的同学发言，引导口语表达。

如丁朋高高地举起手，大喊："让我表演，让我表演。"老师满足了她的愿望。丁朋胸有成竹地走上讲台，看她的架势好像表演冠军非她莫属。等她笑眯眯地抽出老师手中的纸条却傻眼了，时而搔搔头皮，时而挤眉弄眼，时而扭动着身子。王达一看，赶紧往台上走，拿过丁朋手中的纸条后，迅速把手捏成拳头，放在嘴边，摇头晃脑，嘴里还念念有词，跟电视里的歌星差不多。这还不算，两条腿一个劲地前后左右跳动，把我们逗得哈哈大笑，忘记了说表演的内容"载歌载舞"了。

（3）习作构思。

师：我们在欢声笑语中进行了"哑剧表演对对碰"的游戏，大家是不是觉得游戏特别有趣。愿意让班里其他同学也来和我们分享游戏的快乐吗？那我们就把整个游戏的过程写下来，怎样写才合适呢？

交流写作思路（教师听学生交流，一边总结一边板书）。

游戏前规则的描述：详写"洗衣机""猪八戒踩西瓜皮""载歌载舞"（给人印象最深的）。

游戏中详写人物的动作、面部表情、心理活动、现场气氛等。

教：写作思路要拓展，不能局限板书上的一种，可以是多种多样的。如开头写欢快的场面，接着写事情的起因、经过，最后写再次出现欢快的场面，前后呼应。写作可以用顺叙，也可以用倒叙，或者可以以表演者的某个动作作为作文的开头，引发读者想往下读的好奇心。

怎样把略写部分写好？

师：略写部分如果写得好，也能给文章增彩。例如，其他的表演也精彩纷呈，"电视节目真好看"表演得栩栩如生，"我遇到了难题"也感觉不错，"开水烫着了嘴"表演得惟妙惟肖。

（四）角色变换策略

角色变换是指师生之间、生生之间的角色变换或者教学活动中的角色扮演，目的是产生角色体验。这里的角色变换策略不同于游戏策略中的角色扮演，它特指以教学为目的的角色变换。角色变换策略可以在学科教学中进行，也可以在班级管理中运用。例如，在语文教学中，为了让学生更好地体验课文中的人物角色，可以让不同的学生扮演不同的角色来模仿人物对话，同样，英语中的情境会话也是一种角色扮演。也可以让学生扮演教师的角色来批改作业、管理班级，甚至模拟授课。角色扮演本质上是一种情感体验策略，好的角色扮演可以让学生体验不同角色的人物情感，产生情绪迁移或移情能力，能让学生更好地理解他人的行为，比说教更为有效。例如，让学生批改作业，既可以学到知识，也可以体验教师劳动情感，感受不同质量的作业所带来的情绪体验，有利于促进学生建立端正的学习态度，是情感教学的重要组成部分。

《孔乙己》角色扮演的教学设计

1. 教学目标

培养学生的阅读情感，增强学生理解故事人物的移情能力。

2. 教学准备

话剧视频《孔乙己》，教师事先准备好长衫、碗、硬币等表演道具。

3. 教学过程

本次课为《孔乙己》教学的第二学时。

（1）播放话剧《孔乙己》，让学生掌握课文内容、人物角色，体验封建社会的科举制度、社会风气、人与人之间的金钱关系。

（2）教师示范朗诵需要表演的段落（也可以由朗诵水平高的学生朗诵）。

一天的下半天，没有一个顾客，我正合了眼坐着。忽然间听得一个声音，"温一碗酒。"这声音虽然极低，却很耳熟。看时又全没有人。站起来向外一望，那孔乙己便在柜台下对了门槛坐着。他脸上黑而且瘦，已经不成样子；穿一件破夹袄，盘着两腿，下面垫一个蒲包，用草绳在肩上挂住；见了我，又说道，"温一碗酒。"掌柜也伸出头去，一面说，"孔乙己么？你还欠十九个钱呢！"孔乙己很颓唐的仰面答道，"这……下回还清罢。这一回是现钱，酒要好。"掌柜仍然同平常一样，笑着对他说，"孔乙己，你又偷了东西了！"但他这回却不十分分辩，单说了一句"不要取笑！""取笑？要是不偷，怎么会打断腿？"孔乙己低声说道，"跌断，跌，跌……"他的眼色，很像恳求掌柜，不要再提。

（3）教师提问。

这里一共描写了几个人物？他们分别是什么角色？（学生讨论）

　　人物在对话中表现出了什么样的情感？人物在会话中使用了什么样的语气语调？引导学生就每一句话进行讨论。

　　（4）教师安排表演能力强的学生进行对话表演，为了渲染气氛，需要借助一些道具。

　　学生分组模仿，并就人物的个性特征、情感提出不同的见解。

　　角色扮演使学生亲身体验文中人物角色的经历，既拉近了学生与文中人物角色的内心距离，同时也使封建社会人与人之间冷漠的金钱关系得以真正展现，使学生理解了作者对腐朽罪恶的封建科举制度和病态冷酷的金钱社会的揭露与批判。

　　英国著名作家王尔德曾说："作者完成了书的一半，读者完成了书的另一半。"的确文学作品总是以文本形式出现在学生面前，需要学生通过阅读文章中的语言文字去发挥自己的联想和想象，这就是再造想象，实现对文本的再次构建和再次创造。如果学生在阅读前就已经对文本内容产生了一种阅读期待，当学生真正走进课文时，就会产生丰富的内心体验，当这种体验与文章作者产生情感共鸣时，便会达到一种至诚至美的心灵境界。

　　情感教学在实践中不应该以知识与技能为教学目标，而应该以培养学生的情感态度与价值观为教学目标，注重过程与方法的使用，如果教师一开始就以学习知识为目标，必然会影响教学设计、教学实施过程、评价标准，让情感教学成为应试教育的附庸。只有教师忘记了应试教育，无差别、无歧视地让所有学生参与其中，才能引导学生忘记学习是为了考试，才能全身心地投入知识情感中。一旦培养了学生的学科情感、课堂情感、学习情感，知识与技能的学习还会远吗？所以看似不以知识为目的的教学，最后却能成为助长知识学习的最大推手。从这一角度来说，情感教学实则是一种以情感体验为手段、以学习知识为目的的教学模式。只是将目的化于无形，而最终又得到最好的实现，正所谓醉翁之意其实不在山水之间，实则在于酒。

四　方法教学与知识教学的教学效果、情感体验比较

　　如上所述，在基础教育阶段，普遍存在"方法至上"的教学现象。

方法教学是指为了增加应试难度而将有限的知识通过各种巧妙的方法组合来解决常规方法不能解决的问题，解题技巧是为了弥补解题知识的不足，典型表现是将高年级用常规方法可以解决的问题下移至低年级，即问题下移。问题下移是方法教学的典型表现，与之相对应的是知识教学，即通过学习新的知识，使该问题可以用新知识的常规方法来解决。问题下移是情感教学的最大障碍，是导致教师课堂情绪感染力下降，以及学生厌学情绪高涨的重要原因之一。小学五年级下册中出现了"简易方程"一章，之后在小学（包括六年级）数学应用题中大量出现了二元一次方程问题。笔者以二元一次方程问题为例研究方法教学与知识教学在教学效果与情感体验上的差异性。

（一）研究方法

1. 被试

以某小学五年级第二学期的四个并行自然班为研究对象，其中两个班级随机确定为对照组，另两个班级确定为实验组，将对照组与实验组中三次成绩稳定且相当的同性别学生配对，最终遴选出 80 对被试分别在实验组与对照组，这样不影响自然班的教学。

2. 实验材料

简易的二元一次方程教学，以例题为教学素材，在实验组使用知识教学，在对照组使用方法教学，示范解决下列例题。

（1）男、女多人同桌就餐，一个男同志说："我看到的人中，男同志的人数是女同志的 3 倍。"一个女同志说："我看到的人中，男同志的人数是女同志的 4 倍。"男、女同志各多少人？

（2）师徒两人做零件，师傅工作 8 小时，徒弟工作 6 小时，一共做了 312 个零件。已知徒弟 5 小时做的零件数与师傅 2 小时做的零件数相等，师傅、徒弟每小时各做多少个零件？

（3）外婆三天的生活费一共 50 元，第一天和第二天一共花了 69/2 元，第二天和第三天一共花了 71/2 元，外婆这三天每天生活费各多少元？

后测试卷：各类可用二元一次方程解决的应用题共 10 道。

3. 实验设计

教学效果测量：采用后测试卷对两组被试进行测试。

　　学生的情感体验测量：采用第六章第一节认知确信度的测量方法。依据第六章第一节的观点，个体一旦产生认知兴趣就会激活很高的认知确信度（原命题）；相反，认知确信度低的个体容易产生学习焦虑，即对当下认知的消极评价和对未来探索的不良预期不大可能产生认知兴趣（逆否命题）。认知确信度可以反映个体的兴趣水平。

　　认知确信度实验采用 E-prime 设计，实验采用 GNAT 范式。启动刺激有两种：一种是学生刚刚完成的后测试题（10 道，简称旧试题）；另一种是学生没有做过的新试题（10 道）。所以本实验一共有 20 个试次（trail）。在已做过的测试题上标注大大的"旧"字，在新测试题上标注大大的"新"字，目的是让学生更好地回忆起旧试题，且能快速地分辨新试题。实验流程如下：呈现启动刺激（5000ms），接着是掩蔽刺激（500ms），然后是确信度判断（2000ms），最后是靶刺激（3000ms），呈现的是"新试题"或者"旧试题"。实验流程如图 9-4 所示。

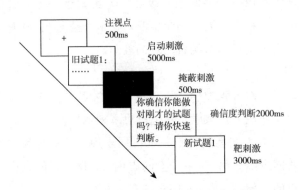

图 9-4　认知确信度 E-prime 实验流程

　　在任务一中，要求被试对所有旧试题做出"确信"（go）反应（按空格键，表示确信自己能做对），而新试题做"不确信"（no-go）反应（表示"不确信自己能做对"）。任务二相反，要求被试对旧试题做出"不确信"（no-go）反应，而新试题做出"确信"（go）反应。为了避免顺序效应，两种任务的呈现顺序在被试间平衡。在正式实验前均有练习，直到被试完全理解实验流程为止。

　　4. 实验程序

　　实验采用被试间配对设计。每组教学时间均为 1 课时，教学内容如实验材料所示。对照班采用方法教学，即不学习二元一次方程组的知识，采用简单方程解决上述问题；实验组采用知识教学，即在解题中学习简易二元一次方程组的知识。所有班级均在上午第一节课教学，于当天下午放学前采用相同的试卷进行测试。试卷测试结束后，要求被试马上完成认知确信度测试。

（二）结果分析

将实验前后两组的成绩分别进行配对组 t 检验，结果如表9-11所示。

表9-11　两组被试的教学效果比较 （$n=80$）

实验过程	组别	M	SD	t	p	Cohen's d	$1-\beta$
实验前	对照组 （配对平均成绩）	84.17	8.23	0.56	0.578	0.06	0.08
	实验组 （配对平均成绩）	83.98	8.09				
实验后	对照组 （方法教学）	78.42	8.59	−15.92**	0.000	1.78	1.00
	实验组 （知识教学）	84.75	8.40				

实验前两组被试配对后的成绩没有显著性差异 （$p>0.05$），说明两组被试的配对是成功的。由于两组的教学方法不一样，实验组采用知识教学，对照组采用方法教学，实验后进行统一测试，结果显示，实验组的成绩极其显著高于对照组 （$p<0.001$），说明采用知识教学的效果显著好于方法教学。由于实验前测是平时成绩，作为配对依据，与后测并非等值测验，所以前后测之间不具有可比较性。

两组被试在两种教学方法指导下认知确信度比较如表9-12所示。

表9-12　两组被试在两种教学方法指导下的认知确信度比较 （反应时）

	对照组 （方法教学） （$M\pm SD$）	实验组 （知识教学） （$M\pm SD$）	t	p	Cohen's d	$1-\beta$
旧试题	1074.86±96.82	936.86±77.54	9.36**	0.001	1.05	1.00
新试题	1167.58±89.97	988.97±74.11	12.11**	0.001	1.35	1.00

对照组与实验组在旧试题上的 go 反应时上存在极其显著性差异，实验组显著短于对照组，说明实验组被试整体上更确信自己做对了刚刚完成的测试题，而对照组更不确信自己是否做对了刚完成的测试题，因为

对照组更不确信，出现了较多的犹豫，所以反应时变得更长。在新试题的 go 反应时上，实验组也极其显著短于对照组，说明实验组对于二元一次方程问题的解法有较高的确信度，这种确信度迁移到了同一类问题上，只要掌握了新知识，就可以用新知识的常规解法轻松应对这一类问题；而对照组被试对于新试题的确信度不高，表现为 go 反应时更长，怀疑自己能不能解决，说明方法教学不能将这一类问题概化，尽管是同一类问题，但是不同的问题用到的方法还是有区别的，方法的概括程度不高，所以对照组被试出现不确信。

如前所述，GNAT 范式有两种计分方法，除了反应时，还可以用辨别力指数 d' 进行比较，两组 d' 的比较结果如表 9–13 所示。

表 9–13　两组被试在两种教学方法指导下的 d' 的差异性检验

	对照组（方法教学）($M±SD$)	实验组（知识教学）($M±SD$)	t	p	Cohen's d	$1-\beta$
旧试题	2.09±0.77	3.62±0.95	−10.87**	0.000	1.22	1.00
新试题	1.69±0.61	3.28±0.82	12.75**	0.000	1.42	1.00

对照组与实验组在旧试题上的 d' 存在极其显著性差异，实验组的 d' 显著高于对照组，说明在旧试题的 go 反应上，实验组的击中率显著高于对照组。两组被试在新试题的 d' 上也存在极其显著性差异，实验组的 d' 极其显著高于对照组，说明实验组被试对于新试题的确信度高（击中率高），且对于旧试题的确信度更高，所以虚报率变得更高，这样就整体拉低了实验组的 d'。

五　教育启示

从研究结果来看，方法教学的效果显著不如知识教学，方法教学的迁移性差，即使是同一类问题，不同的题目可能有不同的解法，甚至一题一法，无法迁移。从认知确信度来看，学生对于方法教学的认知确信度低，依据第六章第一节的结论，认知确信度低表现为认知兴趣低，学习体验差。由第五章第一节可知，快乐的学习体验（表扬）会增强教学过程中教师的情绪感染效果，相反，消极前情绪会削弱教师的情绪感染效果，而认知确信度低表现为焦虑体验，会削弱教师的课堂情绪感染效果，可见难度太大的方法教学不仅削弱了学生的学习兴趣，也从根本上削弱了学生的课堂听课效果，在教学中，难度并非越大越好，要符合学生的最近发展区。

问题下移教学也不符合学科的发展规律，任何学科的发展都需要总结出一套科学规律，数学更应如此。数学要不断总结新的规律，而不是技巧性地运用旧的知识去解决问题，原因在于新规律可以总结出某一类问题的共同特征属性，依据其特征属性找到一般化的解决办法，而技巧只能碰巧解决某一个问题，换一个问题便无法解决。

浙江省某小学六年级的小学数学培优题。

如下图所示，直角梯形 ABCD 的上底长为 4，高为 5，直角梯形 ABCD 面积为 35，求△CDE 部分的面积是多少？

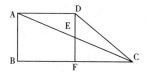

这道题对于学过相似三角形知识的初中生来说应该是比较简单的，但是对于还未接触这些知识的六年级学生来说是非常非常难的。原因就是绕过相似三角形的知识去解决这一问题，即便碰巧能解出来，这种方法也不可能迁移到其他问题上去。可以说，没有一般化、规律性的知识也就没有学科的发展，科学就是要总结解决同一类问题的规律性，得到更为一般化的上位概念，如二元一次方程问题、一元二次方程问题，它们有着截然不同的特征属性，有一般化的解决方法，不需要靠奇技淫巧去拼凑答案，拼凑出的答案也不能体现科学研究的思维方法。类似中国古代"鸡兔同笼"问题，使用的是拼凑、试探方法来解决问题，这并非真正的现代科学思维。

如果"问题下移"教学成为常态，学生不但得不到科学思维训练，反而增加了学习中的挫败感，既不利于知识与技能的学习，也不利于过程与方法的学习，更不利于情感态度与价值观的形成，学生经过大量非科学方法训练，一旦升入高年级，这些方法基本用不上。要说这就是形式教育更是无稽之谈，采用知识教学，学生在学习科学新知识的同时也实现了智能上的形式训练。知识教学的好处就是学生既可以学习到新的知识，又获得了概括水平更高的科学方法，并且由于科学方法是有规律可循的，学生的学习体验更好，何乐而不为呢？目前，我国在基础教育上的新知识学习进度并不算快，尤其是在义务教育阶段，新知识学习进度相当慢，而换来的训练应验了一句话"教材讲了一滴水，考试考了黄河水；教材讲了一粒沙，考试考了撒哈拉"。除了磨灭学生的情感、消耗学生的精力，培养不了任何科学思维方法，即便是应试教育也做得不合格。

本章小结

本章内容主要包括三个方面。

第一，语义情绪信息（高级情绪信息）与感官情绪信息对情绪感染有叠加效果，使觉察者最终产生更强烈的情绪体验。在教师相同情绪演绎下，积极和消极的语义情绪信息比中性语义情绪信息对学生的情绪唤醒度更高。教师用消极情绪去表达中性文本是不相称的，学生不能很好地解释教师情绪表达的原因，因此情绪感染效果不好；相反，教师用消极情绪去表达消极文本是相称的，学生会认为教师的课堂感染力非常强。

第二，教学内容的语义情绪信息挖掘主要有学生中心策略和教材中心策略，其中学生中心策略中的积极体验策略是情感教学的基础。

第三，情感化应试教育有四大基本原则：目标合理原则、积极体验原则、容忍错误原则、科学评价原则。应试教育可采用合作学习策略、竞争学习策略、游戏学习策略、角色变换策略进行情感设计。现今基础教育中存在"方法至上"的教学现象，忽视知识教学，典型表现是问题下移，即将高年级用常规方法可以解决的问题下移至低年级。实证研究证明问题下移教学不可取，会严重损害情感教学效果。

第四篇

理论拓展、研究总结与展望

第十章 课堂情绪感染的理论拓展
与支持性条件研究

第一节 班集体的情绪感染理论

一 班集体的情绪感染现象与影响因素

在课堂教学中,教师处于主导地位,是课堂的主要情绪感染源,但是课堂、班级、学校是一个集体组织,个体不能脱离集体而存在,个体心理会受到集体的影响,维果茨基的社会文化历史理论就强调社会文化对人类心理产生和发展的影响,人在环境与教育影响下,心理机能逐渐由低级向高级转化,高级心理机能是在人际交往活动过程中不断产生与发展起来的,尤其是行为的自律性以及高级情感。课堂情绪感染与一对一的人际情绪感染存在两点显著的区别:(1)课堂情绪感染不是只从教师传递给学生,学生之间的情绪会相互影响,学生情绪对教师也会产生影响,课堂情绪感染是一个群体情绪感染现象;(2)学生不是空着脑袋走进教室的,同样学生也不是空着脑袋来接受教师的情绪感染的,学生浸染了集体文化,受教育体制的深刻影响,是在产生了集体共性的高级心理机能后来接受教师的情绪影响的。虽然说集体是由诸多人构成的组织,但长期稳定存在的集体不是"1+1=2"那么简单,因此集体情绪感染不是两个个体之间情绪感染的简单叠加,它会受到群体认同、共同行为以及集体文化等诸多因素的影响(Parkinson,2019)。

班集体情绪感染不仅在教师 T 与学生 S_1 中产生,还会在学生与学生之间产生,即 S_1、S_2、S_3……之间会产生情绪相互感染,最后学生们的情绪还会产生集体情绪共情,进而影响教师 T 的情绪,由学生们产生的集体共情反过来影响教师的情绪,形成一个情绪感染闭环(见图10-1)。

在一对一的人际交往中,情绪本身也是相互影响的,情绪不仅仅由

图 10-1　班集体情绪感染示意

A 感染给 B，也会由 B 感染给 A，形成一个双向感染过程，只不过在人际交往中，一般总会有一个人处于主体地位，另一个人处于从属地位，尤其是在课堂教学中。如果是在集体中，会产生更多成员的网状传递过程，情绪感染在集体中会表现出群体特性（van Kleef & Fischer, 2016; Campo et al., 2019），既能在情绪诱发者与集体成员间形成交互作用的情绪闭环（Liu et al., 2019），又能在集体成员之间形成情绪闭环，在这一过程中，个体的情绪体验可能会呈螺旋上升（Shao et al., 2021）。

　　学生不是空着脑袋来接受教师的情绪感染的，学生是浸染了集体文化、产生了集体共性的高级心理机能后来接受教师的情绪影响的。学生在班集体与校集体的生活中产生了集体共性的高级心理机能，表现为对集体文化的认可、同步行为，提高了共享注意以及行为的共享意义。这些高级心理机能通过集体仪式、社会评价、集体声誉、未来发展预测等文化形式潜移默化地影响每个学生的心理。这就解释了为什么重点高中的学生与普通高中或者职业高中的学生不同，不同学校的学生为什么会存在共性差异。试想一下，如果把一些成绩好的初中生分配到职业高中就读，他们可能会产生什么变化？如果把一些成绩一般的初中生分配到重点高中就读，他们又会产生什么变化呢？在当前制度下，研究者不可能去做这样的实验，但是可想而知，集体文化对个体的影响不容小觑。在当前职业高中还普遍没有得到家庭、学生认可，职业高中的良好学习氛围整体没有建立起来的情况下，要求职业高中的学生发愤图强，告诉他们条条道路通罗马，是不现实的。相反，如果就读于重点高中，家庭与社会都认可学生、同学都在发愤学习，集体文化就对学生产生了塑造作用。

由此，可想而知，再好的教师执教一个根本就不想学习的集体，也很难感化这样的集体。当学生相互模仿，大家都在课堂里睡觉时，教师再好的情绪也无法感染学生，再好的心情也会被打乱。有人可能会说，那是因为教师没有本事，讲课没有趣味，但是纵使内容再有趣，听得多了也会腻，现在即便是在课堂里放电影也吸引不了学生的注意力。没有兴趣支撑和校园文化支撑的教育，靠教师一己之力是很难改变的，教师面临的问题恐怕不是改变教学模式，而是要改变学生价值观等高级心理机能，尤其是对于高年级的学生来说。"沉睡的高校""沉睡的职中"，这种现象仅凭教师一己之力是难以改变的，教师的好心情也会被消耗殆尽，因为情绪劳动本身也要消耗心理能量。课堂扎根于学校环境中，学校扎根于社会环境中，因此，情感教学离不开学校环境的支持，归根结底离不开社会环境的支撑。

二　集体情绪感染的心理机制

相对宽松的基础教育环境是情感教学的根本，并且这种环境是可以营造和引导的。在当今职业技术教育还没有得到家庭、社会普遍认可的大环境下，一旦学生进入职业技术学校，看到周围的学生都在混日子，见识到社会、家庭对他们的评价，很难不对他们幼小的心灵造成影响，当他们看到课堂上其他同学都在睡觉、玩手机，再自律的学生也很难不改变他们的学习态度。即使有一两个典型的奋斗案例，也不具有普遍性，没有统计学上的意义。在这种环境中教学的教师也很难不受学生的影响，当看到大部分、甚至所有的学生都在课堂上自行其是，当发现自己的课堂原来是一场场独角戏时，再好的教学激情也会消磨殆尽。课堂离不开社会大环境，教师和学生不是空着脑袋走进教室的，他们生活在集体文化之中，深受集体文化的影响，产生了高级心理机能，无论这种心理机能是否客观理性。我们在很多时候都是在用别人的判断替代自己的判断，还误以为是自己的判断。课堂情绪感染的效果也是根植于这样的集体文化，脱离人的高级心理机能来讨论情绪感染是没有意义的。在重点学校你可能是受学生敬仰的好老师，在学风差的学校里，你可能就是差老师。

那么集体是如何对个体的高级心理机能产生深刻影响的呢？

　　首先，集体文化与文化外溢会使个体产生集体认同。任何一个集体都具有显性文化与隐性文化，显性文化包括纪律、宗旨、仪式等，隐性文化包括风气、传统等。事实上，自我不是一个单一的认知结构，至少包含三种基本的表征形式：个体自我（individual self）、关系自我（relational self）、集体自我（collective self）。我们将关系自我和集体自我统称为社会自我，社会自我是个体自我的延伸，反过来又会影响个体自我，成为个体自我的一部分。群体认同是指个体在认知上，尤其是情感上归属于某一群体的意识（van Veelen et al.，2016），集体自我本质上是建立在群体内认知整合之上的自我，表征是社会自我的一部分，它会无意识地整合到个体自我之中，并成为自我认知与情感的一部分，由于这部分自我带有群体的烙印，所以它是个体对群体无意识认同的结果。

　　事实上，人们身处集体中，不管对所属的集体是否认同，即使很讨厌所属的集体，集体文化都会产生影响，因为自我和集体之间产生了高度重叠，集体的认知情感会成为个体的一部分，甚至会代替个体的判断，集体的生活越是与个体的生活重叠，个体的集体认同水平也就越高（Berrocal et al.，2019；Enock et al.，2018），这种影响是潜移默化的，个体很难置身事外，除非一开始就彻底不认同集体，并与之决裂。以往的研究表明，自我定型和自我锚定两种认知加工方式可以促进"自我—内群体"重叠的形成。自我定型指个体在形成集体认同时，将内群体原型的信息直接投射到自我身上。自我锚定则认为自我和群体之间的重叠是因为人们使用自我作为一个积极的标准来定义内群体，并将其与相关的外群体区分开来，从而产生自我和内群体之间的心理联系。

　　其次，集体内会有各种仪式活动。仪式在生活中处处可见，如家庭聚餐、婚丧嫁娶、民俗节日等。学校也会有各种仪式活动，如吟唱、升旗、校庆、读书节、宣誓等。集体仪式可以产生同步动作、提高共享注意、产生行为的共享意义。当同伴之间的行为高度同步时，就会产生"自我—他人"重叠（Feng et al.，2020），甚至还会增加人际间的共情（Tschacher et al.，2014）。"自我—他人"重叠程度越高，个体越有可能在无意识状态下自觉模仿同伴的行为（Maister & Tsakiris，2016；Hühnel et al.，2018）。共享注意能够增强个人的集体归属感（Fischer et al.，

2014)，促进个体对他人情绪一致性的感知，进而促进同一感和与他人的社会联结（齐芳珠，2020），在亲密或相似个体间更容易产生情绪感染现象，且程度更甚（West et al.，2017；Waters et al.，2017），因此对刺激的共享注意可能促进情绪感染的产生，在课堂中也是如此，当所有的学生都在认真听课时，对个别开小差的学生就会产生群体压力，促使他将注意力转移到学习上来。共享意义是指个体对参加仪式所包含的意义是认同的（Hobson et al.，2018），这种认同可以通过身份认同和身份形成来提高群体凝聚力（聂文娟，2011）。仪式活动可以加速个体对集体情感、认知、行为的同化，小到一个班集体，大到一个民族或者国家，概莫能外。

因此，营造好的校园集体文化，学生将具有积极的集体认同，学生之间更容易形成积极的集体情感以及与集体要求相一致的趋同行为，这是教师课堂情绪感染的集体心理基础。相反，在差的校园里，学生之间也会形成集体认同，只不过是消极的集体认同以及与集体要求不一致的破坏行为。这是因为差的集体会形成一种差的集体亚文化，以及培育这种亚文化的大环境，它能极大地对抗集体的显性文化。在差的校园里，显性文化之所以很难被认可是因为缺乏普适意义的事实基础，所以集体内的成员更认同差的亚文化；而在优质校园集体里，显性文化之所以被认可是因为它有广泛的事实基础。例如，重点高中的学生基本都能考入大学，而职业技术学院学生却很难进入大学，这就是支撑集体文化的事实基础。校园集体文化需要教师的浇灌，但是校园集体文化根植在社会大环境中，也需要社会大环境的培育。

第二节　情感教学对教师专业素养的要求

情感教学与课堂教学的情绪感染模式相比各有侧重点。情感教学着眼于教学活动的高效开展（教学目的），通过激发、调动和满足学生的情感需要（实现途径），教师可以运用一切有效的教学方法、教学手段、教学组织形式（教学实施）去开展教学活动。课堂教学的情绪感染模式更侧重于教学中的情感元素在实施过程中的发生机制、感染效果。应该说前者更注重研究情感元素，后者更关注情感元素传递的机制与效果；

前者是元素的，后者是完形的；前者是静态的，后者是动态的；前者是幕后的（相当于教学设计），后者是前台的（相当于教学实施）。

　　研究情感教学可从教学设计、教学实施、教学评价等多个环节入手，在情感教学实施阶段需要教师的情感投入，用教师的情感来带动学生的情感，这就需要教师具备一定的课堂情感操作能力，以提高课堂的师生情感互动效果。课堂教学的情绪感染模式注重教学中情感元素的挖掘，更注重教师对情感元素的操作能力以及师生情感互动效果。广义的课堂情绪感染模式教学是指可以提高教师在课堂教学中情绪感染效果的所有教学操作范式，包括学生的情绪因素操作、教师的情绪性操作、教学中的师生关系操作、语义情绪信息的提取、教学素材的挖掘与使用等（包括幕后与前台），而狭义的课堂情绪感染模式教学专指教师在课堂教学中的人际情绪感染模式（只包括前台），本书主要研究的是广义的课堂情绪感染模式。

　　从教师的专业知识角度来说，想要提高情感操作能力，增强课堂情绪感染效果，教师除了具备积极情绪性素养、高水平的情绪劳动能力，还应该具备一些其他方面的专业素养，包括学科专业素养、心理学与教育学专业素养、教育测量学专业素养、教育科学研究素养。前两点已有很多著作专门研究过，本书主要阐述教育测量学专业素养与教育科学研究素养对教师提高情感操作能力的重要性。

一　教育测量学专业素养

　　应试教育主干课程的教师都要具备出题的能力，试卷是课程的知识样本。学科培养素养不同、不同学段的学科素养要求也不同，例如，小学语文教学培养的语文素养显然与中学阶段要求不一样。如果核心素养已经确定，那么应试哪些知识以及用什么样的应试方式可以检验这些学科素养？这些都是每个教师都应该具备的技能。最好的教育是在合适的时机用合适的方法教给孩子合适的内容。

　　教师要具备出题的技能，还应该知道什么是试卷的信度和效度，哪些试题是不合格的。如果试卷掺杂学科知识之外的知识与技能，将使学科考试没有效度，脱离学科素养的考试本身就是没有效度的考试。还有一些考试，每次考察的知识技能不一样，不但效度低，连信度也很低。

而信、效度低的考试使学生不知道该往哪个方向努力，学习目标不明确。有些学生每次感觉学得很扎实，但考试的时候总是会遇到猝不及防的试题，说懂又不能完全理解题意，说不懂老师一点拨其实并不难，平白无故受到打击，失去学习动力，也没有获得科学思维的真正提升，徒增厌学情绪，对于情感教学产生极大的负面影响。

二　教育科学研究素养

教育科学研究素养能用来指导教育科学研究，即使教师不做教育科学研究，也应该具备教育科学研究素养，包括发现教育问题、独立思考教育问题、创新性地提出见解或者解决问题的能力。

真正的教育者需要有缜密的逻辑思维能力、推理能力。哪些现象有因果关系，哪些现象没有因果关系，哪些只是形式，哪些才是内涵，都需要教育者做出科学判断。教育科学研究素养会影响教师教育行为的方方面面，包括教学设计、教学实施、案例的合理性、科学评价，进而影响学生的创新个性。俄罗斯教育家乌申斯基这样说过："只有个性才能作用于个性的发展和形成，只有性格才能养成性格。"前面的"个性"是指教师的个性，后面的"个性"是指学生的个性，情感教学设计同样需要教师的教育科学研究素养。

第三节　情感教学的社会环境支持

课堂的情感教学是小环境，需要社会大环境的支持，没有大环境的情感投入，很难构建课堂小环境的情感，当课堂都在为分数角逐时，即便有教师的情感投入，也很难温暖学生因披星戴月而疲惫不堪的心灵。中小学生起早贪黑为了什么？是接受教育的一份情怀，热爱学习的一种投入，还是被逼无奈的一声叹息？再喜欢学习的孩子，也不会喜欢起早贪黑、违背人性的教育方式。当课堂成为题海战场，当苦学成为学习的情感基调，当中考成为关山难越，当课外辅导成为救命稻草，再好的情怀也会消磨殆尽。教育既要给教师思考的时间，也要给学生自由思考的时间，放飞孩子的心灵，从容不迫，静待花开，这就需要社会大环境的改善，"双减"政策就是最生动体现，毕竟没有情感的环境，哪来情感教学？

一　取消课外辅导

对于课外辅导，学者很喜欢称之为"影子教育"，很多学者的基本看法是利大于弊，认为是主流教育之外的补充，教孩子学知识，没有什么不好，事实上教育除了传授知识与技能，还要注重过程与方法，以及情感、态度和价值观的形成。就教育的目的而言，教育要符合社会发展对人才的质量和规格的要求，即把受教育者培养成什么样的人才能适应社会发展的需要。从这些角度去理性分析，课外辅导可能存在下列弊端，值得我们理性思考。

第一，受利益驱使，制造应试恐慌。课外辅导是针对学校教学科目的课外收费辅导，依附于学校教育，随着学校教育课程的改变而改变，故称为"影子教育"。课外辅导机构的目的是逐利的，为了逐利就会进行各种商业炒作，制造教育恐慌，如"不要让孩子输在起跑线上""没有教不好的孩子，只有不会教的老师"。

第二，破坏了应试教育的公平竞争，不利于国家甄别人才。每个人都知道，学习是需要花时间的，多花时间总比少花时间好。于是有条件的家庭把孩子送到各种辅导班，条件优渥的家庭每年花在孩子身上的辅导费甚至高达几十万元，而没有条件的家庭只能任由孩子"自由发展"。在应试教育的大环境下，孩子普遍倦怠，这样管与不管的孩子放在一起竞争，高下立见，有些孩子是自主攀登，有些孩子是有援手帮助攀登，将两者放在一起比赛，有失公平。如果有援手帮助攀登，那究竟是孩子本身优秀，还是这种"优秀"是花钱买来的，花钱买来的"优秀"是否是真的优秀？

第三，助长孩子的厌学情绪，让学习失去动力。影子教育本身就是为了提优而存在的，是依附于主流教育，是以时间来换取成绩，使用的是疲劳战术，通过极大延长学生学习的时间，来提高学生的考试分数。影子教育让孩子几乎没有自己独立思考的时间，兴趣源于独立思考，一个再有好奇心的孩子，连独立思考的时间都没有，哪来的兴趣？哪来的学习动力？披星戴月的日子日复一日，哪来的情感？体验过"影子教育"的孩子几乎很难建立学习情感，即使是喜欢学习的孩子，天天不在学习中，就是在去学习的路上，也不免会厌学。有些孩子明明喜欢独立思考，经过校外培训以后，失去学习动力，并因此产生厌学情绪。

第四，助长了教育功利化思想，扼杀了学科情感。家长把孩子送到辅导机构的目的是提高孩子的分数，"教育＝分数"的思想从家庭到学校再到辅导机构，一以贯之。老师告诉孩子"等你们考上大学就舒服了"，家长责备孩子"你看这些书干什么啊？考试考这些吗？"，辅导机构更不可能培养孩子的学业情感。多方合力，造就了目前中国学生在不需要分数的地方，或者分数很容易获得的地方，学习行为大打折扣，自然就出现了"沉睡的大学生""闲得发霉的研究生"，学习是为了入学考试。在全民焦虑的时代，教育成为人们首选的进阶工具。

第五，为学生攀登增加援手，与科学创新背道而驰。"科学创新＝情怀＋自主探索"，应试教育支起了孩子学习的脚手架，扼杀了孩子的探索情怀，孩子无须自主探索，只要按脚手架设计好的路径攀登即可，登不上了，会有人前拉后推，辅导机构起到的作用就是增加援助力度，一旦脚手架拆除，这些孩子注定不会再自主攀登。而科学创新要求自己寻找攀登路径，自己制作脚手架，自主探索，自主学习。辅导机构挤占了孩子最后一点探索的时间，使孩子形成了依附于他人帮助来学习的心理，与科学创新的素养背道而驰。

二　改革升学考试制度

较早开展新高考改革的省市主要采取"3+3"模式，2021年及以后实施新高考改革的省市则主要采取"3+1+2"模式。

目前高考主要有两种模式，究竟哪一种模式是较优的方案？有没有更好的高考方案呢？

新高考改革目前主要有两种模式："3+3"模式及"3+1+2"模式。

"3+3"模式即在语文、数学、外语三科之外，物理、化学、生物、历史、地理、政治六科任选三科，选科的组合有20种。浙江省的"3+3"模式，选考三科为7选3，即在原有的6科基础之上，增加了"技术"这门学科。

"3+1+2"模式在辽宁省最先实行。"3"指语文、数学、外语三门必考科目，各科满分150分；"1"是指在物理、历史两门科目中必选一门，每门科目 100 分；"2" 是指在化学、生物、政治、地理以及必选一门以外的历史或物理五门科目中任意选择 2 门，每门科目 100 分，总分是 750 分。江苏的"3+1+2"模式为统考语文、数学、外语，语文、数学各 150 分，外语 120 分；理科物理、化学各 120 分，从生物、历史、地理、政治 4 科中选 1 科 90 分；文科政治、历史各 120 分，从地理、物理、化学、生物 4 科中选 1 科 90 分；总分 750 分。

确定高考最优方案应该着眼于公平性和人才培养目标，目前高考改革中选考科目实行等级赋分制度，这样就比较好地兼顾了不同学科比较的公平性，但在选考科目上究竟是哪一种模式更适合人才培养呢？要想确定高考的最优方案，必须研究以下问题。

（一）如何体现公平性

选考科目实行等级赋分制度比较好地解决了不同学科分数不可比问题，但目前这一方案仍然存在一些问题亟待解决。

第一，计分等级如何确定。有些地方实行 A、B、C、D、E 五个等级，各等级人数所占比例分别约为 15%、35%、35%、13% 和 2%，计分起点是 30 分，如江西。有些地方则将五等细化为 A+、A、B+、B、B-、C+、C、C-、D+、D、E 共 11 级，分别占 5%、10%、10%、10%、10%、10%、10%、10%、10%、10%、5%，计起点为 40 分，如上海。浙江则分为 21 个等级，计分起点为 40 分。

很显然等级划分多，更有利于计分公平，有利于拉开等级与等级之间的分数差距，避免分数的趋中效应；等级过少，分数有趋中效应，抬高低分端的分数，削弱高分端的优势，不利于成绩优异者。

在正态分布中，等级与等级之间，如果分数差距是等距关系，那么人数比例就应该是不同的；如果人数比例是相同的，那么分数就不应该是等距的。显然，上海方案中相邻两级之间的分差均为 3 分是不符合正态分布规律的。因为从百分位数 P70 进步到 P80，和从 P80 进步到 P90 难度显然是不一样的。这是一个有解的问题，可以设计一个更好的解决方案。

第二，计分起点分数如何确定？它影响到等级分数之间的差距，很值得研究。如果计分起点高，分数趋中效应就更明显，对低分端更有利。计分起点低，则可以削弱分数的趋中效应，拉开考分差距，增加区分度。

作者认为应该以所有选科科目低分端1%考生的原始分数的平均分作为计分起点的平均值，再依据低分端1%考生的原始分的最高分与最低分划一个最低的等级赋分区间，通过映射赋分更合适，兹不赘述。

第三，选考科目单科总分有150分、120分、100分，甚至是90分（江苏）、70分（上海），这些选考科目的总分如何确定？应该有一个最科学的方案，这个方案的制定应该着眼于社会发展究竟需要什么样的人才。20世纪80年代有句话很流行"学好数理化，走遍天下都不怕"，显然理科中的物理、化学是非常重要的学科，现代自然科学中的很多贡献都离不开物理和化学，应重视物理、化学。在文科中，应重视历史。

（二）如何选择高考科目

高考科目应该有一个最优的选考科目组合，相对"3+3"方案，"3+1+2"模式更优一些。依据社会发展对人才的总要求，大致可以分为两个学科方向——人文社会科学（文科）与自然科学（理科）。物理、化学必然是理科的基础，历史、哲学思想必然是文科的基础。

针对高考科目方案，笔者提出以下几点建议。（1）高考需要分文、理科。英语可以考虑在理科中作为选考科目，理科生可将英语置换成化学。除必考科目，文科必须选择历史，理科必须选择物理，分值与必考科目一样。（2）必考科目文、理科分卷考试。理科降低语文、外语难度，增加数学难度；文科降低数学难度，增加语文、外语难度。也就是说这三门必选科目要分文、理卷，这样既有利于国家选拔人才，也有利于两种不同思维模式的人才成长，培养学生的学习兴趣，有了兴趣，何愁没有情感？（3）物理和化学对于高精尖技术型人才的培养非常重要，而语文应该突显文科的特长。因此，理科应该加大物理与化学的分数比重，文科应该加大语文、历史的分数比重。（4）选考科目不宜过多，科目多不利于专业人才的选拔，最多不宜超过六门，最好是五门组合。未选科目可以作为合格性考试科目。（5）建议增加单科高考。考生在合格性考试通过的前提下，可依据自己的特长参加单科高考，单科高考只考一门课程，理科可以将数学、物理作为单科高考科目，文科可将语文、历史作为单科高考科目，单科试题难度大，单科高考录取率不高于普通高考录取率，甚至应该更低，有利于选拔特殊人才。

（三）其他升学考试的改革刍议

大学以及大学以后的教育均属于专业教育，在选拔考试上应该注重本专业的学科素养。现行的研究生入学考试存在一些弊端，主要表现在以下几个方面。（1）专业课考试科目太少，没有凸显专业性。通常研究生入学考试专业课只有一门大综合，或者两门专业课，基本覆盖不了本专业的核心课程，不利于检验学生在本专业上的学科素养，也无法检验学生跨考专业的素养究竟如何，无法培养复合型专业人才。（2）综合课考试未达到预期效果。说综合课考试是为了落实综合课程改革，事实上，每门课的教学又是分开的，并没有真正融合，合在一起教也只是形式上的合并。并且，综合课考试的题目是分科出的，只是考试时把它们合在一起，不是真正的融合。此外，综合课考试时间有限，通常是 2.5 小时，势必题量不能太多，那就是说，分给每门课程的题量不能太多，综合科目越多，每门课的题目就越少，甚至少到一门课只有两个题目。考试试题是对学科知识的样本采集，试想，一门课程只有两个题目，如何覆盖一门课程的核心内容？如何正确检验一个学生的专业素养？

现行考试的另一大弊端是每门课程的考试时间太短，一般为 2~3 小时，有的甚至只有 1 个小时，不利于学生创新思维的发挥，尤其是高考题量多，学生基本上是靠回忆提取类似题目的原型，或者用思维的一般方法来答题，尤其是理科，一个小题目思考不能超过 2 分钟，一个大题目思考不能超过 10 分钟，如果超过 10 分钟，基本没有再回头思考的机会。要在两个半小时内做出大量高难度试题，只有靠平时的题海训练。例如，在初中数学中就有将军饮马、胡不归、阿氏圆问题，如果没有平时大量的题海训练，即使是天才也不可能在 10 分钟内完成这样的高难度试题。但科学研究并不严格限定思考的时间。

考试制度影响教育生态，科学的考试制度有利于国家选拔真正的人才，也有利于特长人才和创新型人才的成长，缓减应试教育内耗，塑造积极学习的课堂教学行为，形成积极的课堂情感基调，培养学生的学习兴趣。

三　教育启示

本章研究给我们带来很多思考，教育科学似乎是理论向实践转化效率最低的学科，尽管现代社会已经提出许多先进的教育理念，但教育体制仍需不断改进才能逐渐实现"情感教育""全面发展""学生为本"。当然，应试教育不是一无是处，它也有很多优点，是教育要长期依赖的一种模式，科学的应试教育是素质教育的核心部分。我们可以做到科学的应试教育，让教育焕发生机，让课堂富有情感，只需要给应试教育一个适合它生长的科学环境。

本章小结

本章内容主要包括三个方面。

第一，对课堂情绪感染理论进行了拓展，提出了课堂情绪感染就是集体情绪感染，师对生、生对师、生对生都存在情绪感染现象。在发生课堂情绪感染之前，学生不是空着脑袋走进教室的，集体文化、集体认同感对课堂情绪感染具有深刻的影响，因此对课堂情绪感染的研究还需要把眼光放大到更大的社会教育文化中。

第二，情感教学需要专业的教师队伍，教师除了具备学科专业素养、心理学与教育学专业素养外，还需要教育测量学专业素养、教育科学研究素养。

第三，情感教学需要社会大环境的支持，就目前应试教育的改革而言，需要取消课外辅导、改革升学考试制度。

第十一章　研究反思与展望

第一节　研究意义

本书从课堂教学的视角系统研究了情绪感染的发生机制及其调节模型，之所以选择课堂教学的视角，主要是基于两点考虑：（1）以往有关情绪感染的应用研究全部聚焦于服务业和管理，目前没有关于教学的情绪感染方面的研究；（2）秉承了卢家楣先生的专业思想，即以教育应用为导向的基础理论研究，本书既是基础理论研究又是实践应用研究。本书有三个突破点：第一个突破点表现在情绪感染的基础理论上，这一部分内容主要在第一篇里；第二个突破点表现在对基础理论的实证检验上，这一部分内容主要是在第二篇至第三篇里；第三个突破点表现在实证检验的视角上，这是一条隐含的主线，从第三章开始所做的实证研究均采用仿真课堂教学实验，既能对理论进行验证，又能为理论在教学上的推广应用做好铺垫。具体来说，本书的研究具有以下意义。

采用文献研究、词源学、逻辑推理的方法从理论上论证了情绪感染的概念与发生机制，结束了原始性情绪感染与意识性情绪感染长期以来的对立局面。首先，厘清了原始性情绪感染与意识性情绪感染的对立焦点——意识参与的必要性，分析了意识性情绪感染现象的混杂性，对意识性情绪感染的发生机制进行了证伪。其次，提出了将情绪信息加以分类的思想，结合本书内容，根据情绪信息加工的意识参与程度，笔者将情绪信息分为感官情绪信息（低级情绪信息）、高级情绪信息，在分析两类情绪信息加工的差异性的基础上，系统论证了情绪感染与移情、同情、情绪调节的区别。最后，通过梳理神经科学的最新研究成果，检索到镜像神经元的相关研究成果，镜像神经元使人类具有无意识模仿或同步化他人行为的神经基础，论证了情绪感染的神经机制，从理论上构建了情绪感染的发生机制。

在分析以往关于移情、意识性情绪感染、情绪调节相关研究的基础上，构建了情绪感染的调节模型。以往有关移情与意识性情绪感染现象的实验往往诱发了多种心理现象，既有情绪感染（无意识性），又有高级情绪信息加工、情绪调节等，研究的结果与结论无法归结为是单一的心理现象，所谓的意识性情绪感染实则是多种心理现象与原始性情绪感染叠加的复合心理现象。本书系统研究学生的认知因素、情感因素、个性心理对课堂情绪感染的影响，以及教师情绪性、教师情绪劳动、师生关系等因素对课堂情绪感染的调节作用，在此基础上构建了情绪感染的调节模型。在研究领域上，本书将情绪感染研究引向课堂；在研究视角上，对课堂情绪感染模式进行了全方位研究；在理论构建上，全面梳理了情绪感染的内涵与外延，建立了情绪感染发生机制及其调节模型。

采用实验室实验的方法证明了情绪感染的发生机制。一百多年来，人们对 James-Lange 理论不断提出批评，但是这一理论经久不衰，为我们描述了生理变化与情绪变化的密切关系，这一理论已被普遍认可。但是，James-Lange 理论并没有描述从刺激事件到外周身体变化的机制，也没有描述外周身体变化或生理反馈与情绪发生的内在联系。对情绪感染的发生机制的研究能为我们揭示刺激事件到外周身体变化的机制原理，也可以尝试解释外周身体变化或生理反馈与情绪之间的内在关系。本书通过实验证明了情绪感染的发生机制，通过这一机制证明了 James-Lange 理论的科学性，并对这一理论中的两个关键逻辑链条进行了合理解释，即揭示刺激事件到外周身体变化的机制原理，解释外周身体变化或生理反馈与情绪之间的内在关系。应该说，从实验设计到结果获得、结论推演都有一定的创新性。

通过仿真教学实验系统研究了学生的先入观念对教师情绪感染具有调节作用，学生不是空着脑袋来到教室的，学生的先入观念会影响教师的情绪感染力，本书研究比较了学生心目中的权威教师与新手教师两种观念对教师情绪感染力的影响，提出了先入观念、易感性调节、免疫性调节等新概念，并通过实验揭示了两种调节的特异性，先入观念对课堂情绪感染的调节方式有两种——关注和合理化，调节的结果也有两种——易感性与免疫性。本书的研究从概念提出到实验设计，再到理论构建，均有别于以往研究。

在高级认知对情绪感染的调节研究中，发现了高级认知对情绪感染的反向抑制现象，即解释了为什么"虚假的笑不具有感染力"。本书研究提出，情绪有没有感染力主要取决于被感染一方，如果觉察者主观地认为对方的情绪是"假的"，即使觉察者的判断是错误的，也不妨碍觉察者抑制对方的情绪感染力。由于觉察者的判断是基于高级认知加工，需要觉察者在对情绪诱发者的情绪进行细致观察或者语境综合分析后做出主观判断，属于高级认知对情绪感染的调节。当然，如果觉察者主观认为对方的情绪"是不合时宜的"，也会抑制了对方的情绪感染效果。本书的研究进一步证明了意识性情绪感染其实是两个心理过程——情绪感染过程与高级认知调节过程，提出认知对情绪感染的抑制性调节，即反向抑制。

在首因效应对情绪感染的调节研究中，探索了第一印象建立的条件、首因效应对情绪感染的调节效应、第一印象与情绪真诚性判断是否存在一致性、情绪真诚性判断在首因效应对情绪感染调节中的中介效应等问题。本书研究在对结果的讨论中构建了情绪动机的解释模型，并对评价—兴奋理论进行了补充完善。情绪感染的调节现象在生活中普遍存在，但在以往的文献中，描述现象较多，而机制探索较少，首因效应对情绪感染的调节在中外文献中均没有涉及，应该说本书的研究在研究问题与理论构建上均有创新。

本书研究了学生的情感因素对情绪感染的调节作用，即觉察者的前情绪状态对情绪感染效果的调节。本书研究通过完成相应的任务或指导语诱发学生快乐和焦虑的情绪，与平静的情绪状态相比，学生在快乐前情绪状态下更易感染教师的快乐情绪，而不易感染教师的消极情绪。学生在焦虑前情绪状态下对教师的情绪感染具有免疫力。本书研究对情绪心理学也有意义，它拓宽了情绪调节的方法，即情绪也可以用情绪去调节，前情绪可以通过影响思维、注意力的方式来影响后情绪。

采用实验方法验证了反向情绪感染和降阈情绪感染，提出了一些全新的心理学概念，如攻击性消极情绪和消沉性消极情绪、反向情绪感染和降阈情绪感染，解释了情绪感染理论无法解释的心理现象，即觉察者并不总是感染上了他所觉察的情绪；以及心境一致性倾向无法解释的心理现象，即心境一致性倾向可以影响个体对相匹配情绪的注意水平及感染效果。本书研究构建了反向情绪感染的"情绪—内驱力"模型、降阈情绪感染的"动机—相对阈限"解释模型，极大地拓展了人们对情绪感染的认知视野，应该说在研究问题、研究方法与理论上均有所创新。

关于认知兴趣与情绪感染的研究，本书研究从兴趣的产生机制视角提出了兴趣的理论概念，不同于以往从动机、驱力、需要、态度倾向、积极情感等方面去界定兴趣。本书构建了认知兴趣的发生机制及其调节模型。提出思维导引与情知反馈对认知兴趣的调节作用，比较了认知反馈与情感反馈对兴趣的不同心理作用机制。证明了认知契合与认知确信度是产生认知兴趣的根源，学习者的课堂情绪易感性是衡量其认知兴趣的外部尺度。提出了认知兴趣发生中的情感契合机制，以及个体认知兴趣的形成机制。比较了思维导引与情知反馈对认知兴趣的调节，区分了情感反馈与认知反馈在兴趣调节中的差异。应该说本书研究从基本概念定义到理论构建均具有创新，在研究方法上，如认知确信度测量也具有新颖性。

在注意倾向对情绪感染的调节作用研究中，采用指导语引导学生的注意倾向，学生关注教学内容时对教师情绪视而不见，对于情绪感染而言是一种注意力转移，这降低了对教师情绪的觉察水平，从而削弱了教师情绪感染的效果；学生关注教师表情时，则教师情绪感染的效果增强，充分证明无意识觉察是原始性情绪感染机制中的关键环节，注意分为有意注意与无意注意，有意注意与无意注意的资源此消彼长，无论是哪一种，研究结果均证明情绪感染需要投入一定的注意资源。

在教师情绪性研究中，提出了教师的情绪性、情绪性行为等新概念，对教师情绪性进行了多视角分类，分析了教师情绪性产生的原因、与个性心理的关系，对教学行为的影响，以及情绪性行为的心理来源；制作了符合测量学要求的"教师的消极情绪性问卷"，对于职前教师遴选具有一定的参考意义；系统研究了教师情绪性与情绪劳动的关系，通过实验证明了负性情绪性与消极内隐认知、消极信念以及情绪劳动的关系，提出了教师负性情绪性的调节策略，对教师职前、职后培训具有一定的指导意义。

在教师的感官情绪信息的感染效果比较研究中，通过实验揭示了不同类型的感官情绪信息的感染效果具有差异性，具体比较了教师积极、消极语音情绪信息和表情情绪信息（无声）等单通道感官情绪信息与视听觉双通道情绪信息的感染效果，发现了多通道情绪信息的感染效果要优于单通道情绪信息，声音的情绪感染效果在课堂教学中具有重要的地位。本书研究以教师的情绪感染为视角比较了线上即时教学与线下教学的课堂情绪感染效果，理论上论证了线下教学的课堂感情绪染效果要远远好于线上即时教学。

师生关系情境的研究主要有以下贡献：首先，提出了新概念——人际位差心理、上位心理、上位情绪、下位心理、下位情绪，对人际间的交往情绪进行了创新性分类，这是以往文献没有的；其次，研究了生活中普遍存在的心理学问题，即人际位差心理对情绪感染的影响，拓宽了情绪心理学与社会心理学交叉研究的视野；最后，提出了身份与自我确信度位差理论，上、下位情绪的动机效应，情境性情绪感染的叠加效应，焦虑情绪产生的动机模型，下位情绪对微笑情绪感染的反向调节模型等创新性的解释原理。

在"敬""畏"的体验趋同及认同感分化的研究中，首先，将错觉概念拓展到情绪研究中，明确提出情绪错觉的心理现象，提出了情绪错觉的概念。其次，开创性地比较了"敬""畏"两种情绪在情绪属性、来源、主观体验、行为方式、社会功能上的差异，为情绪类型研究提供了思维方式的范本。最后，将"敬畏"情绪分成"敬"与"畏"来研究，采用实验方法分别研究它们在生理唤醒、主观体验、行为取向以及认同感上的差异，实验研究设计具有较大的创新性。

在语义情绪信息与感官情绪信息的叠加现象研究中，揭示了文本的语义情绪信息对教师课堂情绪感染具有调节作用，在语音与视听实验条件下，积极、消极语义情绪信息与相同效价的感官情绪信息对学生的情绪感染具有叠加效果，使觉察者产生更大的情绪体验；实验证明了语义情绪信息与感官情绪信息相称时，情绪叠加效果最好，不相称时会受到觉察者高级认知的调节，削弱情绪感染效果。更为一般化的原理是：不同唤醒机制的情绪可以在情绪传递中相互叠加，一致的情绪叠加效果好，不一致的情绪在叠加中会相互削弱。

总结了教学内容的语义情绪信息挖掘策略，依据教学主体来划分，可分为学生中心策略、教材中心策略，每一种大类策略又分为多种具体的操作策略，列举了很多策略使用的例子，对教学实践具有一定的指导意义。采用现场实验研究了积极体验策略在教学中的应用，通过操纵积极认知反馈来影响学生的积极认知体验，考察其对学生的学业行为、学业情绪的影响。

在情境性情感的诱发策略研究中，首先基于当前应试教育的大背景，构建了科学应试教育的概念、情感化应试教育的原则以及应试教育活动的情感设计策略等相关理论；其次，提出了当今基础教育普遍存在"方法至上"导致了问题下移，并成为情感教学的最大障碍，采用现场实验法比较了方法教学与知识教学的教学效果、情感体验，证明知识教学要优于方法教学，提出了问题下移教学的诸多弊端。

在课堂情绪感染的理论拓展与支持性条件研究中，提出了集体文化、共享注意以及行为的共享意义对学生群体的影响，以及集体共性的高级心理机能对课堂情绪感染模式的深刻影响，进一步深化了课堂情绪感染的理论视域。在集体文化中重点选择了教师的专业素养与社会环境支持进行专门研究，提出了多项建设性改革建议，有利于塑造良好的应试教育文化，为提升教师的课堂情绪感染力提供社会环境支持。

第二节　研究回顾与研究不足

一　研究回顾

第一，本书的主要贡献是论证了情绪感染的概念、发生机制，构建了情绪感染的发生机制及其调节模型，并以课堂教学为取向，采用实验手段系统证明了这一发生机制及其调节模型的科学性，提出了情绪心理学、教学心理学的一些新概念，指出了当下教育教学的一些弊端，结果既有理论意义又有教学实践意义。

第二，本书有较多研究设计上的创新，较好地将复杂的心理现象通过实验室实验模拟出来，并且有效地控制了相关的干扰变量，对实验流程进行了创新，如首因效应对情绪感染的调节，对测量方法进行了创新，如认知确信度测量，可供相关研究借鉴。

情绪感染理论与实践可以成为教师教育的一部分内容，应用情绪感染理论对课堂教学进行精准设计、合理操控相关因素，教师平时加强自身的情绪性训练，可以大大提高课堂情绪感染力。

二　研究不足

本书的调节模型是在分析以往研究成果的基础之上构建的，可能还会有其他的因素对情绪感染产生影响，或者也有可能这些因素之间的关系会更复杂，所以本书的调节模型只是一个基础模型。

在实验室实验中，教师的积极情绪是指快乐情绪，教师的消极情绪是指生气（第三章第二节）和倦怠情绪（其他章节的实验研究），笔者在后期处理数据时发现，不同的消极情绪类型与生理唤醒指标不一一对应，在生理唤醒指标上也可能存在差异性，而本书使用的教师消极情绪类型有限，没有比较不同类型的消极情绪在感染力上的差异性。

为了控制各种无关变量对实验结果的影响，本书的部分研究采用仿真课堂教学，与真实课堂情境存在一些差距。如果能控制无关变量，真实课堂教学情境下教师的情绪感染效果要远远好于线上教学，这在第七章第三节的研究中已得到证明。所以，仿真教学视频实际上是削弱了教师的课堂情绪感染力，这是本书实验的主要系统误差，真实的课堂教学情绪感染效果要比仿真教学更显著。

从实践上来说，本书理论构建的内容较多，而教学案例相对较少，教学实践的策略与方法有待进一步充实，所以在后续研究中，要进一步加强教学案例的引入与教学实践中方法论的研究，使理论成果与教学实践进一步融合，实现情绪感染理论向情感教学实践的转化。

第三节　研究展望

本书是笔者在博士论文（2014 年）的基础上三次增补、十载修改而成，与最初版本相比，整体框架更合理、理论体系更完善，教学实践成效卓著，尤其是近三年对新出现的教学现象做了研究，并检验了理论的实践价值，但本书还有很多问题值得未来进一步研究。

第一，情绪感染是由外周身体变化诱发的自下而上的情绪激活现象，具有无意识性、原始性，是人类理解对方社会意图的重要非语言线索，不同于人类特有的移情、同情、情绪调节等需要高级认知系统参与的情绪发生机制，是研究无意识到意识现象的钥匙，因此，深入探索情绪感染与高级情绪信息加工的大脑神经机制，比较两者的异同，具有重大的理论与实践意义。

第二，继续深入挖掘情绪感染的其他调节因素，探索这些因素之间的复杂关系，构建更完善的情绪感染调节模型，并通过实验研究深入探索这些因素对情绪感染效果的影响。

第三，情绪有很多种基本类型，尤其是消极情绪，各种类型的情绪感染力可能存在差异性，并且情绪感染力与觉察者的个性气质可能存在一定联系，即某种气质类型的个体可能对某类情绪具有易感性。情绪类型在情绪感染上的分化以及觉察者的个性气质与某类情绪易感性之间的对应关系是未来研究的一个重要方向。

第四，深入探索情绪感染在教育教学中的应用，将相关理论成果转化为教育实践，继续研究编制一套蕴含图文情感的教学内容，以及应用教学内容情感化处理策略的可行性教材，切实提高教师的课堂情感操作能力和情绪感染水平。

本章小结

本章内容主要包括两个方面。

第一，总结了本书的 18 项研究意义、4 点研究不足，并对研究做了最后回顾。

第二，提出了未来研究展望。

参考文献

B·A·苏霍姆林斯基，1981. 给教师的一百条建议 [M]. 天津：天津人民出版社.

班振，等，2023. "严师出高徒"辨析——兼论新时代"严师"形象重塑 [J]. 教师教育学报，10（1）：81-90.

陈琦，等，2019. 当代教育心理学（第3版）[M]. 北京：北京师范大学出版社.

成达建，2010. 管理研究中的情绪感染个体差异及其测量探析 [J]. 科技管理研究，30（12）：199-202.

戴晓阳，等，2011. 积极独处及其心理学意义 [J]. 中国临床心理学杂志，19（6）：830-833.

第斯多惠，2001. 德国教师培养指南 [M]. 袁一安，译. 北京：人民教育出版社，177.

狄海波，等，2021. 人类大脑高级功能：临床实验性研究 [M]. 上海：上海教育出版社.

丁玉婷，等，2023. 积极共同经历促进师生关系的机制：情感联结的中介作用 [J]. 心理学报，55（5）：726-739.

董蕊，等，2013. 积极情绪之敬畏 [J]. 心理科学进展，21（11）：1996-2005.

杜建刚，等，2007. 服务补救中情绪对补救后顾客满意和行为的影响——基于情绪感染视角的研究 [J]. 管理世界，23（8）：85-94.

杜建刚，等，2009. 服务消费中多次情绪感染对消费者负面情绪的动态影响机制 [J]. 心理学报，41（4）：346-356.

冯彪，等，2017. 积极情绪对条件性恐惧泛化的抑制作用 [J]. 心理学报，49（3）：317-328.

傅根跃，等，2005. 测谎问题中的"情绪成分"对皮肤电反应的影响 [J]. 中国临床心理学杂志，13（3）：321-323.

高山川，等，2014. 大学生的基本兴趣及其与专业承诺的关系 [J]. 心理学探新，34 (5)：463-467.

杰罗姆·布鲁纳，1982. 教育过程 [M]. 邵瑞珍，译. 王承绪，校. 北京：文化教育出版社.

金丽，等，2011. 自闭症儿童面孔加工的异常：来自眼动的证据 [J]. 漳州师范学院学报（自然科学版），24 (4)：128-132.

金瑜，2001. 心理测量 [M]. 上海：华东师范大学出版社.

李建平，等，2005. 情绪自主神经反应的影响因素研究 [J]. 中国临床心理学杂志，13 (3)：324-326.

李强，等，2017. 农民工情绪性、弹性和坚韧性特质及其对心理健康的预测作用 [J]. 应用心理学，23 (3)：278-284.

刘小冬，等，1990. 关于婴儿情绪性的分化实验研究——气质的情绪性特征在不同情绪中的表现是一致的吗？ [J]. 心理学报，22 (4)：72-78.

卢家楣，1988. 论情感性教学原则 [J]. 上海师范大学学报，17 (2)：106-110.

卢家楣，2000a. 教材内容的情感性分析及其处理策略 [J]. 心理科学，23 (1)：42-47.

卢家楣，2000b. 情感教学心理学 [M]. 上海：上海教育出版社.

卢家楣，2002. 教学内容的情感性处理策略 [J]. 教育研究，23 (12)：70-74.

卢家楣，2004. 教学的基本矛盾新论 [J]. 教育研究，25 (5)：43-48.

卢家楣，2006. 论情感教学模式 [J]. 教育研究，27 (12)：55-60.

卢家楣，2007. 教学领域情感目标的形成性评价研究 [J]. 教育研究，28 (12)：85-89.

孟昭兰，2005. 情绪心理学 [M]. 北京：北京大学出版社.

聂文娟，2011. 群体情感与集体身份认同的建构 [J]. 外交评论（外交学院学报），28 (4)：83-95.

潘颖秋，2017. 大学生专业兴趣的形成机制：专业选择、社会支持和学业投入的长期影响 [J]. 心理学报，49 (12)：1513-1523.

齐芳珠，2020. 正负性经历及其共享对合作行为的影响［D］. 上海：华东师范大学.

汪海彬，2013. 职前教师情绪觉察的特点及优化［D］. 上海：上海师范大学.

王策三，1985. 教学论稿［M］. 北京：人民教育出版社.

王俊山，2011. 中小学班主任的情感素质研究［D］. 上海：上海师范大学.

王潇，等，2010. 情绪感染理论研究述评［J］. 心理科学进展，18（8）：1236-1245.

谢爱，等，2016. 负性情绪对大学生情绪性进食的影响：消极应对方式的中介作用［J］. 中国临床心理学杂志，24（2）：298-301.

徐景波，等，1995. 正负性情绪的自主生理反应实验研究［J］. 心理科学，18（3）：134-139，143，192.

徐平，等，2011. 情绪性决策模型及其神经机制［J］. 心理研究，4（3）：8-15.

杨树达，1997. 积微居金文说［M］. 北京：中华书局.

杨锴，2011. 服务员工能够激发顾客的积极情绪吗？——情绪感染理论及其在服务营销领域的应用［J］. 生产力研究，1：174-176.

银成钺，2011. 服务接触中的情绪感染对消费者感知服务质量的影响研究［J］. 软科学，25（11）：128-131，144.

赞可夫，2008. 教学与发展［M］. 杜殿坤，张世臣，俞翔辉，等译. 北京：人民教育出版社.

张奇勇，等，2013. 有人际关系困扰的大学生的内隐心理活动［J］. 中国心理卫生杂志，27（9）：698-702.

张奇勇，等，2016. 情绪感染的发生机制［J］. 心理学报，48（11）：1423-1433.

张映芬，等，2017. 教师教学情绪，学生学业情绪与动机涉入之关系探究［J］. 教育心理学报，49（1）：113-136.

章凯，2003. 兴趣发生机制研究的进展与创新［J］. 心理科学，26（2）：364-365.

訾非，2006. 对权威的畏惧感、对他人否定评价的惧怕与非适应性

完美主义 [J]. 中国健康心理学杂志, 14 (4): 466-469.

訾非, 2007. 大学生对权威的畏惧感与心理健康的关系 [J]. 中国临床心理学杂志, 15 (6): 622-623.

赵力慧, 等, 2021. 严师新解: 内涵、误区及培养路径 [J]. 现代教育科学, 6: 89-94.

Aasheim, M., Drugli, M., Reedtz, C., Handegård, B. H., Martinussen, M., 2018. Change in teacher-student relationships and parent involvement after implementation of the Incredible Years Teacher Classroom Management programme in a regular Norwegian school setting [J]. British Educational Research Journal, 44(6): 1064-1083.

Adelman, P., Zajonc, R., 1989. Facial efference and the experience of emotion[J]. Annual Review of Psychology, 40: 249-280.

Adolphs, R., 2002. Neural systems for recognizing emotion[J]. Curr Opin Neurobiol, 12(2): 169-177.

Adolphs, R., 2003. Cognitive neuroscience of human social behaviour[J]. Nat Rev Neurosci, 4(3): 165-178.

Akin, U., Aydin, I., Erdogan, C., Demirkasimoglu, N., 2014. Emotional labor and burnout among Turkish primary school teachers [J]. Australian Educational Researcher, 41(2): 155-169.

Akoy, Y., 2019. A research on the relationship among the collective empathy, emotional contagion and job crafting[J]. Trakya University Journal of Social Science. 21(2): 511-534.

Alhubaishy, A., Benedicenti, L., 2016. Toward a model of emotion and its contagion influences on agile development for defense applications [C]. International Conference in Software Engineering for Defence Applications. Springer, Cham.

Anderson, C., Keltner, D., John, P. O., 2003. Emotional convergence between people over time[J]. Journal of Personality and Social Psychology, 84 (5): 1054-1068.

Andrews, V., Lipp, O. V., Mallan, K. M., König, S., 2011. No evidence for subliminal affective priming with emotional facial expression primes[J].Motivation and Emotion, 35: 33-43.

Apter, M. J., 1982. The experience of motivation: the theory of psychological reversals[M].Cambridge, MA: Academic Press.

Apter, M. J., 1992. The dangerous edge: the psychology of excitement [M].New York, NY: Free Press.

Aritzeta, A., Soroa, G., Balluerka, N., Muela, A., Gorostiaga, A., Aliri, J., 2017. Reducing anxiety and improving academic performance through a biofeedback relaxation training program [J]. Applied Psychophysiology And Biofeedback, 42 (3): 193-202.

Arizmendi, T. G., 2011. Linking mechanisms: emotional contagion, empathy, and imagery[J].Psychoanalytic Psychology, 28(3): 405-419.

Arnold, M., 1960. Emotion and personality [M], New York, NY: Columbia University Press.

Balconi, M., Bortolotti, A., 2012. Empathy in cooperative versus non-cooperative situations: the contribution of self-report measures and autonomic responses[J].Applied Psychophysiology and Biofeedback, 37(3): 161-169.

Balconi, M., Canavesio, Y., 2013. Emotional contagion and trait empathy in prosocial behavior in young people: the contribution of autonomic (facial feedback) and Balanced Emotional Empathy Scale (BEES) measures [J]. Journal of Clinical and Experimental Neuropsychology, 35(1): 41-48.

Banerjee, P., Srivastava, M., 2019. A review of emotional contagion research proposition[J].Journal of Management Research, 19(4): 250-266.

Banks, S., Bellerose, J., Douglas, D., Jones-Gotman, M., 2014. The insular cortex: relationship to skin conductance responses to facial expression of emotion in temporal lobe epilepsy [J]. Applied Psychophysiology and Biofeedback, 39(1): 1-8.

Barger, P. B., Grandey, A. A., 2006. Service with a smile and encounter satisfaction: emotional contagion and appraisal mechanisms [J]. Academy of Management Journal, 49(6): 1229-1238.

Barsade, S. G., 2002. The ripple effect: emotional contagion and its influence on group behavior[J].Administrative Science Quarterly, 47(12):

644-675.

Barsade, S. G., Gibson D., 2012. Group affect[J].Current Directions in Psychological Science, 21(2): 119-123.

Barsade, S. G., Knight, A., 2013. Affect in groups: Traversing levels of analysis and exploring new conceptualizations[J]. Academy of Management Proceedings, 1: 11242-11242.

Bartel, C. A., Saavedra, R., 2000. The collective construction of work group moods[J].Administrative Science Quarterly, 45(2): 197-231.

Bastiaansen, J. A. C. J., Thioux, M., Keysers, C., 2009. Evidence for mirror systems in emotions[J].Philosophical Transactions of the Royal Society-Biological Sciences, 364(1528): 2391-2404.

Becker, M. W., Leinenger, M., 2011. Attentional selection is biased toward mood-congruent stimuli[J].Emotion, 11(5): 1248-1254.

Becker, W. J., Cropanzano, R., 2015. Good acting requires a good cast: a meso-level model of deep acting in work teams[J].Journal of Organizational Behavior, 36(2): 232-249.

Bente, G., Dratsch, T., Rieger, D., Al-Issa, A., 2014. Emotional contagion with artificial others: effects of culture, physical appearance, and nonverbal behavior on the perception of positive/negative affect in avatars[J]. Social Computing and Social Media, 8531: 411-420.

Berger, S. M., Hadley, S. W., 1975. Some effects of a model's performance on an observer's electromyographic activity[J].American Journal of Psychology, 88(2): 263-276.

Berlyne, D. E., 1974. Studies in the new experimental aesthetics[M].New York, NY: Wiley.

Berrocal, M., Porras, C., Mata, S., 2019. The role of group identification in the well-being of spaniards with gypsy ethnicity[J].The Journal of Social Psychology, 160(2): 204-215.

Bhullar, N., 2012. Relationship between mood and susceptibility to emotional contagion: is positive mood more contagious?[J]. North American Journal of Psychology, 14(3): 517-529.

Bhushan, B., Asai, A., 2018. Psychophysiological and oculomotoric changes during emotion elicitation[J]. International Journal of Psychology and Psychological Therapy, 18(1): 15-26.

Bono, J. E., Ilies, R., 2006. Charisma, positive moods and mood contagion[J]. Leadership Quarterly, 17(4): 317-334.

Boraston, Z. L., Corden, B., Miles, L. K., Skuse, D. H., Blakemore, S., 2008. Brief report: perception of genuine and posed smiles by individuals with autism [J]. Journal of Autism and Developmental Disorders, 38 (3): 574-580.

Borg, E., 2007. If mirror neurons are the answer, what was the question? [J]. Journal of Consciousness Studies, 14(8): 5-19.

Bosse, T., Treur, J., Umair, M., 2012. Rationality for adaptive collective decision making based on emotion-related valuing and contagion[J]. Modern Advances in Intelligent Systems and Tools, 431: 103-112.

Bosse, T., Duell, R., Memon, Z. A., Treur, J., van der Wal, C. N., 2009. A multi-agent model for emotion contagion spirals integrated within a supporting ambient agent model[J]. Lecture Note in Computer Science, 5925: 48-67.

Bower, G. H., 1981. Mood and memory [J]. American Psychologist, 36 (2): 129-148.

Brey, E., Shutts, K., 2018. Children use nonverbal cues from an adult to evaluate peers[J]. Journal of Cognition and Development, 19(2): 121-136.

Buccino, G., Vogt, S., Ritzl, A., Fink, G. R., Zilles, K., Freund, H. J., Rizzolatti, G., 2004. Neural circuits underlying imitation learning of hand actions: an event related fMRI study[J]. Neuron, 42(2): 323-334.

Burriss, L., Powell, D. A., White, J., 2007. Psyehophysiologieal and subjective indices of emotion as a function of age and gender[J]. Cognition and emotion, 21(1): 182-210.

Butler, J. C., 2013. Authoritarianism and fear responses to pictures: the role of social differences [J]. International Journal of Psychology, 48 (1): 55-59.

Byron, K., 2008. Carrying too heavy a load? The Communication and miscommunication of emotion by email[J].Academy of Management Review, 33 (2): 309-327.

Campo, M., Mackie, D. M., Sanchez, X., 2019. Emotions in group sports: a narrative review from a social identity perspective[J].Frontiers in Psychology, 10.

Caprapa, G. V., Giunta, L. D., Eisenberg, N., al et., 2008. Assessing regulatory emotional self-efficacy in three countries [J]. Psychological Assessment, 20(3): 227-237.

Caravita, S. C. S., Colombo, B., Stefanelli, S., Zigliani, R., 2016. Emotional, psychophysiological and behavioral responses elicited by the exposition to cyberbullying situations: two experimental studies[J].Psicología Educativa, 22(1): 49-59.

Cardon, M. S., 2008. Is passion contagious? The transference of entrepreneurial passion to employees [J]. Human Resource Management Review, 18(2): 77-86.

Carr, E. W., Winkielman, P., Oveis, C., 2014. Transforming the mirror: power fundamentally changes facial responding to emotional expressions [J].Journal of Experimental Psychology: General, 143(3): 997-1003.

Carthy, T., Horesh, N., Apter, A., Gross, J. J., 2010. Patterns of emotional reactivity and regulation in children with anxiety disorders[J].Journal of Psychopathology and Behavioral Assessment, 32(1): 23-36.

Catmur, C., Walsh, V., Heyes, C., 2009. Associative sequence learning: the role of experience in the development of imitation and the mirror system[J]. Philosophical Transactions of the Royal Society B-hiological Sciences, 364 (1528): 2369-2380.

Chartrand, T. L., Bargh, J. A., 1999. The chameleon effect: the perception-behavior link and social interaction[J]. Journal of Personality and Social Psychology, 76(6): 893-910.

Chen, C., Yuan, H., Yao, M. Z., 2021. Identifiability as an "antidote": exploring emotional contagion and the role of anonymity in twitter discussions on misinformation[J].HCII, 12774: 240-252.

Chen, P., Coccaro, E. F., Jacobson, K. C., 2012. Hostile attributional bias, negative emotional responding, and aggression in adults: moderating effects of gender and impulsivity[J].Aggressive Behavior, 38(1): 47-63.

Chen, Y. J., Li, L. W., Ybarra, O., Zhao, Y. F., 2020. Symbolic threat affects negative self-conscious emotions [J]. Journal of Pacific Rim Psychology. 14: 1-8.

Cheon, B. K., Im, D., Harada, T., Kim, et al., 2011. Cultural influences on neural basis of intergroup empathy[J].NeuroImage, 57(2): 642-650.

Cheshin, A., Rafaeli, A., Bos, N., 2011. Anger and happiness in virtual teams: emotional influences of text and behavior on others' affect in the absence of non-verbal cues[J].Organizational Behavior and Human Decision Processes, 116(1): 2-16.

Cheung, F., Lun, V. M.-C., 2015. Emotional labor and occupational well-being: a latent profile analytic approach [J]. Journal of Individual Differences, 36(1), 30-37.

Cheung, F. Y., Lun, V. M. C., Cheung, M. W. - L, 2018. Emotional labor and occupational well-being: latent profile analytic approach[J].Frontiers in Psychology, 9: 1084.

Choi, J., Jeong, Y., 2017. Elevated emotional contagion in a mouse model of Alzheimer's disease is associated with increased synchronization in the insula and amygdala[J].Scientific Reports, 7: 46262.

Chopik, W., O'Brien, E., Konrath, S., 2017. Differences in empathic concern and perspective taking across 63 countries[J].Journal of Cross-Cultural Psychology, 48(1): 23-38.

Cioffi, C. C., Griffin, A. M., Natsuaki, M. N., Shaw, D. S., Reiss, D., Ganiban, J. M., Neiderhiser, J. M., Leve, L. D., 2021. The role of negative emotionality in the development of child executive function and language abilities from toddlerhood to first grade: an adoption study[J].Developmental Psychology, 57(3): 347-360.

Clark, A. J., 2010. Empathy and sympathy: therapeutic distinctions in counseling[J].Journal of Mental Health Counseling, 32(2): 95-101.

Connelly, S., Gooty, J., 2015. Leading with emotion: an overview of the special issue on leadership and emotions[J].The Leadership Quarterly, 26(4): 485-488.

Coviello, L., et al., 2014. Detecting emotional contagion in massive social networks[J].PloS ONE, 9(3): e90315.

Craig, A. D., 2002. How do you feel? Interoception: the sense of the physiological condition of the body[J].Nature Reviews Neuroscience, 3(8): 655-666.

Craig, A. D., 2003. Interoception: the sense of the physiological condition of the body[J].Curr Opin Neurobiol., 13(4): 500-505.

Craig, A. D., Chen, K., Bandy, D., Reiman, E. M., 2000. Thermosensory activation of insular cortex[J]. Nature Neuroscience, 3(2): 184-190.

Crawford, C. M., Griffith, J. M., Hankin, B. L., Young, J. F., 2021. Implicit beliefs about emotions in youth: associations with temperamental negative emotionality and depression [J]. Journal of Social and Clinical Psychology, 40(2): 121-144.

Critchley, H. D., 2005. Neural mechanisms of autonomic, affective, and cognitive integration[J].NeuroImage, 493(1): 154-166.

Critchley, H. D., Good, C. D., Ashburner, J., Frackowiak, R. S., Mathias, C. J., Dolan, R. J., 2003. Changes in cerebral morphology consequent to peripheral autonomic denervation [J]. NeuroImage, 18(4): 908-916.

Critchley, H. D., Mathias, C. J., Dolan, R. J., 2001. Neuroanatomical basis for first-and second-order representations of bodily states [J]. Nature Neuroscience, 4: 207-212.

Critchley, H. D., Melmed, R. N., Featherstone, E., Mathias, C. J., Dolan, R. J., 2002. Volitional control of autonomic arousal: a functional magnetic resonance study[J].NeuroImage, 16(4): 909-919.

Critchley, H. D., Rotshtein, P., Nagai, Y., O'Doherty, J., Mathias,

C. J., Dolan, R. J., 2005. Activity in the human brain predicting differential heart rate responses to emotional facial expressions[J]. NeuroImage, 24(3): 751-762.

Critchley, H. D., Wiens, S., Rotshtein, P., Öhman, A., Dolan, R. J., 2004. Neural systems supporting interoceptive awareness [J]. Nature Neuroscience, 7(2): 189-195.

Dallimore, K. S., Sparks, B. A., Butcher, K., 2007. The influence of angry customer outbursts on service providers' facial displays and affective states[J]. Journal of Service Research, 10(1): 78-91.

Dalton, K. M., Nacewicz, B. M., Johnstone, T., Schaefer, H. S., Gernsbacher, M. A., Goldsmith, H. H., et al., 2005. Gaze fixation and the neural circuitry of face processing in autism[J]. Nature Neuroscience, 8(4): 519-526.

Damasio, A. R., 2003. Looking for Spinoza: joy, sorrow, and the feeling brain[M]. New York, NY: Harcourt, Inc.

Damasio, A. R., 1996. The somatic marker hypothesis and the possible functions of the prefrontal cortex[J]. Philosophical Transactions of the Reyal Society B-biological Sciences, 351(1346): 1413-1420.

Dannlowski, U., Ohrmann, P., Bauer, J., et al., 2007. Amygdala reactivity predicts automatic negative evaluations for facial emotions [J]. Psychiatry Research, 154(1): 13-20.

Dapretto, M., Davies, M. S., Pfeifer, J. H., Scott, A. A., Sigman, M., Bookheimer, S. Y., Iacoboni, M., 2006. Understanding emotions in others: mirror neuron dysfunction in children with autism spectrum disorders [J], Nature Neuroscience, 9(1): 28-30.

Dasborough, M. T., 2006. Cognitive asymmetry in employee emotional reactions to leadership behaviors[J]. The Leadership Quarterly, 17: 163-178.

Davies, S., 2011. Infectious music: music-listener emotional contagion. In P. Goldie, A. Coplan (Eds.), Empathy: philosophical and psychological perspectives[M], Oxford, UK: Oxford University Press.

Davis, M. H., 1983. Measuring individual differences in empathy:

evidence for a multidimensional approach[J] . Journal of personality and social psychology, 44(1) : 113-126.

de Vignemont, F., Singer, T., 2006. The empathic brain: how, when and why?[J] .Trends in Cognitive Science, 10(10) : 435-441.

de Waal, F. B. M., 2008. Putting the altruism back into the altruism: the evolution of empathy[J] .Annual Review of Psychology, 59: 279-300.

de Waal, F. B. M., 2012. The antiquity of empathy [J] . Science, 336 (6083) : 874-876.

Decety, J., Jackson, P. L., 2006. A social-neuroscience perspective on empathy[J] .Current Directions in Psychological Science, 15(2) : 54-58.

Decety, J., Jackson, P. L., 2004. The functional architecture of human empathy[J] .Behav Cogn Neurosci Rev., 3(2) : 71-100.

Decety, J., Lamm, C., 2006. Human empathy through the lens of social neuroscience[J] .Scientific World Journal, 6: 1146-1163.

Dezecache, G., Eskenazi, T., Grèzes, J., 2016. Emotional convergence: a case of contagion? In Obhi, S. S., Cross, E. S., (Eds.), Shared representations: sensorimotor foundations of social life[M] . Cambridge, UK: Cambridge University Press.

Diefendor, J. M., Croyle, M. H., Gosserand, R. H., 2005. The dimensionality and antecedents of emotional labor strategies [J] . Journal of Vocational Behavior, 66(2) : 339-357.

Diener, E., Iran-Nejad, A., 1986. The relationship in experience between various types of affect [J] . Journal of Personality and Social Psychology, 50(5) : 1031-1038.

Dijk, C., Fischer, A. H., Morina, N., van Eeuwijk, C. V., van Kleef, G. V., 2018. Effects of social anxiety on emotional mimicry and contagion: feeling negative, but smiling politely[J] .Journal of Nonverbal Behavior, 42 (1) : 81-99.

DiLalla, L. F., Jamnik, M. R., Marshall, R. L., Weisbecker, R., Vazquez, C., 2021. Birth complications and negative emotionality predict externalizing behaviors in young twins: moderations with genetic and family risk factors[J]. Behavior Genetics, 51(5): 463-475.

Dimberg, U., 1982. Facial reactions to facial expressions [J]. Psychophysiology, 19(6): 643-647.

Dimberg, U., Thunberg, M., Elmehed, K., 2000. Unconscious facial reactions to emotional facial expressions[J]. Psychological Science, 11(1): 86-89.

Dimberg, U., Andréasson, P., Thunberg, M., 2011. Emotional empathy and facial reactions to facial expressions[J]. Journal of Psychophysiology, 25 (1): 26-31.

Dirks, K. T., 2000. Trust in leadership and team performance: evidence from NCAA basketball[J]. Journal of Applied Psychology, 85(6): 1004-1012.

Doherty, R. W., 1997. The emotional contagion scale: a measure of individual differences[J]. Journal of Nonverbal Behavior, 21(2): 131-154.

Doherty, R. W., Orimoto, L., Singelis, T. M., Hatfield, E., Hebb, J., 1995. Emotional contagion: gender and occupational differences[J]. Psychology of Women Quarterly, 19(3): 355-371.

Doherty, R. W., 1998. Emotional contagion and social judgment [J]. Motivation and Emotion, 22(3): 187-209.

Du, J., Zheng, Q., Hui, M. K., Fan, X., 2019. Can fear be eaten? The emotional outcomes of consuming frightening foods or drinks[J]. Psychology & Marketing, 36(11): 1027-1038.

Du, J., Fan, X., Feng, T., 2011. Multiple emotional contagions in service encounters[J]. Journal of the Academy of Marketing Science, 39(3): 449-466.

Duran, G., Cécillon, François-Xavier, Sansorgné, Thibaut, Michael, G. A., 2018. Cold-blooded women can detect lies with greater accuracy than other women [J]. Journal of Forensic Psychiatry & Psychology, 30 (3): 510-529.

Dweck, C. S., 2017. From needs to goals and representations: foundations for a unified theory of motivation, personality, and development [J]. Psychological Review, 124(6): 689-719.

Dzokoto, V., Wallace, D. S., Peters, L., Bentsi-Enchill, E., 2014. Attention to emotion and non-western faces: revisiting the facial feedback hypothesis[J].Journal of General Psychology, 141(2): 151-168.

Egermann, H., McAdams, S., 2013. Empathy and emotional contagion as a link between recognized and felt emotions in music listening[J]. Music Perception: An Interdisciplinary Journal, 31(2):139-156.

Ekman, P., 2009. Telling lies: clues to deceit in the marketplace, politics, and marriage[M].New York, NY: W. W. Norton Press.

Elfenbein, H. A., 2007. Emotion in organizations: a reviewed theoretical integration[J].Academy of Management Annals, 1(1): 315-386.

Elfenbein, H. A., 2014. The many faces of emotional contagion: an affective process theory of affective linkage [J]. Organizational Psychology Review, 4(4): 326-362.

Englis, B. G., Vaughan, K. B., Lanzetta, J. T., 1982. Conditioning of counter-empathetic emotional responses [J]. Journal of Experimental Social Psychology, 18(4): 375-391.

Enock, F., Sui, J., Hewstone, M., Humphreys, G. W., 2018. Self and team prioritisation effects in perceptual matching: evidence for a shared representation[J].Acta psychologica, 182: 107-118.

Epstude, K., Mussweiler, T., 2009. What you feel is how you compare: how comparisons influence the social induction of affect[J]. Emotion, 9(1): 1-14.

Eysenck, H. J., 1956. Reminiscence, drive and personality theory[J]. Journal of abnormal psychology, 53(3): 328-33.

Falkenberg, I., Bartels, M., Wild, B., 2008. Keep smiling! Facial reactions to emotional stimuli and their relationship to emotional contagion in patients with schizophrenia[J]. European Archives of Psychiatry and Clinical Neuroscience, 258(4): 245-253.

Fan, R., Zhao, J., Chen, Y., Xu, K., 2014. Anger is more influential than joy: sentiment correlation in weibo[J].PloS ONE, 9: e110184.

Feng, X. D., Sun, BH., Chen, C. S., et al., 2020. Self-other overlap and interpersonal neural synchronization serially mediate the effect of behavioral synchronization on prosociality[J].Social Cognitive and Affective Neuroscience, 15(2): 203-214.

Ferrara, E., Yang, Z., 2015. Measuring emotional contagion in social media[J].PLoS ONE, 10(11): e0142390.

Ferrari, P. F., Gallese, V., Rizzolatti, G., Fogassi, L., 2003. Mirror neurons responding to the observation of ingestive and communicative mouth actions in the monkey ventral premotor cortex [J]. European Journal of Neuroscience, 17(8): 1703-1714.

Fink, E., Heathers, J. A. J., de Rosnay, M., 2015. Young children's affective responses to another's distress: dynamic and physiological features[J]. PLoS ONE, 10(4): e0121735.

Fischer, A. H., Hess, U., 2017. Mimicking emotions[J].Current Opinion in Psychology, 17: 151-155.

Fischer, R., Xygalatas, D., Mitkidis, P., et al., 2014. The fire-walker's high: affect and physiological responses in an extreme collective ritual[J].PLoS ONE, 9(2): e88355.

Fisher, C. D., Ashkanasy, N. M., 2000. The emerging role of emotions in work life: an introduction[J].Journal of Organizational Behavior, 21: 123-129.

Fitzsimons, G. M., Bargh, J. A., 2004. Automatic self-regulation. In Baumeister, R. F., Vohs K. D., (Eds.), Handbook of self-regulation: research, theory and applications[M].New York, NY: Guilford Press.

Fogassi, L., Ferrari, P. F., 2007. Mirror neurons and the evolution of embodied language[J].Current Directions in Psychological Science, 16(3): 136-141.

Fogassi, L., Ferrari, P. F., Gesierich, B., et al., 2005. Parietal lobule: from action organization to intention understanding[J].Science, 308(5722): 662-667.

Fokkinga, S., Desmet, P., 2012. Darker shades of joy: the role of negative emotion in rich product experiences[J].Design, 28(4): 42-56.

Forgas, J. P., 2011. Can negative affect eliminate the power of first impressions? Affective influences on primacy and recency effects in impression formation[J]. Journal of Experimental Social Psychology, 47(2): 425-429.

Fornell, C., Larcher, D., 1981. Evaluating structural equation models with unobservable vaiables and measurement error[J]. Journal of Marketing Research, 18(1): 39-50.

Foroni, F., Semin, G. R., 2009. Language that puts you in touch with your bodily feelings: the multimodal responsiveness of affective expression[J]. Psychological Science, 20(8): 974-980.

Fredrickson, B. L., 2003. The value of positive emotions: the emerging science of positive psychology in coming to understand why it's good to feel good[J]. American Scientist, 91(4): 330-335.

Fredrickson, B. L., 2003a. Positive emotions and upward spirals in organizations. In Cameron, K. S. Dutton, J. E., Quinn R. E., (Eds.), Positive organizational scholarship [M].San Francisco, CA: Berrett-Koehler.

Fridenson-Hayo, S., Berggren, S., Lassalle, A., et al., 2016. Basic and complex emotion recognition in children with autism: cross-cultural findings [J].Molecular Autism, 7(52): 1-11.

Friedman, H. S., Riggio, R. E., 1981. Effect of individual differences in nonverbal expressiveness on transmission of emotion[J].Journal of Nonverbal Behavior, 6(2): 96-104.

Gabriel, O. W., Masch, L., 2017. Displays of emotion and citizen support for Merkel and Gysi: how emotional contagion affects evaluations of leadership [J].Politics and the Life Sciences, 36(2): 80-103.

Gallese, V., 2003. The roots of empathy: the shared manifold hypothesis and the neural basis of intersubjectivity[J].Psychopathology, 36(4): 171-180.

Gallese, V., Goldman, A. I., 1998. Mirror neurons and the simulation theory of mind-reading[J].Trends in Cognitive Sciences, 2(12), 493-501.

Gallese, V., Fadiga, L., Fogassi, L., Rizzolatti, G., 1996. Action recognition in the premotor cortex[J]. Brain, 119(Pt 2): 593-609.

Gallese, V., Keysers, C., Rizzolatti, G., 2004. A unifying view of the basis of social cognition[J].Trends in Cognitive Sciences, 8(9): 396-403.

Garcia, D., Rimé, B., 2019. Collective emotions and social resilience in the digital traces after a terrorist attack [J]. Psychological Science, 30 (5):095679761983196.

Gardner, H., 1983. Frames of mind: the theory of multiple intelligences [M]. New York, NY: Basic Books.

Gazzola, V., Aziz-Zadeh, L., Keysers, C., 2006. Empathy and the somatotopic auditory mirror system in humans[J].Current Biology, 16(8): 1824-1829.

Gernot, G., Pelowski, M., Leder, H., 2018. Empathy, einfühlung, and aesthetic experience: the effect of emotion contagion on appreciation of representational and abstract art using fEMG and SCR[J].Cognitive Processing, 19(2): 147-165.

Gibson, D. E., Schroeder, S. J., 2002. Grinning, frowning and emotionless: agent perceptions of power and their effect on felt and displayed emotions in influence attempts. In Ashkansy, N. M., Zerbe, W. J., Hartel, C. E., (Eds.), Managing emotions in the workplace [M]. New York, NY: M. E. Sharpe, Armonk.

Godkin, L., 2015. An epidemicological approach to workplace bullying [J].Journal of Leadership, Accountability & Ethics, 12(3): 76-91.

Goldin, P. R., McRae, K., Ramel, W., Gross, J. J., 2008. The neural bases of emotion regulation: reappraisal and suppression of negative emotion [J], Biological Psychiatry, 63(6): 557-586.

Gonçalo P., Dimas, J., Prada, R., Santos, P. A., Paiva, A., 2011. A generic emotional contagion computational model[J]. ACII 2011 (Part I), 6974: 256-266.

Goodboy, A. K., Myers, S. A., 2008. The effect of teacher confirmation on student communication and learning outcomes [J]. Communication Education, 57(2): 153-179.

Gosserand, R. H., Diefendorff, J. M., 2005. Emotional display rules and emotional labor: the moderating role of commitment[J]. Journal of Applied

Psychology, 90(6): 1256-1264.

Gouizi, K., Reguig, B. F., Maaoui, C., 2011. Emotion recognition from physiological signals[J].Journal of Medical Engineering & Technology, 35(6-7): 300-307.

Grandey, A. A., Fisk, G. M., Steiner, D. D., 2005. Must "service with a smile" be stressful? The moderating role of personal control for American and French employees[J].Journal of applied psychology, 90(5): 893-904.

Grandey, A. A., Fisk, G. M., Mattila, A. S., Jansen, K. J., Sideman, L. A., 2005. Is "service with a smile enough"? Authenticity of positive displays during service encounters [J]. Organizational Behavior and Human Decision Processes, 96(1): 38-55.

Gross, J. J., 2002. Emotion regulation: affective, cognitive and social consequences[J].Psychophysiology, 39(3): 281-291.

Gudjonsson G. H., 1997. The Gudjonsson suggestibility scales manual [M]. London, UK: Psychology Press.

Han, S., Ko, K., 2021. Children's negative emotionality, mothers' depression, and parental warmth in predicting children's school readiness in low-income korean families: the role of fathers' positive involvement [J]. Journal of Comparative Family Studies, 52(3): 373-396.

Han, Y., Sichterman, B., Maria, C., Gazzola, V., Keysers, C., 2020. Similar levels of emotional contagion in male and female rats [J]. Scientific Reports, 10: 2763.

Hanich, J., Wagner, V., Shah, M., Jacobsen, T., Menninghaus, W., 2014. Why we like to watch sad films: the pleasure of being moved in aesthetic experiences[J]. Psychology of Aesthetics, Creativity and the Arts, 8 (2): 130-143.

Hasford, J., Hardesty, D. M., Kidwell, B., 2015. More than a feeling: emotional contagion effects in persuasive communication [J]. Journal of Marketing Research, 52(6): 836-847.

Hatfield, E., Bensman, L., Thornton, P. D., Rapson, R. L., 2014. New perspectives on emotional contagion: a review of classic and recent research on facial mimicry and contagion[J].Interpersonal, 8(2): 159-179.

Hatfield, E., Cacioppo, J. T., Rapson, R. L., 1992. Primitive emotional contagion[J].Review of Personality and Social Psychology, 14(1): 151-177.

Hatfield, E., Cacioppo, J., Rapson, R. L., 1993. Emotional contagion [J].Current Directions in Psychological Science, 2(3): 96-99.

Hatfield, E., Cacioppo, J., Rapson, R. L., 1994. Emotional contagion [M].Cambridge, UK: Cambridge University Press.

Hatfield, E., Rapson, R. L., Le, Y. C. L., 2009. Emotional contagion and empathy. In J. Decety, W. Ickes (Eds.), The social neuroscience of empathy[M].Cambridge, MA: MIT Press.

Hayes, S. C., Wilson, K. G., 1994. Acceptance and Commitment Therapy - Altering the verbal support for experiential avoidance[J]. Behavior Analyst, 17 (2) : 289-303.

Hennig-Thurau, T., Groth, M., Paul, M., Gremler, D. D., 2006. Are all smiles created equal? How emotional contagion and emotional labor affect service relationships[J].Journal of Marketing, 70(3): 58-73.

Hess, U., 2021. Who to whom and why: the social nature of emotional mimicry[J].Psychophysiology, 58(1): e13675.

Hess, U., Blairy, S., 2001. Facial mimicry and emotional contagion to dynamic emotional facial expressions and their influence on decoding accuracy [J]. International Journal of Psychophysiology, 40(2): 129-141.

Hess, U., Fischer, A. H., 2013. Emotional mimicry as social regulation [J].Personality and Social Psychology Review, 17(2): 142-157.

Hess, U., Fischer, A. H., 2014. Emotional mimicry: why and when we mimic emotions[J]. Social and Personality Psychology Compass, 8(2): 45-57.

Hess, U., Arslan, R., Mauersberger, H., Blaison, C., Dufner, M., Denissen, J. J., Ziegler, M., 2017. Reliability of surface facial electromyography [J].Psychophysiology, 54(1): 12-23.

Hess, U., Kappas, A., McHugo, G. J., Lanzetta, J. T., Kleck, R. E., 1992. The facilitative effect of facial expression on the selfgeneration of emotion [J].International Journal of Psychophysiology, 12(3): 251-265.

Hietanen, J. K., Surakka, V., Linnankoski, I., 1998. Facial electromyographic responses to vocal affect expressions[J]. Psychophysiology, 35(5): 530-536.

Hirata, S., 2009. Chimpanzee social intelligence: selfishness, altruism, and the mother-infant bond[J].Journal of Primates, 50(1): 3-11.

Hobson N. M., Schroeder J., Risen J. L., Xygalatas D., Inzlicht M., 2018. The psychology of rituals: an integrative review and process-based framework[J].Personality and Social Psychology Review. 22(3): 260-284.

Hochschild, A. R., 1983. The managed heart: commercialization of human feeling[M]. Berkeley, CA: University of California Press.

Hoffman, M. L., 2002. How automatic and representational is empathy, and why[J].Behavioral and Brain Sciences, 25(1): 38-39.

Hoffman, M. L., 2000. Empathy and moral development: implications for caring and justice[M].Cambridge, UK: Cambridge University Press.

Houldcroft, L., Farrow, C., Haycraft, E., 2014. Perceptions of parental pressure to eat and eating behaviours in preadolescents: the mediating role of anxiety[J].Appetite, 80(1): 61-69.

Houser, M. L., Waldbuesser, C., 2017. Emotional contagion in the classroom: the impact of teacher satisfaction and confirmation on perceptions of student nonverbal classroom behavior[J].College Teaching, 65(1): 1-8.

Howard, D. J., Gengler, C., 2001. Emotional contagion effects on product attitudes[J].Journal of Consumer research, 28(2): 189-201.

Hsee, C. K., Hatfield, E., Chemtob, C., 1992. Assessments of the emotional states of others: conscious judgments versus emotional contagion[J]. Journal of Social and Clinical Psychology, 11(2): 119-128.

Hsee, K., Hatfield, E., Carlson, J. G., Chemtob, C., 1990. The effect of power on susceptibility to emotional contagion[J].Cognition and Emotion, 4(4): 327-340.

Huang, P., Dai, C., 2010. The impacts of emotional contagion and emotional labor perception on employees' service performance[J].International Journal of Electronic Business Management, 8(1): 68-79.

Hühnel, I., Kuszynski, J., Asendorpf, J. B., Hess, U., 2018. Emotional mimicry of older adults' expressions: effects of partial inclusion in a cyberball paradigm[J].Cognition and emotion, 32(1): 92-101.

Hur, Y. M., Jeong, H. U., 2021. Twin study of the relationship between childhood negative emotionality and hyperactivity/inattention problems[J].Twin Research and Human Genetics, 24(1): 7-13.

Iacoboni, M., Dapretto, M., 2006. The mirror neuron system and the consequences of its dysfunction [J]. Nature Review Neuroscience, 7 (12): 942-951.

Iacoboni, M., Molnar-Szakacs, I., Gallese, V., Buccino, G., Mazziota, J. C., Rizzolatti, G., 2005. Grasping the intentions of others with one's own mirror neuron system[J].Plos Biology, 3(3): 79-89.

Iran-Nejad, A., 1987. Cognitive and affective causes of interest and liking [J].Journal of Educational Psychology, 79(2): 120-130.

Iran-Nejad, A., Cecil, C., 1992. Interest and learning: a biofunctional perspective. In Renninger, K. A., Hidi, S., Krapp A., (Eds.), The role of interest in learning and development[M].Hillsdale, MI: Lawrence Erlbaum Associates.

Isaksen, S. G., Lauer, K. J., Wilson, G. V., 2003. An examination of the relationship between personality type and cognitive style [J]. Creativity Research Journal, 15(4): 343-354.

Isern-Mas, C., Gomila, A., 2019. Making sense of emotional contagion [J].Humana Mente, 12 (35): 71-100.

Isomura, T., Nakano, T., 2016. Automatic facial mimicry in response to dynamic emotional stimuli in five-month-old infants [J]. Proceedings of the Royal Society B, 283(1844): 20161948.

Iyer, A., Leach, C. W., 2008. Emotion in inter-group relations [J]. European Review of Social Psychology, 19: 86-125.

Izard, C., 1992. Basic emotions, relations among emotions, and emotion-cognition relations[J].Psychological Review, 99(3): 561-565.

Jabbi, M., Swart, M., Keysers, C., 2007. Empathy for positive and negative emotions in the gustatory cortex[J].NeuroImage, 34(4): 1744-1753.

James W., 1884. What is an emotion?[J]. Mind, 9, 188-205.

Johnson, S. K., 2008. I second that emotion: effects of emotional contagion and affect at work on leader and follower outcomes [J]. The Leadership Quarterly, 19(1): 1-19.

Johnson, S. K., 2009. Do you feel what I feel? Mood contagion and leadership outcomes[J].The Leadership Quarterly, 20(5): 814-827.

Johnson-Frey, S. H., Maloof, F. R., Newman-Norlund, R., Farrer, C., Inati, S., Grafton, S. T., 2003. Actions or hand-object interactions? Human inferior frontal cortex and action observation[J].Neuron., 39(6): 1053-1058.

Johnstone, T., van Reekum, C. M., Urry, H. L., Kalin, N. H., Davidson, R. J., 2007. Failure to regulate: counterproductive recruitment of top-down prefrontal subcortical circuitry in major depression [J]. Journal of Neuroscience, 27(3): 8877-8884.

Jones, E. E., Davis, K. E., 1965. From acts to dispositions the attribution process in person perception[J].Advances in experimental social psychology, 2: 219-266.

Jung, H. S., Yoon, H. H., 2019. Emotional contagion and collective commitment among leaders and team members in deluxe hotel[J]. Service Business, 13(1): 737-754.

Juslin, P. N., 2013. From everyday emotions to aesthetic emotions: towards a unified theory of musical emotions [J]. Physics of Life Reviews, 10(3): 235-266.

Kaffenberger, T., Brühl, A. B., Baumgartner, T., Jäncke, L., Herwig, U., 2010. Negative bias of processing ambiguously cued emotional stimuli[J]. NeuroReport, 21(9): 601-605.

Kangan, J., 1994. On the nature of emotion[J].Monographs of the Society for Research in Child Development, 59 (2-3): 7-24.

Kasperski, R., Blau, I., 2020. Social capital in high-schools: teacher-student relationships within an online social network and their association with in-class interactions and learning[J]. Interactive Learning Environments, 31

(2): 955-971.

Kavanagh, L. C., Winkielman, P., 2016. The functionality of spontaneous mimicry and its influences on affiliation: an implicit socialization account[J]. Frontiers in Psychology, 7: 458.

Keinan, G., Koren, M., 2002. Teaming up type As and Bs: the effects of group composition on performance and satisfaction[J]. Applied Psychology: An International Review, 51(3): 425-445.

Keller, M. M., Chang, M. L., Becker, E. S., Goetz, T., Frenzel, A. C., 2014. Teachers' emotional experiences and exhaustion as predictors of emotional labor in the classroom: an experience sampling study[J]. Frontiers in Psychology, 5: 1442.

Kelly, J. R., Iannone, N. E., McCarty, M. K., 2016. Emotional contagion of anger is automatic: an evolutionary explanation[J]. British Journal of Social Psychology, 55(1): 182-191.

Kevrekidis, P., Skapinakis, P., Damigos, D., Mavreas, V., 2008. Adaptation of the Emotional Contagion Scale (ECS) and gender differences within the Greek cultural context[J]. Annals of General Psychiatry, 7(1): 14-20.

Keysers, C., Gazzola, V., 2006. Towards a unifying neural theory of social cognition[J]. Progress in Brain Research, 156: 383-406.

Keysers, C., Kaas, J. H. Gazzola, V., 2010. Somatosensation in social perception[J]. Nature Reviews Neuroscience, 11(6): 417-428.

Kille, D. R., Wood, J. V., 2011. Cheering up my partner cheers me up: the role of including the other in the self in emotional contagion and regulation[C]. American Psychological Association 2011 Convention Presentation.

Killgore, W. D. S., Yurgelun-Todd, D. A., 2004. Activation of the amygdala and anterior cingulate during nonconscious processing of sad versus happy faces[J]. NeuroImage, 21(4): 1215-1223.

Kimura, M., Daibo, I., 2008. The study of emotional contagion from the perspective of interpersonal relationships[J]. Social Behavior and Personality, 36 (1): 27-42.

Kintsch, W., 1980. Learning from text, levels of comprehension, or: Why anyone would read a story anyway[J].Poetics, 9(1-3): 87-98.

Kiss, M., Eimer, M., 2008. ERPs reveal subliminal processing of fearful faces[J].Psychophysiology, 45(2): 318-326.

Knott, L. M., Thorley, C., 2014. Mood-congruent false memories persist over time[J].Cognition and Emotion, 28(5): 903-912.

Kohler, E., Keysers, C., Umiltà, M. A., Fogassi, L., Gallese, V., Rizzolatti, G., 2002. Hearing sounds, understanding actions: action representation in mirror neurons[J].Science, 297(5582): 846-848.

Konečni V. J., 2017."Negative emotions" live in stories, not in the hearts of readers who enjoy them[J].Behavioral and brain sciences, 40: e367.

Koski, L., Iacoboni, M., Dubeau, M. C., Woods, R. P., Mazziotta, J. C., 2003. Modulation of cortical activity during different imitative behaviors [J].Journal of Neurophysiology, 89(1): 460-471.

Koski, S., Sterck, E., 2010. Empathic chimpanzees: a proposal of the levels of emotional and cognitive processing in chimpanzee empathy [J]. European Journal of Developmental Psychology, 7(1): 38-66.

Kramer, A. D., Guillory, J. E., Hancock, J. T., 2014. Experimental evidence of massive-scale emotional contagion through social networks [J]. Proceedings of the National Academy of Sciences, 111(24): 8788-8790.

Lai, H. L., Li, Y. M., Lee, L. H., 2011. Effects of music intervention with nursing presence and recorded music on psycho-physiological indices of cancer patient caregivers[J].Journal of Clinical Nursing, 21(5-6): 745-756.

Laine, E., Veermans, M., Gegenfurtner, A., Veermans, K., 2020. Individual interest and learning in secondary school STEM education [J]. Frontline Learning Research, 8(2): 90-108.

Laird, J. D., Alibozak, T., Davainis, D., Deignan, K., Fontanella, K., Hong, J., Levy, B., Pacheco, C., 1994. Individual differences in the effects of spontaneous mimicry on emotional contagio[J].Motivation and Emotion, 18 (3): 231-247.

Lakin, J. L., Jefferis, V. E., Cheng, C. M., Chartrand, T. L., 2003. The chameleon effect as social glue: evidence for the evolutionary significance of nonconscious mimicry[J].Journal of Nonverbal Behavior, 27(63): 145-162.

Lanaj, K., Jennings, R. E., 2020. Putting leaders in a bad mood: the active costs of helping followers with personal problems[J].Journal of Applied Psychology, 105(4): 355-371.

Lanctôt, N., Hess, U., 2007. The timing of appraisals[J].Emotion, 7 (1): 207-212.

Lane, R. D., Sechrest, L., Riedel, R., Shapiro, D., Kaszniak, A. W., 2000. Pervasive emotion recognition deficit common to alexithymia and the repressive coping style[J].Psychosomatic Medicine, 62(4): 492-501.

Lawrence, E. J., et al., 2006. The role of shared representations in social perception and empathy: an fMRI study[J].NeuroImage 29(4): 1173-1184.

Lazarus, R., 1991. Emotion and adaptation [M]. Oxford, UK: Oxford University Press.

Lee, Y. H., Chelladurai, P., 2016. Affectivity, emotional labor, emotional exhaustion, and emotional intelligence in coaching[J].Journal of Applied Sport Psychology, 28(2): 170-184.

Leeper, R., 1973. The motivation and perceptual propertied of emotions as indicating their fundamental character and role. In M. Arnold (Ed.), Feelings and emotions[M].Cambridge MA: Academic Press.

Leslie, K. R., Johnson-Frey, S. H., Grafton, S. T., 2004. Functional imaging of face and hand imitation: towards a motor theory of empathy[M]. NeuroImage, 21(2): 601-607.

Li, J., Zhang, J., Yang, Z., 2017. Associations between a leader's work passion and an employee's work passion: a moderated mediation model[J]. Frontiers in Psychology, 8: 1-12.

Li, W., Zinbarg, R. E., Boehm, S. G., Paller, K. A., 2008. Neural and behavioral evidence for affective priming from unconsciously perceived emotional facial expressions and the influence of trait anxiety[J].Journal of Cognitive Neuroscience, 20(1): 95-107.

Liddell, B. J., Brown, K. J., Kemp, A. H., et al., 2005. A direct brainstem-amygdala-cortical "alarm" system for subliminal signals of fear[J]. NeuroImage, 24(1): 235-243.

Lin, J. S., Liang, H., 2011. The influence of service environments on customer emotion and service outcomes[J]. Managing Service Quality, 21(4): 350-372.

Lischetzke, T., Cugialy, M., Apt, T., Eid, M., Niedeggen, M., 2020. Are those who tend to mimic facial expressions especially vulnerable to emotional contagion?[J]. Journal of Nonverbal Behavior, 44(1): 133-152.

Lischke, A., Weippert, M., Mau-Moeller, A., Jacksteit, R., Pahnke, R., 2020. Interoceptive accuracy is associated with emotional contagion in a valence-and sex-dependent manner[J]. Social Neuroscience, 15(2), 227-233.

Lishner, D. A., Cooter, A. B., Zald, D. H., 2008. Rapid emotional contagion and expressive congruence under strong test conditions[J]. Journal of Nonverbal Behavior, 32: 225-239.

Liu, H., Hong, X., Lu, D., Zhang, G., Liu, H., 2021. Research on the method of emotion contagion in virtual space based on SIRS[J]. Chinese CSCW, 1330: 605-615.

Liu, X. Y., Chi, N. W., Gremler, D. D., 2019. Emotion cycles in services: emotional contagion and emotional labor effects[J]. Journal of Service Research, 22(3): 285-300.

Liverant, G. I., Brwm, T. A., Barlow, D. H., Lizabeth, R., 2008. Emotion regulation in unipolar depression: the effects of acceptance and suppression of subjective emotional experience on the intensity and duration of sadness and negative affect[J]. Behaviour Research and Therapy, 46(1): 201-1209.

Luminet, O., Bouts, P., Delie, F., Manstead, A. S. R., Rimé, B., 2000. Social sharing of emotion following exposure to a negatively valenced situation[J]. Cognition and Emotion, 14(5): 661-688.

Lundqvist, L. Q., 1995. Facial EMG reactions to facial expressions: a case of facial emotional contagion? [J]. Scandinavian Journal of Psychology, 36 (2): 130-141.

Luo, Q., Peng, D., Jin, Z., Xu, D., Xiao, L., Ding, G., 2004. Emotional valence of words modulates the subliminal repetition priming effect in the left fusiform gyrus: an event-related fMRI study[J]. NeuroImage, 21: 414-421.

Luong, A., 2005. Affective service display and customer mood[J]. Journal of Service Research, 8(2), 117-130.

Mackie, D. M., Hamilton, D. L. (eds), 1993. Affect, Cognition and stereotyping: interactive processes in group perception[M]. Cambridge, MA: Academic Press.

Madipakkam, A. R., Rothkirch, M., Wilbertz, G., Sterzer, P., 2016. Probing the influence of unconscious fear-conditioned visual stimuli on eye movements[J]. Consciousness and cognition, 46: 60-70.

Madsen, E. A., Persson, T., 2013. Contagious yawning in domestic dog puppies (canis lupus familiaris): the effect of ontogeny and emotional closeness on low-level imitation in dogs[J]. Animal Cognition, 16(2): 233-240.

Magnée, M. J. C. M., de Gelder, B., van Engeland, H., Kemner, C., 2007. Facial electromyographic responses to emotional information from faces and voices in individuals with pervasive developmental disorder[J]. Journal of Child Psychology and Psychiatry, 48(11): 1122-1130.

Magnée, M. J. C. M., Stekelenburg, J. J., Kemner, C., de Gelder, B., 2007. Similar facial electromyographic responses to faces, voices, and body expressions[J]. Neuroreport, 18(4): 369-372.

Maio, G. R., Esses, V. M., 2001. The need for affect: individual differences in the motivation to approach or avoid emotions[J]. Journal of Personality, 69(4): 583-615.

Maister, L., Tsakiris, M., 2016. Intimate imitation: automatic motor imitation in romantic relationships[J]. Cognition, 152: 108-113.

Malachowski, C. C., Martin, M. M., 2011. Instructors' perceptions of teaching behaviors, communication apprehension, and student nonverbal responsiveness in the classroom[J]. Communication Research Reports, 28(2): 141-50.

Malouff, J. M., Schutte, N. S., 1986. Development and validation of a measure of irrational belief[J].Journal of Consulting and Clinical Psychology, 54(6): 860-862.

Mandler, G., 1982. The structure of value: accounting for taste. In M. S. Clark, S. T. Fiske (Eds.), Affect and cognition [M].Hillsdale, NJ: Erlbaum.

Manera, V., Grandi, E., Colle, L., 2013. Susceptibility to emotional contagion for negative emotions improves detection of smile authenticity[J]. Frontiers in Human Neuroscience, 7: 1-6.

Maples, J., Miller, J. D., Hoffman, B. J., Johnson, S. L., 2014. A test of the empirical network surrounding affective instability and the degree to which it is independent from neuroticism[J].Personality Disorders: Theory, Research, and Treatment, 5(3): 268-277.

Markon, K. E., Krueger, R. F., Watson, D., 2005. Delineating the structure of normal and abnormal personality: an integrative hierarchical approach[J].Journal of Personality and Social Psychology, 88(1): 139-157.

Marsh, A. A., Ambady, N., Kleck, R. E., 2005. The effects of fear and anger facial expressions on approach and avoidance related behaviors [J]. Emotion, 5(1): 119-124.

Martin, G. B., Clark, R. D., 1982. Distress crying in neonates: species and peer specificity[J].Developmental Psychology, 18(1): 3-9.

Maye, A., Isern-Mas, C., Barone, P., Michael, J., 2017. Sensorimotor accounts of joint attention[J].Scholarpedia, 12(2): 42361.

McDonnell, A., 2012. A physical hypothesis for emotional contagion in group cohesion and public order[C].8 SCTPLS Conference.

McDougall, W., 1923. Outline of psychology [M]. New York, NY: Scribner.

McIntosh, D. N., Druckman, D., Zajonc, R. B., 1994. Socially induced affect. In D. Druckman, R. A. Bjork (Eds.), Learning, remembering, believing: enhancing human performance [M].Washington, D. C.: National Academy Press.

Meeren, H., Hadjikhani, N., Ahlfors, S., Hämäläinen, M., De Gelder, B., 2010. Distinct early cortical routes for the structural and expressive aspects of human body perception, an meg study. In Cognitive Neuroscience Society - 2010 Annual Meeting. Berlin, Germany: Springer-Verlag.

Meyza, K., Bartal, B., Monfils, M., Panksepp, J., Knapska, E., 2017. The roots of empathy: through the lens of rodent models [J]. Neuroscience and Biobehavioral Reviews, 76(Pt B): 216-234.

Mikulincer, M., Shaver, P. R., 2007. Boosting attachment security to promote mental health, prosocial values, and inter-group tolerance [J]. Psychological Inquiry, 18(3): 139-156.

Mizugaki, S., Maehara, Y., Okanoya, K., Myowa-Yamakoshi, M., 2015. The power of an infant's smile: maternal physiological responses to infant emotional expressions[J].PLoS ONE, 10 (6): e0129672.

Moè, A., Katz, I., 2018. Brief research report: parents homework emotions favor students' homework emotions through self-efficacy[J].Journal of Experimental Education, 86(4): 579-591.

Molnar-Szakacs, I., Iacoboni, M., Koski, L., Mazziotta, J. C., 2005. Functional segregation within pars opercularis of the inferior frontal gyrus: evidence from fMRI studies of imitation and action observation[J]. Cerebral Cortex, 15(7): 986-994.

Morris, J. A., Feldman, D. C., 1996. The dimensions, antecedents, and consequences of emotional labor[J].The Academy of Management Review, 21 (4): 986-1010.

Mottet, T., Beebe, S., 2006. The relationships between student responsive behaviors, student socio-communicative style, and instructors' subjective and objective assessments of student work[J].Communication Education, 55(3): 295-312.

Mui, P. H. C, Goudbeek M. B., Roex C., Spiers W., Swerts M. G. J., 2018. Smile mimicry and emotional contagion in audio-visual computer-mediated communication[J].Frontiers In Psychology, 9: 2077.

Murayama, K., FitzGibbon, L., Sakaki, M., 2019. Process account of curiosity and interest: a reward-learning perspective[J].Educational Psychology Review, 31(4): 875-895.

Na, K., Garrett, R. K., Slater, M. D., 2018. Rumor acceptance during public health crises: testing the emotional congruence hypothesis[J].Journal of Health Communication, 23(8): 791-799.

Napper, R., 2009. Positive psychology and transactional analysis [J]. Transactional Analysis Journal, 39(1): 61-74.

Neal, D. T., Chartrand, T. L., 2011. Embodied emotion perception: amplifying and dampening facial feedback modulates emotion perception accuracy[J].Social Psychological and Personality Science, 2(6): 673-678.

Neumann, R., Strack, F., 2000. "Mood contagion": the automatic transfer of mood between persons [J]. Journal of Personality and Social Psychology, 79(2): 211-223.

Noguchi, K., Kamada, A., Shrira, I., 2014. Cultural differences in the primacy effect for person perception[J]. International Journal of Psychology, 49 (3): 208-210.

Nummenmaa, L., Hirvonen, J., Parkkola, R., Hietanen, J. K., 2008. Is emotional contagion special? An fMRI study on neural systems for affective and cognitive empathy[J].NeuroImage, 43(3): 571-580.

O' Sullivan, G., 2011. The relationship between hope, eustress, self-efficacy, and life satisfaction among undergraduates [J]. Social Indicators Research, 101(1): 155-172.

Öhman, A., 2002. Automaticity and the amygdala: nonconscious responses to emotional faces[J]. Current Directions in Psychological Science, 11(2): 62-66.

Olszanowski, M., Wróbel, M., Hess, U., 2020. Mimicking and sharing emotions: a re-examination of the link between facial mimicry and emotional contagion[J].Cognition and Emotion, 34(2): 367-376.

Omdahl, B. L., O'Donnell, C., 1999. Emotional contagion, empathic concern and communicative responsiveness as variables affecting nurses' stress and occupational commitment[J].Journal of Advanced Nursing, 29(6): 1351-

1359.

Ooishi, Y., Kashino, M., 2012. Habituation of rapid sympathetic response to aversive timbre eliminated by change in basal sympathovagal balance[J]. Psychophysiology, 49(8): 1059-1071.

Panksepp, J. B., Lahvis, G. P., 2011. Rodent empathy and affective neuroscience[J]. Neuroscience and Biobehavioral Reviews, 35(9): 1864-1875.

Papousek, I., Freudenthaler, H. H., Schulter, G., 2008. The interplay of perceiving and regulating emotions in becoming infected with positive and negative moods[J].Personality and Individual Differences, 45(6): 463-467.

Park, M. S., Lee, K. H., Sohn, S., Eom, J. S., Sohn, J. H., 2014. Degree of extraversion and physiological responses to physical pain and sadness[J].Scandinavian Journal of Psychology, 55(5): 483-488.

Parkinson, B., 2019. Intragroup emotion convergence: beyond contagion and social appraisal[J]. Personality and Social Psychology Review, 24(2): 121-140.

Partala, T., Surakka, V., 2003. Pupil size variation as an indication of affective processing[J]. International Journal of Human-Computer Studies, 59(1-2): 185-198.

Patall, E. A., Vasquez, A. C., Steingut, R. R., et al., 2016. Daily interest, engagement and autonomy support in the high school science classroom[J].Contemporary Educational Psychology, 46: 180-194.

Paukner, A., Suomi, S. J., Visalberghi, E., Ferrari, P. F., 2009. Capuchin monkeys display affiliation toward humans who imitate them[J]. Science, 325(5942): 880-883.

Pekrun, R., 2019. The murky distinction between curiosity and interest: state of the art and future prospects[J]. Educational Psychology Review, 31(4): 905-914.

Pelowski, M., Markey, P. S., Lauring, J. O., Leder, H., 2016. Visualizing the impact of art: an update and comparison of current psychological models of art experience[J].Frontiers in Human Neuroscience, 10(160): 1-21.

Peper, E., Harvey, R., Lin, M., et al., 2007. Is there more to blood volume pulse than heart rate variability, respiratory sinus arrhythmia and cardiorespiratory synchrony?[J] .Biofeedback, 35(2): 54-61.

Pérez - Manrique, A., Gomila, A., 2018. The comparative study of empathy: sympathetic concern and empathic perspective-taking in non-human animals[J] .Biological Reviews, 93(1): 248-269.

Pessoa, L., 2005. To what extent are emotional visual stimuli processed without attention and awareness?[J] .Current Opinion in Neurobiology, 15(2): 188-196.

Pessoa, L., Kastner, S., Ungerleider, L. G., 2002. Attentional control of the processing of neutral and emotional stimuli[J] .Cognitive Brain Research, 15(1): 31-45.

Pessoa, L., McKenna, M., Gutierrez, E., Ungerleider, L. G., 2002. Neural processing of emotional faces requires attention[J] .Proceedings of the National Academy of Sciences, 99(17): 11458-11463.

Peter, C., Herbon, A., 2006. Emotion representation and physiology assignments in digital systems [J] . Interacting with Computers, 18 (2): 139-170.

Peterson, E. G., Cohen, J., 2019. A case for domain-specific curiosity in mathematics[J] .Educational Psychology Review, 31(4): 807-832.

Petitta, L., Jiang, L., HäRtel, C. E. J., 2017. Emotional contagion and burnout among nurses and doctors: do joy and anger from different sources of stakeholders matter?[J] .Stress and Health, 33(4): 358-369.

Pfeifer, J. H., Iacoboni, M., Mazziotta, J. C., Dapretto, M., 2008. Mirroring others' emotions relates to empathy and interpersonal competence in children[J] .NeuroImage, 39(4): 2076-2085.

Philipp, A., Schüpbach, H., 2010. Longitudinal effects of emotional labour on emotional exhaustion and dedication of teachers [J] . Journal of Occupational Health Psychology, 15(4): 494-504.

Philippe, F. L., Lecours, S., Beaulieu-Pelletier, G., 2009. Resilience and positive emotions: examining the role of emotional memories[J] .Journal of

Personality, 77(1): 139-175.

Piaget, J., 1967. Six psychological studies[M]. New York, NY: Random House.

Polzer, J. T., Milton, L. P., Swarm, W. B., Jr., 2002. Capitalizing on diversity: interpersonal congruence in small work groups[J]. Administrative Science Quarterly, 47(2): 296-324.

Potvin, P., Hasni, A., Ayotte-Beaudet, J. P., Sy, O., 2020. Does individual interest still predict achievement in science and technology when controlling for self-concept? A longitudinal study conducted in canadian schools [J]. Journal of Mathematics, Science and Technology Education, 16 (12): em1904.

Pourtois, G., Grandjean, D., Vuilleumier, P., 2004. Electrophysiological correlates of rapid spatial orienting towards fearful faces[J].Cerebral Cortex, 14 (6): 619-633.

Preston, S. D., de Waal, F. B. M., 2002. Empathy: its ultimate and proximate bases[J].Behavioral and Brain Sciences, 25(1): 1-20.

Price, T. F., Harmon-Jones, E., 2015. Embodied emotion: the influence of manipulated facial and bodily states on emotive responses [J]. Wiley Interdisciplinary Reviews. Cognitive Science, 6 (6): 461-473.

Prochazkova, E., Kret, M. E., 2017. Connecting minds and sharing emotions through mimicry: a neurocognitive model of emotional contagion[J].Neuroscience and Biobehavioral Reviews, 80: 99-114.

Pugh, S. D., 2001. Service with a smile: emotional contagion in the service encounter[J].Academy of Management Journal, 44(5): 1018-1027.

Qu, Y., Rompilla, D. B., Wang, Q., Ng, F. F. Y., 2020. Youth's negative stereotypes of teen emotionality: reciprocal relations with emotional functioning in Hong Kong and mainland China [J]. Journal of Youth and Adolescence, 49(10): 2003-2019.

Rachman, S., 2001. Emotional processing with special reference to post-traumatic stress disorder [J]. International Review of Psychiatry, 13 (3): 164-171.

Ray, R. D., Wilhelm, F. H., Gross, J. J., 2008. All in the mind's eye? Anger rumination and reappraisal [J]. Journal of Personality and Social Psychology, 94(1) : 133-145.

Rees, L., Friedman, R., Olekalns, M., Lachowicz, M., 2020. Limiting fear and anger responses to anger expressions [J]. International Journal of Conflict Management, 31: 581-605.

Revelle, W., Wilt, J., 2013. The general factor of personality: a general critique[J] .Journal of research in personality, 47(5) : 493-504.

Rhee, S. Y., Park, H., Bae, J., 2020. Network structure of affective communication and shared emotion in teams [J]. Behavioral Sciences, 10 (10) : 159.

Rimé, B., 2009. Emotion elicits the social sharing of emotion: theory and empirical review[J] .Emotion Review, 1: 60-85.

Rizzolatti, G., Arbib, M. A., 1998. Language within our grasp[J] .Trends in Neuroscience, 21(5) : 188-194.

Rizzolatti, G., Craighero, L., 2004. The mirror-neuron system[J] .Annual Review of Neuroscience, 27(1) : 169-192.

Rizzolatti, G., Sinigaglia, C., 2008. Mirrors in the brain: how our minds share actions and emotions[M] .Oxford, UK: Oxford University Press.

Rizzolatti, G., Fadiga, L., Gallese, V., Fogassi, L., 1996. Premotor cortex and the recognition of motor actions[J] .Cognitive Brain Research, 3(2) : 131-141.

Rizzolatti, G., Fogassi, L., Gallese, V., 2001. Neurophysiological mechanisms underlying the understanding and imitation of action [J]. Nature Reviews Neuroscience, 2(9) : 661-670.

Romero, T., Castellanos, M., de Waal, F. B. M., 2010. Consolation as possible expression of sympathetic concern among chimpanzees[J] .Proceedings of the National Academy of Sciences, 107(27) : 12110-12115.

Rotgans, J. I., Schmidt, H. G., 2017. Interest development: arousing situational interest affects the growth trajectory of individual interest [J]. Contemporary Educational Psychology, 49: 175-184.

Rotgans, J. I., Schmidt, H. G., 2017. The relation between individual interest and knowledge acquisition[J] .British Educational Research Journal, 43 (2): 350-371.

Rothbart, M. K., 2007. Temperament, development and personality[J] . Current Directions in Psychological Science, 16(4): 207-212.

Ruffman, T., Lorimer, B., Scarf, D., 2017. Do infants really experience emotional contagion?[J] .Child Development Perspective, 11(4): 270-274.

Ruffman, T., Then, R., Cheng, C., Imuta, K., 2019. Lifespan differences in emotional contagion while watching emotion-eliciting videos[J] .PLoS ONE, 14(1): e0209253.

Sanga, C., Sourangshu, B., Raju, M., Priyadarshi, P., 2017. Analyzing music to music perceptual contagion of emotion in clusters of survey-takers, using a novel contagion interface: a case study of hindustani classical music [J] .Music Technology with Swing (CMMR), 11265: 252-269.

Sasaki, W., Nishiyama, Y., Okoshi, T., Jin, N., 2021. Investigating the occurrence of selfie-based emotional contagion over social network[J] .Social Network Analysis and Mining, 11(1): 8.

Scalas, L. F., Fadda, D., 2019. The weight of expectancy-value and achievement goals on scientific career interest and math achievement, 16th International Conference on Cognition and Exploratory Learning in Digital Age (CELDA 2019): 281-288.

Schachter, S., Singer, J., 1962. Cognitive, social, and physiological determinants of emotional state[J] . Psychological Review, 69(5): 379-399.

Schank, R. C., 1982. Dynamic memory: a theory of reminding and learning in computers and people[M] .Cambridge, UK: Cambridge University Press.

Schatz, L., Hofmann, V., Stokburger-Sauer, N., 2016. Emotional contagion and word-of-mouth in social media communication: the role of the message's source (an abstract) [J] . AMA Winter Educators' Conference: E29-E30.

Schmidt, H. G., Rotgans, J. I., 2017. Like it or not: individual interest is not a cause but a consequence of learning. Rejoinder to Hidi and Renninger (2017)[J].British Educational Research Journal, 43(6): 1266-1268.

Schuler, M., Mohnke, S., Walter, H., 2016. The neurological basis of empathy and mimicry. In Hess, U., Fischer, A., (Eds.), Emotional mimicry in social context[M].Cambridge, UK: Cambridge University Press.

Schulte-Rüther, M., Markowitsch, H. J., Fink, G. R., Piefke, M., 2007. Mirror neuron and theory of mind mechanisms involved in face-to-face interactions: a functional magnetic resonance imaging approach to empathy[J]. Journal of Cognitive Neuroscience, 19(8): 1354-1372.

Schumann, L., Boivin, M., Paquin, S., et al., 2017. Persistence and innovation effects in genetic and environmental factors in negative emotionality during infancy: a twin study[J].PLoS ONE, 12(4): e0176601.

Schurtz, D. R., Blincoe, S., Smith, R. H., et al., 2012. Exploring the social aspects of goose bumps and their role in awe and envy[J].Motivation and Emotion, 36(2): 205-217.

Schweizer, T. H., Snyder, H. R, Young, J. F., Hankin, B. L., 2021. Prospective prediction of depression and anxiety by integrating negative emotionality and cognitive vulnerabilities in children and adolescents [J]. Research on Child and Adolescent Psychopathology, 49(12): 1607-1621.

Seery, B. L., Corrigall, E. A., 2009. Emotional labor: links to work attitudes and emotional exhaustion[J].Journal of Managerial Psychology, 24 (8): 797-813.

Shao, Q., Wang, H., Zhu, P., Dong, M., 2021. Group emotional contagion and simulation in large-scale flight delays based on the two-layer network model [J]. Physica A: Statistical Mechanics and its Applications, 573: 125941.

Shewark, E. A., Ramos, A. M., Liu, C., et al., 2021. The role of child negative emotionality in parenting and child adjustment: gene-environment interplay [J]. Journal of Child Psychology and Psychiatry, and Allied Disciplines, 62(12): 1453-1461.

Simner, M. L., 1971. Newborn's response to the cry of another infant[J].

Developmental Psychology, 5(1): 136-150.

Singer, T., Seymour, B., O'Doherty, J. P., et al., 2006. Empathic neural responses are modulated by the perceived fairness of others[J]. Nature, 439(7075): 466-469.

Sinigaglia, C., 2008. Mirror neurons: this is the question[J]. Journal of Consciousness Studies, 15(10-11): 70-92.

Skinner, A. L., Osnaya, A., Patel, B., Perry, S. P., 2020. Mimicking others' nonverbal signals is associated with increased attitude contagion[J]. Journal of Nonverbal Behavior, 44(5960): 117-131.

Snaebjornsson, I. M., Vaiciukynaite, E., 2016. Emotion contagion in leadership: followercentric approach[J]. Business and Economic Horizons, 12 (2): 53-62.

Snodgrass, S. E., 1985. Women's intuition: the effect of subordinate role on interpersonal sensitivity[J]. Journal of Personality and Social Psychology, 49 (1): 146-155.

Sonnby-Borgström, M., Jönsson, P., Svensson, O., 2008. Gender differences in facial imitation and verbally reported emotional contagion from spontaneous to emotionally regulated processing levels[J]. Scandinavian Journal of Psychology, 49(2): 111-122.

Springer, U. S., Rosas, A., McGetrick, J., Bowers, D., 2007. Differences in startle reactivity during the perception of angry and fearful faces[J]. Emotion, 7(3): 516-525.

Stavrova, O., Meckel, A., 2017. Perceiving emotion in non-social targets: the effect of trait empathy on emotional contagion through art[J]. Motivation and Emotion, 41(4): 492-509.

Steinert, S., 2021. Corona and value change. The role of social media and emotional contagion[J]. Ethics and Information Technology, 23: 59-68.

Stel, M., Vonk, R., 2009. Empathizing via mimicry depends on whether emotional expressions are seen as real[J]. European Psychologist, 14(4): 342-350.

Stel, M., Vonk, R., Smeets, R. C., 2009. The social consequences of facial mimicry: effects on empathy and bonding[Z].Manuscript under review.

Strack, F., Martin, L. L., Stepper, S., 1988. Inhibiting and facilitating conditions of human smile: a nonobtrusive test of the facial feedback hypothesis [J].Journal of Personality and Social Psychology, 54(5): 768-777.

Sturm, V., Yokoyama, J., Seeley, W. W., et al., 2013. Heightened emotional contagion in mild cognitive impairment and Alzheimer's disease is associated with temporal lobe degeneration[J]. Proceedings of the National Academy of Sciences 110(24): 9944-9949.

Sumantri, M. S., Whardani, P. A., 2017. Relationship between motivation to achieve and professional competence in the performance of elementary school teachers[J]. International Education Studies, 10(7): 118-125.

Sutton, R. E., Harper, E., 2009. Teachers' emotion regulation. In Saha, L. J., Dworkin, A. G., (Eds.), International handbook of research on teachers and teaching [M].New York, NY: Springer.

Sy, T., Côté, S., Saavedra, R., 2005. The contagious leader: impact of the leader's mood on group members, group affective tone, and group processes [J].Journal of Applied Psychology, 90(2): 295-305.

Sznycer, D., Tooby, J., Cosmides, L., Porat, R., Shalvi, S., Halperin, E., 2016. Shame closely tracks the threat of devaluation by others, even across cultures[J]. Proceedings of the National Academy of Sciences, 113(10): 2625-2630.

Sztajzel, J., 2008. Heart rate variability: a noninvasive electrocardiographic method to measure the autonomic nervous system[J].Swiss Medicine Weekly, 134(35-36): 514-522.

Tajfel, H., Turner, J. C., 1986. The social identity theory of intergroup behavior. In Worchel, S., Austin, W. G., (Eds.), Psychology of intergroup relations[M].Chicago, IL: Nelson-Hall.

Tambunan, H., Sinaga, B., Widada, W., 2021. Analysis of teacher performance to build student interest and motivation towards mathematics achievement [J]. International Journal of Evaluation and Research in Education, 10(1): 42-47.

Tedeschi, J. T., (Ed.), 2013. Impression management theory and social psychological research[M]. Cambridge, MA: Academic Press.

Tee, E. Y. J., 2015. The emotional link: leadership and the role of implicit and explicit emotional contagion processes across multiple organizational levels[J]. The Leadership Quarterly, 26(4): 654–670.

Titchener, E., 1909. Experimental psychology of the thought processes [M].Toronto, CA: Macmillan.

Tomiuk, M. A., 2001. The impact of service providers' emotional displays on service evaluation: evidence of emotional contagion[D].Unpublished PhD dissertation, Concordia University, Canada.

Tomkins, S. S., 1980. Affect as amplification: some modifications in theory. In Plutchik, R., Kellerman, H., (Ed.), Theories of emotion[M], Cambridge, MA: Academic Press.

Torrente, P., Salanova, M., Gumbau, L. S., 2013. Spreading engagement: on the role of similarity in the positive contagion of team work engagement[J]. Journal of Work and Organizational Psychology, 29(3): 153–159.

Totterdell, P., 2000. Catching moods and hitting runs: mood linkage and subjective performance in professional sport teams [J]. Journal of Applied Psychology, 85(6): 848–859.

Tsai, J., Bowring, E., Marsella, S., Wood, W., Tambe, M., 2012. A study of emotional contagion with virtual characters [J]. Intelligent Virtual Agents, 7502: 81–88.

Tsai, W., Huang, Y., 2002. Mechanisms linking employee affective delivery and customer behavioral intentions[J].Journal of Applied Psychology, 87(5): 1001–1008.

Tschacher, W., Rees, G. M., Ramseyer, F., 2014. Nonverbal synchrony and affect in dyadic interactions[J]. Frontiers in Psychology, 5: 1323.

Umilta, M. A., Kohler, E., Gallese, V., et al., 2001. I know what you are doing: a neurophysiological study[J].Neuron, 31(1): 155–165.

Urry, H. L., 2009. Using reappraisal to regulate unpleasant emotional episodes: goals and timing matter[J].Emotion, 9(6): 782–797.

van Boven, L. V., Loewenstein, G., 2003. Social projection of transient drive states[J]. Personality and Social Psychology Bulletin, 29(9): 1159 - 1168.

van der Gaag, C., Minderaa, R. B., Keysers, C., 2007. Facial expressions: what the mirror neuron system can and cannot tell us[J]. Society for Neuroscience, 2(3-4): 179-222.

van Kleef, G., 2009. How emotions regulate social life: the emotions as social information (EASI) model [J]. Current Directions in Psychological Science, 18(3): 184-188.

van Kleef, G. A., Homan, A. C., Beersma, B., et al., 2009. Searing sentiment or cold calculation? The effects of leader emotional displays on team performance depend on follower epistemic motivation [J]. Academy of Management Journal, 52(3): 562-580.

van Kleef, G., Fischer, A. H., 2016. Emotional collectives: how groups shape emotions and emotions shape groups[J]. Cognition and Emotion, 30(1): 3-19.

van Schaik, J. E., Hunnius, S., 2016. Little chameleons: the development of social mimicry during early childhood [J]. Journal of Experimental Child Psychology, 147: 71-81.

van Veelen, R., Otten, S., Cadinu, M., et al., 2016. An integrative model of social identification: self-stereotyping and self-anchoring as two cognitive pathways[J]. Personality and Social Psychology Review, 20(1): 3-26.

Verbeke, W., 1997. Individual differences in emotional contagion of sales-persons: it's effect on performance and burnout [J]. Psychology and Marketing, 14(6): 617-636.

Verduyn, P., Brans, K., 2012. The relationship between extraversion, neuroticism and aspects of trait affect [J]. Personality and Individual Differences, 52(6): 664-669.

Vijayalakshmi, V., Bhattacharyya, S., 2012. Emotional contagion and its relevance to individual behavior and organizational processes: a position paper

[J].Journal of Business and Psychology, 27(3): 363-374.

Visser, V. A., van Knippenberg, D., van Kleef, G. A., et al., 2013. How leader displays of happiness and sadness influence follower performance: emotional contagion and creative versus analytical performance [J].The Leadership Quarterly, 24(1): 172-188.

Vrana, S. R., Gross, D., 2004. Reactions to facial expressions: effects of social context and speech anxiety on responses to neutral, anger, and joy expressions[J].Biological Psychology, 66(1): 63-78.

Vuilleumier, P., Armony, J. L., Clarke, K., et al., 2002. Neural response to emotional faces with and without awareness: event-related fMRI in a parietal patient with visual extinction and spatial neglect[J].Neuropsycholgia, 40(12): 2156-2166.

Vuoskoski, J. K., Thompson, W. F ., et al., 2012. Who enjoys listening to sad music and why?[J].Music Percept: An Interdiscip J., 29(3): 311-317.

Wallbott, H. G., 1991. Recognition of emotion from facial expression via imitation? Some indirect evidence for an old theory[J].British Journal of Social Psychology, 30(3): 207-219.

Walter, H., 2012. Social cognitive neuroscience of empathy: concepts, circuits, and genes[J].Emotion Review, 4(1): 9-17.

Wang, S., Zhao, Y., Chen, S.J., et al., 2013. EEG biofeedback improves attentional bias in high trait anxiety individuals[J].BMC Neuroscience, 14(1): 115.

Wang, X., Jia, J., Tang, J., et al., 2015. Modeling emotion influence in image social networks[J].IEEE Transactions on Affective Computing, 6(3): 286-297.

Wang, X., Zhang, L., Lin, Y., et al., 2016. Computational models and optimal control strategies for emotion contagion in the human population in emergencies[J].Knowledge-Based Systems, 109: 35-47.

Wang, Z., Xu, H., Du, L., 2015. The trickle-down effect in leadership research: a review and prospect[J].Advances in Psychological Science, 23 (6): 1079-1094.

Waters, S. F, West, T. V, Karnilowicz, H. R., Mendes, W. B., 2017. Affect contagion between mothers and infants: examining valence and touch[J]. Journal of Experimental Psychology, 146(7): 1043-1051.

Watson, D., Clark, L. A., Tellgen, A., 1988. Development and validation of brief measures of positive and negative affect: the PANAS scales [J].Journal of Personality and Social Psychology, 54(6): 1063-1070.

Wenig, K., Boucherie, P. H., Bugnyar, T., 2021. Early evidence for emotional play contagion in juvenile ravens[J]. Animal Cognition, 24(4): 717-729.

West, T. V., Koslov, K., Page-Gould, E., et al., 2017. Contagious anxiety: anxious european americans can transmit their physiological reactivity to african americans[J].Psychological Scinence, 28(12): 1796-1806.

White, R. W., 1959. Motivation reconsidered: the concept of competence [J]. Psychological Review, 66(5): 297-333.

Widdershoven, S., Bloemer, J. M. M., Pluymaekers, M., 2016. Emotional contagion through the use of emoticons in service interactions via twitter[J]. AMA Winter Educators' Proceedings, K-86-K-88.

Wiesner, V., 2004. An examination of the relationships between affective traits and existential life positions[D]. Doctorial dissertation, University of North Texas.

Wild, B., Erb, M., Eyb, M., et al., 2003. Why are smiles contagious? An fMRI study of the interaction between perception of facial affect and facial movements[J].Psychiatry Research, 123(1): 17-36.

Williams, L. M., Liddell, B. J., Rathjen, J., et al., E., 2004. Mapping the time course of nonconscious and conscious perception of fear: an integration of central and peripheral measures[J].Human Brain Mapping, 21(2): 64-74.

Winkielman, P., Cacioppo, J. T., 2001. Mind at ease puts a smile on the face: psychophysiological evidence that processing facilitation elicits positive affect[J].Journal of Personality and Social Psychology, 81(6): 989-1000.

Winston, B. E., Hartsfield, M., 2004. Similarities between emotional intelligence and servant leadership[C].Virginia Beach, VA: Regent University.

Wispe, L., 1986. The distinction between sympathy and empathy: to call forth a concept, a word is needed [J]. Journal of Personality and Social Psychology, 50(2): 314−321.

Witvliet, C. V. O., Knoll, R. W., Hinman, N. G., De Young, P. A., 2010. Compassion-focused reappraisal, benefit-focused reappraisal, and rumination after an interpersonal offense: emotion-regulation implications for subjective emotion, linguistic responses, and physiology[J]. The Journal of Positive Psychology, 5(3): 226−242.

Wolf, N. S., Gales, M., Shane, E., Shane, M., 2000. Mirror neurons, procedural learning, and the positive new experience: a developmental systems self psychology approach [J]. Journal of the American Academy of Psychoanalysis, 28(3): 409−430.

Wróbel, M., Imbir, K., 2019. Broadening the perspective on emotional contagion and emotional mimicry: the correction hypothesis[J]. Perspectives on Psychological Science, 14(3): 437−451.

Wróbel, M., Królewiak, K., 2017. Do we feel the same way if we think the same way? Shared attitudes and the social induction of affect[J]. Basic and Applied Social Psychology, 39(1): 19−37.

Wróbel, M., Piórkowska, M., Rzeczkowska, M., Troszczyńska, A., Tolopilo, A., Olszanowski, M., 2021. The "big two" and socially induced emotions: agency and communion jointly influence emotional contagion and emotional mimicry[J]. Motivation and Emotion, 45(5): 683−704.

Wundt, W., 1862. Beiträge zur theorie der sinneswahrnehmung [M]. Leipzig and Heidelberg, Germany: C. F. Winter.

Yan, L., Wan, P., Qin, L., Zhu, D., 2018. The induction and detection method of angry driving: evidences from EEG and physiological signals[J]. Discrete Dynamics in Nature and Society, 3: 1−16.

Yang, Y., Jia, J., Wu, B., Tang, J., 2016. Social role-aware emotion contagion in image social networks[C]. Thirtieth AAAI conference on artificial intelligence: 65−71.

Yilmaz, K., Altinkurt, Y., Guner, M., Sen, B., 2015. The relationship between teachers' emotional labor and burnout level[J]. Eurasian Journal of Educational Research, 59: 75-90.

Yin, H., 2015. The effect of teachers' emotional labour on teaching satisfaction: moderation of emotional intelligence[J]. Teachers and Teaching: Theory and Practice, 21: 789-810.

Young, P., 1973. Feeling and emotion. In Wolman, B., (Ed.), Handbook of general psychology[M], Oxford, UK: Oxford University Press.

Zaki, J., 2014. Empathy: a motivated account[J].Psychological Bulletin, 140(6): 1608-1647.

Zebrowitz, L. A., Boshyan, J., Ward, N., Gutchess, A., Hadjikhani, N., 2017. The older adult positivity effect in evaluations of trustworthiness: emotion regulation or cognitive capacity?[J]. PLoS ONE. 12(1): e0169823.

Zeng, R., Zhu, D., 2019. A model and simulation of the emotional contagion of netizens in the process of rumor refutation[J].Scientific Reports, 9: 1-15.

附　录

附录一　各研究中的被试招募说明

本书中所有实验的被试采用随机招募，被试均无心理学或教育学专业背景。所有被试身心健康，右利手，裸眼视力正常或矫正后正常，无精神类疾病史，实验前均签署了被试知情同意书。每个实验都可能存在个别数据记录缺损被剔除，或者出现极端数据被剔除（在平均数上下 3 个标准差之外的数据），由于与实验结果无关，所以在研究中不再一一报告。被试中男女比例与 1∶1 没有显著性差异，基本达到 1∶1 的水平。对于 E-prime 实验，实验前均有练习，直至被试完全理解实验的操作过程，所有实验后均会给予被试一些小礼品。

附录二　情绪觉察水平问卷（LEAS）（部分）

请描述在以下情境中您的真实感受，在回答中请尽量运用带"情绪"的词，答案没有对错之分。每个情境中还会提到另一人，也请你描述他/她的感受。

1. 有人请您帮忙修家具。您开始锤钉子的时候，他/她在一旁看着，但钉子没锤到，反而锤到您自己的手指。此时，您会有怎样的感受？您觉得他/她会有怎样的感受？

2. 您跟随一位导游步行穿越沙漠。几小时前，你们已经把水喝完了，但从导游的地图上看，最近的水井离你们还有两公里。此时，您会有怎样的感受？您觉得导游又会有怎样的感受？

续表

请描述在以下情境中您的真实感受，在回答中请尽量运用带"情绪"的词，答案没有对错之分。每个情境中还会提到另一人，也请你描述他/她的感受。

3. 辛苦工作一天回到家后，您的爱人给您捶了一会背。此时，您会有怎样的感受？您觉得您爱人又是怎样的感受？

4. 和您一起训练多时的朋友与您一起参加跑步比赛。临近终点时，您扭伤了脚踝，倒在地上，无法继续比赛了。您当时有怎样的感受？您觉得您朋友又会有怎样的感受？

附录三　情绪感染问卷

亲爱的同学们，非常感谢您接受此调查，请您认真阅读下列问题，凭自己的第一感觉回答，无须太多的思考，本次调查是匿名的，您不用有任何顾虑。我们对问卷的信息也是保密的。非常感谢您的支持！

1. 当我感到失落时，与快乐的人在一起就会让我快乐起来。

①从不　②很少　③经常　④总是

2. 当有人对我会心微笑时，我会感到内心很温暖。

①从不　②很少　③经常　④总是

3. 身处一群快乐的人中间，我也会充满快乐。

①从不　②很少　③经常　④总是

4. 当我看到幸福美满的剧情时，我会发自内心幸福微笑。

①从不　②很少　③经常　④总是

5. 当我看到别人哈哈大笑时，我也会感到开心。

①从不　②很少　③经常　④总是

6. 当我看到久别重逢的亲人时，我会感到激动。

①从不　②很少　③经常　④总是

7. 当我看到至爱的亲人难过时，我会比他/她更难过。

①从不　②很少　③经常　④总是

8. 当我的父母拍拍我的身体时，我会感受到很温暖。

①从不　②很少　③经常　④总是

9. 当我看到至爱的亲人开心的表情时，我会比他/她更开心。

①从不　②很少　③经常　④总是

10. 当我即将远行看到至爱的亲人依依不舍时，我总是抑制不住眼泪。

①从不　②很少　③经常　④总是

11. 当看到电视中受害者的惊慌面孔时，会替他们心惊。

①从不　②很少　③经常　④总是

12. 当身边的人感到压力很大时，我也会感到紧张。

①从不　②很少　③经常　④总是

13. 当看到孩子大声哭喊时，我也会感到不安。

①从不　②很少　③经常　④总是

14. 在与紧张的人打交道时，我也会感到紧张。

①从不　②很少　③经常　④总是

15. 当看到有人演讲非常紧张时，我也会感到不安。

①从不　②很少　③经常　④总是

16. 当看到别人愤怒的表情时，我也会绷紧脸颊感到气愤。

①从不　②很少　③经常　④总是

17. 当我的周围全是一群愤怒的人时，我也会被激怒。

①从不　②很少　③经常　④总是

18. 当我听到一阵嘈杂的愤怒的吵架声时，我会感到不安。

①从不　②很少　③经常　④总是

19. 当我看到与我交往的人生气时，我也会感到不安。

①从不　②很少　③经常　④总是

20. 当我看到电视中有人愤怒时，我也会感到气愤。

①从不　②很少　③经常　④总是

21. 如果与我交谈的人开始哭泣，我也会泪眼汪汪。

①从不　②很少　③经常　④总是

22. 当有人告诉我他所爱的人去世了，我也会感到悲痛。

①从不　②很少　③经常　④总是

23. 当观看感人影片时，我会很容易哭。

①从不　②很少　③经常　④总是

24. 当我看到别人失声痛哭时，尽管不知道发生了什么，我也会感到难过。

①从不　②很少　③经常　④总是

25. 当我看到报纸上别人的痛苦表情时，我会感到难过。

①从不　②很少　③经常　④总是

谢谢您的支持，祝您学习快乐！

附录四　教师课堂情绪感染力评价问卷

（1）我始终非常关注这位教师在授课过程中的情感状态。

A. 不符合　B. 一般　C. 符合　D. 非常符合

（2）在听课过程中，我感觉注意力很难集中。（反向）

A. 不符合　B. 一般　C. 符合　D. 非常符合

（3）我感觉这位教师的情绪表达非常自然。

A. 不符合　B. 一般　C. 符合　D. 非常符合

（4）这位教师在授课过程中情感很投入。

A. 不符合　B. 一般　C. 符合　D. 非常符合

（5）这位教师讲课显得无精打采。（反向）

A. 不符合　B. 一般　C. 符合　D. 非常符合

（6）这位教师的肢体动作非常丰富，具有感染力。

A. 不符合　B. 一般　C. 符合　D. 非常符合

（7）这位教师的面部表情非常丰富，具有感染力。

A. 不符合　B. 一般　C. 符合　D. 非常符合

（8）这位教师的声音抑扬顿挫，具有感染力。

A. 不符合　B. 一般　C. 符合　D. 非常符合

（9）这位教师的情感表达与课程内容非常吻合。

A. 不符合　B. 一般　C. 符合　D. 非常符合

（10）我感觉听这位教师的课，自己的情绪完全被教师所感染。

A. 不符合　　B. 一般　　C. 符合　　D. 非常符合

谢谢您的支持，祝您学习快乐！

附录五（部分教学材料）

实验中均采用男教师录制多媒体视频（扩展名为".mpg"），男教师会根据实验要求使用积极情绪、中性情绪、消极情绪来朗诵文本，与文本的语义情绪（积极、中性、消极）有可能是一致的，也有可能是矛盾的，这与实验目的有关，具体看每章节中的实验要求。如果采用被试内重复测量设计，则需要两名男教师录制视频，两名男教师的长相普通、衣着端庄，并且在实验中被试观看视频的顺序进行了平衡，确保上述因素不成为实验的干扰因素。

景泰蓝的制作

今天这次语文课，我们来一起学习一篇叶圣陶先生的说明文《景泰蓝的制作》，我先向大家朗诵一下。

一天下午，我们去参观北京市手工业公司实验工厂。粗略地看了景泰蓝的制作过程。景泰蓝是多数人喜爱的手工艺品，现在把它的制作过程说一下。

景泰蓝用红铜做胎，为的红铜富于延展性，容易把它打成预先设计的形式，要接合的地方又容易接合。一个圆盘子是一张红铜片打成的，把红铜片放在铁砧［zhēn］上尽打尽打，盘底就注［wā］了下去。一个比较大的花瓶的胎可分作几截，大概瓶口、瓶颈的部分一截，瓶腹鼓出的部分一截，瓶腹以下又是一截。每一截原来都是一张红铜片。把红铜片圈起来，两边重叠，用铁锤尽打，两边就接合起来了。要圆筒的哪一部分扩大，就打哪一部分，直到符合设计的意图为止。

第二步工作叫掐［qiā］丝，就是拿扁铜丝粘［zhān］在铜胎表面上。这是一种非常精细的工作。掐丝工人心里有谱，不用在铜胎上打稿，就能自由自在地粘成图画。譬如粘一棵柳树吧，干和枝的每条线条该有多长，该怎么弯曲，他们能把铜丝恰如其分地剪好曲好，然后用钳子夹着，在极稠的浆水里蘸［zhàn］，粘到铜胎上去。他们简直是在刺绣，不过是绣在铜胎上而不是绣在缎子上，用的是铜丝而不是丝线、绒线。

于是轮到涂色料的工作了，他们管这个工作叫点蓝。图上的色料有好些种，不只是一种蓝色料，为什么单叫做点蓝呢？原来这种制作方法开头的时候多用蓝色料，当时叫点蓝，就此叫开了。这种制品从明朝景泰年间十五世纪中叶开始流行，因而总名叫景泰蓝。

母爱无疆

今天这次语文课，我们来一起欣赏一篇美文《母爱无疆》，我先向大家朗读一下。

母爱是人间最圣洁、最崇高、最无私的爱。

母爱是灿烂的阳光，炽热而光明。她能融化冰川、净化心灵、蓬勃生机。她以博大的胸怀哺育生命、呵护万物。

母爱是一条长长的路。无论你走到哪里，她都伴你延伸、顺畅。那悠悠的牵挂，那谆谆的叮咛，为你指点迷津，护你一路走好。

母爱是一座高高的山。无论你有多大困难，她总是你依靠的屏障。那高耸的身躯，为你遮风挡雨，令你心安神怡。

母爱是一泓深深的潭。无论家有多少纠葛，她总是以容纳百川的胸怀，默默忍让。那宽宏的气量，那包含的品格，让家和睦泰然、息事宁人。

母爱是永恒的，不管风雨如何剥蚀，她总是完美无损、永不褪色；母爱是质朴的，她总是心清如水、原汁原味；母爱是执着的，不管命运如何苦涩，她总是掏心吐哺、从不打折。

母爱深明大义、柔中有刚。当你啼哭于襁褓时，母爱是温馨的怀抱；当你牙牙学语时，母爱是耐心的教导；当你熬夜备考时，母爱是暖暖的热茶；当你远行时，母爱是声声的呜咽；当你取得成绩时，母爱是激动的泪花；当你病卧在床时，母爱是布满血丝的双眼；

当你沾染恶习时，母爱是苦口婆心的劝勉。

母爱是慷慨的，她把爱洒给了春露，洒给了秋霜；留给了晨曦，留给了暮霭；分给了弃婴，分给了遗孤；而唯独忘了她自己。母爱没有地域、种族的界限，母爱是"幼吾幼以及人之幼"的大爱，大爱无疆。母爱是体贴、慰藉、宽容、理解、善良、慈祥的源泉。

想起阎维文的一首歌《母亲》，歌中唱道：你入学的新书包有人给你拿，你雨中的花折伞有人给你打，你爱吃的三鲜馅有人给你包，你委屈的泪花有人给你擦。

你身在他乡住有人在牵挂，你回到家里边有人沏热茶，你躺在病床上有人掉眼泪，你露出笑容时有人乐开花。

啊，这个人就是娘，啊，这个人就是妈，这个人给了我生命，给我一个家，啊，不管你走多远，无论你在干啥，到什么时候也离不开，咱的妈。

愿天下母亲，别忘了留一份爱给自己。愿天下儿女，别忘了回报母爱一缕浓浓的芳馨。

附录六　实验仪器说明

一　眼动数据采集与分析

实验采用 SMI Hi-Speed 眼动追踪系统记录数据。采样率为 1250Hz，实验程序采用 Experiment Center 软件编写，数据采用 BeGaze（Version 3.0）分析软件处理。实验前采用左眼 5 点校准，如果偏差 X、Y 都小于 1.0 则按"continue"接着做实验，如果偏差 X、Y 中有一个大于 1.0 则按"repeat"重新校准。

二　生物反馈仪

本书用于测量生理指标的生物反馈实验仪器采用加拿大 Thought Technology 公司生产的 BioNeuro 八通道电脑生物反馈仪，型号为 BioNeuro INFINITI SA7900C，数据采集系统软件为 Multimedia Biofeedback

Software（version 5.2.4）。BioNeuro 是一个多形态八通道的高度灵敏仪器，具有较灵活的开发工具（ChannelEdit、SereenEdit、ScripEdit）。它能监测脑电、肌电、心电、皮电、皮温、心率、血容量搏动和呼吸等。

本书使用了 A、B、D、E、F、G、H 七个通道，设定 A 通道为 MyoScan-Pro400，用于监测左脸颊肌电（采集脸颊 EMG，单位为 μV）；设定 B 通道为 EEG-Z，用于监测脑电（采集 α 波、SMR 和 β 波，中央顶区 Cz 点）；设定 D 通道为 SC-Pro/Flex，用于监测皮电（利手食指、无名指指腹）（采集 SC，单位为 mho）；设定 E 通道为 SC-Pro/Flex 用于监测皮电（利手食指、无名指指腹）（采集 SC）；设定 F 通道 Temp-Pro/Flex 用于监测皮温（小指）；设定 G 通道为 HR/BVP-Pro/Flex，用于测定血容量（利手中指指腹）（采集 BVP 幅度、BVP 频率，单位为次/分钟）；H 通道为 MyoScan-Pro400，用于监测前额肌电。

部分实验（第七章第二节、第八章第三节）设定 G 通道为 Resp-Pro/Flex 用于监测呼吸；设定 H 通道 HR/BVP-Pro/Flex 用于测定血容量（利手中指指腹）（采集 BVP 幅度和 BVP 频率）。

跋

本书是基于博士论文的研究成果。从选题、构思、研究设计、实验、写作、开题、中期检查、答辩、毕业，再到后来计划申报国家社科基金后期资助，修改书稿、撰写立项申请书、课题论证、立项、实验、收集数据、修订书稿……这十多年的时间，我的生活与工作始终与情绪感染研究相伴，期间充斥着快乐与艰辛，快乐是短暂的，艰辛是研究工作的主旋律，背后的汗水与付出只有经历过才体验最深刻。

书稿即将付梓，再读时感慨万千，除了书稿本身的内容，几乎每一章、每一节、每一段文字背后都有故事，有实验设计时的思想辩论、有数据采集时的生动交流、有实验室实验时的有趣插曲、也有实验失败后的懊恼……这些故事从上海师范大学一直延伸到扬州大学，从求学所在一直延伸到工作所在，十多年的努力，如同一个一个小小的音符，渐渐地汇集成曲。从科研种子的萌芽到苗壮成长，最后开花结果，尽管果实并不完美，但是在我看来已是最好的了。

回首十余年的科研生涯，最应该感谢的是我的博士生导师卢家楣先生，在我内心深处一直感恩先生招我为弟子，先生是全国首批心理学家、国家级教学名师，先生思维缜密，思想深邃，对我的教导让我受益终身。除了科研，先生对学生的情谊也让我极为难忘。我依旧清晰地记得，先生去美国出差，在遥远的国度仍然记得为我们每个学生捎回带有姓氏拼音首字母的钥匙链，东西虽小，却代表了先生对学生的一片心意。在此，我首先要说的是谢谢您，卢老师。

感谢我实验中的被试，来自扬州大学的青年才俊们，在素不相识的情况下，接受我的邀请，以你们特有的方式做出自己的贡献，为我，也为心理学的研究。是你们，让我深切感受到当别人需要帮助的时候，要少一些漠然，多一些理解、体谅与付出。

感谢我扬州大学的领导和同事们，感谢你们对我的学业和研究给予大力支持。感谢扬州大学及扬州大学教育科学学院对本书出版的鼎力支持。感谢我的师弟张鹏程三年来给我的帮助和支持，感谢陈宁师兄像老大哥一样在学术上和生活上给我的支持，无论是选题还是书稿讨论，他总是能在我最昏暗的时候让我豁然开朗；感谢汪海彬、周炎根在学术上给予我的帮助，在生活上为我排忧解难；感谢我的众多师弟师妹们，你们给我留下了很多的美好记忆。

特别感谢华东师范大学的杨治良、李其维、郭秀艳和吴庆麟教授，上海师范大学的顾海根、高湘萍、李丹、王沛教授，感谢你们全程或部分参与了我的博士论文开题、中期检查、论文答辩，提出了很多宝贵的意见，自始至终给予我无私的指导和帮助，谢谢你们！

还要特别感谢社会科学文献出版社的老师们，无论在课题申报，还是在书稿校对中，都付出了很多辛勤的汗水，提出了许多宝贵的意见，书稿的每次校样都承载着你们的汗水，可以说，没有你们的付出就不可能有本书的完美面世。

最后，感谢我的家人，我的哥哥和两个姐姐，由于工作原因，总是聚少离多，特别是这么多年来，我没有时间照顾年迈的父母，两位姐姐承担了更多的家庭责任，我一直深感愧疚。